"新时代中国语言文学研究"丛书

总主编 石亚洲

新时代中国语言文学研究

2019 年卷

主 编 钟进文

副主编 努尔巴汗·卡力列汗

中央民族大学出版社
China Minzu University Press

图书在版编目（CIP）数据

新时代中国语言文学研究. 2019年卷/钟进文主编. — 北京：
中央民族大学出版社，2024.4
（新时代中国语言文学研究丛书/石亚洲主编）
ISBN 978-7-5660-2145-8

Ⅰ.①新… Ⅱ.①钟… Ⅲ.①汉语 — 语言学 — 文集
②中国文学 — 文学研究 — 文集 Ⅳ.①H1-53 ②I206-53

中国国家版本馆CIP数据核字（2024）第074937号

新时代中国语言文学研究（2019年卷）
XINSHIDAI ZHONGGUO YUYAN WENXUE YANJIU（2019NIAN JUAN）

主　　编	钟进文
副 主 编	努尔巴汗·卡力列汗
策划编辑	赵秀琴
责任编辑	王海英
封面设计	舒刚卫
出版发行	中央民族大学出版社

北京市海淀区中关村南大街27号　　邮编：100081
电话：（010）68472815（发行部）　传真：（010）68933757（发行部）
　　　（010）68932218（总编室）　　　　（010）68932447（办公室）

经 销 者	全国各地新华书店
印 刷 厂	北京鑫宇图源印刷科技有限公司
开　　本	787×1092　1/16　印张：25
字　　数	384千字
版　　次	2024年4月第1版　2024年4月第1次印刷
书　　号	ISBN 978-7-5660-2145-8
定　　价	98.00元

前　言

　　1950年，北京大学东语系的马学良、于道泉、李森等语言学大师调入中央民族学院（1993年11月更名为中央民族大学），创建了新中国第一个中国少数民族语言文学学科。此后，著名语言学家闻宥先生，著名古典文学学者、李白研究专家裴斐先生等，也先后在此弘文励教。经过几代人70多年的共同努力奋斗，中央民族大学的中国语言文学学科已建设成为重要学科，其中，中国少数民族语言文学成为全国民族语言文学专业历史最早、专业方向最多、学术研究覆盖面最广的学科。

　　目前，中央民族大学中国语言文学学科在学科目录内的8个二级学科均招收博士和硕士研究生，并有中国语言文学一级学科博士后流动站。整个学科，凝练成为中国少数民族语言文学与文献综合研究、汉语言文学、语言学及应用语言学3个代表性学科方向，充分发挥学科优势和特色，立足服务国家重大战略需求和民族团结进步事业，聚焦国家语言资源保护、传承与发展以及教育领域的科学研究、人才培养和社会服务。

　　为适应学校"双一流"建设发展需要，加强体制机制创新，推动学术力量整合，2019年中央民族大学党委研究决定对学校的中国语言文学学科资源进行梳理整合，并成立中央民族大学首个学部——中国语言文学学部（以下简称"学部"）。学部成立后，负责统筹中国语言文学一级学科建设工作，整合相关资源，搭建学科综合交叉平台，统筹重大科研项目，推进跨学院科研平台建设。通过上述措施，中央民族大学中国语言文学一级学科整体水平得到快速提升，一批国家级科研项目相继获批，每年产出一大批重要学术成果。

为了进一步展示学术成果、推动学科发展、形成学术品牌，经学部研究决定，按年度出版学部学术成果。本丛书名称为"新时代中国语言文学研究"，从2019年开始，每年公开出版1卷本。丛书编委会总主编由副校长、学部主任石亚洲担任，相关学院在任院长担任各卷主编并组织组稿编选。各卷选取论文，以2019年学部成立以来学部各单位教师公开发表在重要期刊上的学术论文为主。坚持按照符合主题、规模控制、优中选优原则选取论文，收录论文统一用国家通用语言文字表述。同时，每卷主编汇编一篇本专业研究前沿研究综述，编排在每卷卷首。应该说，本丛书从年度角度收录了学部全体教学科研人员最具代表性的学术成果，也较为全面反映了近几年中央民族大学中国语言文学学科学术水平。

中国语言文学学部下设中国少数民族语言文学学院、文学院、国际教育学院，研究领域较为广泛，所以，本丛书各卷主编根据当年度所发表论文的内容和主题，各自设计栏目，收编论文。同时在编辑过程中也做了以下统一处理：

1. 为了便于读者阅读及参考，每篇论文首页均有作者简介，每篇论文均有摘要和关键词，每篇论文均在文后标明原发表期刊和发表时间。

2. 出于体例统一的考虑：注释统一为页下注；参考文献均列在各篇文章文后，保留原信息，按照相关格式要求著录。

3. 论文中所引的原著内容，只要不是原则性的问题，本文收录时皆以原著为准，以便读者更好地理解原著。

4. 本丛书收录的论文时间跨度较大，作者与编辑对部分内容进行了修改。

丛书编委会

2024年4月7日

目　录

新时代中国民族语言文学研究新面貌

—— 以近5年民族语言文学研究为例综述

钟进文

中国特色社会主义新时代是中国发展新的历史方位。2017年10月18日，习近平总书记在党的十九大报告中指出："中国特色社会主义进入了新时代。"进入新时代，是从党和国家事业发展的全局视野、从改革开放近40年历程和十八大以来5年取得的历史性成就和历史性变革的方位上，作出的科学判断。新时代是承前启后、继往开来、在新的历史条件下继续夺取中国特色社会主义伟大胜利的时代。进入新时代，铸牢中华民族共同体意识是党的民族工作的根本遵循。我们要从中华民族伟大复兴战略高度把握新时代党的民族工作的历史方位，必须把推动各民族为全面建设社会主义现代化国家共同奋斗作为新时代党的民族工作的重要任务，必须以铸牢中华民族共同体意识为新时代党的民族工作的主线。中华民族共同体意识是民族团结之本，必须构筑中华民族共有精神家园。中华文化是各民族优秀文化的集大成。要在各民族中培育和践行社会主义核心价值观，弘扬以爱国主义为核心的民族精神和以改革创新为核心的时代精神，突出各民族共有共享的中华文化符号和形象，使各民族人心归聚、精神相依，形成人心凝聚、团结奋进的强大精神纽带。

进入新时代，国家对中国语言文学学科建设提出了新使命、新要求，注入了新活力，也迫切需要结合新时代特征，适应新时代人才培养要求，拓展学科内涵，提高研究水平。经过大家5年的共同努力，聚焦国家战略需求形成一批创新型的高水平学术团队，承担了国家重大项目，产出了一批符合新时代要求的重要成果。在此，仅以近5年民族语言文学研究为例综述如下。

一、民族语言资源保护与推广普及国家通用语言文字

（一）民族语言资源保护工程

我国是一个多民族、多语种、多文种的国家，拥有汉藏、阿尔泰、南岛、南亚和印欧5大语系的130多种语言，这些语言是博大精深、源远流长的中华文化宝库的语言基石。随着现代化和城镇化进程的推进，我国的语言正以前所未有的速度发生变化，很多汉语方言和少数民族语言面临濒危或消亡，造成地域文化和民族文化的消逝。我国现存的130多种语言中，有68种语言使用人口在万人以下，其中25种语言使用人口在千人以下，像赫哲语、满语、苏龙语、仙岛语、普标语等少数民族语言，使用人口已不足百人，处于濒危状态。语言是一种重要的文化资源，是文化的基础要素和鲜明标志，是非物质文化资源的重要组成部分，在传承文明和保持文化多样性方面具有重要的作用；语言是文化的根基，又在文化的培养基础中发育成长，二者相互依存，关系密不可分。进入新时代，党和国家从国家战略高度来认识理解语言作为文化资源的战略地位和价值，强调语言及其衍生产品既是现代社会的交际工具和信息载体，更是战略性文化资源，以及现代化建设各领域的基础性资源。党的十七届六中全会提出，要"大力推广和规范使用国家通用语言文字，科学保护各民族语言文字"，这为今后一个时期语言文字工作指明了方向。这是中国共产党第一次在中央全会的决定中把汉语方言和各少数民族语言资源的保护作为中华优秀传统文化传承和发展的重要基础，列为党和国家语言文字事业的重要任务。根据时任中共中央政治局委员、国务院副总理刘延东同志的批示，2015年教育部、国家语委启动中国语言资源保护工程（以下简称"语保工程"），在全国范围开展以语言资源调查、保存、展示和开发利用等为核心的各项工作，积极利用并开发语言资源，为建设社会主义文化强国和提升国家文化软实力奠定语言基础。

语保工程由国家财政予以支持，按照"国家统一规划、地方和专家共

同实施、鼓励社会参与"的方式进行。第一期计划用时5年，整个项目将完成1500个语言点的调研，包括汉语方言1100个点和少数民族语言400个点。这是继20世纪50年代开展全国汉语方言和少数民族语言普查以来，我国语言文字领域又一个由政府组织实施的大型语言文化类国家工程。语保工程的实施，引起了世界范围内的积极反响。2018年9月，中国政府和联合国教科文组织在中国长沙共同举办首届世界语言资源保护大会。2019年2月21日，教育部、联合国教科文组织驻华代表处、中国联合国教科文组织全国委员会、国家语言文字工作委员会联合发布以"保护语言多样性"为主题的重要永久性文件——保护与促进世界语言多样性《岳麓宣言》，充分彰显了我国在语言文化多样性保护方面的世界引领地位。

中国语言资源保护工程以其先进的理念、现代化技术手段以及时代性与规范性等诸多特征，有别于以往我国语言方言普查和语言文字使用情况调查，也是迄今为止世界上最大规模的语言文化资源保护项目。开展语保工程是贯彻落实中央关于大力推广和规范使用国家通用语言文字，科学保护各民族语言文字精神的重要举措。中国社会科学院和中央民族大学等相关机构承担语保工程是服务国家战略、践行办学宗旨的重要体现。中央民族大学等机构组建的语保工程工作团队在语保工程中取得的成绩，充分彰显了学校办学使命和办学特色，体现了中国语言文学学科的深厚底蕴和学科优势，扩大了学术影响力、社会影响力和国际影响力。

中央民族大学中国少数民族语言资源保护研究中心，自2015年起开始承担中国语言资源保护工程专项调查任务，5年间共负责组织、协调430个语言点的调查和验收工作，其中一般点319个，濒危点111个，涵盖了我国56个民族使用的约130种语言的360个方言或土语，其中也包括诸如偿人、临高人等人群的语言，这些语言分属汉藏、阿尔泰、南亚、南岛及印欧五大语系，也包括了未定语系的朝鲜语和混合语。立项课题117个，总到账科研经费1940万元，课题主持人共计50人次，参与调研和项目管理的校内硕士、博士研究生近200人。2020年中心圆满完成一期建设目标。2021年4月，教育部、国家语委在京召开了中国语言资源保护工程建设推进会，对语保工程中涌现出的先进集体和个人进行表彰，中心荣获"中国语言资源保护奖"先进集体称号，丁石庆、包玉柱、张定京、李锦芳、周国炎、朱德康、杨银梅（博士研究生）等7位师生荣获先进个人称号。

　　中国社会科学院中国少数民族语言研究中心，自语保工程实施以来，作为课题主持人共承担调查点50余个，承担工作量占全国400个少数民族语言调研项目的八分之一，获得资助经费约500万元。团队每个成员都按时按质按量完成了所负责的语言或方言点的音视频摄录、加工，语音材料的转写、标注工作，所有项目都达到质量要求并成功结项。2019年以来在国家出版资金的资助下，出版了2册濒危语言志、若干本语法标注文本，其中濒危语言志获得2021年度第五届中国出版政府提名奖，具体包括：《四川松潘羌语》（黄成龙，王保锋，毛明军等）、《内蒙古敖鲁古雅鄂温克语》（乌日格喜乐图）、《纳木兹语语法标注文本》（尹蔚彬）、《佤语语法标注文本》（陈国庆，魏德明）、《水语语法标注文本》（韦学纯）、《维吾尔语语法标注文本》（王海波，阿力木江·托乎提）、《白语语法标注文本》（王锋）、《独龙语语法标注文本》（杨将领）、《藏语噶尔话语法标注文本》（龙从军）等。团队成员还积极发表研究论文，共发表研究论文100余篇。针对民族地区国家通用语言文字普及推广和科学保护各民族语言文字的现实问题，团队成员积极撰写要报，向中央和地方提交咨询报告类成果10余篇。知名专家孙宏开、黄行等为工程研制少数民族语言调查词表，设计调查语法例句，其中藏缅语族词表3000词、100个句子由孙宏开先生指导完成，蒙古语族词表由团队成员曹道巴特尔承担，满–通古斯语族词表由团队成员乌日格喜乐图参与完成。孙宏开、黄行并规划设计了濒危语言项目的调研方案。团队成员王锋、黄成龙、曹道巴特尔等担任中国语言资源保护工程核心专家（包括汉语方言在内全国共60名），对语言调查点的设立，调查资料的验收、核查提供理论和技术支撑。黄成龙研究员参与制订了中国少数民族语言语法标注的概念和框架体系（少数民族语言点调研标注的统一标准）。

　　团队成员在科学保护各民族语言文字等领域发挥了积极的引领作用。早在2011年，团队成员黄成龙、王锋等就发表了《纪录语言学：一门新兴交叉学科》一文，在国内首次阐释了科学保护各民族语言文字的学科基础。王锋的《试论科学保护各民族语言文字的思想认识基础》《新的语言观与科学保护各民族语言文字实践》等论文，就"科学保护各民族语言文字"工作方针进行了多角度的阐释。黄行的《中国语言资源多样性及其创新与保护规划》一文，阐释资源多样性和文化多样性，提出保护语言资源要从理念、规划和技术上创新。王锋在《理念、目标和策略：语保工程的少数民族语言调查工作》一文中对语保工程进行了系统总结。中心课题组成员王锋、黄成龙、尹蔚彬、龙从军等5人获得"中国语言资源保护奖先进个人"国家级荣誉称号（全国共100名）。

团队建设、学术研究和人才培养等工作也取得了丰硕的成绩。在团队建设方面，打造多学科交叉人才队伍，基础研究和应用研究并重。中国少数民族语言研究中心协调组织团队成员开展民族语言基础、应用和实验研究，既注重基础理论的创新、基础资源的收集整理，又注重语言资源保护、利用、开发。团队成员具备文、理、工多学科知识，以多学科手段，以"少数民族语言资源保护"为主题，开展中国少数民族语言文字政策制定与咨询服务研究、中国少数民族语言空间认知范畴研究、中国少数民族语言类型学研究、中国少数民族纪录语言学研究、中国少数民族有声数据库创建研究、中国少数民族语言形态句法研究、中国少数民族资源库建设研究等。中国少数民族语言研究中心是国内引领中国少数民族语言资源保护和研究的重要团队。团队主要成员形成了一批具有重要影响的集体成果，先后出版了《汉藏语语音和词汇》2卷、《中国民族语言文字大辞典》、《中国民族语言语法标注文本》丛书20本、《中国濒危语言志》2册。组建"中国语言资源保护团队"，开展民族语言资源调查、整理、转写和标注工作。团队成员主持中国语言保护工程项目50余项，近3年承担国家社会科学基金（重大、重点、一般、后期和冷门绝学项目）共10多项。

（二）推广普及国家通用语言文字行动

进入新时代，中央高度重视民族地区国家通用语言文字教育工作。习近平总书记多次强调在民族地区推广普及国家通用语言文字的政治意义和战略要求，并在中央第六次西藏工作座谈会上指出"要把社会主义核心价值观教育融入各级各类学校课程，推广国家通用语言文字，努力培养爱党爱国的社会主义事业建设者和接班人"。在2019年全国民族团结进步表彰大会上，习近平总书记进一步指出"要搞好民族地区各级各类教育，全面加强国家通用语言文字教育，不断提高各族群众科学文化素质"，为民族地区国家通用语言文字推广和国家通用语言文字教育工作指明了方向，提供了遵循。

进入新时代，针对民族地区国家通用语言文字教育工作，党和国家作出了一系列重要部署：在民族地区中小学推行三科统编教材并达到全覆盖，大力实施"学前学会普通话"行动，贯彻执行《推普脱贫攻坚行动计划（2018—2020年）》等，民族地区各级各类国家通用语言文字教育取得了较大发展，不通国家通用语言文字人群的存量得到了有效消化，增量得到了有效控制，国家通用语言文字教育质量有了较大提升。截至2020年底，国家通用语言文字推广普及工作取得了显著成绩。教育部公开数据显示，普通话在全国范围内基本普及，普及率达到了80.72%，以"三区三州"为代表的民族地区普通话普及率达61.56%，中华民族"书同文、语同音"的千年梦想成为现实，各民族交往交流交融进一步深化，中华民族共同体意识进一步铸牢。

2021年经北京市推荐、专家评审、实地考察、综合评议、网上公示等程序，中央民族大学被认定为第二批国家语言文字推广基地。此批国家语言文字推广基地入选单位共62家，北京属地高校中同批入选的还有清华大学、北京师范大学、首都师范大学。中央民族大学建校70余载坚守初心，传承创新，在语言文字方面积淀了深厚基础，形成了结构优化、人才培养层次完备的语言文字相关学科专业体系。学校已经发展成为培养坚定维护祖国统一和民族团结的各民族优秀人才的摇篮、语言国情状况政策咨询的重要基地、传承弘扬传播中华优秀文化的重要阵地、服务国家通用语推广普及和中文海外传播的重要基地。

进入新时代，中央民族大学深入学习贯彻习近平新时代中国特色社会主义思想和党的十九大精神，全面贯彻落实全国语言文字会议和新时代语言文字工作方针政策，坚持校党委对语言文字工作的领导，以铸牢中华民族共同体意识为主线，以推广普及国家通用语言文字为重点，以推动语言文字工作高质量发展为主题，聚焦语言强国、文化强国战略，以及服务国家通用语言文字高质量推广普及，系统推进了中国语言文学学科专业和相关人才培养模式改革、语言文字系列研究、国家通用语言文字推广普及和中华优秀文化传承弘扬创新等，搭建完善了语言文字工作管理架构、规章制度和工作保障体系，大力提升国家通用语言文字应用推广能力，提高语言文字规范化、标准化、信息化水平，助推中华优秀文化传承弘扬和传播，为国家通用语言文字在民族地区的推广普及和中文海外传播，中华民族优秀文化传承弘扬、传播创新作出了重要贡献。

2021年11月10日，中央民族大学举行国家语言文字推广基地揭牌暨对口帮扶四川省昭觉县教师国家通用语言文字能力提升培训班开班仪式。依托国家语言文字推广基地，中央民族大学与四川省昭觉县通过云端共同探讨高校助力乡村振兴的有效路径。此次培训历时两个月，在培训团队的有力组织下，学员们克服种种困难，最终均按照培训要求认真完成了所有课程的学习，普通话水平均有不同幅度的提高。学员们不仅有效掌握了普通话应用过程中排除母语和方言干扰的方法，还充分意识到作为人民教师在推广普及国家通用语言文字中的使命和责任，更加重视国家通用语言文字应用能力的提升。经过此次培训，中央民族大学建立了较为完善的国家通用语言文字培训体系，组建了成熟的培训团队，形成了系统的国家通用语言文字培训的工作机制，为更好地开展语言文字相关培训工作积累了丰富的经验。

与此同时，中央民族大学的相关课题组针对面向农牧民的国家通用语言文字推广普及开展研究工作。例如课题组以哈萨克族农牧民通用语学习为例，分析农牧民学习国家通用语过程中的现实困难，经研究认为学校集中授课模式不完全适合农牧民的生产生活方式，而基于手机App的移动语言学习方式是对农牧民现有学习方式的最佳补充。并进一步采用实证分析方式，从需求调研、语言使用偏误分析、教学内容及软件功能设计方面，探讨如何将移动学习方式更好地应用于农牧民群体的国家通用语学习中。目前已经完成了面向哈萨克族农牧民的国家通用语基础口语App的开发，并在上级部门支持下在伊犁哈萨克族聚居村进行软件试用工作，良好的使用反馈充分证明以手机App为代表的移动学习方式在农牧民群体国家通用语学习中具有重要价值。

二、新时代民族文学研究与中华民族共有精神家园建设

进入新时代，中国少数民族文学继续为中国文学的发展与繁荣贡献自己的力量和特色。少数民族文学丰富了中国文学的构成，凭借神话、歌谣、传说，尤其是史诗等多种题材和体裁的作品，使中国文学更加丰富多彩。进入新时代，中国少数民族作家使用本民族语言或汉语进行写作，在诗歌、小说、散文、戏剧、影视等广泛领域都推出了大量具有全国性影响的作品，其中许多作品还被译成多种文字并输出到国外，为国家赢得声誉。这些民族文学作品为书写和培育中华民族的悠久历史、灿烂文化和伟大精神作出了重要贡献，也为在铸牢中华民族共同体意识视野下，开展新时代中国少数民族文学研究注入了新的活力。

进入新时代，中国少数民族文学学会分别在云南民族大学、湖南大学、广西师范大学、广东技术师范大学和内蒙古大学召开年会。除此之外，中国作协在2016年和2019年还召开了中国少数民族文学期刊会议和第六届全国少数民族文学创作会议，共同探讨为新时代少数民族文学创作与研究问诊把脉。同时，还出版了一批与此呼应的中国少数民族文学研究论文集。例如，2016年的《影响与发展——"中国多民族文学高层论坛"论文集》《全媒体时代少数民族文学的选择》《丝路文学语境下的多民族文学审美——2015·中国少数民族当代文学论坛论文集》，2017年的《少数民族文艺漫谈》，2018年的《民族文学新声》《少数民族女性写作与我们的时代》《批评与价值——内蒙古优秀文艺评论选》（蒙古文），2019年的《地域文化、民族文学与中国当代文学史》等。

进入新时代，中国少数民族文学数据库建设也取得了令人瞩目的成绩。中国知网统计数字显示，关于人文数据建设的专题论文每年呈现出明显的上升趋势。许多论文从图书情报学的角度对少数民族口述历史资料的概念进行界定并分析其价值，提出了其来源与特点，以及单一和复式分类方法，为少数民族口述历史资料的搜集整理及数据库建设提供了理论基础。例如，2019年度国家社会科学基金重大项目立项名单中就有"满族民间历史档案资料整理研究与数据库建设""我国四大古典文学名著维吾尔文、哈萨克文译本的接受、影响研究及其数据库建设""大小凉山彝

文经籍文献语音资源库建设""俄藏《格萨尔》文献辑录及电子资料库建设""回鹘式蒙古文文献数据库建设"等近30项立项课题都与大数据建设、与文学资料学建设有关，显示出社会科学资料学建设的强大生命力和巨大的社会需求。

（一）口头传承与民族文化研究

进入新时代，中国少数民族民间文学研究持续向纵深方向发展，在神话、传说故事、歌谣、史诗等领域都取得了系列研究成果。

少数民族神话不仅数量浩瀚，而且许多民族的神话自成谱系，具有鲜明的民族性和清晰的体系性。进入新时代，少数民族神话的"应用性"研究得到前所未有的关注。许多民族神话不仅是这个民族不可再生的优秀非物质文化遗产，而且在很大程度上反映出该民族古老的民族精神。许多民族地区政府正依靠古老民族神话"走出去"的"文化搭台、经济唱戏"战略，激发民族文化的新活力。更有一些民族地区通过学术策划将神话元素融入公园建筑、乡土教材、民风教化等社会实践中，这都成为新时代少数民族神话研究的有益借鉴，也是传统文化在当今创造性转化和创新性发展的具体体现。

少数民族史诗研究方面最重要的成果是《格萨尔文库》（以下简称《文库》）的出版。《文库》包含了藏、蒙古、土、裕固等多民族、多语种、多版本的《格萨尔》史诗，并全部加以汉译，共计30册（16开本，每册600页左右，共计约2500万字），是西北民族大学几代学者坚守中华文化立场，坚守新时代哲学社会科学工作者使命和任务，辛勤耕耘、呕心沥血20余载所完成的重大工程。作为《格萨尔》史诗研究领域中的标志性成果，《文库》对多民族《格萨尔》史诗进行了全方位、多层次的整理与研究，充分展示了对我国少数民族优秀传统文化的有效保护和传承，具有里程碑意义。它的出版，使格萨尔学学科文献资料价值大大提高。《文库》发掘整理了藏族《格萨尔》早期珍藏版本，并进行了科学梳理和划分；增加了藏、蒙古等多民族异本资料，进一步丰富和完善《格萨（斯）尔》版本。在国内现有的《格萨尔》资料的基础上，《文库》通过对有本民族文字的藏族、蒙古《格萨（斯）尔》多种异本进行精选、规范、汉译、注释和版本说明；对无本民族文字的土族、裕固族《格萨尔》进行了国际音标记音对译、整理翻译和解题研究，使《格萨尔》史诗得到了进一步的规范化、完整化和系统化。《文库》的出版，使格萨尔学学科建设得到了提升。《文库》的出版促使《格萨尔》研究向纵深、广阔的方向发展，使《格萨尔》研究与教学的整体水平居国内领先地位，并在国际史诗研究领域享有较高学术声誉，成为名副其实的重点学科。《文库》的出版，还带动格萨尔学多个分支学科的研究与建设，积极挖掘各相关民族的《格萨尔》文化资源；通过研究方法、研究手段的科学化创新，将还未被人们充分认识其价值的人类非物质文化遗产之一的以《格萨尔》为代表的各民族口头传承文献的研究，提高到国内外领先的水平；在已创建并已取得较大成果的多个分支学科的基础上，进一步加强研究，从总体上构建格萨尔学的理论体系和方法论；挖掘和研究《格萨尔》的多重价值，进一步带动以格萨尔文化为特色的民族文化产业及旅游业的联动发展，促进中国西部民族地区更进一步的对外开放和经济繁荣。《文库》的编纂出版，不同于以往单个民族的《格萨尔》史诗文献整理研究，而是首次出现藏族、蒙古族、土族、裕固族等四种民族语言、文字和汉文对照本，以及在几百本木刻本、手抄本文献中选取的情节连贯的、不含现代艺人演唱的经典本，这不仅能丰富和完善《格萨尔》英雄史诗，也将对中国民间文学的丰富和完善产生一定的推动作用。挖掘、抢救、保护各民族《格萨尔》，对推动我国精神文明建设，丰富人民群众的文化生活，提高人民群众的文化素质，促进人们全面发展，构建社会主义和谐社会，都将具有重要意义。

中国社会科学院民族文学研究所（以下简称"民文所"）中国史诗学研究团队聚焦构建中国特色哲学社会科学学术体系，设计新目标，用中国话语阐述中国文化，产出一批具有重要文化价值和传承意义的研究成果。

该团队坚持"资料库／基地／网络"三位一体的学科建设方略，推进三大史诗的文本整理、翻译和研究，同时以北方史诗带和南方史诗群为基本观照，体现了中国史诗学的丰富性和多样性，加强了演述人／传承人的跟踪、调查、建档工作；结合地方、国家和国际层面的非物质文化遗产保护工作，在国家"一带一路"建设方略的框架下实施了跨境民族史诗传统和共享史诗类非遗项目的学理研究和政策研究；以巩固学术研究的代际传统为目标，在三大史诗领域推出了学科意识的领军人才，在南北方史诗研究领域积极培养后备力量，在加强学科队伍能力建设的同时提升了理论和方法论水平；为构筑可持续发展的中国史诗学话语体系、学术体系和学科体系方面开展了一系列实践，形成了持续性影响，学科建设达到预期目标。

随着研究范畴的进一步界定和拓展，学科建设的顶层设计、整体布局和具体工作路径也有了相应的调整。中国史诗学研究团队着力开展的主要研究计划包括但不限于以下诸多方向：格萨（斯）尔、玛纳斯、江格尔三大史诗诗系研究；北方史诗带研究和南方史诗群研究；专题研究则涉及中西方史诗研究的理论方法论和学术史，史诗的演述、创编和流布，传承人及其受众，史诗的文本与语境、史诗的文化意义与社会功能，史诗文本的采录、整理、翻译和比勘，史诗演述传统的数字化建档，口承与书写的互动关联，研究对象与研究主体的田野关系与学术伦理，当下史诗传统的存续力与非物质文化遗产保护，"一带一路"建设与跨境民族口头传统研究，以及中国史诗学学科体系建设等诸多环节。

进入新时代，该团队主持或承担重大科研项目24项，主要有：

（1）国家社会科学基金重大委托项目2项："中国少数民族语言与文化研究"和"《格萨（斯）尔》抢救、保护与研究"；

（2）国家社会科学基金重大项目2项："柯尔克孜族百科全书《玛纳斯》综合研究"和"中国少数民族口头传统专题数据库建设：口头传统元数据标准建设"；

（3）国家社会科学基金一般项目4项："西部民族地区传统歌会研究""口头传统视阈下藏蒙《格萨（斯）尔》史诗音乐研究""卡尔梅克韵文体民间文学资料集成与比较研究"及"川滇地区东巴史诗的搜集整理研究"；

（4）国家社会科学基金青年项目2项："新疆乌恰县史诗歌手调查研究"和"维吾尔族民间达斯坦的口头诗学研究"；

（5）中宣部"四个一批"人才工程自主课题2项："遗产化进程中的活形态史诗传统：表述的张力"和"交流诗学：口头传统研究的新趋势"；

（6）中宣部、文旅部等多部委委托研究课题（涉密不表）；

（7）文旅部委托课题"联合国教科文组织非物质文化遗产保护跟踪研

究（2019 — 2020年）"。

以上重大科研项目皆按原计划执行。

该团队还从田野研究中发掘口头文本资料和语境资料，从古籍文献和口碑文献成果中发掘各民族史诗资料，采集域外史诗学及民俗学资料，从西方学界近两百年来重要的研究成果中陆续辑选和译介代表性经典文献，充分利用互联网时代的电子资源和相关科研机构的数据库建设成果，尤其是归集民文所的"中国少数民族文学研究资料库"的相关信息和数据，长线建立各个研究方向的史诗资料学档案，并以适当方式实现项目组成员的共享，在具备条件之时将进行数字化归集和系统建档。已出版重要资料学成果有《蒙古族古今文学精粹：中短篇史诗卷》、《蒙古族古今文学精粹：长篇史诗卷》、《乌弄克尔图尔力克图汗》（合作）、《赛马称王》（演述本整理），以及研究类读本《世界〈玛纳斯〉学读本》《中国〈玛纳斯〉学读本》；工具书《〈格萨尔〉手抄本、木刻本解题目录（1958 — 2000）》《中国〈玛纳斯〉学辞典》（合作）。此外，藏族史诗《昂仁讲唱〈格萨尔〉精选集》和蒙古史诗《卡尔梅克〈格斯尔〉》已进入出版环节，约150万字；"傣族创世史诗《捧尚罗》翻译整理"和"傣族创世史诗《创世纪》翻译整理"2种成果均已完成傣文和汉文双行对译，约550页，尚需专项出版经费的支持。

与此同时，"《蒙古英雄史诗大系》专题数据集"总体上已完成，可通过纸质出版物和电子在线方式交互使用，相关专题栏目保持开放性和可持续性，以随时添加新的数据。"中国史诗学百年回顾：搜集、整理及研究"正在逐步推进，目前已完成平台开发第一阶段工作，包括平台首页设计及栏目页设计、平台制作、平台管理系统和数据管理系统等关键要素的开发。国家社会科学基金重大项目"中国少数民族口头传统专题数据库建设：口头传统元数据标准建设"取得阶段性进展和重要突破，尤其是确立了"以事件为中心"的专业元数据标准建设路径，在韩国召开的国际研讨会上获得好评，其长远意义不能低估；在元数据标准的定制过程中，课题组前往内蒙古、湖南和西藏开展了标准实地验证工作，从中也产出了若干田野资料，涉及成吉思汗祭典和成吉思汗天歌、苗族仪式和史诗《亚鲁王》、藏族史诗格萨尔的演述和史传文学《米拉日巴传》指画说唱，以及珞巴族祖先叙事等文类，包括相关代表性传承人访谈资料。此外，由民文所主办的中国民族文学网作为学科门户网站专门辟出中国史诗和口头传统等专题栏目，集中推出系列论文，传播信息、集纳成果，推动交流。

（二）中国少数民族古代文学研究

在中华多民族文学史上，古代少数民族诗文创作具有重要的地位。以往对于少数民族古代文学的研究过于分散、单一，偏重于单个作家的研究，缺乏整体性的观照。古代少数民族文学研究走到今天，面临着主题、意义、方法等多方面的挑战。20世纪学人的研究以作品和作家介绍、分析为主要内容，以民族美学展示为主要特征，为少数民族古代文学的研究打下了坚实的基础。当代学人固然要继承前辈的学术遗产，但不能故步自封，应该顺应时代潮流以及学术发展趋势，推动这一学科走向深入。

进入新时代，越来越多的学者意识到少数民族古代文学研究的当代意义和创新的重要性，并尝试从一些新的角度，例如，从文学家族与地域文化的视角，从民汉文化交融视野，展开相关的研究。这些都是古代少数民族文学领域重新调整研究思路的重要体现。西北民族大学的多洛肯将古代少数民族文学创作放在民族大融合和多元文化交融的社会文化背景中，阐述其内涵特色，从少数民族文士对经典诗文的接受、汉族与少数民族的文学交往、少数民族代表性文士的文学影响、民汉文学交融的历史背景和文化内涵等多个维度开展学术研究。

中国少数民族古代文学研究领域发表的代表性论文主要有：《明清土家族土司家族文学创作及其风貌叙略》《明清回族文学家族文学创作述略》《明清回族文学家族文化生态环境探析》《明清彝族文学家族谫论》《明清白族文学家族诗歌创作述论》《明清少数民族诗人唐诗接受研究 —— 以彝族、白族、纳西族为例》《明清滇人 宗法唐诗》《"改土归流"后的土家族文学家族述论》《文学地理学视域下的清代酉阳土家族文学家族研究》《略谈清代少数民族诗文别集的整理研究及其价值意义》《民汉文化交融中的元代唐兀氏文人群体》《清代主流诗学影响下的满族汉军蒋氏家族的诗歌创作》《清代少数民族文学家族研究现状与前瞻》等。上海古籍出版社先后出版古籍整理丛书《清代少数民族文学家族诗集丛刊》，即《鄂尔泰文学家族诗集》、《和瑛文学家族诗集》、《法式善文学家族诗集》（上下册）、《萨玉衡文学家族诗集》、《蒋攸铦文学家族诗集》、《丁澎文学家族诗集》（上下册），共6部8册，总计271万字。该丛书对清代满族鄂尔泰、蒋攸铦家族，蒙古族法式善、和瑛家族，回族萨玉衡、丁澎家族的诗集诗作进行了整理与辑刊。这些古籍整理成果，为深入考察梳理清代少数民族文学家族文学创作的基本情况，深度挖掘清代少数民族文学家族文学创作文本和生态环境的阐释意义奠定了坚实的基础。

进入新时代，蒙古族古代、近代文学研究以蒙古族文学文献史料的挖掘整理和民族文学接触与交流研究最为繁荣。其中，蒙汉文学关系研究和蒙藏文学关系研究成为亮点。国家社会科学基金重大项目有"元明清蒙古族藏文典籍挖掘、整理与研究""伊犁河流域厄鲁特人民间所藏托忒文文献搜集整理与研究""元明清蒙汉文学交融文献整理与研究""明清蒙古族历史文学文献整理与研究"等。已出版的代表性成果有《蒙汉目连救母故事比较研究》《〈三国演义〉蒙古文诸译本研究》《〈育民甘露〉在蒙古地区的传播研究》《天竺云韵——〈云使〉蒙古文译本研究》《果亲王允礼藏〈密印授记请问经〉研究》《〈一层楼〉〈泣红亭〉审美形态研究》等。

进入新时代，藏族古代文学研究成果主要体现在两个方面：一是传统藏戏研究，二是清代藏事诗研究。传统藏戏研究成果有《西藏藏戏形态研究》。清代藏事诗研究成果主要有《清代藏事诗研究》，主要考察在清代这一古代传统文化集大成的特定历史时期，藏事诗的传承、发展与新变，除论述藏事诗的渊源及演化之外，还总结了清代藏事诗的诗体特点，分析了清代藏事诗句的艺术和文学特色，考察了清代藏事诗与多元一体文化格局形成的内在关系等问题。

（三）中国少数民族现当代文学研究

进入新时代，中国少数民族现当代文学研究发展迅速，取得了一系列重要成果，其中多民族文学研究、文学互文性研究、民族文学与地域文学关系研究等成为新的亮点和突破点。公开出版的相关成果主要有：《民族文学语境中的小说互文性研究——以哈尼族作家存文学为例》、《在乡村与城市之间抒情》、《卫拉特作家嘎·贡巴及其小说研究》（蒙古文）、《探寻民族心灵的秘密——新疆多民族文学评述》、《新疆当代少数民族女性文学初探》、《文学的民族认同特性及其文学性生成：以中国当代少数民族小说为中心》、《广西当代少数民族文学概观》、《多元化时期东北三省朝鲜族散居地区文学研究》（朝鲜文）、《民族身份、女性意识与自我认同 —— 论新时期以来少数民族女作家小说创作的历史流变》、《达斡尔族报告文学及戏剧文学研究》、《达斡尔族散文研究》、《达斡尔族诗歌研究》、《达斡尔族小说研究》、《抒情记忆的探寻》（蒙古文）、《藏族女作家论创作》（藏文）、《锡伯族当代母语诗歌研究》、《多元共生　精彩纷呈 —— 少数民族文学研究与探索》、《族性建构与新时期回族文学》、《凉山内外：转型期彝族汉语诗歌论》、《现场与观察：来自蒙古族当代文学现场报告》（蒙古文）、《当代少数民族小说的汉语写作研究》、《中国当代多民族文学共同体发展格局素描》、《云南十五民族当代文学映像》、《20世纪满族小说史论》、《边地文化与中国西部小说研究（1976 — 2018）》、《沈从文与老舍比较研究 —— 以民族文学为视角》。

在这诸多研究中，蒙古族现当代文学研究发展迅速，除传统的社会历史批评、审美批评平稳发展外，文学史料建设和生态文学、网络文学、"城镇化"主题文学研究成为新亮点。

进入新时代，藏族当代文学在专题性研究方面也取得了重要成果，其中之一是当代藏族女性文学研究。胡沛萍在博士后课题研究基础上出版《当代藏族女性汉语文学史论》一书，集中探讨了当代藏族女性文学发生、发展的社会历史原因、文化原因，并重点讨论了当代藏族代表性女作家，如益西卓玛、西绕拉姆、德吉措姆、益娜、索娜德吉、才让娜姆、完玛央金、央珍、梅卓、白玛娜珍、格央、尼玛潘多、单增曲措等的创作状况。该著作把当代藏族女性文学发生的动因归结为社会制度的变革、现代民族教育的推行与普及、藏族女性社会角色变化等方面，认为这些因素为当代藏族文学的现代性提供了社会文化的土壤。徐琴的《文化身份的建构与书写 —— 当代藏族女性文学研究》也是一部值得关注的叙述著作。该著作敏锐地看到了当代藏族女性作家蕴藏的巨大能量及文学价值，从文学理论、文本分析、比较、渊源等角度出发，精细入微地对当代藏族女性文学创作的成就、特性、品质、共性等进行了详细的研究，提出了不少很有见地的想法，并提出了当代藏族女性创作面临的难题。于宏、胡沛萍的《当代藏族小说中的女性形象研究》，从特定的研究对象 —— 小说中的女性形象——入手，考察当代藏族小说对女性形象的塑造类型和文化内涵。该著作为考察文学作品中的"女性形象"提供了一个重要维度，即审视她们在社会领域中的角色与地位，借此来检视整个社会为女性所创造的生活环境到底处于一种什么样的状况，进而探测社会在特定的历史时期对于女性的关注和重视达到何种程度，这种关注与重视是否存在着偏差与误导，是否依然隐藏着对女性的种种习焉不察的忽略与歧视。同时，这部著作在某些方面也拓展了当代藏族文学研究的视野，为中国当代少数民族文学研究提供了可资借鉴的学术经验。

　　进入新时代，围绕藏族现当代文学还有以下专题研究：一是纪念西藏民主改革60年的西藏当代文学成就专题研究。王军君、胡沛萍的《回响在高原大地上的时代足音——西藏民主改革六十年以来西藏当代文学的发展概述》，回顾从西藏民主改革前后到改革开放之后的西藏文学创作成就，揭批旧西藏的落后野蛮体制，书写高原大地巨变，表现出与时代同脉搏、与人民共命运的现实主义精神。马小燕的《论西藏当代汉语长篇小说的人性之问——纪念西藏民主改革60周年》，研究西藏作家在当代汉语长篇小说中表现出的强烈的善恶观：通过对农奴主骄奢淫逸生活、等级森严的礼仪、残酷刑罚和农奴悲惨命运的书写，揭露了旧西藏农奴主的人性之恶；透过农奴间的互助和对农奴主的幻想，表达了人性之善。作家们批判了旧西藏的恶，赞扬了新西藏的善，宣告了社会主义新文化的胜利，表达出农奴对人身平等和美好生活的渴望，发挥了弘扬时代主旋律的积极作用。二是当代藏族文学的地域性研究。这也是这几年藏族当代文学研究领域的一个主要方向。于宏、胡沛萍的《20世纪80年代西藏汉语文学发展概论》是这方面的一部尝试之作。该著作立足中国当代文学发展的宏大背景，集中考察了西藏当代汉语文学在20世纪80年代发展历程，分析并阐发了西藏当代文学在特定时期的发展轨迹和地域性特色。魏春春的专著《守望：民族文学的诗意创造》，以《西藏文学》这一藏族聚居区的文学期刊为研究对象，考察了新世纪以来《西藏文学》在栏目设置、作品选择、办刊倾向等方面的特色，并探究了这种特色产生的社会文化原因。

　　以上这些著作对开拓中国当代少数民族文学研究视野和领域都具有一定的启发意义。

除此之外，还有以下成果：一是编写了地方文学史《西藏当代文学史》。该著作共3卷本80多万字，由西藏民族大学牵头，西藏各高校和文联、社会科学院的专家学者共同编撰。该著作按照时间顺序涵盖1949年至2016年间西藏当代文学创作领域的重要作家及其作品，既包括用藏语创作的作家及其作品，也包括用汉语创作的作家及其作品；在内容上分别从作家生平、作家创作概况、代表性作家介绍评述等方面入手。它既是一部全面反映西藏当代文学发展历程的文学史，也是一部客观、全面地反映西藏当代文学成就的文学史。二是为了适应地域性民族文学研究蓬勃发展的态势，西藏民族大学文学院以西藏当代文学研究中心为主体，创办《西藏当代文学研究》辑刊。该辑刊主要以研究西藏当代文学为主，同时关注当代藏族文学和其他地区当代少数民族文学创作研究，每辑根据所刊论文的内容，分别设置"作家谈创作""西藏当代文学研究""文学地理""女性书写""影视文化"等多个栏目。三是举办"新时代藏族文学高端论坛"。该论坛于2017年由西藏民族大学创办并召开首届，引起了少数民族文学创作和研究领域的高度关注，吸引了全国20多个省区的40多所高校、研究机构和文联作协的研究者参会。

（四）中国少数民族影视文学研究

中国少数民族影视文学作为我国影视文学的重要组成部分，对中华民族的文化认同和民族文化的传承与传播具有重要意义。进入新时代，少数民族电影作品的不断出现促进并繁荣着该领域的学术研究。2016年中国电影出版社出版《新中国少数民族影视文学创作回顾与展望》学术论文集，收录29篇学术论文，其中既有对少数民族影视剧创作历史的回顾、梳理和总结，也有对其创作现状及具体作品的论析。2016年6月中央民族大学与北京民族电影展组委会共同成立了中国民族影视研究中心，并于同年10月29日至30日由中央民族大学举办中国少数民族电影高层论坛。本次论坛三个专题为"少数民族电影：影像叙事与主题表现""少数民族电影：功能、认同与建构""少数民族影视：问题、发展与创新"，分别对他者与主体的身份认同与寻找，历史与现实的叙述与呈现，人的民族与民族的人，全球化话语下少数民族影视面对的现代与传统的冲突、矛盾与困惑等问题进行了深入的分析与坦诚的交流。2017年钟进文和牛颂主编的

《多元文化与共享价值 —— 中国少数民族电影高层论坛文集》一书出版。
"十三五"期间代表性的学术论文成果有：《光影历程与时代激流 —— 改
革开放40年中国少数民族题材电影述论》《传承与嬗变：少数民族题材电
影的拓展路径（1978 — 2018）》《母语、影像、文化互动及象征 —— 评
电影〈塔洛〉》《新世纪少数民族电影与"中国故事"表述》《跨文化语境
下民族题材电影创作探析 —— 以电影〈家在水草丰茂的地方〉为例》等；
"十三五"期间有关少数民族影视文学的学位论文主要有《近十年中国少
数民族题材电影的叙事分析（2007 — 2016）》、《松太加的电影艺术与电
影剧本研究》（藏文）、《以新疆少数民族题材影视剧视角探讨文学作品的
影视改编》、《从扎根田野、空间媒介到神话述行 —— 民族影视创作元素
构建的一个新路径》。这些论文专门探讨了少数民族文学作品被改编成电
影后的文本再现和意义拓展等领域的研究话题。

三、新时代中国民族语言文学研究未来关注的重点

习近平总书记在中央民族工作会议上强调："要准确把握和全面贯彻
我们党关于加强和改进民族工作的重要思想，以铸牢中华民族共同体意识
为主线，坚定不移走中国特色解决民族问题的正确道路，构筑中华民族共
有精神家园，促进各民族交往交流交融，推动民族地区加快现代化建设步
伐，提升民族事务治理法治化水平，防范化解民族领域风险隐患，推动新
时代党的民族工作高质量发展。"由此可见，我们在开展民族语言文学研
究时，共同性和差异性是我们重点把握的关系。增进共同性，要增强各族
人民对伟大祖国、中华民族、中华文化、中国共产党、中国特色社会主义
的认同和国家意识、公民意识、法治意识。尊重和包容差异性，要注意对
各民族在饮食服饰、风俗习惯、文化艺术、建筑风格等方面的保护和传
承。共同性是主导，差异性不能削弱和危害共同性。保护差异，但不能固
化强化其中落后的、影响民族进步的因素。要正确把握共同性和差异性的
关系、中华民族共同体意识和各民族意识的关系、中华文化和各民族文化
的关系、物质和精神的关系。

未来我们要全面加强民族地区国家通用语言文字教育，要站在面向全

面建设社会主义现代化国家和实现中华民族伟大复兴战略高度来进行谋划，要站在统筹推进"五位一体"总体布局的视角进行部署，要站在铸牢中华民族共同体意识立足点进行协调推动。一是立足于铸牢中华民族共同体意识的政治基础。二是立足于铸牢中华民族共同体意识的经济基础。三是立足于铸牢中华民族共同体意识的文化基础。四是立足于铸牢中华民族共同体意识的社会基础。五是立足于铸牢中华民族共同体意识的生态文明基础。

同时我们要深刻认识到，国家通用语言文字是一种重要的信息资源，是大数据、人工智能等绿色数字经济发展的基础，广大少数民族同胞只有通过掌握国家通用语言文字这一绿色经济发展的钥匙，在当前"互联网+平台"经济如火如荼的时代，才可以更好地获得商机，融入更为广阔的全国市场。同时以国家通用语言文字为基础发展的大数据、人工智能产业也可以为民族地区经济发展注入新的增长点。

进入新时代，中国少数民族文学发展和研究总体态势是良好的，也取得了一些突破性成果，但是也有薄弱之处。例如，中国当代少数民族文学史料整理和研究相对滞后。在中国少数民族文学研究领域，相对而言，古代少数民族文学史料的整理和研究较为丰富，而当代少数民族文学史料的整理与研究则相对滞后。中国当代少数民族文学已有70年的发展历史，史料整理与研究应该尽早提上日程。尽管有些学者在这方面做了一些工作，如作家访谈、作家传略编撰、文学作品集编辑出版等，但还不能全面呈现中国当代少数民族文学史料的整体面貌。

未来研究的重点主要有以下领域：语言与民族文化传承发展研究，语言与国家安全研究，民族语言资源调查与数字化保护研究，阿尔泰语系语言与汉藏语系语言接触研究，汉语与周边少数民族语言接触研究，不同系属的民族语言接触机制研究，民族语言关系词层次研究，中国边疆地区民族语言与文化认同调查研究等。在文学研究领域需要重点关注以下几方面：中国古代文体的交互渗透以及对民族文学的影响研究，中国古代各民族文学交融互渗研究，当代少数民族文学创作主题研究，少数民族古代文学的融合互鉴研究，少数民族文艺美学研究，当代少数民族作家作品美学特征研究，少数民族口头文学经典的形成和传播研究，以及围绕中国少数民族文学开展口头文学的公共性研究，民间文艺学理论与流派研究，融媒体时代中国当代文学生产形态、传播及批评机制研究，百年红色经典文学研究，网络文学的社会功能与发展趋势研究，等等。还有海外中国少数民族文学研究资料汇编与研究，中国当代主流文学影响下的少数民族文学创作与发展研究，各民族文学创作与培育中华民族伟大精神专题研究等。

参考文献：

[1]　习近平在中国共产党第十九次全国代表大会上的报告[R/OL].新华社（2017–10–27）[2022–05–01]. https://www. thepaper. cn/newsDetail_forward_1840235.

[2]　朝戈金，等.中国社会科学院民族文学研究所"中国史诗学"科研团队工作报告（2017—2021）（内部资料）[Z]. 2022.

[3]　王锋，黄成龙，等.中国社会科学院中国少数民族语言研究中心中国语言资源保护[Z]//中国社会科学院优秀科研团队推荐书（内部资料）. 2022.

[4]　钟进文.近五年（2016—2020）中国少数民族文学研究主要成果汇编[M]//王军君.西藏当代文学研究：第4辑.拉萨：西藏人民出版社，2021.

[5]　王海波，苗东霞.少数民族农牧民的国家通用语移动学习研究：以哈萨克族农牧民为例[J].民族教育研究，2021（4）：50–56.

语言政策与语言研究

中国少数民族语言资源开发应用刍议

丁石庆

摘要： 中国语言资源保护工程以其空前规模及统一规范的方法实施调研所采集的活态语料资源，兼具真实性、可靠性和科学性，并为语言资源的精准保护和合理开发应用提供了科学依据。语保工程实现了新时期对中国境内的少数民族语言及方言与土语情况较为全面的摸底与排查，调查数据和相关材料同时也提供了少数民族语言资源保护及开发应用的诸多信息。本文以5年来民语专项调研任务语料资源数据及任务进程中发音合作人遴选时透露的语言资源保持类型存在的层次差异等为问题导向，对中国少数民族语言资源的开发应用及相关论题进行初步探讨。本文认为，基于语保工程民语调研专项任务所获大量语料资源数据，中国少数民族语言资源的开发应用可实施整体统一开发应用与分类开发应用两种推进思路。整体统一开发应用思路包括大数据研究、语言服务、政策咨询等内容；分类开发应用思路则包括深度开发应用、深度规范性开发应用、深度保护性开发应用及深度典藏性开发应用等内容。

关键词： 语保工程；少数民族语言资源；开发应用；统一；分类

中国语言资源保护工程（以下简称"语保工程"）经5年的建设，已

作者简介：丁石庆，文学博士，中央民族大学原中国少数民族语言研究院教授、博士研究生导师，主要研究方向为阿尔泰语系（达斡尔语、哈萨克语等）语言与文化、人类语言学、文化语言学、语言资源学等。

基金项目：国家社会科学基金项目"中国北方人口较少民族语言资源保护的理论与实践研究"（15AYY012）；语保工程民语调研专项任务"民族语言管理项目"（YB1826B026）。

进入一期的攻坚收官阶段。目前，语保工程正面临如何开展在语言资源保护条件下的开发应用等后续任务。相较于汉语方言资源，中国少数民族语言（以下简称"民语"）资源的开发应用面临语种多、类型杂、差异大的形势，需解决的问题也极其特殊，难以一刀切。本文结合语保工程民语调研专项任务实施以来的实践，就中国少数民族语言资源及其开发应用的相关论题予以初步探讨，以期获得抛砖引玉之效。

一、论题缘起

语保工程兼具史无前例的开创性和重大的现实意义，其投入的经费、人力、持续的时间以及获得的语言资源容量，是空前的。尤其首次采用统一的规范标准所收集的国内汉语方言与少数民族语料资源兼具真实性、可靠性和科学性。调查所获相关数据提供了中国语言资源的分布地域、密度、类型，各语系、各语族、各语支、各语言及其方言土语资源等多种最新信息，也为我们进行语言资源保护与语言资源开发应用规划提供了科学依据。

（一）语保工程民语调研任务所获语料数据

语保工程实现了新时期对中国境内的少数民族语言及方言与土语情况较为全面的摸底与排查。据语保工程民语调研专项任务相关数据统计，2015至2019年的5年内，共计立项410个点。其中，一般点立项323个，已结项255个；濒危点87个，已结项74个。立项与已完成任务的调研点涵盖了我国56个民族使用的130余种语言及新发现的若干语言[①]。各语系语言点分布情况如表1所示。各语族设点情况如表2所示。

---

① 其中还包括了自称僜人、夏尔巴人、克木人、临高人、品人、毕苏人、本人等人群的语言。

表 1　各语系语言点分布情况

语系名	设点数	一般点数量	濒危点数量	占设点总数百分比
汉藏语系	302	244	58	73.66%
阿尔泰语系	69	57	12	16.83%
南亚语系	22	14	8	5.37%
南岛语系	3	1	2	0.73%
印欧语系	5	4	1	1.22%
未定语系语言朝鲜语	3	3	0	0.73%
混合语	6	0	6	1.46%

表 2　各语族设点情况

语族名	设点数	一般点数量	濒危点数量	占设点总数百分比
藏缅语族	183	138	45	44.63%
壮侗语族	73	63	10	17.80%
苗瑶语族	46	43	3	11.22%
突厥语族	30	25	5	7.32%
蒙古语族	30	27	3	7.32%
满－通古斯语族	9	5	4	2.20%
孟高棉语族	22	14	8	5.37%
其他①	17	8	9	4.15%

以上数据中包括需待确认的若干种新发现语言，还包括 30~50 余种跨境语言（戴庆厦，1993；黄行、许峰，2013；周庆生，2013；朱艳华，2016）。

（二）民语"发音合作人"遴选中透露的相关信息

在语保工程实施过程中，每个调研点提供各种语料资源的发音合作人无疑是最重要的角色，而其中尤为关键的是主要发音合作人。语保工程民

---

① 其他包括台湾语群、回辉话、印欧语系、朝鲜语、混合语等。

语调研专项任务实施进程中不同语言及方言调研点发音合作人遴选条件存在一定的差异，大致可分为以下几类情况：

A. 发音合作人的遴选有较为充分的选择余地，甚至在某些调研点可海选；具体来说，除了少量借词和绝对缺失词汇外，可圆满完成词汇采集任务；尤其是口头文化语料采集方面的发音合作人的遴选可做到精选，提供的语料内容异常丰富，样式齐全且多样，音像摄录过程十分顺利。

B. 有较多符合条件的发音合作人，也有一定的选择余地，但稍需花费一些时间与精力；上述几个环节的语料采集和音像摄录工作一般也较为顺利。

C. 符合条件的主要发音合作人有限，且某些调研点需要适当放宽诸如年龄、性别或文化程度等条件；上述几个环节中，词汇部分有一部分抽象词汇缺失现象，口头文化部分提供的语料内容和形式都有一定局限性。有些调研点课题组与发音合作人的音像摄录磨合过程较长。

D. 符合部分条件的发音合作人很有限，且单人无法承担主要发音合作人需完成的全部任务，需要数个人合作才能完成部分任务；因词汇缺失现象较为严重，口头文化材料内容和形式较为单一，无法采集到足量的语料；音像摄录也困难重重。

E. 符合部分条件的发音合作人也很难觅，仅存的数量有限的自然母语人也或因年事已高、身体多病、发音器官患病及其他原因无法配合课题组的音像摄录工作，课题组不得已在部分"学得"母语人中寻找到符合部分条件的发音合作人，所提供的各类语料在各方面都存在一定局限性。

另外，诸如崩如、苏龙等数种濒危语言因无法寻觅到符合条件的发音合作人，无条件立项；台湾语群除阿美语和邹语外的10余种濒危语言也因各种原因未能列入语保工程一期调研计划。

上述发音人遴选过程中出现的情况分别涵盖了不同的语言：其中，A类一般可涵盖蒙古、藏、维吾尔、哈萨克、朝鲜、壮、傣等数个具有传统文字或布依、哈尼、白等几个新创文字且人口数量较多民族的语言；B类包括彝、苗、侗、拉祜、傈僳、黎、水等人口数量较多、方言分歧较大的民族语言；C类绝大多数是人口较少民族中仍保持一定活力的语言①，其中仅有锡伯、柯尔克孜、景颇、土族等几种语言有文字，其余全部是无文字语言；D类大多是有一定濒危迹象的语言，如乌孜别克、塔塔尔、图瓦、东部裕固、西部裕固、保安、康加、鄂伦春、鄂温克、俄罗斯、门巴等民族的语言，也包括台湾绝大多数南岛语系的语言；E类则涵盖了满、土家、赫哲等语言，也包括一部分南岛语系台湾语群的羿、卡那卡那富、沙阿鲁阿、巴则海、邵等语言。

由于不同语言因各种情况存在的许多差异，以上归类具有一定相对性。因每一种语言甚至方言土语间内部也存在着各种不平衡现象，某些语言的下位分类还需参照相关条件有待进一步确认。

（三）相关分析

语保工程民语调研专项任务相关数据统计显示：汉藏语系约占设点总数的73.66%，是中国语言数量最多的语系；其次是阿尔泰语系，约占设点总数的16.83%。两个语系设点约占总数的90.49%。而各语族设点数据统计显示，各语族占比依序为：汉藏语系藏缅语族、壮侗语族、苗瑶语族，阿尔泰语系突厥语族与蒙古语族、南亚语系孟高棉语族、阿尔泰语系满–通古斯语族。以上统计数据同时也反映了中国少数民族语言分布的基本情况。从总体上看，北方民族语言中除了蒙古语、维吾尔语等个别语言外，其他语言基本完成了规划的布点任务。汉藏语系中，藏缅语族、苗瑶语族等因方言、次方言、土语间分歧较大，尤其是藏缅语族中彝缅语支的彝语分六大方言，数十种次方言，还有诸多土语，目前布点密度仍显不足。苗语和瑶语的情况则较为复杂，除了语言内部方言分歧大导致无法交流外，苗族与瑶族内部不同支系间甚至语言兼用，瑶族内部不同支系还使用不同的语言。尽管如此，语保工程民语调研专项任务所获语料资源已形

---

① 国家民委、国家发展改革委、财政部、中国人民银行、国务院扶贫办（2021年2月，国务院扶贫办改名为国家乡村振兴局。——编者注）制定的《扶持人口较少民族发展规划（2011—2015）》所称的人口较少民族指全国总人口在30万人以下的民族，共计28个，包括珞巴族、高山族、赫哲族、塔塔尔族、独龙族、鄂伦春族、门巴族、乌孜别克族、裕固族、俄罗斯族、保安族、德昂族、基诺族、京族、怒族、鄂温克族、普米族、阿昌族、塔吉克族、布朗族、撒拉族、毛南族、景颇族、达斡尔族、柯尔克孜族、锡伯族、仫佬族、土族。

成了庞大的数据信息，基于补充采集相关语料的基础上进行统一开发应用的条件业已成熟。

另外，发音合作人遴选过程中透露的语言资源保持类型的差异给我们提供了少数民族语言资源进行开发应用的重要依据。我们将各调研点发音合作人遴选的具体情况和各类语言资源的情况综合分析如下：A类语言因人口数量较大，普遍具有悠久的传统文字或新创文字，积累了大量的历史文献，有较早的母语教育史或双语教育体系，加之国家长期的推进和整体的建设，其本体规范化程度已达到很高的水平；B类语言多为新创文字语言，部分因其内部方言或土语差异较大，各语言间规范化程度不一，无法对同一种语言甚至不同方言实施统一的开发应用方案；C类包括大部分人口较少民族的语言，因人口数量少、居住分散、多数没有文字等多种原因，尤其是民族内部母语实际使用人数较少，各语言保护及本体化程度不尽如人意，有一定母语资源开发应用的潜力及空间，但需考虑人口居住分散等情况应实施先保护、后开发应用的方案；D类和E类包括了所有濒危语言，因普遍处于严重的衰变状态，当务之急是语言资源的抢救性保护。从以上相关数据和材料来推断：A类语言资源具备深度开发应用的基本条件，且极具产业化的潜力。B类语言资源中，有一部分也具有深度开发应用的条件，但可能还存在不足，如方言间需进一步深度规范化；另一部分语言则需要解决方言间无法沟通交流的问题后实施不同的开发应用方案。C类语言资源开发基础较为薄弱，还需要继续打造和夯实基础之后再将开发应用的问题提到议事日程上，对此类中有文字的数种语言则可以采取边积累边开发的办法。D、E类语言资源则亟待深度典藏性保护。由此，我们认为，在中国少数民族资源的统一开发的基础上针对不同语言资源保持类型的少数民族语言的开发应用还应同时实施分类梯次开发方案。

二、关于整体统一开发应用的问题

（一）大数据研发及应用

语保工程民语语料资源具有大数据研究的多元可比性、应用开发性、可持续性（丁石庆，2018）。这将成为少数民族语言资源开发应用最核心的，也是极具潜力的挖掘重点。虽然目前的语料资源在大数据的学术研究方面还存在一定的局限性，如纵向性的历史比较对比方面条件还不甚成熟，但横向的共时比较或对比研究还是有很大空间的。如，1200条通用词可开展同语系的词汇比较研究或不同语系间的对比研究，以语族为单位的1800条扩展词加上1200条通用词共计3000条词汇可为同语族少数民族语言之间的初步比较研究提供可能。此外，经过扩展后的语料资源也可为在线词典、在线教材、语言地图集的编制提供基础。经长期建设的语保工程民语语料资源还可持续地为语言学及相关专业的本科生、硕士生、博士生撰写学位论文提供选题，并同时为少数民族语言资源的深度开发和应用贡献力量。

中国少数民族语言的识别和方言、土语的划分等虽然经过近百年数代人的努力，取得了目前的成就，但仍存在一些遗留问题，甚至还因语言的系属定位、语言身份定性等方面在国内外语言学界始终存在着较大分歧（孙宏开，2005，2013；黄行，2018）。少数民族语言资源的深度开发应用将为此提供大数据支持，也将有极大的可能通过大量有力的佐证而达成国内外语言学界的共识。极具特殊学术研究价值的混合语，一直也是国内外语言学界长期争论的焦点，主要涉及其概念、性质、特征等内容。民语语料资源中的6种混合语样本将为此提供个案及对比样本，也将为学界进行充分甄别、定性、定位等研究提供相关数据和语料支持。

（二）智能化软件与文创产品研发及应用

少数民族语言资源的开发应用是一项极其繁重的工作，仅语料的标音、翻译、标注等工作，就需要耗费大量时间、精力。由于语保工程一期相关软件开发应用的滞后，许多语保人在模板整理的工作中耗费了大量时间和精力，苦不堪言。虽然目前情况有很大改善，但某些软件仍存在各种不太适合民语语料资源的整理和开发应用的问题，还需进行改进和磨合。因此，语保工程尤其是"后语保"时期，少数民族语言资源的保护及开发应用迫切需要相关的各种软件，以节省大量的人力与时间。

简言之，语言资源的开发利用应与时俱进地共享现代科技和互联网经济带来的各种便利条件和先进手段，如通过各种新媒体形式、网络、手机App等助力语言资源的开发利用。编撰各种音像同步的图文声并茂的教材、数字词典等，词典也应努力开发为多种语言对照，并附上音频或视频例句，也可在新媒体平台上将目标语言的数字化信息及音视频资料予以开放，为需求方提供各种服务。构建内容涵盖民族学、人类学、语言学、宗教学、教育学、文化学、旅游学等多学科的领域知识图谱，实现多领域多学科知识的多维度关联与信息共享，满足相关领域的不同需求。开展诸如自然语言理解、人工智能、智慧系统建设等特定语言服务产品的研发，其成果也将反哺少数民族语言资源的开发应用事业。

另外，中国少数民族语言资源复杂多样的特征决定了少数民族语言资源开发后的应用也具有多元性。其中，少数民族语言资源开发应用的语言服务领域十分广阔，也极具发展前景，同时兼具社会效益与经济效益，最易形成语言产业。而最具潜力的是民族语言资源的翻译，这也是目前在开发上具有初步规模并在应用上已初见成效的一个领域。此外，面向国家和社会安全领域、国家安全需求的公安刑侦语言系统、语言特征鉴别系统的少数民族语言资源的应用也具有极大的开发空间，并将在维护国家和社会安全等方面作出应有的贡献。

少数民族语言资源的开发应用还可为国家民族语文政策、中国语言国情、国家语言安全等多个领域提供咨询服务。如对近年来国家的语言政策发生的变化予以大力宣传和科学解读，尤其是通用语与少数民族的关系问题和民族地区的双语教育问题等，亟待基于少数民族语言资源保护及开发应用的成果提供更多的科学依据。

三、关于分类开发应用的问题

（一）A类语言

语言翻译层面上的开发应用在A类及部分B类少数民族语言资源中可谓独占鳌头。尤其是数种具有传统通用文字的民族语言，因已有雄厚的资源积累及开发基础，极具广阔的深度开发应用前景。其中，中国民族语文翻译中心（局）作为国家级民族语文翻译机构，一直致力于民族语文软件的研发与推广应用工作，已陆续完成了蒙古文、藏文、维吾尔文、哈萨克文、朝鲜文、彝文、壮文（新创文字）等7种民族语文电子词典及辅助翻译软件。目前，蒙古、藏、维吾尔、哈萨克、朝鲜、彝、傣、壮等数种具有文字传统的民族语言资源已经在标准化、规范化、信息化等"三化"方面取得了较好的业绩，并在翻译、编辑、出版等方面积累了大量的资源，有的已经出现了大量相关的语言资源衍生品。民族语文智能翻译，特别是智能语音翻译的深入研发，也已列入"十三五"期间国家语言文字工作、民族工作、信息化工作的重点内容。近期，已有蒙古、藏、维吾尔、哈萨克、朝鲜、彝、壮等7种民族语文近40款机器翻译软件相继研发成功并推广应用，受到社会各界广泛好评（江白，2018）。近期，中国民族语文翻译中心与内蒙古蒙科立蒙古文化股份有限公司举行了战略合作签约仪式，蒙古语文人工智能技术也已经提到议事日程上来。其中涉及蒙古语文人工智能技术合作及产品研制推广等相关内容①。语言翻译的产业化过程也将带动诸如民族语言教育、民族语言出版、民族语言测试等领域资源的开发和应用。

（二）B类语言

B类语言中包括部分人口数量较多的民族，也包括了部分人口数量不多但有新创文字的民族，如布依族、苗族、侗族、哈尼族、傈僳族等使用的是中华人民共和国成立后新创制的拉丁字母文字。另外，因考虑到某些语言的内部方言甚至土语间分歧较大，根据不同的语言的情况还创制了多种文字，如苗族有黔东苗文、湘西苗文、川黔滇苗文、滇东北苗文共4种文字。新创文字为上述民族的语言资源传承和保护起到了重要作用。但鉴于上述情况，该类语言适宜以不同方言为单位实施个性化开发应用方案。

（三）C类语言

此类语言中包括了部分有传统文字的民族，如柯尔克孜族、锡伯族、俄罗斯族；也包括部分拥有新创文字的民族，如土族、景颇族；也有部分不属于人口较少民族的东乡族、仡佬族、拉祜族、佤族、水族、纳西族等。这几个民族的人口数量在31万至70万之间，整体人口偏少。其语言因使用人口较少，大多数都主要在家庭语言环境中使用，缺少社区这样的语言强化群体氛围，导致传承进程中出现各种缺失或磨蚀现象。母语个体

---

① 参见http://www.nmtv.cn/folder123/folder148/2019-03-26/387601.html。

仅在家庭环境中熏陶和成长，可能会获得并巩固其母语能力，但从语言能力发展来说还需要一个重要环节，就是母语能力的强化过程。母语的强化有多种途径，包括社区母语环境、母语的书面形式 —— 文字、学校母语文教育、使用母语的各种媒体形式等。就个体成长的单一的家庭母语环境来说，社区环境无疑是母语个体更大的语言操练课堂。在这个更大的母语环境中，母语个体的口语能力会得到进一步的实质性提升和拓展。一般来说，享有一定社会地位且母语个体数量占优势的社区环境里，母语的使用密度相对较大，使用频度也高。这样，无形中就营造了一个良好的社区母语环境，个体在家庭氛围内获得的母语在更大的语言交往环境中得到了进一步巩固和强化。

（四）D、E类语言

这两类语言中除了人口数量较多但趋于衰亡的满族和土家族这两种语言外，绝大多数是5万以下的人口较少民族，除俄罗斯族以外均无文字，总数上超过了30种。整体特征表现为：母语使用人口稀少，绝大多数母语人普遍年龄老化，家庭和社区母语环境缺失而导致代际传承出现严重危机。这两类语言的当务之急是抢救性保护现存的活态语料，并加速完成语言文化典藏的语料采集和濒危语言志的撰写任务。

四、结语

（1）语保工程一期民语调研专项任务所获的巨量少数民族语料资源数据，反映了中国少数民族语言资源在分布上以汉藏语系和阿尔泰语系语言为主。从各调研点发音合作人遴选过程中透露的信息中可以看出，不同类别的语言间语言资源保持类型上存在着显著差异，这些数据及相关信息为我们进行后续工作推进提供了可靠信息和科学依据。

（2）基于相关调研数据所提供的信息，并根据实际情况，中国少数民族语言资源的开发应用可采用整体统一开发和分类开发两种思路。统一开发主要聚焦于大数据研发及服务、智能化软件及文创产品的研发应用等方面。分类开发则应着眼于语言资源保持类型的不同特点，实施深度开发应用、深度规范性的开发应用、深度保护性开发应用及深度典藏性开发应用等。

（3）中国少数民族语言资源的开发应用的长远规划和具体实施方案必须秉持实事求是的态度，依据相关数据和信息，力求做到精准、科学、可行，避免一刀切或削足适履的做法。

（4）语言资源开发应用是一个系统工程，也是一项长期的人文关怀工程，需要参与各方秉持工匠精神，拥有人文情怀，齐心协力，同舟共济，在夯实语言资源保护与开发应用基础之上，统一认识，更新理念，整合资源，科学规划，积极探索可持续发展的新路径。

参考文献：

戴庆厦，1993. 跨境语言研究[M]. 北京：中央民族大学出版社.

丁石庆，2018. 中国语言资源保护工程语料资源的质量、价值和效用：以少数民族语言材料为例[J]. 暨南学报（哲学社会科学版），40（10）：19-26.

黄行，2018. 中国民族语言识别：分歧及成因[J]. 语言战略研究，3（2）：27-37.

黄行，许峰，2013. 我国与周边国家跨境语言的基本情况与问题[J]. 中国语情，（3）：5-14.

江白，2018. 中国民族语文翻译局藏文智能翻译软件发布会在成都举行[EB/OL].（2018-06-06）. http://www.tibet.cn/cn/news/yc/201806/t20180606 5916359.html.

孙宏开，2005. 用科学的眼光来看待我国的语言识别问题[J]. 语言文字应用，（3）：26-28.

孙宏开，2013. 关于语言身份的识别问题[J]. 语言科学，12（5）：449-459.

周庆生，2013. 中国跨境少数民族语言类型及人口状况[J]. 中国语情，（3）：16-19.

朱艳华，2016. 论跨境语言资源保护[J]. 贵州民族研究，37（3）：204-208.

（原载于《语言战略研究》2019年第3期）

中国少数民族语言研究70年：成就和努力方向^①

王远新

摘要： 中华人民共和国成立后的70年里，我国少数民族语言研究在语言现状调查、语言关系、语言文字应用和语言政策4个领域取得了显著成就，具有立足实地调查、回应社会关切、重视学科建设3个方面的鲜明特点；在语料进一步积累和深度利用、微观研究和个案分析的理论提升、充分发挥新兴学科的作用等方面形成了新的学术增长点。今后的研究还应当加强人文关怀，重视少数民族在新时期的语言文化重大关切；开展学术争鸣，厘清认识误区；加强认同及认同关系的研究；开展名副其实的"一带一路"语言研究；加强不同语种研究者和分支学科的深层次合作；加大学科建设扶持力度，平衡语种和分支学科的研究力量。

关键词： 中国少数民族语言研究；语言调查；语言应用；学术增长点；努力方向

作者简介：王远新，文学博士，中央民族大学中国少数民族语言文学学院教授、博士研究生导师，主要研究方向为中国少数民族语言研究、社会语言学。

基金项目：国家社会科学基金重大招投标项目"蒙古族语言生活调查"（17ZDA316）。

① 本文初稿曾由笔者在"教育部社会科学委员会语言文学、新闻传播学和艺术学学部2018年度工作会议"（2018年7月17日）上作主题发言；修改稿曾由笔者在陕西师范大学和国际城市语言学会联合主办、中国语言战略研究中心参加协办的"国际城市语言学会第十七届学术年会"（2019年8月23日）上作主旨报告。

一、少数民族语言研究的成就和特点

中华人民共和国成立后的70年里，我国少数民族语言研究在4个领域取得了显著成就，具有3个鲜明特点。

（一）显著成就

1.语言现状调查

语言现状调查的主要目的是摸清我国少数民族语言文字的家底，弄清语言资源的种类及其价值，进而探讨或提出相关理论。这方面的成就主要体现在两个方面。

（1）语言本体调查。摸清现状，不断获取新的语言材料，是持续性语言本体研究的基本保障。服务于民族识别等现实需要的语言本体调查，始于中华人民共和国成立初期的20世纪50年代。此后的半个多世纪里，我国少数民族语言研究者在语言和方言土语种类、特殊语言变体、调查深度等方面持续用力。截至目前，少数民族语言研究者已调查描写了130多种少数民族语言及相当数量的方言土语，一些研究涉及濒危语言、跨境语言、特殊语言变体；出版了系列描写语言学丛书，包括语言简志、新发现语言描写著作等，为中国少数民族语言研究乃至中国语言学奠定了厚实的家底。[1]在语料搜集和细致描写的基础上，出现了一批理论成果。比如，揭示了混合语的特征及其形成机制；出版了少数民族语言特色词类、语法范畴、特殊音类等领域的系列专题研究成果。这些成果为民族识别提供了科学依据，为语言国情、区情和族情的研究，为语言类型、历史比较、语言关系的探讨以及中国特色语言学理论的建设奠定了坚实基础。

（2）语言功能调查。语言功能的系统调查得益于社会语言学的发展。20世纪80年代至今，少数民族语言研究者主要从使用领域、社区和群体等3个维度调查描述不同领域（日常生活、教育、传媒、行政、司法、文化、宗教等）、不同社区（民族聚居区、杂居区和散居区，城镇社区、农牧区、城中村、移民社区等）、不同群体（公务人员、教师、学生、进城务工者等）的语言文字使用状况和特点，揭示了少数民族语言文字使用存在的问题及其影响因素。[2]在语言使用现状调查的基础上，获得了一系列新认识和理论成果。比如，多语地区语言功能的差异性、使用的层次性和功能的互补性，和谐语言生活建构的模式，语言文化多样性和语言资源的价值，语言活力测量和预测标准，濒危语言发展趋势等。上述调查研究主要有三方面的价值：一是描述不同领域、社区和群体少数民族的语言文字使用状况和特点，结合语言本体研究，可以全面认识少数民族语言文字的性质、地位和特点；二是为少数民族语言文字的应用研究和双语教育研究提供基础材料和理论依据；三是为国家、民族自治地方制定和完善少数民族语文政策服务，满足少数民族的语言文化需求。

2.语言关系研究

语言关系研究涉及语言的发生学、类型学、共时和历时接触关系，还涉及语言与方言、跨境语言、汉语与少数民族语言关系等。少数民族语言研究者借鉴印欧语系的理论成果和分析模式，结合中国语言实际，比如语音对应特点、同源词和关系词、语法结构、语言接触导致的区域特征、语言类型转换等，探讨不同类型语言的历史比较方法和分类模式，语言深度接触条件下的接触类型、结果和机制，提出了界定语言亲属关系与接触关系的方案或思路[3-6]；立足于语言发生和接触的类型，从跨学科研究视角构建语言演化的模式[7]。少数民族语言研究者还积极参与国际学术界关于汉藏语系及相关问题的学术讨论，提出了中国的分类方案。各类语言关系的研究，不仅为跨语言对比和语言类型学、语言谱系分类、语言区域特征、语言功能和语言演化研究提供了证据，而且有助于深化对语言共性和特性的认识，在一定程度上丰富了普通语言学的内容。

3.语言文字应用研究

语言结构描写、语言功能探讨和语言关系研究，为语言文字应用研究奠定了基础。少数民族语文应用研究主要涉及少数民族语文教学，不同模式、不同类型的双语教学，少数民族语言文字的规范化、标准化和信息化，实验语音学和计算语言学，语言翻译和语言服务等领域。这类研究在丰富少数民族语言生活研究、促进少数民族语言文字及其使用跟上社会进步和科技发展的步伐、推动少数民族地区文化建设和人才培养等方面，具有重要的社会价值和现实意义。

4.语言政策研究

少数民族语文的使用和发展离不开正确的语言政策指导，语言政策的制定源自语言生活的需求。换言之，语言政策的制定和完善与语言生活的调查研究相辅相成：政策及相关法律法规的制定和完善以语言生活的调查研究为依据，并指导或影响着语言生活；语言生活的变化要求及时调整已有的政策和法律法规，制定新的政策和法律法规，使其更好地发挥指导和规范作用。语言政策研究主要涉及语言文字立法、语言规划、语言教育和语言使用，还涉及少数民族传统文字、新创文字、改革和改进文字的使用功能等。伴随着社会的变革，少数民族语言文字本体及其使用均发生了显著变化，需要及时补充、修订和完善已有的语言政策，制定新的语言规划，使其更好地为少数民族语文的使用和发展、为少数民族地区的语言生活服务。这类研究在促进少数民族语文和国家通用语文的和谐发展、完善少数民族语言文字法律法规建设等方面发挥了重要作用。[8]

（二）鲜明特点

1.立足实地调查

我国少数民族语言研究者秉承我国语言研究的优良传统，在坚持不懈地深入田野搜集并积累第一手材料和调查数据的基础上，开展语言结构、功能、类型、演变及各类语言关系的研究，注重挖掘典型特点，提炼符合中国语言实际的语言学理论；或立足于中国语言实际，验证已有的语言学理论，丰富和发展普通语言学。

2.回应社会关切

我国少数民族语言研究者坚守服务社会、服务少数民族地区、服务少数民族的理念，围绕国家建设、少数民族地区经济发展、文化建设、教育公平、语言平等、民族团结、社会和谐、语言文化安全等重大现实问题，关注少数民族特别是弱势群体的语言文化需求，探讨我国各民族语言生活和谐发展的规律，为进一步巩固和谐的民族关系、制定平等的语言政策提供咨询，为回应国际社会、国内各界的理论和实践关切提供科学依据和解释。

3.重视学科建设

学科构成及其队伍建设是学术研究可持续发展的基本保障。中华人民共和国成立后，在国家鼎力支持下，少数民族语言研究遵循学科的内在逻辑及现实需要，形成了具有中国特色的学科布局和研究队伍，并在此基础上发展出具有一些特色的研究领域。比如，从民族识别发展出的语言调查描写，与汉语方言调查研究相得益彰；立足于民族关系特点发展出的语言类型、谱系和接触关系研究，与语言学相关学科如汉语史以及民族学、人类学、民族史、民间文学等人文学科相互为用；着眼于语言规划和社会应用需求发展出的社会语言学研究，从文化建设、语言资源保护和利用发展出的语言生活及濒危语言调查研究，一定程度上丰富了民族政策、民族政治学、社会学等学科的内容；从语言文字应用特别是计算机、互联网、新媒体应用发展出的计算语言学、实验语音学、计量语言学、语言知识图谱研究等，紧跟国际和国内发展步伐，初步形成了较为合理的学科布局和人才梯队，为中国少数民族语言研究的可持续发展奠定了基础。

二、少数民族语言研究的学术增长点

（一）语料的进一步积累和深度利用

语言本体研究从音位学到音系学、从构词法或形态学到句法学，研究成果不断增多；词汇和语义研究相对薄弱，因为这方面研究需要依赖更多领域、不同类型的调查语料，以及研究者对相关语言文化的深刻体悟。就此而言，语言材料的进一步积累是少数民族语言研究全面发展的需要。近年来，在中国语言资源保护工程项目的推动下，濒危语言和方言调查成为研究热点，促进了描写语言学的发展。如何更好地利用搜集到的语料，进一步开展历史比较语言学和类型学研究，是少数民族语言研究今后一段时间的学术增长点。随着语言和方言调查资料的积累，语言地理学（方言地理学）开始起步，可以预见，该领域的研究将是少数民族语言研究的另一个学术增长点。

语言结构的调查描写是历史比较研究的基础。随着少数民族语言调查成果的增加和描写分析的细化，历史比较研究反而不像过去那样热。汉藏语系研究在语支和语族分类层面取得了可观的成绩[9-12]，语系层面却遭遇瓶颈；阿尔泰语系具体语言研究在持续进步的同时，语族特别是语系层面的比较研究进步不显著。开创历史比较语言学的新局面，需要少数民族语言研究者挖掘新的学术增长点。

（二）微观研究和个案分析的理论提升

社会语言学是中国少数民族语言研究近30年发展最快的研究领域。语言使用和语言功能、语言态度和语言认同、语言政策和语言规划、语言变异和演化过程、跨境语言研究，以及不同领域和群体、各类语言社区的语言生活调查研究，均积累了一定的实证研究成果和典型个案，进一步的理论提升是未来几年的学术增长点。多民族地区语言生活涉及少数民族的语言能力、语言使用、语言态度、语言本体和功能的关系及其相互影响，全面了解少数民族语言生活的现状、特点及其发展趋势，准确揭示少数民族语言生活存在的问题，全面分析影响少数民族语言文字使用和发展的各类因素（政策和法律法规、社会文化、经济形态、科技发展、民族和国家认同、语言教育、语言生态、语言活力、语言结构、语言态度、语言认同等），并提出针对性的对策建议，有助于更好地把握少数民族语言本体和功能发展的特点、规律和趋势，有助于构建多民族地区和谐的社会语言生活，巩固稳定和团结的社会局面。进一步加强这方面的研究，特别是在以往实证研究和个案积累的基础上做进一步的理论提升，有望发展出一些新的学术增长点。

（三）充分发挥新兴学科的作用

在少数民族语言研究领域，实验语音学、计算语言学、语料库和数据库建设等分支学科已有一定积累，学术效益初显。进一步发挥这些新兴学科的作用，使其更好地朝着精细化、科学性、智能化及理论解释的方向发展，是少数民族语言研究的学术增长点。语言本体描写、语言生活调查等领域的语料、数据和个案的不断积累，对科学高效的智能化数据处理和研究提出了新要求，完成这类任务需要借助信息化技术手段。根据不同的研究目的，建立不同类型的语料库和数据库，为建立语言类型对比、亲属语言比较、语言关系类型、语言生活调查分析模式，提供量化研究的技术支持、资源共享及网络互动平台，也是今后几年少数民族语言研究的学术增长点。

三、少数民族语言研究的努力方向

（一）加强人文关怀，重视少数民族在新时期的语言文化重大关切

关注社会现实、体现人文关怀是人文研究的应有之义。近年来，国际和国内形势都发生了巨大变化，如何充分发挥新时期人文科学的价值和优势、处理好理论与实践的关系，是我国少数民族语言研究面临的迫切问题。我们需要提供有效的语言文化服务，从而体现学术研究的人文关怀。只有这样，关于少数民族的语言研究才能充分体现学术研究的独特性及中国特色。

（二）开展学术争鸣，厘清认识误区

受经济全球化和民族主义思潮的影响，国内民族关系发生了明显变化。历史与现实、国际与国内、政治与社会、经济与文化、语言与宗教、国家通用语言与少数民族语言、跨境语言文化的正常交流与渗透等问题交织在一起，少数民族的语言文化诉求、语言态度和语言文化认同比过去更加复杂。

与此相关，国内外民族学、人类学、民族政治学等领域的一些学术争论，比如关于"想象的共同体""第二代民族政策"等，导致了认识上的混乱和错误。近年来，语言学界关于语言的性质、社会地位和社会文化功能，海内外汉语教学和华文教育，国内各语言和方言关系，以及小语种专业设置和人才培养等问题的讨论，对我国民族地区语言生活及民族语言研究也产生了一定的影响，在某些方面甚至导致了认识上的偏差。[13]这些认识的混乱和偏差，必然影响民族地区语言生活的和谐与社会稳定，从而造成不良的社会后果，这应当引起决策部门和社会各界的高度重视。

（三）加强认同及认同关系的研究

我国各民族的语言认同，首先涉及国家认同，也涉及多民族国家中少数民族社会文化身份的建构。少数民族对自己身份即"我是谁"的定位，决定着他们对自身特点的认识及其对本民族语言文化传承和发展方向的期望，涉及"我将向何处去"的问题。因此，加强认同和认同关系的研究，首先要强调国家认同的重要性，同时也关系到少数民族社会文化身份的建构、少数民族语言文化的发展及民族和谐关系的巩固。

　　语言认同是文化认同的基本要素，语言文化认同是民族认同的基本依据。一个民族千百年来积淀的语言文化，不仅是该民族的宝贵财富，也是其内部成员相互认同的依据。更重要的是：语言文字在不同领域的使用，会潜移默化影响使用者的价值观和行为方式；语言文字使用中存在的问题，会影响民族团结、社会稳定乃至国家安全。随着信息技术进步以及经济全球化、文化多元意识的加强，不同语言文字的使用范围、社会地位、文化功能、战略意义也在发生着显著变化，语言文化安全的复杂性随之增加。处理好语言认同与文化、民族和国家认同的关系，协调好跨境民族语言的关系，是多民族国家普遍面临的问题，关系到国家认同的建构。处理不好，就可能强化民族认同，弱化国家认同。因此，我们应该结合少数民族的实际需求，做好少数民族语文尤其是跨境民族语文工作，在强调国家意识、推广国家通用语言文字的同时，合理发展少数民族的语言文化。只有这样，才能更好地协调民族认同和国家认同的关系，在国家认同的前提下，使各民族文化得到协同发展。[14]

（四）开展名副其实的"一带一路"语言研究

　　随着国家"一带一路"倡议的实施和推进，跨境语言文化交流、语言文化安全、语言服务，沿线国家语言状况和语言关系，我国少数民族语言文字在"一带一路"研究中的意义，以及少数民族语文人才培养和使用在"一带一路"倡议中所能发挥的作用等问题，为少数民族语言研究者提供了一系列新的研究课题。如何发挥少数民族语言文字，特别是跨境民族语言文字研究在"一带一路"倡议中的作用，为国家发展战略提供科学依据、理论支撑及语言服务，是今后一个时期少数民族语言研究应当努力的方向。

（五）加强不同语种研究者和分支学科的深层次合作

　　经过长期建设，语言学不同分支学科初具规模，已有相当的学术积累，其理论和方法在各自领域发挥着学术引导作用。人文研究提倡学者的独立性，这对充分发挥个体的创造力十分重要，但不同学科甚至同一学科不同分支之间的壁垒、各领域学者知识结构和学术专攻的差异，一定程度上禁锢了创新意识。在少数民族语言研究领域，不同语系、语族的研究者之间缺乏深度交流，近些年虽有打破语种、语系甚至分支学科界限的趋势，但仍未从根本上改变我国语言学的学术生态。因此，应当大力提倡跨学科研究，寻找不同分支学科、不同学科之间的结合点和研究问题的创新点。在学科高度分化又密切合作的今天，需要在打造专业团队、充分发挥各自研究特长的同时，组建具有广阔视野和多学科背景的综合团队，形成新的学术共同体。只有充分的沟通与合作，彼此取长补短，发挥综合优势，产出的学术成果才更具理论和应用价值。

中国是语言资源大国，这为跨语言、跨方言研究提供了有利条件，学术潜力巨大。汉语研究具有悠久的历史和丰富的成果积累，有传统文字的少数民族语言研究也较早形成了自己的研究模式。总体而言，汉语研究比少数民族语言研究更早走上了与现代语言学结合的道路。有传统文字的少数民族语言研究怎样实现传统研究方法与现代语言学的结合，无文字或新创文字的少数民族语言研究如何摆脱汉语研究框架的束缚，是少数民族语言研究者需要进一步认真思考的问题。受少数民族语言传统研究模式以及汉语研究框架的制约，加之一些少数民族语言研究者不懂少数民族语言，语言材料的应用多停留在表面，导致少数民族语言的真实面貌、重要特点、理论价值未能得到全面深入的揭示。这些都在很大程度上制约了少数民族语言研究成果的价值和影响力，影响了理论成果的产出。

高质量语言材料是理论创新的基石。就目前的研究看，有传统文字的北方少数民族语言研究成果中：有相当一部分出自本族学者，其主要问题是如何实现传统方法与现代语言学的接轨，并提高理论研究水平；另有一部分成果用少数民族文字发表，面临着读者群狭窄的问题。南方无文字或新创文字的少数民族语言研究中，相当一部分研究者不懂研究对象的语言，语料搜集的广度、深度和准确度有待提高。这就需要加强不同民族学者、不同语种研究和分支学科之间的沟通与合作，加大相互借鉴的力度。

（六）加大学科建设扶持力度，平衡语种和分支学科的研究力量

中华人民共和国成立后，少数民族语言研究的学科队伍由起初的散兵游勇到民族院校的建立，再到今日不同类型高校和研究机构的布局，形成了不同的研究中心和相应的研究梯队，为不同类型和分支学科的语言研究提供了基本保证。

参考文献：

[1]　王远新. 中国民族语言学：理论与实践[M]. 北京：民族出版社，2003.

[2]　王远新. 语言生活调查的主要内容和方法[J]. 民族教育研究，2019，30（2）：82–91.

[3]　陈保亚. 论语言接触与语言联盟[M]. 北京：语文出版社，1996.

[4]　马学良. 汉藏语概论：第2版[M]. 北京：民族出版社，2003.

[5]　瞿霭堂，劲松. 汉藏语言研究的理论和方法[M]. 北京：中国藏学出版社，2000.

[6]　瞿霭堂，劲松. 汉藏语言研究新论[M]. 北京：中国藏学出版社，2016.

[7]　汪锋. 簧门对话：以语言接触与语言演化为中心的跨学科视野[M]. 昆明：云南大学出版社，2017.

[8]　黄行. 当前我国少数民族语言政策解读[J]. 中南民族大学学报（人文社会科学版），2014，34（6）：7–12.

[9]　丁邦新，孙宏开. 汉藏语同源词研究（一）[M]. 南宁：广西民族出版社，2000.

[10]　丁邦新，孙宏开. 汉藏语同源词研究（二）[M]. 南宁：广西民族出版社，2001.

[11]　丁邦新，孙宏开. 汉藏语同源词研究（三）[M]. 南宁：广西民族出版社，2004.

[12]　丁邦新，孙宏开. 汉藏语同源词研究（四）[M]. 南宁：广西民族出版社，2011.

[13]　瞿霭堂，劲松. 论语言与认同[M]//王远新. 语言田野调查实录（12）. 北京：中央民族大学出版社，2017.

[14]　王远新. 新疆少数民族语言文化的价值[J]. 中央民族大学学报（哲学社会科学版），2016，43（2）：120–127.

　　［原载于《陕西师范大学学报》（哲学社会科学版）2019年第6期，《新华文摘》2020年第6期全文索引转载］

藏语书面语语音格局研究的新突破

—— 也评《古典藏语文》对藏语书面语语音和音系之研究

格日杰布

摘要：本文主要从语音、音节和词汇屈折三个方面分析了《古典藏语文》对藏语书面语语音格局的研究，梳理了语音层面的发音描写和听觉描写，音位层面的长度限制、槽位填充项限制、同现限制和双音节重音群，屈折层面的词缀规则、基字规则和跨音节形态词素等内容，并结合其他研究，讨论了《古典藏语文》在相关领域的成果及其局限性。《古典藏语文》作为系统研究藏语文语音和语法理论的代表作之一，初步构建了藏语文现代语言学理论，对进一步研究藏语和汉藏语系诸语言具有积极的参考价值。

关键词：《古典藏语文》；语音；音节；词汇

《性入法》及后世文法家以其为蓝本的注疏诠释，从字性理论解释了藏语语音、音系和词语形态问题。 以此体系为核心，藏语形成了相对成熟的传统文法理论。就研究领域而言，《性入法》与现代语音学和音系学之间有一定的关联，通过现代语音学和音系学方法可以解释很多传统理论未能解决和深入归纳的问题。过去一个半世纪以来，从现代语言学理论视角分析的大量藏语文研究成果相继面世，涉及藏语语音、语法、词汇形态和语言

作者简介：格日杰布，民族学（藏学）博士，中央民族大学中国少数民族语言文学学院副教授、硕士研究生导师，主要研究方向为古藏文形态句法、藏语支语言、文献语言学。

演变等诸多领域。其中，从共时和历时的视角来看，斯蒂芬拜尔（Stephan V. Beyer）所著的 *The Classical Tibetan Language*① （中文名为《古典藏语文》），是从现代语言学视角对藏语文进行较为全面研究的代表性作品之一。

《古典藏语文》于1992年由纽约州立大学首次出版，后再版数次。全书共设13个部分，分别为导语、拉丁撰写、语境中的藏语、书写系统、语音、音节、词汇、屈折、短语、简单命题、复合命题，句子和超越句子等篇章。其中，语境中的藏语解释了藏语系属分类问题，书写系统阐述了藏文创制、书写规则和手写体等内容。学界对这两部分内容相关的研究相对较多，藏语系属分类问题一直是汉藏语系研究的一个热门话题，书写系统的解释在传统文法中就已经较为成熟。语音部分之后的内容对藏语现代语言学理论的构建有着重要意义。本文仅选取语音、音节和词汇屈折3个部分进行评述。

一、藏语语音体系②

《古典藏语文》作者主张描绘语音的方法有两种：一种是描写舌头、嘴唇和声门等发音器官发出的声音；另一种是描写由这些发音器官发出的语音的物质听觉属性。因此，语音体系的描写有发音描写（Articulatory descriptions）和听觉描写（Acoustic descriptions）两种类型③。这两种角度相结合，才能较为全面地解释藏语语音体系。现代语音学的分支学科有语音语言学、声学语言学和听觉语言学。两相比较，《古典藏语文》作者探讨的是一前一后两个，即语音语言学和听觉语言学。

发音描写部分包括元音和辅音两个部分。作者主张古藏文有5个元

---

① Stephan V. Beyer, *The Classical Tibetan Language*, New York: State University of New York, 1992.

② 正文中，*表示构拟形态；？表示该语言中不存在的结构；字母大写表示这种形式根据具体语音环境产生了规则性形态变化；<表示前者是从后者发展而来；>表示前者演变成后者形式。

③ Stephan V. Beyer, *The Classical Tibetan Language*, New York: State University of New York, 1992, p.55.

音，即u、o、a、i和e。这5个元音依据舌体部位、舌位高低、嘴唇的圆展相互区别。古藏文元音是具有音节核心（Syllabic nuclei）功能的独立音位，元音自身便可构成一个独立音节。元音作独立音节时往往由[ཨ]作其基字①，表示这个音节里实则没有辅音，作者称之为补位字（Place-holding graph）②。古藏语没有前圆唇元音，这种元音布置的不对称形成了古藏文所有前元音必须为展唇音的规律。古藏文没有任何派生要求元音需要变成前圆唇元音，这是因为每一个前元音本身就是展唇音（a spread vowel）。比如，后高圆唇元音u会变成前高展唇元音i，而不会变成圆唇元音y：Ndzin<N-DZUŋ-D。不过，现代拉萨方言中已经出现圆唇音，所以，这种阐述仅限于书面语的元音布局。作者从发音部位、封闭、嗓音起始时间和鼻音性4个方面对藏文辅音系统进行了阐述。作者主张古藏文有29个辅音，根据发音部位可分为唇音、齿音、卷舌音、软腭音或声门音。他把[ཨ]定为声门辅音（glottal consonant），而没有列入5个元音之中。29个辅音是除[ཨ]以外的其余辅音，[ཨ]代表平滑元音性内吸音（smooth vocalic ingress），他认为，这种结构是藏语传统文法家的一种创新③。

　　书中谈到从发音部位对辅音进行分类的方法能系统解释以下类似藏语形态变化，比如一个音节中不会同时出现两个唇音，比如只有brda和mtho而没有 ?brma和 ?mpho的结构。它也能解释为何表示过去式的前加字b-不能出现在以下结构中的原因，比如bris< b-BRI-s、bod < b-BOD-S、rmos < b-RMO- S，正因为有这个限制，过去式不能有前加字b-。此外，有些动词也有发音部位同化的现象，比如后加字-D使后元音和软腭鼻音向前转移，比如sbed < N-SBA-D、sel< N-SAL-D、Ndren < N-DRAŋ-D、ndzin < N-DZUŋ-D。根据发音方法，古藏文辅音可分为塞音、摩擦音、近音和塞擦音四类。依据这四种分类，作者提出了四种辅音属性，即：塞音是爆破音但不是窄式（narrowed）音，摩擦音是窄式音但

---

①　作者主张[ཨ]具有前鼻音化功能，所以在正文中用字母N撰写了其形式。

②　Stephan V. Beyer, *The Classical Tibetan Language*, New York: State University of New York, 1992, p.43.

③　Stephan V. Beyer, *The Classical Tibetan Language*, New York: State University of New York, 1992, p.43.

不是爆破音，近音既不是爆破音也不是窄式音，塞擦音既是爆破音又是窄式音。作者认为具有音节核心功能的近音a、u、e属于元音，没有音节核心功能的近音y、r、l则属于滑音（glide）。藏语有明显的塞音和非塞音辅音的区别，塞音辅音有塞音和塞擦音，非塞音辅音有摩擦音和近音。比如古藏文只有塞音辅音才可被前鼻音化，只有非塞音辅音才可以用前加字b–来表示过去式和未来式。塞擦音可以与其对应的摩擦音相互替换，在动词屈折中，dẓ与ẓ，dz与z可以相互替换。藏语辅音还可根据清浊和送气不送气的区别进行更为详细的分类，这种分类在传统文法中已经有较为详细的论述。古藏文只有塞音（塞音和塞擦音）辅音才可以是送气音，摩擦音本可以有清浊之分，但古藏文中并没有这样对立的区分。所以，作者主张古藏文所有送气的辅音都必须是塞音辅音。这种规则对非塞音辅音形成了一个派生限制，比如，当这种屈折规则对送气塞擦音TɕH和TSH产生影响的时候，送气摩擦音ɕh和sh通过这个限制就会变成相对应的塞擦音tɕh和tsh[①]。书中提道，形态上，古藏文有浊音异化的倾向，当一个动词的塞音基字有屈折前加字时，它会根据音位结构限制进行调整，基字的嗓音起始时间（voice onset time）尽可能与前加字异化，比如Nthor<N–TOR、Nkhor<N–KORL。古藏文辅音中，软腭音、上颚音、齿音和唇音都有对应的闭塞音，包括软腭音ŋ、上颚音ɲ、齿音n和唇音m。古藏文的非闭塞音和摩擦音等口腔塞音可以被前鼻音化。作者谈到前鼻音化是古藏文的一种重要的屈折变化，形成了大量动词的现在式词干（present stem），比如，Nkhum < N–KHUM与khums < KHUM–S对立，Ndud < N–DUD和btud < b–DUD–S相互对立。古藏文多数音位可以通过上述发音描写确定其演变规则，但也有一些形态音位规则需要结合发音描写和听觉描写方可进行较为全面的解释。

听觉描写部分讨论了钝音和响音两个问题。作者谈到口腔前后部位发出的语音间有很大的相似性，这与舌头在口腔中部槽位发出的音截然相反。在口腔两端收缩发出的声音，其多数声音都在一个有声学能量

---

① Stephan V. Beyer, *The Classical Tibetan Language*, New York: State University of New York, 1992, p.62.

（acoustic energy）较低的程度，而在口腔中部发出的声音则相反。因此，
k和p比p和t更有相似性。根据这种听觉现象，作者主张软腭音和唇音是
钝音（grave）、齿音和唇音是锐音（acute）[①]。这种听觉描写贯穿了发音
部位的发音描写，能解释古藏文常见的异化模式。比如，前加字g-和d-
是互补分布，钝音前加字g只能出现在锐音基字之前；锐音前加字d只能
出现在钝音基字之前；锐音后加字（post-initial）s只能出现在钝音后加字
之后；锐音后加字d不出现在近音后加字之后，而在钝音后加字之后变为
s；等等。书中谈到在很多语言中，鼻音、滑音和元音在听觉上属于响音，
而其他塞音、塞擦音和摩擦音属于阻塞音。藏语音位节尾（syllable coda）
始终是响音和阻塞音的其中之一。其中，响音节尾对其后面出现的虚词有
以下形态音位影响：有些结构中响音后面的虚词基字是浊音，阻塞音后面
的虚词基字是清音；连词-tɕiŋ在响音后加字后面是浊音-ziŋ，在阻塞音
后加字后面是清音-tɕiŋ或-ɕiŋ；虚词-KYaŋ在响音后面是-gyaŋ，但在阻
塞音后面是-kyaŋ，后期响音后面是-yaŋ。

二、藏语音系

　　作者首先提出原始藏语的音位结构与古藏语的不同，原始藏语可以
构拟有类似*gryud和*rkuan的结构，但古藏文文献中却找不出这种结构。
由于语言的内部变化，古藏文形成了新的音位结构。作者主张解释古藏文
的音位结构需要从长度限制（length constraints）、槽位填充项限制（slot-
filler constraints）、同现限制（co-occurrence constraints）和双音节重音
群（disyllabic stress groups）[②]四个方面进行探讨。

　　长度限制解释音位中可出现的音素槽位（phoneme slot）的数量。
藏语音位有三个组成部分，即节首（onset）、核心（nucleus）和节尾
（coda）。古藏文音位核心部分通常是一个单元音，其最小音位可以由一

---

① Stephan V. Beyer, *The Classical Tibetan Language*, New York: State University of New York, 1992, p.64.

② Stephan V. Beyer, *The Classical Tibetan Language*, New York: State University of New York, 1992, p.68.

个核心部分组成，最大音位可以由以下结构构成，即：核心部分前可出现一个由4个辅音组成的节首，核心部分后面可出现由2个辅音组成的节尾。作者主张古藏语到中古藏语，再到现代藏语，其最主要的变化是音位长度由古藏文的 CCCCVCC 或 CCCCVV 结构变成现代藏语的 CVC 或 CVV 的结构。下面用表1解释藏语音位长度限制。

表 1　古典藏语音位长度限制

	–θ	–C	–CC	–V
	V（o）	VC（og）	VCC（oŋs）	VV（oi）
C–	CV（ka）	CVC（bod）	CVCC（bubs）	CVV（beu）
CC–	CCV（rga）	CCVC（rgud）	CCVCC（rgoŋs）	CCVV（byeu）
CCC–	CCCV（rgya）	CCCVC（rgyal）	CCCVCC（rgyags）	CCCVV（rgyai）
CCCC–	CCCCV（brgya）	CCCCVC（brgyal）	CCCCVCC（brgyuŋs）	CCCCVV（brgyai）

如表1显示，每一个核心部分都必须有一个元音。其实，这就是一种槽位填充项限制，槽位填充项限制说明每一个具体音位能出现哪些音素的问题。节首最多可出现四个槽位（slot），从左到右分别为前加字（pre-preinitial）、上加字（preinitial）、基字（initial）、下加字（postinitial）①。作者提到了四种槽位填充项限制：（1）当节首只有一种辅音时，这个辅音位于基字槽位，除了鼻音化音素N之外，其他任何辅音都可充当这种基字，比如 bod 一词中基字是 b。（2）当基字槽位填满时，也可能有下加字，藏语下加字只有 r 和 y，比如，grud 一词中下加字是 r，byid 一词中下加字是 y。（3）当基字槽位填满时，也可能有上加字，上加字有 r、l、s、g、d、b、m 和 N，比如，bde 一词中上加字是 b，rgyu 一词中上加字是 r。（4）当上加字是非塞音 r、l 和 s 时，可能有前加字，前加字槽位只能出现 b，比如，blta 一词中 b 是前加字，l 是上加字。后部位可出现两个槽位，从左到右分别为后加字（final）和再后加字（post final）②。后部位方面作者提到了两

①　这四个术语与藏文术语相互对称，故用了原有词。

②　这两个术语与藏文术语相互对称，故用了原有词。

个限制：一是后加字槽位可出现一个单元音或单辅音，也可以是空位，后加字有d、n、r、l、s、g、ng、b、m，或任何一种元音都可充当这个槽位，比如bod一词中d是后加字。二是当后加字是钝音辅音（grave consonant）时，可以出现再后加字，再后加字只有d和s，比如thabs一词中s是再后加字。

同现限制规定两个槽位中的哪些音素可以同时出现。作者具体探讨了三个组合规则，即下加字的限制、前加字的限制和重叠限制。古藏文下加字有y和r两个。其中，可与下加字y组合的有gy、ky、khy、by、py、phy和my。作者用这样一种假设解释了这种分布。原始藏语辅音有软腭音、齿音、唇塞音和摩擦音。假设这些辅音都可以加y来颚音化。当这种颚音化产生时便发生了以下音变：ŋy>ɲ、dy>dʑ、ty>tɕ、thy>tɕh、ny>ɲ、sy>ɕ、zy>ʑ、dzy> dʑ、tsy>tɕ、tshy>tɕh。作者主张这种假设能说明两个问题：古藏文有颚音化的塞擦音和摩擦音；在原始藏语阶段已经发生过上述音变的辅音，古藏文中就没有其颚音化形态。下加字r的分布比y更为复杂，可以与r组合的结构有kr、khr、gr、dr、pr、phr、br和sr。一般而言，下加字r不会出现在鼻音后面，而且摩擦音后面的r几乎已经消失。前加字和基字的同现限制可概括如下（见表2）：

表 2　前加字和基字的同现限制

		塞音				摩擦音
		口腔			鼻	
		浊音	清音	送气	+	－
非塞音		+	+	－		
塞音	口腔	+	+	+	+
	鼻	+	－	+		

表2体现的是普遍同现限制规则，能解释多数音节结构，但也有个别组合不包括其中。对此，作者提出了五种特殊同现限制：（1）由于钝音异化影响，前加字G–在锐音基字前是g–，在钝音基字前是d–；（2）前加字b–和G–不出现在浊塞擦音基字dʑ和dz之前；（3）两个双唇辅音不会同

时出现在相同的槽位串；（4）前加字b–不会出现在鼻音基字前；（5）鼻音不会被前鼻音化。重叠限制说明了前加字和下加字的同现限制，文中提到了两种限制：（1）在同一个音节中，r不会同时做前加字和下加字；（2）前加字l不会跟任何一个下加字同时出现。

在藏语发展过程中有一个显著的特点是词汇构成有双音节化的倾向。词汇形态中形成了显著的类似压力（analogic pressure）使语言构成了单个双音节重音群。一般而言，在这种结构中首个重音往往在第一个音节上。这种发展使非音节构词要素（non-syllabic formatives）逐步被音节构词要素（syllabic formatives）替代，构词方式由内部派生转变为外部派生。所以，在古典藏语中有很多同义词实际上是从同一个来源派生出来的现象。双音节重音群产生的方式有以下三个：（1）当一个音节形式添加到另一个已存在的单音节词汇时会形成一个双音节重音群，比如mda和mda–pa和lha和lha–mo。（2）两个并列的单音节可能会形成一个双音节重音群。有时候这种并列会构成一个新的复合结构，这种结构是一种表达新意义的新重音群，比如，gtam和dpe形成gtam–dpe，mgo和skor形成mgo–skor。（3）多音节词汇的缩减和由非重音导致的搭配词向双音节重音组的转变会形成双音节重音组。作者主要提出了三种缩减方式，即词汇缩减、名词性缩减、短语缩减。词汇缩减指这种缩减只出现在单个词汇的界限以内，比如stoŋ ŋid 和stoŋ pa ŋid。名词性缩减是指这种缩减超出了单个词汇的界限，但仍然在单个名词性单位内部产生，比如ban rgan和ban de rgan po。短语缩减是这种缩减已经超越了名词性短语的界限，但始终在一个更大的名词性或动词性短语界限以内。短语缩减包括并列缩减、修饰名词的缩减、关系缩减和动词缩减四种类型。并列缩减是指由连词daŋ组合的两个名词性短语的缩减，比如gnam sa和gnam daŋ sa；修饰名词的缩减是指由从属虚词kyi组合的名词性短语的缩减，比如seŋ phrug 和seŋ gei phru gu；关系缩减是指由名物化标记pa形成的一个命题的缩减，比如Ndod bral和Ndod pa daŋ barl pa；动词缩减是指被一个名物化动词作修饰语的动词短语的缩减，比如Ndod skul和Ndod par skul[①]。此外，作者主张古藏文还存

---

① Stephan V. Beyer, *The Classical Tibetan Language*, New York: State University of New York, 1992, p.94.

在音节划分循环的特征，词汇会选择性地向单音节和双音节结构转变。

三、藏语词语屈折

作者主张词汇形态可分为两个部分，即构成新词的词素处理和修改已有词汇的词素处理。因此，形态学有两个分支，分别为构成新词的词汇形态学和改变已有词汇的屈折形态学。本文只介绍屈折形态学部分，这些规则与藏语音位学息息相关。屈折形态有音节内部屈折和跨音节形态词素两个结构。

音节内部屈折部分主要说明词缀规则问题，其解释了前缀N-、G-、b-和后缀-s的结构规则。这是因为在多数情况下，词语的构成需要前后词缀从语音层面进行调整。前缀N-有以下三个规则：（1）由于前鼻音化只能出现在口腔辅音之前，N不会作鼻音为基字的动词的前加字，比如mid<N-MID。（2）由于只有塞音辅音才可以被前鼻音化，前加字不会出现在摩擦音和滑音前面，比如za<N-ZA。（3）由于只有基字才能被前鼻音化，前加字N不能出现在任何上加字之前，比如rku<N-RKU。前缀G-有以下两个规则：（1）由于前缀G-不能作上加字，它不能出现在任何一个上加字之前，比如rtog<G-RTAG。（2）前缀G-会根据其基字发生钝音异化，在锐音基字之前，G-会变成钝音上加字g-，比如gtad<G-TAD；在钝音上加字之前会变成锐音上加字d-，比如dkrol<G-KROL。前缀b-有以下五个规则：（1）由于在一个音节槽位不能同时出现两个双唇音，前缀b-不能作唇音为基字的上加字，比如bris<b-BRI-S。（2）b-只能出现在口腔辅音之前，而不能出现在鼻音前，比如ŋo<b-ŋo-s、noŋs<b-noŋ-s。（3）前缀b-只能出现在不送气辅音之前，而不能出现在送气塞音之前，比如khur<b-KHUR-S、khrid<b-KHRID-S。（4）前加字b-只能出现在非塞音上加字之前，而不能出现在任何塞音上加字之前，比如gnaŋs<b-GAŋ-S、dgar<b-DGAR-S、gtsis<b-GTSI-S。（5）后缀-s只能出现在钝音后加字和元音后面，比如brkus<b-RKU-S、btad<b-TAD-S。这些规则解释了词缀层面的调节方法。

不过，有些词只有基字而没有词缀，也有一些词虽有词缀，但基字起到了主要调节作用。因此，为了与前后词缀产生语音和谐，基字也有相应的音变。作者讨论了三个基字调节规则，即浊音异化、非塞音规则和唇音规则。浊音异化又包括以下三种情况：（1）当前鼻音化时，清塞音的嗓音起始时间会被异化。（2）浊音异化只有在前缀b–后才可发生，而不会发生在前缀G–之后①。（3）有些不及物动词中，现在式词干不能被前鼻音化时，基字是摩擦音；但有些过去式词干（past stem）的摩擦音与现在式词干的塞擦音相互替换，这种情况我们可以假设这种塞擦音基字会变成非塞音。古藏文可以有送气塞擦音基字，在这种结构中，非塞音有以下六个规则：（1）清塞擦音基字被前鼻音化时，它的嗓音起始时间会被异化，并会变成送气音②。（2）对有些及物动词而言，现在式词干不能被前鼻音化时，基字是摩擦音。但是也有一些词的摩擦音过去式、将来式和命令式词干可以与塞擦音现在式词干相互替换。这种情况我们可以假设有一个塞擦音基字，而这种塞擦音在前加字（b–和G–）和没前加字时会变成非塞音。（3）清音塞擦音基字被前鼻音化时，其嗓音起始时间会被异化，并且会变成送气。（4）在命令式词干中，清浊塞擦音基字会变成非塞音③。（5）由于浊塞擦音是摩擦音和浊塞音的混合结构，在前加字b–之前，浊塞擦音基字可以非塞音化，也可发生浊音异化。（6）在命令式没有前缀词的结构中，塞擦音也有同样的变化④。唇音基字一般有以下四个规则：（1）前加字G–在任何一个唇音之前，它会变成db– 这种组合。（2）唇音基字之前不能出现前缀b–。（3）浊音不及物动词有其相对应的清音及物动词。（4）清唇音有以下两种音变规则：b–p变成ph；基字p被前鼻音化时，它的嗓音起始时间

① Stephan V. Beyer, *The Classical Tibetan Language*, New York: State University of New York, 1992, p.170.

② Stephan V. Beyer, *The Classical Tibetan Language*, New York: State University of New York, 1992, p.171.

③ Stephan V. Beyer, *The Classical Tibetan Language*, New York: State University of New York, 1992, p.171.

④ Stephan V. Beyer, *The Classical Tibetan Language*, New York: State University of New York, 1992, p.172.

会被同化并形成Nb组合①。书中还扼要分析了现在式词干 –d 的问题。在有些及物动词的现在式词干中，有些开音节后面仍保留了后缀 –d。古藏文中后缀 –d 在锐音辅音后已经消失，钝音后变成了 –s。这也是后缀 –s 可出现在有些动词的现在式结构中的原因。后缀 –d 对其基字元音和鼻音后加字都有影响：在有些齿音前，它会使基字元音和鼻音后加字从舌面后向舌面前转移，后低元音向前低元音转移；在后缀 –d 之前，软腭鼻音会变成舌尖鼻音，后高圆唇音会变成前高展唇元音②。

跨音节词素部分则解释了古藏文语法类词类的音变规则。它包括发音同化、重力异化和响音同化三个内容。藏语格标记和连词多数受到了其前辅音的影响，这些规则能解释其音变规律。发音同化指的是语法类词语受前音节的影响，会被前音节所同化，可分为完全同化和部分同化。完全同化：后加字 –d 后面是格标记 du，–s 后面是 –su，–g 后面是 gi；部分同化：在摩擦音后加字 –s 后面，是摩擦音 ɕiŋ，而不是塞擦音 tɕiŋ。重力异化解释了连词 –STe 类的音变。《授记根本三十颂》只记载了 STe，–te 和 –de 是后期才形成的。这种音变钝音异化。最初的音变是产生在 –ST，S 在钝音后加字后异化成 s，在锐音后加字和再后加字之后，s 消失，只保留了 T。这种结构进一步异化使 T 变成 t，在后加字 –d 后面变成了 d。响音同化指的是在响音之后，这些词会变成浊音，在阻塞音之后，则变成清音的规则。

综上所述，本文梳理了《古典藏语文》一书语音层面的发音描写和听觉描写，音位层面的长度限制、槽位填充项限制、同现限制和双音节重音群，屈折层面的词缀规则、基字规则和跨音节形态词素等内容。该书讨论的这些原理不仅从现代语言学理论解释了古藏语语音格局，同时，也建构了一个广义的藏语现代语音学理论框架。我们可以以此体系为主干，建构一个较为系统的现代藏语语音学和音系学理论。至于古典藏语与现代藏语之间存在的差异，需要从上述理论视角进行具体分析，但其理论框架大同小异。

---

① Stephan V. Beyer, *The Classical Tibetan Language*, New York: State University of New York, 1992, p.174.

② Stephan V. Beyer, *The Classical Tibetan Language*, New York: State University of New York, 1992, p.176.

用现代语言学理论研究藏语文的学术论著中，语法部分的研究相对较多。但关于藏语文音系学方面的讨论相对较为零散，除了少数研究系统分析了藏语文某一具体语音学和音系学问题之外①，多数研究只专注于具体方言，而未能从宏观的角度考虑现代藏语文音系学理论建构的问题。从这种视角来看，斯蒂芬拜尔所著的《古典藏语文》是系统研究藏语文语音和语法理论的代表作之一，较好地做到了宏观和微观的辩证统一，用现代语言学方法重建了藏语文的语音和语法理论体系，尤其在藏语文音系学的历时研究中具有相当的地位，这也是这本书最大的价值所在。正因为如此，笔者在上述内容中主要介绍该书所主张的音系学理论框架，显然，在藏语文未形成一个较为完整的音系学理论之前，这类宏观的研究迫在眉睫。

与此同时，我们也需要理解宏观研究所存在的局限性。比如，该书对有些问题的分析过于简单，而有些领域在20世纪90年代以后的研究中有了更好的发展。试举一两个例子，如学界对辅音v的界定有不同的观点。该书简单认为这种辅音是平滑元音性内吸音，却并没有提供这一辅音在不同历时阶段的功能及其演变，这一问题在后期研究中有了更为深入的讨论。Nathan Hill认为前鼻音化是一种古藏文动词的现在式词干的重要屈折手段，但对8世纪厘定之后的藏语书面语而言，前鼻音化更是一种不及物动词的形态特征，因为很多及物动词的现在式词干并不是以前鼻音为前缀，但该书并没有提及这方面的相关内容②。该书中提到早期藏文响音后面是虚词–gyaŋ，而后期变成了–yaŋ，但在敦煌古藏文文献中存在反例，8世纪左右响音后面也有–kyaŋ的实例③。类似问题不少。不过，这种微观层面分析中存在的个别问题并不影响该书本身的价值。

（原载于《中国藏学》2019年第4期）

---

① 瞿霭堂：《藏语韵母研究》，西宁：青海民族出版社，1991年；Nathan W. Hill, *Studies in the Phonology of Old Tibetan*, Cambridge: Harvard University Dissertation, 2009.

② Nathan W. Hill, *Studies in the Phonology of Old Tibetan*, Cambridge: Harvard University Dissertation, 2009.

③ 黄布凡：《从敦煌吐蕃历史文献看藏文不自由虚词用法的演变 —— 兼议藏文文法〈三十颂〉的写作年代》，载敦煌研究院编：《敦煌吐蕃文化学术研讨会论文集》，兰州：甘肃民族出版社，2008年。

正常老化脑的语言加工及其自适应机制

韩笑　梁丹丹

摘要： 正常老化中，语言能力既表现出一个逐渐丧失的过程，也表现出一种对丧失的适应过程。神经科学研究表明，老化脑的增龄性神经变化不仅反映了老年人的特定语言加工障碍，而且反映了大脑试图利用不同模式的神经重组和策略以使语言功能维持在一定的水平，即一种优化自身功能的自适应机制。研究者们提出了多种假说来解释老化脑认知加工的自适应机制，语言作为人类的一种高级认知能力，其加工也反映了大脑这种优化重组的自我调节能力。越来越多的研究结果显示，大脑自适应可能并不是简单地遵循某种特定模式，而是在多种因素作用下呈现出动态的灵活调节模式。未来亟待一个整合的理论从神经化学、解剖和行为学等不同角度进行解释。

关键词： 正常老化脑；语言加工；神经重组；自适应机制

一、引言

人的生物性决定了人脑会呈现发展 — 衰退的变化趋势，大脑正常老化会出现脑容量减少，脑室、脑沟增宽及脑铁含量增多等改变，额叶和内侧颞区变化尤其明显。虽然脑萎缩普遍出现，各种神经生理发生变化，语

作者简介：韩笑，文学博士，中央民族大学国际教育学院副教授、硕士研究生导师，主要研究方向为汉语二语习得与认知、国际中文教育等；梁丹丹，语言学及应用语言学博士，南京师范大学文学院教授、博士研究生导师，主要研究方向为临床语言学和神经语言学。

言依赖的脑区结构也发生了变化，信息加工速度、注意过程和抑制控制等基本认知能力受到影响，但有研究表明，语言能力在整个人生过程中得到了相对长久的保留（Baciu *et al.*，2016）。老年人在理解任务，甚至在一些要求进行快速、复杂的语言加工的任务中，与年轻人表现相似（Burke & Shafto，2008）。但也有很多研究观察到不同的年龄效应（黄立鹤，2015）。以上矛盾的观点提示，有些语言能力可能未发生增龄性变化，有些则可能发生了。那么，增龄性生理变化究竟引发语言加工行为和神经机制出现哪些表现？这些表现体现了老化脑怎样的自我调节模式？

二、正常老化脑条件下语言加工的行为与神经表现

关于正常老化脑条件下的语言加工，以往研究主要围绕语言的理解和产出展开，重点探究了老年人的语言加工究竟在哪些环节出现了怎样的增龄性变化，以及这些行为变化背后的神经表现如何。

（一）正常老化脑条件下的语言理解

理论上，语言理解过程包括注意听觉信号，进行声学分析，将信号映射到音位范畴，在记忆中临时存储声学信息做进一步处理，最后将音素映射为意义。从语言表现角度来看，上述过程涉及语音、词汇和句子层面的表现。那么，老年人在语言理解的这一系列过程中出现了哪些特殊表现呢？

1. 语音感知

研究发现，听觉正常的老年人在语音识别和语流切分方面存在困难：加工复杂、快速变化的声学刺激的能力下降，感知语音时间线索①存在困难，导致难以辨识语音特征的细微差异（Alain & Snyder，2008）；语音自动切分（automatically segregate speech sounds）能力下降，判断音素和短语边界更依赖于重音等韵律信息（Steinhauer *et al.*，2010）。Geal-Dor 等（2006）还发现，成年期内大脑增龄性半球不对称性下降会导致听觉感

---

① 语音时间线索指嗓音起始时间（voice onset time, VOT），指从除阻到发音之间的时间间隔，以毫秒为单位，是塞音研究的常用参量。

知加工速度减缓，影响语音加工的连续性。

2.单词理解

外周听觉神经结构和功能的增龄性变化直接影响了老年人的听觉能力和语音加工。安静和噪声环境中口语理解情况对比结果显示，听辨难度增加时，老年人额叶激活的增加幅度较年轻人明显更大，因此研究者认为老年人较好的听辨表现与其认知区域激活程度增加有关（Getzmann & Falkenstein，2011）。与注意系统有关的带状盖网络（cingulo-opercular network）的激活也有益于老年人在噪声环境中成功识别单词（Vaden *et al.*，2015）。

研究发现，嘈杂环境并不总是影响老年人的口语理解，这促使研究者们对听觉语音外的其他因素做进一步探查。大量ERP研究观察到N400成分随年龄增长出现波幅下降、潜伏期延长的特征，表明语义加工变化可能导致老年人口语理解障碍。如Miyamoto等（1998）在单词对范畴匹配范式（word-pair category matching paradigm）中观察到，老年人与年轻人仅在失匹配条件下有显著差异，表现为老年人反应时间更长、N400波幅下降，表明老化会引起语义加工功能性变化。多义词加工①方面的研究进一步表明，老化对语义加工的影响可能主要存在于控制加工方面。Lee和Federmeier（2009，2011）的系列研究显示，在语义连贯、句法与语境信息一致的句子中，老年人和年轻人加工名、动同形异义词均诱发了更大的N400，但在加工符合语法而语义不连贯的句子时，仅年轻人出现额叶负波。这表明老年人语义自动激活机制保存相对完好，但在难度更大的歧义消解中，控制机制效率下降。

此外，老化还可能影响单词从声音到意义的映射过程。Shafto等（2012）发现，老年人对语音竞争的敏感度下降，对语义可想象性的敏感度增强，表现为左侧额下回激活减弱，左侧颞中回激活增加，表明老化导致的神经重组打破了单词识别过程中语音、语义因素间原有的平衡，对语音竞争反应下降，而对语义信息的依赖增加。

---

① 多义词加工涉及两个阶段：激活多种表征形式，抑制无关意义或语境不合适的意义。

3.句子理解

句子理解中的老化效应主要体现为老年人预测加工能力下降，难以理解句法复杂的句子。预测加工方面以 Federmeier 等人的系列研究为代表。ERP结果显示：年轻人普遍能够利用预测机制促进单词语义、词汇、形态句法的加工，不同层面的预测机制与左半球语言加工偏向有关；而老年人往往表现出单词和句子在线加工效率下降，理解语义恰当的句子诱发的N400效应更弱，不能高效利用语境信息促进句子理解，且当预测提供了错误信息时，老年人不能及时作出修正（Wlotko *et al.*, 2010）。

对句法复杂句理解的研究相对较少，早期研究多认为，老年人加工句法复杂的语言材料所表现出来的困难反映了与年龄相关的工作记忆资源的限制。如 Grossman 等（2002）发现，当改变句子的语法特征（主语–关系从句 vs 宾语–关系从句）和言语工作记忆需求时，老年组左侧顶叶激活减少，左侧前运动皮层和额下回背侧部分激活增加，认为与言语工作记忆相关的脑区变化导致了该差异。随后有研究显示，句法复杂句的理解障碍可能源于句子加工核心脑区上的年龄效应。如 Peelle 等（2010）观察到，加工句法复杂句时，老年人大脑中句法加工专区激活减少，脑区间协调活动能力受限。Tyler 等（2010）发现老年人灰质萎缩，左半球额颞叶网络受损，保持句法能力需额外激活右半球额颞区。此外，Friederici 等（2006）发现加工局部短语结构和具有复杂层级的句子涉及不同的神经网络，前者主要涉及额颞网络，后者涉及通过背侧路径连接的BA44区至颞叶后部脑网络。相关结果提示，老化可能对复杂句加工的神经网络产生更大影响，导致复杂句加工困难。

（二）正常老化脑条件下的语言产出

语言产出研究主要集中在老年期变化较显著的单词产出方面，通常在命名任务、词汇流畅性任务和启动任务中进行考察。结果显示，相较于年轻人，老年人出现更多舌尖状态（tip-of-tongue states，简称TOTs）和命名错误，词汇流畅度更低，少量研究观察到老年人产出复杂句法结构存在更大困难。

1.舌尖状态（TOTs）

TOTs是指说话人临时难以产生自己知道的单词的现象。行为学研究认为，当已经选出词汇语义信息并产生了强烈的知道感，而语音提取不充足无法进行完整的语音编码时，TOTs出现，即语音提取失败导致了TOTs。神经活动上，老年人TOTs的出现与涉及语音加工的左侧脑岛萎缩及左侧弓状束完整性下降有关（Stamatakis *et al.*，2011）。Burke等（1991）认为老化削弱了网络连接，使语义系统内节点的启动无法传递到语音系统内合适的节点上，导致TOTs出现。Shafto和Tyler（2014）认为TOTs出现可能是因为老年人语音激活太弱，不足以触发认知控制。

另有研究显示，单纯的语音加工障碍并不能完全解释老年人的TOTs：一方面，年轻人在单词语音表征通达中也时常出现不流利、更多错误、命名速度缓慢或TOTs（Burke & Shafto，2008）；另一方面，语义损伤、音义信息之间作用模式的变化以及普遍脑萎缩导致的神经调节能力下降也是TOTs产生的重要原因（Shafto *et al.*，2010；杨群、张清芳，2015）。

2. 词汇流畅性

词汇流畅性任务[①]中发现的词汇流畅性降低也是老年人常见的言语产出损伤。行为研究发现，年轻人在语义条件下产生的单词更多，而老年人在正字法条件下产生的单词更多（Treitz *et al.*，2007）。神经功能方面仅少数研究观察了老年人在不同条件下的表现。Meinzer等（2012）利用外定步速单词产出范式（externally paced word generation paradigm）发现，语音条件下年轻人和老年人的表现水平相当，均激活了左侧前额叶，而语义条件下老年人的表现显著下降且额外激活了右半球脑区（如额下回和额中回区域、后顶叶）。由于外定步速单词产出范式可能导致语言无关脑区激活，因此Marsolais等（2015）采用自定步速单词产出范式进一步考察了语义和正字法条件下老年人的表现。结果发现，不同条件下老年人与年轻人的行为表现水平相当，老年人较好的表现与边缘神经功能变化有关，且受任务难度影响。

3. 复杂句法结构的产出

句法加工的老化效应研究通常采用控制句法复杂度的任务和句末判断

---

① 词汇流畅性任务（verbal fluency task）是一种包含速度要求的词语产生任务，要求在语义或正字法检索条件下，产出尽可能多的单词。

任务。实验结果均显示：使用复杂结构的能力会出现增龄性下降；随句法复杂度增加，老年人回忆句子命题信息、模仿句子的困难增加。Kynette和Kemper（1986）采用了16个不同的句法测量指标对老年人口语产出情况进行了综合测评，自发言语语料的分析结果显示：老年人会减少复杂句法结构的使用，如，较多使用理解和产出相对简单的右分支型关系小句，而较少产出左分支型和中心内嵌型关系小句。Kemper等（2004）在控制语境的条件下得到了相似结果，即：与年轻人不同，当达到一定值之后，老年人产出句子的长度、复杂度和内容便不会随着句子主干（stem）①的句法复杂度增加而增加，可能是工作记忆下降导致老年人难以建构结构复杂、信息丰富的句子，呈现出"天花板"效应。然而，Glosser和Deser（1992）发现，中年人（43～61岁）和老年人（67～88岁）在言语产出中，句法复杂度和句法遗漏数量均无显著差异。

（三）老化脑条件下的其他语言表现

除了在语言理解和产出过程中存在特殊表现外，有研究显示老年人在隐喻、习语等非字面语言理解与产出方面存在困难，言语交际及阅读理解能力也有所下降。

1.隐喻、习语等非字面义语言的理解与产出

一些研究者观察了隐喻、习语和固定表达等形式理解与使用方面的增龄性变化。结果显示，老年人理解和产出非字面语言（non-literal language）存在困难，理解谚语和单词隐喻义不如年轻人表现好，产出习语的正确性和完整性较差（Uekermann et al., 2008；Conner et al., 2011）。

以往对正常年轻人的fMRI结果和脑损伤患者的研究均显示右半球在隐喻加工中起重要作用。控制熟悉度后，年轻人加工新奇隐喻时右半球更具优势，加工常规隐喻和字面表达时左半球也参与其中，呈现出双侧激活，甚至左半球优势（Mashal et al., 2007）。老年人隐喻加工神经机制

---

① 句子主干成分由主语、定指专有名词（specified by a proper name）和动词三个单词构成。基于主干成分可形成左分支，有句末补充成分的句子，如"Robert ordered that a pizza be delivered."，或右分支，有句首补充成分的句子，如"What Billy found was the money at the store."（划线部分为主干成分）。

的研究尚不多见，Kavé 等（2014）采用分视野范式，在语义判断任务中观察到老年人加工常规隐喻呈现左半球偏侧化。他们认为其原因在于老年人加工不同隐喻表达形式涉及不同的认知神经机制：新奇隐喻加工是属性分类过程，既涉及右半球的调节，又涉及左半球精细的语义编码，而常规隐喻已逐渐词汇化为一个整体，更多激活左半球的精细语义编码机制，因此出现左半球偏侧化。也有研究发现老年人理解非字面语言并未出现增龄性下降（Newsome & Glucksberg，2002）。

2.言语交际、偏题话语及阅读障碍

老年人交际能力的增龄性变化较小，但60～75岁段也会有所变化，80岁后则更明显。随年龄增长，老年人第一人称单数形式的使用下降，倾向于增加积极情感词语使用，减少消极词语使用，语篇衔接减少，指称更模糊，难以进行话轮转换，整体推理能力下降（Williams *et al.*，2012）。交谈中，老年人难以像年轻人那样根据不同谈话对象调整内容，话语描述往往更加冗长，监控反馈线索的能力下降（Horton & Daniel，2007）。

无论是在交谈，还是特定言语产出任务中，老年人常出现偏题现象，且偏题情况会随年龄增长加重（尹述飞、彭华茂，2013）。研究者分别从两个角度对这一现象进行过解释：语用改变角度，谈话中老年人想要表达社会交往的愿望和对谈话过程的重视，往往选择更广阔的角度，因而话语偏离主题（James *et al.*，1998）；抑制缺陷角度，增龄性前额叶皮层变化导致老年人抑制工作记忆中无关信息的能力下降，因此谈话时更容易出现随机想法和话题，产生偏题话语（Arbuckle *et al.*，1993）。

此外，有研究者发现正常老化会导致阅读能力下降。眼动研究显示，与年轻人比，老年人阅读速度更慢，注视更多、更长，词频效应更大，跳读率更高，回视也更多（McGowan *et al.*，2015）。对汉语母语者来说，老年人阅读知觉广度不对称（王丽红 等，2014），阅读难度受汉字形体复杂度影响（李琳，2017）。

三、老化脑语言加工自适应机制的相关假说及其支持性神经重组模型

正常老化条件下发生的、与语言加工相关的神经变化是大脑神经重组的表现，可能既反映了大脑增龄性机能下降，又反映了大脑优化自身功能的强自适应机制。目前，研究者们已提出多种假说解释老化脑的自适应机制。

（一）补偿假说

补偿假说是目前影响最大的假说。该假说认为，局部皮质激活增加反映了老化脑通过招募额外神经资源来保持高水平的行为表现，即大脑会在特定区域集中招募神经资源应对皮质资源的增龄性减少，额叶区域是常见的招募区。根据神经影像学研究中发现的不同空间定位模式，研究者们构拟出多个神经重组模型。

1. 经典的HAROLD模型和PASA模型

HAROLD（hemispheric asymmetry reduction in older adults）模型认为，与年轻人偏侧化的脑活动模式不同，仍保持某种认知能力的老年人脑激活呈现双侧化，这种增龄性半球不对称性减弱主要出现在前额叶皮质，体现了大脑半球间的补偿功能（Cabeza，2002）。Cabeza（2002）概括了该模型的两种不同解释：网络观（network view）和区域观（regional view）。前者认为不对称性减弱反映了整个大脑的神经重组，支持性证据来自Cabeza 等（1997）运用协方差和结构方程模型方法对词语编码与提取过程中大脑活动进行分析的结果，即：老化不仅对特定脑区有影响，而且对不同脑区间的相互作用也有影响。后者认为不对称性下降仅反映了大脑部分区域的变化，如Rastatter 等（1990）发现，语言加工中右半球比左半球更易受到老化影响。根据PASA（posterior-anterior shift in aging）模型，老化导致视觉皮质等初级加工皮质加工效率低下，作为补偿，老年人会投入更多额叶资源（Grady et al.，1994）。许多神经影像学研究在注意、视觉加工、情景记忆和言语理解任务中均观察到了这种神经重组模式，通常表现为从颞枕叶到额叶皮质的加工转换（Davis et al.，2008），反映了大脑半球内招募前部脑区来补偿后部脑区加工缺陷。有研究显示半球间和半

球内的神经重组可同时发生（Grossman *et al.*，2002）。

上述两种模式都反映了老年人招募额外脑区以维持良好行为表现，前者侧重于不同半球间的互补，后者侧重于不同功能皮质区域间的互补。从空间分布来看，两种模型假设的具有补偿关系的脑区是相互补充的。Hoyau 等（2017）在命名任务中观察到，为维持命名准确率和速度，老年人脑激活会分别呈现前–后效应和双侧趋势，认为老化与复杂的、共存的神经重组机制和模式有关。该结果为 HAROLD 和 PASA 的互补提供了证据支持。

2. CRUNCH模型

研究发现：大脑双侧激活情况下，老年人不总是有良好的言语表现，且当认知要求提高时，年轻人也会出现双侧脑活动。基于此，Reuter-Lorenz 和 Cappell（2008）提出了 CRUNCH（Compensation-related utilization of neural circuits hypothesis）模型。该模型认为，随任务负荷增加，人们普遍会招募更多皮质区域，年轻被试在高要求任务中也会招募更多脑区。由于脑萎缩，老年人在低水平加工中需要投入更多神经资源才能实现与年轻人等量的大脑计算输出，因此老化脑出现更多激活。当任务要求超过神经资源的最高限度时，老年人便会出现认知加工效率和认知表现下降。Schneider-Garces 等（2010）发现：低负荷任务中，老年人出现双侧激活随认知负荷增加，脑激活情况与认知负荷之间的关系呈"渐近线"式变化[①]；高负荷任务中，年轻人出现了与低负荷任务中老年人相似的表现，而老年人则出现了招募不足的情况。Berlingeri 等（2013）观察了不同年龄组被试在图片命名任务与句子判断任务、情景长时记忆再认任务（episodic long-term memory recognition task）两类语言任务中的 fMRI 模式，发现：HAROLD 效应与任务要求水平相一致，且不局限于前额叶脑区；当额外招募的脑区是前额叶区域时，HAROLD 模式与 CRUNCH 模式一致。因此，Berlingeri 等认为 HAROLD 模式仅反映了高功能老年人增龄性大脑模式，是增龄性补偿过程的一种特殊表现。以往词汇流畅性任

----

① Schneider-Garces 等（2010）分析发现：脑激活情况与认知负荷呈非线性关系，表现为脑激活随认知负荷增加而快速增加，达到阈限后，脑激活发展接近一条水平线，总体呈"渐近线"（asymptote）模式；老年人比年轻人更早达到阈限。

务中观察到的年龄与任务要求之间的交互效应，也支持了CRUNCH模式（Marsolais *et al.*, 2015）。可见，CRUNCH模型弥补了HAROLD模型解释不同认知要求下的补偿机制的不足，比HAROLD模型更具普遍性。

3. STAC模型和STAC-r模型

STAC（Scaffolding theory of aging and cognition）模型（Park & Reuter-Lorenz，2009）及STAC-r（A Revised Model of the Scaffolding Theory of Aging and Cognition）模型（Reuter-Lorenz & Park，2014），认为大脑具有动态自适应性，面对神经变化和损伤能够持续进行功能重组与修复、自我生成，即：建立支架，进而调节不良大脑变化对认知表现的影响。该类模型为大脑老化提供了一种整合观，其"整合性"集中体现在核心概念"支架"的特点上。支架是具有自适应能力的大脑的一种属性，该属性存在于人整个生命周期中，具有动态性和持续性；支架招募神经资源不是任意的，应对内外挑战（神经变化和任务要求）时大脑的反应相似，如随任务复杂度增加年轻人脑激活逐渐双侧化，在低要求任务中老年人会出现相似激活模式；支架能力是受限的，随着神经生物再生能力（neurobiological regeneration）的增龄性下降，老化脑搭建支架的能力逐渐受限，当损伤超出大脑有效补偿的能力范围时，老年人的认知损伤就会更加明显。根据支架的特征，无论老年人脑激活情况与认知表现之间的关系如何，本质上都反映了大脑的补偿行为，只是补偿结果不同而已。这使以往神经重组和认知表现关系方面相互冲突的结果得到了统一解释。

（二）去分化假说

早期针对老化影响较大的解释还有去分化假说[①]。该假说将老年人语言加工形式的差异归结为老化过程中大脑专区化减弱，认为老年人广泛的脑激活是皮质区域特定功能丧失的结果。研究发现，前额叶皮质的过度招募主要发生在认知表现差的老年人身上。据此，有研究者认为：无论是HARLOD模型还是PASA模型可能都是老年人大脑去分化在脑活动上的特殊表现形式，增龄性去分化、双侧化以及普遍的神经招募均可视为神经补偿（Martins *et al.*, 2015）。在更广泛的意义上，补偿假说和去分化假

---

① 去分化（dedifferentiation）是指大脑网络低效的神经调节导致神经元表征差异减少。

说似乎是一致的，但Cabeza 等（2002）以前额叶皮质区域脑活动变化为例指出了它们的差异：根据补偿假说，前额叶皮质活动半球不对称性下降是维持认知能力的反应，应在高功能老年人身上表现得更明显，且出现在高要求任务中；而根据去分化假说，半球不对称性下降是老年人认知能力下降的反映，应在低功能老年人身上表现得更明显。

此外，Stern（2009）针对特定任务中脑结构变化与认知能力相对保留之间的不匹配及个体差异现象，提出了认知保留假说（Cognitive reserve hypothesis，简称"CR假说"），Martins 等（2015）针对句法、语音和语义加工中观察到的老年人脑激活时间维度上的延迟，在DMC假说①的基础上提出了时间补偿假说（Temporal Hypothesis for Compensation，简称THC）。CR假说关注认知过程和脑网络使用能力方面的个体差异，针对脑损伤群体和正常老化群体提出了神经补偿（neural compensation）和神经保留（neural reserve）两个不同的神经重组概念。其中，神经保留强调认知加工上业已存在的个体差异，个体差异可决定建立支架网络的量、质或有效性，在这方面该模型与STAC模型互补。然而，与神经保留的基本观点不同，STAC模型认为建立和使用支架网络以保持正常的、自适应神经反应是整个人生都会出现的现象，并不专属于老年人。THC提出，认知加工中脑活动存在增龄性延迟，尤其是在前额叶皮质区域，且会出现年龄相关的由主动性到回应性的认知控制策略转变，这些时间相关的增龄性变化可通过牺牲加工速度得以补偿。此外，Fabiani（2012）从人生发展的角度，在CRUNCH模型的基础上提出了与抑制缺陷②有关的绝佳老化模型（GOLDEN aging model）。该模型强调，正常老化反映了人成熟过程中心智能力分配发生的进步性转变，老年人倾向于表现出皮质激活增加，而年轻人在高负荷认知加工会出现相似激活模式。可见，这些假说均以

---

① Braver 等（2007）提出DMC（dual mechanisms of control）假说。该假说假定主动性和回应性认知控制模式之间存在差异：前者是在认知事件出现之前主动调动注意控制，是预测性的；后者是仅当有需要的时候才调动注意控制，是回应性的。

② 抑制缺陷理论，也称抑制衰退理论（decline in inhibition theory）。该理论把抑制描述为一种心理加工，本质是阻止无关信息干扰相关信息表征，抑制有三种功能：通达（access）、删除（delete）和限制（restrain）。

"补偿"为基础，从不同维度补充和扩展了补偿假说。

（三）网络视角

脑网络方面，虽然STAC模型及STAC-r模型和CR假说均涉及了脑网络的概念，但其观察视角仍侧重于功能定位与区域划分。近年来，随着脑科学研究手段和数据分析方法的进步，有关神经网络之间复杂相互作用方面的老化效应得到了越来越多的关注。研究者们主要通过结构–功能关系研究和功能连接研究，采用相关或协方差分析、图论以及动态因果建模等分析方法，从宏观网络视角做了进一步探查。

结构–功能关系研究探讨脑结构完整性与功能之间的联系，主要利用弥散张量成像技术（diffusion tensor imaging，DTI）探查了脑白质[①]（white matter）结构与功能的增龄性变化。结果显示，白质完整性的增龄性下降会阻碍皮质网络间的连接，影响老年人的认知表现。就语言加工而言，白质完整性能够调节单词语义信息提取，很大程度上决定了老年人单词提取的成败（Stamatakis *et al.*，2011）。

功能连接研究反映了对不同脑区间综合活动的关注：一种是对特定脑区内或系列脑区内的功能连接进行测查，以往在情景记忆任务、注意任务等不同任务中进行了考察；另一种是在大范围脑网络中测查功能连接，默认网络[②]（default network，DN）的功能连接情况是关注的重点。两方面的研究均显示，与年轻人比，无论是在局部脑区内，还是在大范围脑网络中，老年人都表现出脑功能连接减弱，脑网络整合能力下降（Grady *et al.*，2010）。这种功能连接方面的增龄性缺陷可能诱发任务中资源配置缺陷，导致认知表现出现年龄差异（Grady，2012）。

四、小结与展望

无论是从发展 — 衰退的角度还是从自适应机制的角度，正常老化带

---

①　脑白质由髓鞘包裹的轴突纤维束构成，负责连接灰质区域，传递神经信息，对脑功能的协调运作有重要作用（Stamatakis *et al.*，2011）。

②　DN指大脑停止外在任务加工，处于静息态（resting），进行无意识思考时得到激活的脑网络。

来的语言变化均反映出大脑本质上是一个动态复杂系统。目前这一领域虽已取得不少进展，但一些问题仍待进一步探讨。

（一）细化跨阶段研究，加强纵向研究和对比研究

目前老化脑语言加工研究以跨阶段设计为主，观察对象涵盖不同年龄范围。这种设计缩短了测量时间，但也存在问题：第一，横断数据所提供的信息不足以反映纵向数据所代表的信息，难以准确呈现发展的连续性和转折点。第二，不同语言能力出现迅速下降的年龄节点不同，观测年龄范围的差异可能造成研究结果不一致。未来应根据所考察语言能力变化的年龄节点选择观察范围，而真正揭示老化效应亟需更多纵向研究。有研究发现语言相关的神经通路呈现"后进先出"[①]的老化规律（Yang *et al.*, 2014），今后可将正常老化脑的语言加工放在人类语言发展进化的范围内讨论，采用综合的、跨越整个人生的方式观察大脑变化。同时，正常老化脑语言加工机制研究可促进病态老化脑的语言研究，如老年痴呆症患者的语言研究（罗倩、彭聃龄，2003；吴国良 等，2014），未来应加强二者之间的对比，从而获取对语言脑机制更全面的认识。

此外，以往字词阅读、言语理解的fMRI结果及皮质电刺激手段（Intraoperative stimulation mapping, ISM）[②]下的语言概率分布图测绘结果均显示，与英语相比汉语有独特的加工机制（Tan *et al.*, 2000；Ge *et al.*, 2015；Wu *et al.*, 2015）。该类研究结果为老化研究提出了新课题，即不同语言的老化脑加工是否有差异，未来需要进一步探明汉语母语者与其他语言母语者语言衰退机制方面的异同。

（二）明确核心概念，加强系统层面的探究

"补偿"（compensation）是现有大脑自适应性理论解释中普遍使用的

---

① 连接颞上回和前运动皮层的腹侧通路是人一出生就存在的，连接颞上回和额下回的背侧通路是后天发展形成的。Yang 等（2014）发现正常老化对后生成的背侧通路影响更大，认为这体现了一种"后进先出"的老化规律。

② 该技术是在手术中采用直接皮层电刺激抑制处于清醒状态的患者的大脑神经活动，同时要求患者完成各种不同类型的语言任务，如计数、图片命名、阅读和听力任务。因其是对神经活动进行直接测量，通过fMRI获得的血氧水平依赖性信号是神经活动的间接指标，所以ISM被认为是脑局部定位的黄金标准。

概念，但不同研究中"补偿"的含义和范围并不相同。纵观以往研究，"补偿"几乎涵盖了所有增龄性脑活动，如 Cabeza 和 Dennis（2012）将"补偿"分为试图补偿、成功补偿和失败补偿①。这种依据行为结果界定和划分"补偿"的方式导致在研究结果解释方面出现混乱。未来需明确其含义，以便清楚地阐述不同脑活动的作用。

随年龄增长，大脑从分子水平的基因表达到系统水平的全脑网络均发生了广泛变化，单一的调节模式或统一的机制可能难以解释所有被试在不同层面出现的增龄性缺陷。此外，语言是人类的一种高级认知能力，那么，语言能力衰退是否具有神经机制特异性？以往假说均回避了该问题，更多地利用普遍认知加工基础上的假说对老化脑语言加工机制进行解释。这导致语言现象仅仅成为一般认知假说的例证，而不是构建模型的基础。未来有必要从语言神经加工表现本身提出假说，解答语言能力衰退与其他认知能力衰退是否是相同神经机制操控的结果这一问题。

总之，目前正常老化脑的语言行为测查仍集中在语言本体范围内，基于语料库，尤其是多模态语料库的特殊老年群体语言研究为正常老化的语言研究拓展了思路。未来有待追踪正常老年人自然言语交际行为，建立多模态语料库，利用充盈的数据对其语言能力进行全方位的动态观察。此外，对老化脑语言加工神经机制的解释尚存在较多争论，随着技术手段的进步获得的宏观和微观研究结果越来越多，未来亟待一个整合的理论从神经化学、解剖和行为学等不同角度进行解释。

参考文献：

黄立鹤，2015. 近十年老年人语言衰老现象研究：回顾与前瞻[J]. 北京第二外国语学院学报，37（10）：17–24.

李琳，2017. 中文阅读中的老化效应：来自眼动研究的证据[D]. 天津：天津师范大学.

---

① 当可获得的认知资源与任务需求不匹配时，导致招募额外神经资源，反映为脑活动增加，这种过度招募被称为"试图补偿"。脑活动的增加可能与更好的工作表现有关，也可能与更糟的工作表现有关，前一种情况中的"补偿"是"成功的补偿"，后一种情况中的"补偿"是"失败的补偿"。

罗倩，彭聃龄，2001. 痴呆症的语言研究[J]. 当代语言学，（2）：109-118，157.

王丽红，白学军，闫国利，2014. 汉语阅读知觉广度的老化：一项眼动研究[J]. 心理与行为研究，12（6）：763-768.

吴国良，徐训丰，顾曰国，等，2014. 痴呆症（智退症）临床语言使用障碍研究概述[J]. 当代语言学，16（4）：452-465，502.

杨群，张清芳，2015. 口语产生中词频效应、音节频率效应和语音促进效应的认知年老化[J]. 心理科学，38（6）：1303-1310.

尹述飞，彭华茂，2013. 偏题言语及其老化机制[J]. 心理科学进展，21（3）：487-494.

ALAIN C, SNYDER J S, 2008. Age-related differences in auditory evoked responses during rapid perceptual learning[J]. Clinical neurophysiology, 119(2): 356-366.

ARBUCKLE T Y, GOLD D P, 1993. Aging, inhibition, and verbosity[J]. Journal of gerontology, 48(5): 225-232.

BACIU M N, BOUDIAF N, COUSIN E, et al. , 2016. Functional MRI evidence for the decline of word retrieval and generation during normal aging[J]. Age (Dordrecht, Netherlands), 38(1): 3-24.

BERLINGERI M , DANELLI L, BOTTINI G , et al. , 2013. Reassessing the HAROLD model: is the hemispheric asymmetry reduction in older adults a special case of compensatory-related utilisation of neural circuits?[J]. Experimental brain research, 224(3): 393-410.

BRAVER T S, GRAY J R, BURGESS G C, 2007. Explaining the many varieties of working memory variation: dual mechanisms of cognitive control[M]// CONWAY A, JARROLD C, KANE M, et al. , Variation in working memory. New York: Oxford University Press: 76-106.

BURKE D M, MACKAY D G, WORTHLEY J S, et al. , 1991. On the tip of the tongue: what causes word finding failures in young and older adults?[J]. Journal of memory and language, 30(5): 542-579.

BURKE D M, SHAFTO M A, 2008. Language and aging[M]//Fergus I.M.

Craik Timothy A. Salthouse, The handbook of aging and cognition (3rd ed.). New York: Psychology Press: 373–443.

CABEZA R, 2002. Hemispheric asymmetry reduction in older adults: the HAROLD model[J]. Psychology and aging, 17(1): 85–100.

CABEZA R, MCINTOSH A R, TULVING E, et al. , 1997. Age–related differences in effective neural connectivity during encoding and recall[J]. Neuro Report, 8(16): 3479–3483.

CABEZA R, DENNIS N A, 2012. Frontal lobes and aging: deterioration and compensation[M]//STUSS D T, KNIGHT R T, Principles of frontal lobe function. New York: Oxford University Press: 628–652.

CABEZA R, ANDERSON N D, LOCANTORE J K, et al. , 2002. Aging gracefully: compensatory brain activity in high–performing older adults[J]. NeuroImage, 17(3): 1394–1402.

CONNER P S, HYUN J, O'CONNOR W B, et al. , 2011. Age–related differences in idiom production in adulthood[J]. Clinical linguistics & phonetics, 25(10): 899–912.

DAVIS S W, DENNIS N A, DASELAAR S M, et al. , 2008. Que PASA? The posterior–anterior shift in aging[J]. Cerebral cortex, 18(5): 1201–1209.

FABIANI M, 2012. It was the best of times it was the worst of times: a psychophysiologist's view of cognitive aging[J]. Psychophysiology, 49 (3): 283–304.

FRIEDERICI A D, BAHLMANN J, HEIM S, et al. , 2006. The brain differentiates human and non–human grammars: functional localization and structural connectivity[J]. Proceedings of the national academy of sciences of the United States of America, 103(7): 2458–2463.

GE J Q, PENG G, LYU B J, et al. , 2015. Cross–language differences in the brain network subserving intelligible speech[J]. Proceedings of the national academy of sciences of the United States of America, 112(10): 2972–2977.

GEAL–DOR M, GOLDSTEIN A, KAMENIR Y, et al. , 2006. The effect of aging on event–related potentials and behavioral responses: comparison of tonal, phonologic and semantic targets[J]. Clinical neurophysiology, 117(9): 1974–1989.

GETZMANN S, FALKENSTEIN M, 2011. Understanding of spoken language under challenging listening conditions in younger and older listeners: a combined behavioral and electrophysiological study[J]. Brain research, 1415: 8–22.

GLOSSER G, DESER T, 1992. A comparison of changes in macrolinguistic and microlinguistic aspects of discourse production in normal aging[J]. Journal of gerontology, 47(4): 266–272.

GRADY C, 2012. The cognitive neuroscience of ageing[J]. Nature reviews neuroscience, 13(7): 491–505.

GRADY C L, PROTZNER A B, KOVACEVIC N, et al. , 2010. A multivariate analysis of age-related differences in default mode and task-positive networks across multiple cognitive domains[J]. Cerebral cortex, 20(6): 1432–1447.

GRADY C L, MAISOG J M, HORWITZ B, et al. , 1994. Age-related changes in cortical blood flow activation during visual processing of faces and location[J]. The Journal of neuroscience: the official journal of the society for neuroscience, 14(3): 1450–1462.

GROSSMAN M, COOKE A, DEVITA C, et al. , 2002. Age-related changes in working memory during sentence comprehension: an fMRI study[J]. NeuroImage, 15(2): 302–317.

HORTON W S, SPIELER D H, 2007. Age-related differences in communication and audience design[J]. Psychology and aging, 22(2): 281–290.

HOYAU E, BOUDIAF N, COUSIN E, et al. , 2017. Aging modulates the hemispheric specialization during word production[J]. Frontiers in aging neuroscience, 9: 125.

JAMES L E, BURKE D M, AUSTIN A, et al. , 1998. Production and perception of "verbosity" in younger and older adults[J]. Psychology & aging, 13(3):

355–367.

KAVÉ G, GAVRIELI R, MASHAL N, 2014. Stronger left–hemisphere lateralization in older versus younger adults while processing conventional metaphors[J]. Laterality, 19(6): 705–717.

KEMPER S, HERMAN R E, LIU C J, 2004. Sentence production by young and older adults in controlled contexts[J]. The journals of gerontology, 59(5): 220–224.

KYNETTE D, KEMPER S, 1986. Aging and the loss of grammatical forms: a cross–sectional study of language performance[J]. Language & communication, 6(1–2): 65–72.

LEE C, FEDERMEIER D K, 2009. Wave–ering: an ERP study of syntactic and semantic context effects on ambiguity resolution for noun/verb homographs[J]. Journal of memory and language, 61(4): 538–555.

LEE C L, FEDERMEIER K D, 2011. Differential age effects on lexical ambiguity resolution mechanisms[J]. Psychophysiology, 48(7): 960–972.

MARSOLAIS Y, METHQAL I, JOANETTE Y, 2015. Marginal neurofunctional changes in high–performing older adults in a verbal fluency task[J]. Brain and language, 140: 13–23.

MARTINS R, JOANETTE Y, MONCHI O, 2015. The implications of age-related neurofunctional compensatory mechanisms in executive function and language processing including the new Temporal Hypothesis for Compensation[J]. Frontiers in human neuroscience, 9: 221.

MASHAL N, FAUST M, HENDLER T, et al. , 2007. An fMRI investigation of the neural correlates underlying the processing of novel metaphoric expressions[J]. Brain and language, 100(2): 115–126.

MEINZER M, SEEDS L, FLAISCH T, et al. , 2012. Impact of changed positive and negative task–related brain activity on word–retrieval in aging[J]. Neurobiology of aging, 33(4): 656–669.

MIYAMOTO T, KATAYAMA J, KOYAMA T, 1998. ERPs, semantic processing and age[J]. International journal of psychophysiology, 29(1): 43–51.

NEWSOME M R, GLUCKSBERG S, 2002. Older adults filter irrelevant information during metaphor comprehension[J]. Experimental aging research, 28(3): 253–267.

PARK D C, REUTER–LORENZ P, 2009. The adaptive brain: aging and neurocognitive scaffolding[J]. Annual review of psychology, 60(1): 173–196.

MCGOWAN V, WHITE S, PATERSON K, 2015. The effects of interword spacing on the eye movements of young and older readers[J]. Journal of cognitive psychology, 27(5): 609–621.

PEELLE J E, TROIANI V, WINGFIELD A, et al. , 2010. Neural processing during older adults' comprehension of spoken sentences: age differences in resource allocation and connectivity[J]. Cerebral cortex, 20(4): 773–782.

RASTATTER M P, MCGUIRE R A, 1990. Some effects of advanced aging on the visual–language processing capacity of the left and right hemispheres: evidence from unilateral tachistoscopic viewing[J]. Journal of speech & hearing research, 33(1): 134–140.

REUTER–LORENZ P A, PARK D C, 2014. How does it STAC up? Revisiting the scaffolding theory of aging and cognition [J]. Neuropsychology review, 24(3): 355–370.

REUTER–LORENZ P A, CAPPELL K, 2008. Neurocognitive aging and the compensation hypothesis[J]. Current directions in psychological science, 17(3): 177–182.

RYAN E B, GILES H, BARTOLUCCI G, et al. , 1986. Psycholinguistic and social components of communication by and with elderly[J]. Language & communication, 6(1–2): 1–24.

SCHNEIDER–GARCES N J, GORDON B A, BRUMBACK–PELTZ C R, et al. , 2010. Span, CRUNCH, and beyond: working memory capacity and the aging brain[J]. Journal of cognitive neuroscience, 22(4): 655–669.

SHAFTO M A, RANDALL B, STAMATAKIS E A, et al. , 2012. Age–related neural reorganization during spoken word recognition: the interaction of form and meaning[J]. Journal of cognitive neuroscience, 24(6): 1434–1446.

SHAFTO M A, STAMATAKIS E A, TAM P P, et al. , 2010. Word retrieval failures in old age: the relationship between structure and function[J]. Journal of cognitive neuroscience, 22(7): 1530–1540.

SHAFTO M A, TYLER L K, 2014. Language in the aging brain: the network dynamics of cognitive decline and preservation[J]. Science, 346(6209): 583–587.

STAMATAKIS E A, SHAFTO M A, WILLIAMS G, et al. , 2011. White matter changes and word finding failures with increasing age[J]. PLoS ONE, 6(1): e14496.

STEINHAUER K, ABADA S H, PAUKER E, et al. , 2010. Prosody–syntax interactions in aging: event–related potentials reveal dissociations between on–line and off–line measures[J]. Neuroscience letters, 472(2): 133–138.

STERN Y, 2009. Cognitive reserve[J]. Neuropsychologia, 47(10): 2015–2028.

TAN L H, SPINKS J A, GAO J H, et al. , 2000. Brain activation in the processing of Chinese characters and words: a functional MRI study[J]. Human brain mapping, 10(1): 16–27.

TREITZ F H, HEYDER K, DAUM I, 2007. Differential course of executive control changes during normal aging[J]. Neuropsychology, development, and cognition. Section B, Aging, neuropsychology and cognition, 14(4): 370–393.

TREMBLAY K L, PISKOSZ M, SOUZA P, 2002. Aging alters the neural representation of speech cues[J]. NeuroReport, 13(15): 1865–1870.

TYLER L K, SHAFTO M A, RANDALL B, et al. , 2010. Preserving syntactic processing across the adult life span: the modulation of the frontotemporal language system in the context of age–related atrophy[J]. Cerebral cortex, 20(2): 352–364.

UEKERMANN J, THOMA P, DAUM I, 2008. Proverb interpretation changes in aging[J]. Brain & cognition, 67(1): 51–57.

VADEN K I JR, KUCHINSKY S E, AHLSTROM J B, et al. , 2015. Cortical activity predicts which older adults recognize speech in noise and when. [J]. The

Journal of neuroscience: the official journal of the society for neuroscience, 35(9): 3929–3937.

WILLIAMS L J, DUNLOP J P, ABDI H, 2012. Effect of age on variability in the production of text–based global inferences[J]. PLoS ONE, 7(5): e36161.

WLOTKO E W, LEE C L, FEDERMEIER K D, 2010. Language of the aging brain: event–related potential studies of comprehension in older adults[J]. Language and linguistics compass, 4(8): 623–638.

WU J S, LU J F, ZHANG H, et al. , 2016. Direct evidence from intraoperative electrocortical stimulation indicates shared and distinct speech production center between Chinese and English languages[J]. Human brain mapping, 36(12): 4972–4985.

YANG Y, DAI B, HOWELL P, et al. , 2017. White and grey matter changes in the language network during healthy aging[J]. PLoS ONE, 9(9): e108077.

（原载于《当代语言学》2019年第4期）

汉语作为第二语言写作测试中的语言标准化：评分员视角[①]

罗莲　彭恒利　李亚男

摘要：在汉语作为第二语言的写作测试中，考生会产出一些中国人也在使用的非标准的变异，包括语法和词汇变异。本研究收集了一些近年来流行的非标准化的词汇和语法变异，造句后对之进行分类，同时请HSK（汉语水平考试）和MHK（少数民族汉语水平考试）评分员基于5点量表进行评分。评分结果表明，评分员对语法变异、谐音词、方言词的接受度较低，对新词语、旧词新义和外来词的接受度较高。基于该结果，本研究建议对学习者和考生产出的非标准变异采取较为灵活的态度。

关键词：汉语作为第二语言测试；评分员；变异；规范化；写作

一、问题的提出

社会在不断发展变化，人们每天使用的语言也在不断变化之中，从而产生了很多变异，其中有一些是非标准化的变异，即不被相关权威机构认

作者简介：罗莲，文学博士，中央民族大学国际教育学院副教授，主要研究方向为汉语国际教育、汉语测试；彭恒利，文学硕士，北京语言大学教授、博士研究生导师，主要研究方向为汉语教育、语言政策、考试研发及考试管理等；李亚男，文学博士，汉考国际教育科技（北京）有限公司总经理助理，主要研究方向为汉语测试。

基金项目：国家社会科学基金重大项目"汉语交际能力标准与测评体系研究"（15ZDB101）。

① 本文的研究设计得到了新西兰奥克兰大学Rod Ellis教授和挪威卑尔根大学赵守辉教授的指点，李宇明教授对论文初稿提出了修改建议，在此一并表示最诚挚的谢意！

可或尚未得到认可的语言变异（language variants，或称变体）。拿词语变异来说，有方言、外来词、谐音词、新词语、旧词新义等，其存在使得人们可以用多种方式表达，使表达更丰富、更生动。例如，在汉语中"脑补""尬聊""戏精"等词语，目前在权威的规范性汉语词典《现代汉语词典》最新版中查不到，但并不影响人们在生活中使用它们。

语言测试是实施国家语言政策、实现语言标准化或规范化的重要工具。大多数的语言测试都希望考生使用规范化的语言表达，因此在语言测试试卷输入中很少使用非标准化的变异，在对考生产出进行评判的评分标准中也很少提及这样的变异。也就是说，非标准化的语言变异在语言测试、语言测试的评分标准以及语言量表中是被排除在外的。但是，语言测试的目的是科学地考查考生的语言能力，基于交际理论的现代语言测试的基本特征之一是任务的真实性和交互的真实性（Bachman & Palmer, 1990）。如果不能体现语言的变化这一最基本的特征，就不能反映真实的社会生活，测试的效度就可能存在一些问题。目前，国外的语言测试界已经认识到这一问题。汉语作为第二语言教学、学习与评估领域可能也存在同样的问题。

30年前，来中国学习汉语的外国人非常少，对外汉语学科尚未建立，那时学者们已经开始讨论是否应该在对外汉语教学中使用规范汉语了。一些学者认为，教师可以在教学中教授一些方言，以促进汉语学习者与当地中国人的交流。但是，吕叔湘先生认为在对外汉语教学中应该仅教授普通话，不应教授方言（李行健，1987）。2000年，国家颁布了《中华人民共和国国家通用语言文字法》（以下简称《国家通用语言文字法》），这是中国的第一部语言文字法律。该法规定，除了一些特别情况，在政府活动、教学、广播电视以及电影电视节目和剧目中，应该使用普通话。其中，第20条又特别规定，在对外汉语教学中应教授普通话和标准汉字。因此，作为语言教育的环节之一，汉语作为第二语言的测试也应该使用普通话和标准汉字。

2000年后，随着中国经济实力的增强和国际影响力的提升，学习汉语的人越来越多了。这时，学者们的看法出现了很大变化。郭熙（2004）对"华语"概念进行了梳理，陆俭明（2005）提出了"大华语"的概念

（王玲，2005；李宇明，2006，2014）。李宇明（2006，2009a，2009b）指出，在汉语走向世界的过程中，要处理好普通话与华语的关系。普通话在语音、词汇、语法、文字等方面有明确标准，但在语言教育实践中应有一定灵活度，有很多问题都是值得研究的，也特别提出应该对"大华语"的标准进行研究（李宇明，2006，2014，2017，2018；李宇明、施春宏，2017）。李泉（2015）建议，对国内汉语教学与海外汉语教学应采用不同的标准，如表1所示：

表 1　国际汉语教学语言文字标准体系

	国内汉语教学		海外汉语教学	
	标准	性质	标准	性质
语言	普通话	法定标准	普通话	理想标准
	地方普通话	合格标准	大华语	合格标准
文字	规范汉字	法定标准	规范汉字	理想标准
	汉语拼音	合格标准	汉语拼音	合格标准

（资料来源：李泉，2015）

李泉的"这一设想主要适用于海外华语社区的'当地化'，而非华语社区如何'双轨制'，还需要研究，需要实践"（李宇明，2017）。但总体而言，学者们认为在国际汉语教学中对学习者掌握语言文字的标准应该放宽。

目前，国内的汉语教材编写和课堂教学都基本依照2000年颁布的《国家语言文字法》，汉语测试也不例外。在汉语水平考试（Hanyu Shuiping Kaoshi，HSK）和少数民族汉语水平考试（Minzu Hanyu Kaoshi，MHK）这两种以汉语作为第二语言的测试中，试卷都没有使用繁体字，听力部分使用的都是普通话的标准发音，且在审核试卷题目时，一些语言变异都会被排除在外。但是，无论是以汉语作为外语的学习者，还是以汉语作为国家通用语的少数民族学习者，他们在学习过程中都会产出一些非标准化的语言变异，有些变异可能来自不同的语言变体，这些变异有着不同的类别。那么，评分员是怎样看待这些不同类别的汉语语言变异的呢？

为回答这一问题，本研究将从评分员角度探讨汉语作为第二语言写作中不同的词汇和语法非标准变异，以期为汉语测试的研发和相关标准的研究提供一点借鉴。笔者认为，进行这一研究不仅对语言作为第二语言测试写作的评分有一定价值，同时对词典编撰中收词原则的讨论也有参考意义。此外，在"一带一路"倡议和"大华语"背景下，语言测试是语言政策实施的重要手段，是实现语言标准化的重要工具，因此探讨汉语测试中评分员如何对待考生产出的非标准变异是非常有意义的。

二、非标准语法和词汇变异

语言标准化涉及发音、词汇、语法等层面。本研究将关注 HSK 和 MHK 两种考试写作部分的词汇和语法非标准变异，不考虑语音的变异情况。在本研究中，"标准化"和"规范化"作为同义词使用。

（一）对非标准语法与词汇的操作定义

要讨论文字和语法的规范化，首先需要说明什么是规范的文字或语法。一般来说，汉语的句法结构比较稳定，可以被比较容易地识别规范化的语法。笔者参考了一些语言变异以及语法变异方面的研究（陈章太，2002；孙德金，2009；曹起，2013；Liang-Chih YU *et al.*，2014），确定了要调查的语法变异。但是，定义何者是规范化的词汇相对来说比较困难。事实上，"标准语言本身就是一个滑溜溜（slippery）的概念"（N. Coupland & T. Kristiansen，2011），因此语言标准化也是一个不好把握的概念。一般来说，人们普遍认为《现代汉语词典》（中国社会科学院语言研究所词典编辑室，2012）是权威的规范词典。该词典 2012 年发布了第 6 版，2016 年发布了第 7 版。为了方便研究，本文以《现代汉语词典》（第 6 版）来判断某个词汇是属于标准的还是非标准的词汇变异。也就是说，本文拟讨论未收入《现代汉语词典》（第 6 版）中的词汇变异。拟将《现代汉语词典》（第 7 版）作为一个验证的标准，考查本研究中的设想是否得到印证。

（二）中国人使用的非标准语法变异

孙德金（2009）认为，一些中国人正在使用的、非标准的语法包括错序、冗余以及一些其他固定的结构。本文根据研究目的对这一观点进行举例说明。

第一类为错序，如在句子"*给我一个理由先"中，"先"应在动词"给"的前边。这样的结构也出现在汉语学习者的中介语中，属于一种偏误。第二类为冗余，如在句子"*我有说过让你走吗?"中，"有"是冗余的。现在很多年轻人这样说，可能是受到外语的影响。汉语学习者受母语迁移影响，也会产出这类变异，但普遍被当作偏误对待。此外，还有像"被+名词（动词）"的结构，在句子"*他没找到工作，但是后来被就业了"中，好像有一个冗余词"被"，但实际上"被+名词（动词）"表达一种情形与事实不符合，或者是别人强加的（含讽刺、戏谑意）（中国社会科学院语言研究所词典编辑室，2012）。第三类为固定结构，如"很+NP"。在句子"*他的长相很中国"中，"很"在名词"中国"前边，按照传统语法是错误的。但是，这一结构经常被中国人用于表达NP的某种典型特征。例如，我们也可以说"很女人""很阳光"等等。其他还有"V+V+补语"，如在句子"*请你把这个问题说说清楚"中，重复了动词"说"，但对母语者来说，该句的语义与"说清楚"基本没有差异。

根据规定性语法，上述句子都是不合语法的。但是，这些句子在年轻人中越来越流行。同时，有一些句子也属于学习者的偏误，例如上述所举错序和冗余例句。

（三）中国人使用的非标准词汇变异

随着中国社会的发展，社会生活中出现了许多新词语，这些词语显示出了不同的生命力。有的可能在很短的时间内消失，有的成为常用词，有一小部分可能被选为新词编入词典中。本文根据已有的研究（曹起，2013），将这些变种大致分为以下几类：

第一类为新词语，即新造词。如"悲催"是一个新词语，从字面上来看意思是"悲惨得催人泪下"，一般用于不顺心、失败、伤心或悔恨时。

该词语在《现代汉语词典》（第6版）中没有收录①。

第二类为旧词新义。如"白骨精"是《西游记》中的人物，过去指的是善于改变形象欺骗他人的魔女，现在该词指的是一些非常有能力的职场女性，是"白领""骨干""精英"的缩写。

第三类为同音词/谐音词。如"斑竹"（版主）。"斑竹"原义指某种竹子，但由于该词语音除声调外与"版主"一致，因此在互联网中被广泛使用。

第四类为外来词。外来词有几种，包括直接外来词、翻译外来词、字母词等。例如，"萌萌哒"是日语外来词，在年轻人中非常流行。现在人们甚至以"萌"为词根创造新词，例如"卖萌"意思是装出年轻可爱的样子。"出柜"一词常见于大众媒体，是英文短语"out of box"的直译，属于翻译外来词。同性恋者中一些人可能公开自己的性倾向，称为"出柜"。"App"则属于字母外来词，其对应的中文词语为"应用软件"，简称"应用"。

第五类为方言词。例如，"心水"为广东方言，其流行源于广东省经济地位的提升以及对众多外来务工人员的影响。

对上述变异，汉语教师可能会有不同的看法。一般来说，由于语法变异比在某些特定语境中使用的词汇变异更具产出力，因此我们预计教师对语法变异的态度可能比对词汇变异的态度会更为严格一些。

三、研究思路与方法

第二语言学习者产出的一些非标准的语言变异并不是正式语体，由于语言学习者对外语的语言变异并不像母语者那样了解，因此他们在测试中也有可能使用这些变异。那么，语言测试的评分员在评分时是如何看待不同类别的非标准变异的？如果存在不同的看法，他们对不同类别的非标准变异存在不同看法的原因是什么？本研究拟采用问卷调查和访谈的方式对这两个问题进行研究。

---

① 本文所指的新词语不包含外来词，外来词由于其特殊性而单列一类。

（一）参加者

参加者共109人，分为两组。第一组为HSK写作和口语评分员，共有52名，其中高校教师31名，中小学教师7名，硕士和博士研究生9名，其他专业人员5名。第二组为MHK写作评分员，共58人，其中大学教师13人，小学教师1人，研究生37人，其他专业人员7人。基于本研究的目的，笔者将两组评分员作为一个整体进行分析。

（二）测量工具

标准化与非标准化的变异很难区分，而且要在考生回答的试卷中收集这些变异要花费大量的时间。出于这些原因，笔者自行收集了一些非标准化的变异，并写出一些句子，同时给出对应的通常说法的句子。假设这些句子都是考生写出的，每个句子满分为5分，要求评分员给每个句子打分。问卷的个人信息部分针对两组评分员的情况进行了调整，并通过网上即时通信工具发放，分别面向HSK的评分员和MHK的评分员。

问卷由两部分组成：第一部分涉及人口数据的收集，包括性别、国籍、年龄、职业、专业、受教育程度等。第二部分由20对句子（共40个句子）组成。句子中的变异选择过程是这样的：首先，广泛收集大量变异做出一个表格；其次，根据《现代语词典》（第6版）选择那些未收录的变异（不包括语法变异）；再次，选出流行度较高的非标准变异，方法是通过百度搜索引擎进行搜索，如果发现某变异频率低于5,000,000，则从列表中删除；最后，得到15个词汇变异，这些变异被分为5组，包括新词（3个词）、谐音词（3个词）、旧词新义（3个词）、外来词（3个词）、方言词（3个词）。词汇变异结果如表2所示：

表 2　非标准词汇变异频率（题号为奇数）

组号	类别	题目序号	变异	百度引擎频率①
第1组	新词	1	房奴	12,700,000
		3	囧	18,600,000
		5	颜值	20,600,000

---

①　搜索时间为2017年11月6日。

组号	类别	题目序号	变异	百度引擎频率
第2组	谐音词	7	涨姿势	16, 200, 000
		9	美眉	18, 700, 000
		11	神马	21, 800, 000
第3组	旧词新义	13	白骨精	17, 000, 000
		15	极品	31, 700, 000
		17	潜水	29, 000, 000
第4组	外来词	19	卡哇伊	17, 700, 000
		21	App	100, 000, 000
		23	萝莉控	16, 400, 000
第5组	方言词	25	无厘头①	13, 500, 000
		27	心水	16, 200, 000
		29	泡妞	18, 600, 000

用这15个词汇变异造出15个句子，题号为奇数；同时给出15个通常说法的句子，题号为偶数。因此，奇数题都使用了词汇变异。

由于语法常常为非固定搭配，因此未列出频率。考查的5个语法项目为：

（1）很+NP：他的长相很中国。

（2）被+Vi：他毕业后没找到工作，后来被就业了。

（3）有+V：我有说过让你走吗？

（4）V+NP+先：给我一个理由先。

（5）V+V+补语：请你把这个问题说说清楚。

（三）研究步骤

第一步，问卷设计和预测试。2017年9月，笔者设计了一个包含41

---

① 问卷调查完成后再一次仔细核对时发现，"无厘头"一词已被收入《现代汉语词典》（第6版），该疏忽是本研究的遗憾。

项变异的Likert量表，对33名外国普通话学习者进行调查，发现词汇变异的流行度非常重要。因此，在第二次调查中，根据上文所述标准仔细选择了新的词汇变异。所有对变异句子的评分以及态度评分均基于Likert量表。第二步，问卷施测。调查经相关考试机构同意后，问卷通过网上链接的形式发放，数据收集于2017年12月。第三步，统计分析。统计分析部分报告描述性统计数据和比较结果。第四步，访谈。通过调查，笔者收集了HSK和MHK两组人员的问题，并分别从HSK和MHK两组评分员中各选出1名进行访谈。

四、研究过程、结果及讨论

收集数据之后，对所得数据进行了如下处理：首先，删除不合格的数据；其次，比较两组考试评分员的人口统计数据；最后，比较句子评分的描述性统计数据，同时对结果进行分析。

（一）问卷第一部分：评分员的描述统计数据

对两组评分员都使用了相同的原则删除数据，其中4名 MHK 评分员的信息被删除，HSK 评分员的数据均被保留。两组评分员的性别和年龄统计信息如表3、表4所示：

表 3　评分员性别

	HSK		MHK	
	评分员人数	百分比（%）	评分员人数	百分比（%）
男	9	17.31	10	19.23
女	43	82.69	44	80.77
总计	52	100	54	100

表 4　评分员年龄

年龄	HSK		MHK	
	评分员人数	百分比（%）	评分员人数	百分比（%）
20 — 25	4	7.69	34	62.96
26 — 30	25	48.08	12	22.22
31 — 35	9	17.31	1	1.85
36 — 40	8	15.38	2	3.70
41 — 45	5	9.62	2	3.70
46 — 50	0	0.00	3	5.56
51 —	1	1.92	0	0.00
总计	52	100.00	54	100.00

从表3和表4可知，两组评分员的性别比例相差不大，但HSK评分员比MHK评分员年龄更大一些。

（二）问卷第二部分：句子评分

问卷的句子评分部分共有20对40个句子，问卷中对其做了说明：假如您在批阅HSK/MHK考生作文的时候看到考生写了如下的句子，一个句子满分是5分，您可能给句子打多少分？

问卷调查需报告信度系数以说明其稳定性（主要指测量准确性及一致性），常用的为Cronbach's alpha系数。该部分的描述统计数据如表5、表6所示：

表 5　信度系数

Cronbach's alpha	标准化后的Cronbach's alpha	题目数
0.956	0.960	40

表 6　不同类别的词汇得分均值（含非标准变异的句子和通常说法的句子）

	新词	谐音词	旧词新义	外来词	方言词	语法
非标准变异均值	4.19	3.23	3.85	3.80	3.33	3.25
非标准变异标准差均值	0.92	1.07	1.11	1.04	1.08	1.12
通常说法均值	4.14	4.42	4.42	4.40	4.52	4.46
通常说法标准差均值	0.82	0.69	0.70	0.73	0.66	0.71
Cronbach's alpha	0.777	0.790	0.789	0.810	0.785	0.805

从句子得分的均值看，非标准变异中，除了谐音词、方言词和语法之外，新词、旧词新义和外来词的均值都高于3.5分。其得分从高到低依次是：新词、旧词新义、外来词、方言词、语法、谐音词。而通常说法在所有类别的得分均超过了4分，从高到低依次是：方言词、语法、谐音词和旧词新义、外来词以及新词。

从句子得分的标准差看，非标准变异中，除了新词之外其他类别的标准差均达到了1.0以上，说明人们对非标准变异的看法存在较大的不一致。而通常说法在所有类别的标准差均小于1.0，最高的为新词。这说明，与包含非标准变异的句子相比，人们对通常说法的句子看法较为一致。

（三）访谈及讨论

同样均为非标准变异，为什么某些类别的非标准变异分数较高？评分员在看到类似的非标准变异时是如何考虑的？为此，笔者对两位评分员进行了访谈。访谈中，特别对一些含有非标准变异的句子进行回顾，请他们考虑给出分数的理由，同时还特别询问他们是否熟悉相关的国家语言文字法律。

第一位受访者：女，27岁，大学教师，曾在韩国当志愿教师一年，她在2016年成为HSK评分员。她认为，在作文中，考生产出的标准句子或者与中国人经常说的类似的句子应该给高分，这里面可能就包含了一些非规范的说法。笔者认为，"与中国人经常说的类似的句子"充分体现了她对"真实性"的认同。当被询问是否了解《国家通用语言文字法》时，她说自己不了解有关法律，也没有阅读过有关语言标准的相关文献，但她认为测试应该使用标准的语言。此外，她还通过中央电视台的节目，间接了解到了相关政策。例如，她曾注意到中央电视台把一个表演团体的英文名TFboys称为"加油男孩"，"政府用这种方式来保持中国语言与文化"，她对这种做法表示支持。然而，对于第二语言来说，由于水平较高的考生可能会掌握更多的非标准变异，她觉得在高级测试中用几个问题考查考生的能力是可以接受的。

第二位受访者：男，29岁，汉语作为第二语言教学方向硕士，成为MHK评分员已有6年多。他表示，他对问卷中句子评分的原则是：一些变异是否已经存在现成的表达方式，即已有的词语是否可以代替那些非标准的词汇或语法变异。例如，"房奴"这个词，指的是每月向银行归还较大数量贷款以至于影响了自己正常生活的人。这是一个新词，用任何其他方式表达这一词语可能都会不准确或不经济，因此即使这个词语没有被收入《现代汉语词典》（第6版），也不应该给使用该词语的句子较低的分数。经笔者进一步询问，虽然他没有阅读过有关语言或文字的法律，也没有读过关于语言规范的研究论文，但他通过电视台也间接了解到国家的语言政策。他给出的例子是中央电视台的体育频道将NBA翻译为"美职篮"。同时，他还表示评分员会从总体上对作文进行评分，不会仅仅注意一两个不规范的用法。此外，他认为MHK考查的是汉语作为第二语言的能力，其评分员培训更关注第二语言偏误，中国人也在使用的非标准变异并不是重要方面。

通过访谈，笔者有如下发现：首先，虽然两位评分员未接受过语言政策及法律的相关培训，但他们通过其他渠道了解这些信息，并且表示支持国家的语言政策；其次，对于非标准词汇的判断，他们是从句子真实性如何，是否存在标准说法，是否可以用最少的词语精准地表达意思等几个方面来判断的；再次，他们认为，对于汉语作为第二语言的评分，考生使用一些非标准的用法也是可以接受的。

为什么两种汉语水平测试的评分员对不同的非标准变异按照接受程度依次为新词、旧词新义、外来词、方言词、语法、谐音词呢？笔者查阅了一些文献，发现对这一问题的探讨与规范词典收词原则相关。收词原则是非常复杂的，研究者普遍公认的词典收词原则为词语使用的稳定性和普遍性，这两者是从时空方面考虑的。此外，使用的频率（苏新春、顾江萍，2001）和思想性（谭景春，2018）也是非常重要的。除了这些原则，以下笔者试图根据非标准变异使用的真实性、普通话中是否已存在对应的标准说法，以及使用非标准变异是否经济（经济性）等几个方面，对上述不同类别的非标准变异进行分析。

第一，新词。新词反映了社会生活中的新现象、新概念或新事物。在社会生活中，如果新词对应的标准词语并不存在，且用标准的说法表示新词的意思会违反经济性原则时，人们就会使用这些新词。例如，"房奴"一词代表了新现象，且在普通话中没有同样意义的其他双音节词语。如果在句子中不使用这一词语，进行解释就需要更多的文字。因此，人们认为，第二语言使用者使用该词语有利于精准地表达。第二，旧词新义。在社会生活中出现的一些新现象，如果使用原有的词语引申出的新意义来表示，会更贴近语言标准，同时也符合经济性原则，如前述的"潜水"指在网络社交工具中沉默不发表言论，被赋予了新的意义。第三，外来词。外来词中有很大一部分在普通话中有对应的词汇，但也有一小部分代表了新事物或新现象，并在普通话中不存在对应的标准词语，从而使其被人们广泛使用。例如"激光"是翻译外来词，同时也代表了新事物。本研究中的"卡哇伊""App"普通话中都有对应词语，"萝莉控"没有对应词语，不过使用者大部分为年轻人。第四，方言词。方言词一般是地方使用的，具有真实性，在普通话中存在对应的标准说法。有些方言词语也可能比较经济，但其使用范围和频率受到一定限制。第五，语法。语法变异为一个较大的类别，能产性较高。语法的非标准变异虽然是真实使用的，而且有的语法项目使用起来也可能有一定的经济性，但是规范语法的存在使得人们对这一类别的认可度较低。不过，评分员对其中一些语法变异持较为宽松的态度，如"被就业"[已作为一个独立词语被收入《现代汉语词典》（第6版）]。第六类，谐音词。这类词语有一定稳定性，使用起来也有一定经济性，但是使用范围不够广泛，一般只是年轻人在生活中大量使用。此外，一些标准词语的存在使得人们对新词的接受有较大困难，如"涨姿势"。

在完成上述的问卷调查后，笔者发现只有"颜值"一词（新词）被收入了《现代汉语词典》（第7版）。这一结果可能从侧面说明人们对涉及"新"这一因素的三类非标准语言变异接受度更高。

五、结论

受测试时间所限，本研究选取的非标准语言变体数量较少。不过，通过问卷调查和访谈，本研究发现评分员对几类非标准语法和词汇变异看法是不一致的。他们对非标准的方言词变异、语法、谐音词的态度较为保守。对表示新事物或新现象的新词语，他们持最宽松的态度，其次是旧词新义和外来词，而这三类均与"新"相联系。这一研究结果，可能会为汉语作为第一或第二语言写作或口语评分规则制订以及一些词典收词原则方面的研究提供参考。

总之，笔者认为在"大华语"的背景下，在判定汉语学习者写作中产出的语言变体时应采取较为灵活的态度。同时也要注意，标准化仍然应该是语言测试最重要的方面。语言测试应该在语言标准化的基础之上，对真实世界中的语言变化有所反映。我们相信，无论是汉语作为第一还是第二语言的测试，如果能在标准化的基础上对某些方面进行一些调整，以适应不断变化的、真实的语言社会，将有助于更准确地反映出考生真实的汉语能力。

参考文献：

曹起，2013. 新时期现代汉语变异研究[D]. 长春：吉林大学.

陈章太，2002. 略论我国新时期的语言变异[J]. 语言教学与研究，（6）：27–36.

郭熙，2004. 论"华语"[J]. 暨南大学华文学院学报，（2）：56–65，75.

李泉，2015. 国际汉语教学的语言文字标准问题[J]. 语言教学与研究，（5）：1–11.

李行健，1987. 词汇规范和对外汉语教学[J]. 语言教学与研究，（4）：104–111.

李宇明，2006. 中国的话语权问题[J]. 河北大学学报（哲学社会科学版），

（6）：1–4.

李宇明，2009a. 中国当前的语言文字工作：在中国语文现代化学会第8次学术会议上的讲话[J]. 北华大学学报（社会科学版），（1）：56–59.

李宇明，2009b. 信息时代的语言文字标准化工作[J]. 语言文字应用，（2）：2–11.

李宇明，2014. 汉语的层级变化[J]. 中国语文，（6）：550–558，576.

李宇明，2017. 大华语：全球华人的共同语[J]. 语言文字应用，（1）：2–13.

李宇明，2018.《李宇明语言传播与规划论文集》后记[J]. 辽宁师范大学学报（社会科学版），41（1）：5–7.

李宇明，施春宏，2017. 汉语国际教育"当地化"的若干思考[J]. 中国语文，（2）：245–252，256.

陆俭明，2005. 关于建立"大华语"概念的建议[G]//汉语教学学刊（第1辑）. 北京：北京大学出版社.

苏新春，顾江萍，2001."人""机"分词差异及规范词典的收词依据：对645条常用词未见于《现汉》的思考[J]. 辞书研究，（2）：47–54.

孙德金，2009. 语法规范、修辞张力与对外汉语语法教学[J]. 修辞学习，（1）：30–38.

谭景春，2018. 谈谈语文词典收词的思想性：以《现代汉语词典》第7版增补条目为例[J]. 中国语文，（2）：223–225.

王玲，2005. 第三届中国社会语言学国际学术研讨会综述[J]. 修辞学习，（3）：79–80.

中国社会科学院语言研究所词典编辑室，2012. 现代汉语词典（第6版）[M]. 北京：商务印书馆.

中国社会科学院语言研究所词典编辑室，2016. 现代汉语词典（第7版）[M]. 北京：商务印书馆.

BACHMAN L F, 1990. Fundamental considerations in language testing [M]. Oxford: Oxford University Press.

COUPLAND N, KRISTIANSEN T, 2011. Critical perspectives on language (de) standardisation [M]//COUPLAND N, KRISTIANSEN T, Standard language and language standards in a changing Europe. Oslo: Novus Press: 11–35.

LIANG C Y, LUNG H L, LI P C, 2014. CHANG. Overview of grammatical error diagnosis for learning Chinese as a foreign language [C]//Asia–Pacific society for computers in education, Proceedings of the 22nd international conference on computers in education.

（原载于《语言文字应用》2019年第2期）

普米语示证范畴地域差异的成因分析

蒋颖

摘要：普米语的示证范畴主要有亲见非亲见、听说非听说两类子范畴。但南北方言存在差异：普米语北部方言既有亲见非亲见范畴，也有听说非听说范畴，两类子范畴都具有句法上的强制性；南部方言基本没有亲见非亲见范畴，但有非强制性的听说非听说范畴。为什么同一个语法范畴在同一个语言的南北方言里出现了地域差异？本文通过普米语南北方言示证范畴的描写、对比，试对其成因进行解释。指出导致这种差异的可能有三种：一是南北地理分布的差异；二是语言系统自身演变的差异；三是语言接触方面的差异。本文认为，其中自身演变是主要因素，语言地理和语言接触是推动因素。

关键词：普米语；示证范畴；亲见；听说；地域差异

一、解题

所谓示证，是指说话人对所说内容的来源以及自己参与程度的标示。示证范畴是许多语言都有的一个重要语法范畴。在以往的研究中，学者们使用了多个不同的术语对其进行分析，如"传信范畴""言据性"等，其研究对象基本一致，都是对示证范畴的不同表述。示证范畴有广义和狭

作者简介：蒋颖，文学博士，中央民族大学中国少数民族语言文学学院副教授、硕士研究生导师，主要研究方向为汉藏语系藏缅语族语言。

基金项目：国家社会科学基金一般项目"基于方言比较的普米语形态演变轨迹研究"（19BYY189）。

义之分。广义的示证范畴属于语义功能范畴，如Chafe认为示证包括信息来源和对知识的态度①，Alexandra Y. Aikenvald认为示证是一种表示信息来源的语言范畴②。黄布凡在《藏缅语的情态范畴》一文中说："情态范畴是指表现说话人对自身的动作行为与主观意识的关系以及说话人对他身动作行为的感知情况等语法意义的概括。"③他认为听说与非听说、亲见与非亲见、自控与非自控、自觉与不自觉、现知与早知、过程与结果等都属于情态范畴。这里对"情态范畴"的界定与广义的"示证范畴"也基本吻合。乐耀在《传信范畴作为汉语会话话题生成的一种策略》中说："广义的传信范畴既可以表明信息来源，还可以表达说话人对所言信息的态度。"④他对传信范畴做了如下分类：

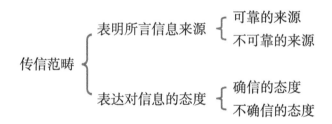

狭义的示证范畴是"由专门的语法形式所表达的语法范畴"，即"动词后必须强制性附加一个语义范畴（semantic category）以交代说话者所述事实的凭据和来源"⑤。本文采用狭义的示证定义，以是否有专门的语法形式表达此范畴为判断标准，认为普米语有示证范畴，而且示证范畴存在地域变体。普米语的示证范畴主要包括亲见非亲见、听说非听说两对子范畴，二者在普米语南北两大方言里的分布状态并不相同：北部方言有具有

　　① W.L. Chafe, "Evidentiality in English Conversation and Academic Writing", in W. L. Chafe and J. Nichols, Eds., *Evidentiality: The Linguistic Coding of Epistemology*, Norwood, NJ: Ablex, 1986, pp.261 — 272.

　　② Alexandra Y. Aikenvald, *Evidentiality*. Oxford: Oxford University Press, 2004, p.3.

　　③ 黄布凡：《藏缅语的情态范畴》，载《民族语文》1991年第2期。

　　④ 乐耀：《传信范畴作为汉语会话话题生成的一种策略》，载《汉语学习》2013年第6期。

　　⑤ 邵明园：《安多藏语阿柔话的示证范畴》，博士学位论文，南开大学文学院，2014年，第33页。

句法强制性的亲见非亲见范畴与听说非听说范畴，而南部方言基本没有亲见非亲见范畴，有不具句法强制性的听说非听说范畴。为什么同一个语法范畴在同一个语言的南北方言里存在这样的差异？这种差异是由语言自身在不同方言中的发展演变速度不同导致的，还是由普米语南北方言在各自地域的语言使用环境、语言使用状况差异较大以及两个方言的语言接触情况不同导致的？或者还有别的原因在起作用？本文分析了导致这种差异的可能性主要有以下三个：一是南北地理说；二是语言系统自身演变说；三是语言接触说。

二、示证范畴两个子范畴在普米语南北方言的差异

普米语分为南北两大方言。北部方言主要分布于四川省木里县、九龙县、盐源县和云南省宁蒗彝族自治县的永宁镇等地，南部方言主要分布于云南省兰坪白族普米族自治县、维西县、永胜县、云县及宁蒗彝族自治县的新营盘乡等地。① 方言之间差别较大，互相不能通话。方言差异主要表现在语音、词汇和语法的不同上：在语音上，南部方言复辅音较多，声调系统比较简单，只有两个本调；北部方言复辅音较少，声调系统比南部方言复杂，有三个本调。在词汇上，南北方言有大量的同源词，但由于分化时间长，相隔地域远，各自又受当地强势民族语的影响吸收了不同的民族语借词，因此在词汇面貌上也有一定的差异。在语法上，南部方言多以词根屈折、附加前缀或后缀的方式表示语法意义，形态变化丰富、复杂；北部方言词根的屈折变化大大减少，附加后缀的变化形式也简化了，形态变化比南部方言少。

在示证范畴的表现形式上，北部方言的示证范畴更发达，南部方言的示证范畴则相对不发达。其差异分述如下：

（一）亲见非亲见子范畴在南北方言中的分布

亲见表示所陈述的内容是说话人亲眼见到、亲身经历或有自我意识地

---

① 方言分布情况来自陆绍尊：《普米语方言研究》，北京：民族出版社，2001年。本文所用的普米语方言例句皆来自笔者的田野调查。其中南部方言点为云南省兰坪白族普米族自治县河西乡大羊村，北部方言点为四川省木里县瓦厂镇你易店村。

去体验到的，非亲见表示所陈述的内容不一定是说话人亲眼见到、亲身经历或有自我意识地去体验的。北部方言有亲见非亲见子范畴，南部方言基本没有此范畴。

普米语北部方言有亲见范畴，亲见、非亲见的区分比较明确，在语义表达上及句法上具有强制性，以动词后缀的使用与否来区分它们：不添加动词后缀的，表示亲见；添加了动词后缀的，表示非亲见。例如：

$$tsoŋ^{55}\ dʑ\i^{55}\ tsha^{55}.\quad 他吃完了。（说话人亲眼看到"他吃完了"）$$
他　　　吃　　　完

$$tsoŋ^{55}\ dʑ\i^{55}\ tsha^{55}\ s\i^{31}.\quad 他吃完了。（说话人未亲眼看到"他吃完了"）$$
他　　　吃　　　完（缀）

北部方言亲见非亲见子范畴的特征主要有四点：

（1）亲见非亲见子范畴主要分布在已行体与完成体上。由于时间上的客观限制，尚未发生的事情一般来说无所谓亲见或非亲见，因此亲见、非亲见的对立通常出现在已行体、完成体中，较少出现在将行体、即行体等其他体中。

（2）表非亲见的动词后缀 $s\i^{31}$ 是一个多功能后缀，它既是表示已行体、完成体的附加后缀，又是表示非亲见的示证附加后缀。例如：

$$tsoŋ^{55}n^{55}\ khɯ^{31}\ dz\textit{ɹ}^{55}\ s\i^{31}.\quad 他们已经吃了。（完成体、非亲见）$$
他们　　（趋）吃（缀）

虽然 $s\i^{31}$ 具有多功能性，但我们仍能看出它的不同功能或许有产生时间早晚的差异。$s\i^{31}$ 作为体标记的功能应该是其较初始的功能，从整个语句来看，它不能独立使用，必须黏附于动词，并随主语人称、数的变化而产生相应的形式变化，这种变化属于句法上的一致关系变化，而一致关系在藏缅语里属于比较古老的语法现象。$s\i^{31}$ 作为非亲见标记应该是后来在语言使用过程中根据语用等方面的需要而产生的伴随功能，随着时间的推移而逐渐获得了语义、句法和语用上的强势地位。

（3）亲见范畴在使用上有明显的人称差异。第二、第三人称亲见、非亲见的对立比较严格，因为对于说话人而言，其他人已经做过的事情可以是"非亲见"的，也可以是"亲见"的。因此，讲述其他人做过的事情时，需要明确区分说话人是否亲见了该事。例如：

ȵə^{24} ɑ^{31} bie^{55} lɛ^{31}kɛ^{55} pʉ^{55} xuɐ^{55}. 你让我做了事。（亲见）

你 我（与）事情 做 让

ȵə^{24} tsoŋ^{31} bie^{55} lɛ^{31}kɛ^{55} pʉ^{55} xuɐ^{55} sɿ^{31}. 你让他做了事。（非亲见）

你 他 （与）事情 做 让 （缀）

gui^{55} tə^{31} tɕhɐ^{55} gi^{31}noŋ^{31} mə^{55} lyɐ^{31}wɑ^{55} noŋ^{31}tshue^{55} khɯ^{55} ʂin^{55}.

雨（趋） 停 一……就 人 全部 外边 （趋）出去

雨一停人们就都出去了。（亲见）

gui^{55} tə^{31} tɕhɐ^{55} gi^{31}noŋ^{31} mə^{55} lyɐ^{31}wɑ^{55} noŋ^{31}tshue^{55} khɯ^{55} ʂin^{55} sɿ^{31}.

雨（趋）停 一……就 人 全部 外边 （趋）出去（缀）

雨一停人们就都出去了。（非亲见）

但如果是第一人称，情况就比较特别。第一人称主语（如“我吃了”“我在看”等）由于具有天然的亲见性，因此第一人称通常只有亲见形式。例如：

ɑ^{55} dzɿ^{55} tshɑ^{55}. 我吃完了。（亲见）

我 吃 完

上例如果添加了表示非亲见的后缀sɿ^{31}，则成了病句，因为“我”不可能自己吃完了还是非亲见状态的：

*ɑ^{55} dzɿ^{55} tshɑ^{55} sɿ^{31}. *我吃完了。（非亲见）

我 吃 完 （缀）

但是，当第一人称处于无意识、下意识状态时，上例又可变成如下符合语法规则的句子：

ɑ^{55} tiɛn^{31}ʂɿ^{24} to^{55} ʐin^{31} pʉ^{31}noŋ^{31} be^{31} dzɿ^{31} khɛ^{55} bo^{55}，mie^{55}dʐɑŋ^{31}

我 电视 看（助）一 边 饭 吃（助）（话） 不 知

mɑŋ^{31}loŋ^{55} be^{55} dzɿ^{55} tshɑ^{55} sɿ^{55}.

不 觉 饭 吃 完 （缀）

我一边看电视一边吃饭，不知不觉中饭吃完了。

即第一人称通常默认为亲见状态，不能出现非亲见句，但第一人称可以区分有意识、无意识状态，所以又以非亲见标记表示无意识的状态。例如：

ɑ⁵⁵ tiə³¹bie⁵⁵ nə⁵⁵ xɑ⁵⁵.　我在这儿摔跤了。(亲见)

我　这里　(趋)摔

*ɑ⁵⁵ tiə³¹bie⁵⁵ nə⁵⁵ xɑ⁵⁵ sɿ³¹.　*我在这儿摔跤了。(非亲见)

我　这里　(趋)摔(缀)

ɑ⁵⁵ nə³¹ guɯ³¹ khe⁵⁵ tiə³¹bie⁵⁵ nə⁵⁵ xɑ⁵⁵ sɿ³¹.

我(趋)醉　时　这里　(趋)摔(缀)

我喝醉时在这儿摔跤了。(无意识)

（4）北部方言亲见范畴具有语法、语义上的强制性。使不使用其语法形式，具有区别句义的作用。例如：

mə⁵⁵tɕi⁵⁵n³¹ ʂin⁵⁵.　有些人走了。(亲见)

某些人　　去

mə⁵⁵tɕi⁵⁵n³¹ ʂin⁵⁵ sɿ⁵⁵.　有些人走了。(非亲见)

某些人　　去　(缀)

普米语南部方言基本没有亲见非亲见子范畴。南部方言里没有完整严格的、以专门的句法手段表达的亲见、非亲见形式的对立，因此，我们认为普米语南部方言基本没有亲见非亲见子范畴。例如：

tə⁵⁵guɯ⁵⁵ dzɿ⁵⁵ thəuŋ⁵⁵ si⁵⁵.　他吃完了。

他　　吃　完　(缀)

南部方言里亲眼看见的和非亲见的"他吃完了"都用上面的例句来表示，后缀不可省略。如果一定要区分亲见与非亲见，只能以添加"亲眼看见"等短语的形式来表示。又如：

tə⁵⁵guɯ⁵⁵ wo⁵⁵ dzɿ⁵⁵ naŋ⁵⁵（zə̢u³¹）.　他敢吃老鼠。

他　　老鼠吃　敢　(缀)

上例中的动词后缀zə̢u³¹在句中可用可不用，但不管zə̢u³¹使用与否，句义都不产生任何变化。不管说话人是亲眼见过"他"敢吃老鼠，还是推理判断出或听说过"他"敢吃老鼠，都可以用加或不加后缀的形式来表达，没有亲见、非亲见的区别。

但南部方言有个别趋向动词似乎存在亲见、非亲见之分。详述如下：

（1）动词"来"有亲见、非亲见之分：tʂhuŋ⁵⁵表示亲见的"来"，ʐɿ²⁴表示普通的"来"，可以是亲见的，也可以是非亲见的。表亲见的动词 tʂhuŋ⁵⁵ "来" 之后不能添加已行体、完成体动词后缀 si³¹，普通的 ʒ₁²⁴ "来" 后面能够添加后缀。例如：

ʒə⁵⁵n̥i²⁴ tə⁵⁵ʐ̩⁵⁵ khə³¹ tʂhuŋ⁵⁵. 昨天他们出来了。（亲见）

昨天　他们　（趋）来

ʒə⁵⁵n̥i²⁴ tə⁵⁵ʐ̩⁵⁵ khə³¹ ʒ₁⁵⁵ si³¹. 昨天他们出来了。（亲见或非亲见）

昨天　他们　（趋）来（缀）

*ʒə⁵⁵n̥i²⁴ tə⁵⁵ʐ̩⁵⁵ khə³¹ tʂhuŋ⁵⁵ si³¹. *昨天他们出来了。

昨天　他们　（趋）来　（缀）

（2）动词 "去" 有亲见、非亲见之分：lo²⁴ 表示亲见的 "去"，ʃ⁵⁵ 表示一般的 "去"，可以是亲见的，也可以是非亲见的。例如：

tʃ̩m⁵⁵ gue⁵⁵je³¹ ɑ⁵⁵ tsy²⁴ khə³¹ ʒdʒuɑ⁵⁵ thə³¹ lo²⁴.

狗　（施）我的　鞋子（趋）拿　　（趋）去

狗把我的鞋子衔走了。（亲见）

tʃ̩m⁵⁵gue⁵⁵je³¹ ɑ⁵⁵ tsy²⁴ khə³¹ ʒdʒuɑ⁵⁵ khə³¹ ʃ⁵⁵ si⁵⁵.

狗（施）　我的　鞋子（趋）拿　　（趋）去（缀）

狗把我的鞋子衔走了。（亲见或非亲见）

lo²⁴ "去" 之后能够添加已行体、完成体附加后缀 si³¹，但在添加后缀之后就会变成一般动词，可以是亲见的，也可以是非亲见的。这与北部方言亲见、非亲见的变化方式相同，北部方言也是不加后缀表示亲见，加了后缀表示非亲见。例如：

tʃ̩m⁵⁵ gue⁵⁵je³¹ ɑ⁵⁵ tsy²⁴ khə³¹ ʒdʒuɑ⁵⁵ thə³¹ lo³¹ si⁵⁵.

狗　　（施）我的　鞋子（趋）拿　　（趋）去　（缀）

狗把我的鞋子衔走了。（亲见或非亲见）

虽然在趋向动词 "来" 和 "去" 上，普米语南北方言都是以添加动词后缀的形式表示非亲见，以不加后缀的形式表示亲见，但总体来看，二者在亲见非亲见范畴上表现更突出的不是共性，而是差异。与北部方言普遍区分亲见、非亲见状态不同，南部方言普遍不区分亲见、非亲见状态，只有 "来" 和 "去" 是两个特例。

（二）听说非听说子范畴在普米语南北方言中的分布

"听说" 表示陈述的内容并非说话人亲身经历所得的一手信息，而是来自他人的二手信息。"非听说"表示陈述的内容是有可靠依据或在亲身经历中获得的。普米语南北方言都有听说非听说子范畴，但北部方言此范畴在句法上具有强制性，比南部方言更发达。

1.北部方言有发达的听说非听说子范畴

北部方言表示听说、非听说义时，常在句中同时使用两个词：noŋ³¹khɛ⁵⁵（或mɛn³¹khɛ⁵⁵）"听说"和tɕi³¹"说"。其中居前的noŋ³¹khɛ⁵⁵（或mɛn³¹khɛ⁵⁵）"听说"可用可不用，居后的tɕi³¹"说"必须使用，具有句法上的强制性。我们认为，居后的tɕi³¹"说"既是表"（他人）说"义的动词，又是表示消息来源的示证助词，而且它在使用中具有句法上的强制性，属于狭义的示证范畴标记。例如：

ɑ⁵⁵ noŋ³¹khɛ⁵⁵/mɛn³¹khɛ⁵⁵ ɑ³¹diɛ⁵⁵ dʐʅɑ⁵⁵ n⁵⁵ tɕi³¹ n³¹.

我　听说/听说　　　　奶奶　好（缀）说（缀）

我听说奶奶（身体）好。

上例中的"我听说"可以省略，句义变为"听（他人）说奶奶（身体）好"：

ɑ³¹diɛ⁵⁵ dʐʅɑ⁵⁵ n⁵⁵　tɕi³¹ n³¹.　听说奶奶（身体）好。

奶奶　好（缀）说（缀）

但上面两例中的示证标记tɕi³¹"说"不可省略。下例为病句：

* ɑ⁵⁵ noŋ³¹khɛ⁵⁵/mɛn³¹khɛ⁵⁵ ɑ³¹diɛ⁵⁵ dʐʅɑ⁵⁵ n⁵⁵.*

我　听说/听说　　　　奶奶　好（缀）

我听说奶奶（身体）好。

又如：

（ɑ⁵⁵ noŋ³¹khɛ⁵⁵/mɛn³¹khɛ⁵⁵）tsoŋ⁵⁵ min⁵⁵ ʂin⁵⁵ tɕi³¹ n³¹.

　我　听说/听说　　　　他　没　去　说（缀）

（我）听说他没去。

（ɑ⁵⁵ noŋ⁵⁵khɛ⁵⁵/mɛn³¹khɛ⁵⁵）nɛ⁵⁵ pe²⁴ tɕɛ⁵⁵mie⁵⁵ maŋ³¹ ʐɛ⁵⁵ tɕi³¹ n³¹.

　我　听说/听说　　　你的哥　家里　不　在　说（缀）

（我）听说你哥不在家。

（ɑ⁵⁵ noŋ³¹khɛ⁵⁵/mɛn³¹khɛ⁵⁵）tsoŋ³¹ bɑ³¹ tɕyɛ²⁴ nə³¹ xiu⁵⁵ sʅ³¹ tɕi³¹ n³¹.

　我　听说/听说　　　他家的猪（趋）偷（缀）说（缀）

（我）听说他家的猪被偷了。

（a⁵⁵ noŋ³¹khɛ⁵⁵/mɛn³¹khɛ⁵⁵）n̠i⁵⁵zɨ³¹din³¹ tɕhɛ³¹tʂa⁵⁵ nə³¹ tɕhaŋ⁵⁵

　我　听说／听说　　　你易店　暴雨　　（趋）下

sn̩³¹ tɕi³¹ n̩³¹.

（缀）说（缀）

（我）听说你易店下了暴雨。

2.普米语南部方言有听说非听说子范畴

南部方言表示听说、非听说义时，也常在句中同时使用两个词：nu³¹nəuŋ⁵⁵"听说"和tʃɿ³¹də³¹"据说"。居前的nu³¹nəuŋ⁵⁵"听说"和居后的tʃɿ³¹də³¹"据说"都没有句法上的强制性。其中，居后的tʃɿ³¹də³¹"据说"来自实义动词tʃɿ³¹"说"与də³¹"是"的组合，在长期使用中已演变为兼有示证助词功用的虚词。但这个示证助词不具备句法上的强制性，不强调消息来源为"听说"时，可以不用；在说话人强调表示所说内容为二手信息时，才添加示证助词tʃɿ³¹də³¹"据说"。因此，以下三种说法都是符合语法的，但第三个例句具有强调消息来源"听说"性的作用：

tə⁵⁵gɯ⁵⁵ miaŋ³¹ pʉ⁵⁵ zəu³¹ tʃɿ³¹də³¹.（我）听说他在当兵。

他　　兵　　当　（缀）据说

a⁵⁵ nu³¹nəuŋ⁵⁵ tə⁵⁵gɯ⁵⁵ miaŋ³¹ pʉ⁵⁵ zəu³¹. 我听说他在当兵。

我 听说　他　　兵　　当（缀）

a⁵⁵ nu³¹nəuŋ⁵⁵ tə⁵⁵gɯ⁵⁵ miaŋ³¹ pʉ⁵⁵ zəu³¹ tʃɿ³¹də³¹.

我 听说　他　　兵　　当（缀）据说

我听说他在当兵。（强调听说）

又如：

a⁵⁵ nu³¹nəuŋ⁵⁵ ti⁵⁵ min⁵⁵ gɯ³¹ wo⁵⁵ dʐ⁵⁵ naŋ⁵⁵ zəu³¹（tʃɿ³¹də³¹）.

我　听说　这 人（话）老鼠 吃　敢（缀）　据说

我听说他敢吃老鼠。

tə⁵⁵gue²⁴je³¹ nu³¹zəu⁵⁵nəuŋ⁵⁵ ʃtʃhye³¹ta⁵⁵ ti³¹ ʃɿ³¹ gɯ³¹ thə³¹ fpʉ⁵⁵

他（施）　听说　　　大湖　　一 有（话）（趋）干

si⁵⁵（tʃɿ³¹də³¹）.

（缀）据说

　　他听说有一个大湖干了。

　　上面两例中都已有实义动词 nu³¹nəuŋ⁵⁵ "听说"，因此，句末的示证助词 tʃi³¹də³¹ "据说"可用可不用，去掉 tʃi³¹də³¹ "据说"后句子仍然是完整的、符合语法的。

　　上面的例子都说明听说非听说子范畴在普米语南部方言里没有强制使用的句法形式，它只是一个起强调作用的语用语法范畴：当需要强调陈述的内容乃二手信息时，则在句尾添加示证助词 tʃi³¹də³¹ "据说"；当不需要列举、强调陈述内容是二手信息时，则可不用示证助词。

　　根据示证范畴两个子范畴在普米语方言的不同分布情况与特点可见，普米语南北方言在示证范畴的表现方式上呈现出明显的北强南弱状态：北部方言有亲见非亲见子范畴，也有听说非听说子范畴，两种子范畴都具有句法上的强制性；南部方言基本没有亲见非亲见子范畴，只有听说非听说子范畴，而且，听说非听说范畴不具有句法上的强制性。

三、示证范畴方言差异的成因

　　在藏缅语族语言中，亲见非亲见、听说非听说子范畴都有分布。从已有研究来看，通常都是形态变化比较发达的语言示证范畴也比较发达，这或许是藏缅语的一条具有普适性的规律。普米语南北方言相比较而言：北部方言发展演变的速度总体较快，复辅音极少，形态变化也有所简化；南部方言则更多地保留了原始藏缅语复辅音较发达、形态变化较丰富的特征，发展演变的速度相对较慢。但在示证范畴上，普米语南北方言的演变速度与语言总体特征的演变速度是刚好相反的：形态简化的北部方言保留了藏缅语形态变化发达的北部语群常有的示证范畴，这个范畴的演变速度较慢；形态丰富的南部方言基本没有亲见非亲见子范畴，目前只剩下两个动词还有亲见、非亲见的对立，表听说的示证助词也不具有句法上的强制性，示证范畴的演变速度较快。为什么示证范畴在同一个语言的南北方言里表现出了如此大的差异？南北方言在示证范畴演变速度上的"倒置现象"，应该如何解释？笔者认为有如下三种可能性：

（一）南北地理分布的差异

普米语北部方言示证范畴发达，南部不发达。尽管南部方言形态发达，但它的听说范畴属于弱范畴，不需要强制使用；北部方言形态相对不发达，但其示证范畴的两个子范畴都属于强制使用的语法范畴。由此我们推测，示证范畴发达与否或许与地域有关。

从藏缅语形态特征的地理分布情况来看，一般而言是藏缅语北部语群的形态更发达，越往南语言的形态越简化，分析性越强。但比较有趣的是，普米语南北方言的形态发达程度，与藏缅语形态的地域分布规律是相反的；普米语南北方言示证范畴的演变速度，与藏缅语形态的地域分布规律是吻合的。所以，上述所谓"倒置现象"从藏缅语族语言特点的整体地理分布来看，恰恰是并非倒置的。因此，我们有理由认为，南北方言在示证范畴上的差异（包括演变速度的差异），与形态演变的差异是两回事，示证范畴的差异有可能是受地理分布制约的。即一般地说，北部地区藏缅语语法范畴丰富，南部地区不丰富。在示证范畴上，普米语恰与此一致，北部示证范畴发达，南部不发达。而且这一分布情况，也符合整个藏缅语不同地理位置上各语言的一般规律。例如，属于北部藏缅语的羌语支、藏语支语言示证范畴大都比较发达，普米语北部方言的特点与此类接近；属于南部藏缅语的彝缅语支示证范畴通常不够发达；景颇语位于南北之间，恰好仅存在听说非听说子范畴，无亲见非亲见子范畴，示证范畴的发达程度与普米语南部方言接近。

由此我们可以推测，不同语法范畴的演变速度有可能受制于不同的因素，因此，南北地理说可以解释普米语示证范畴的方言差异，但不能用来解释普米语南北方言的其他差异。

（二）语言系统自身演变的差异

语言系统的演变具有不平衡性，不同的语法范畴在演变速度上有可能是不一致的。因此，在不同的方言里，有的范畴发展速度较慢，仍然保留着比较古老的特点，有的范畴发展速度较快，已经面目全非，这也是有可能的。例如，哈尼语使动范畴的形态变化很少，而其亲属语言阿昌语、载瓦语、缅语的使动形态变化就保留得更多一点，这只能由它自身语言系统的发展特征去解释。又如，形态变化在各个范畴的表现也不是齐头并进的。例如彝缅语的自动、使动还保留有一定的形态变化，但人称、数的形态变化已经基本没有了。

局部特点的演变速度与语言总体的演变速度不完全一致，这是有可能的。有的语言可能在有的方面发展得慢一点，在另一个方面又发展得快一些。例如，阿昌语在彝缅语里发展较快，单音节性强，塞音、塞擦音上的浊音都消失了，分析性更强一点，但是它还保留了鼻音、边音清化、非清化的对立，这是个比较早期的对立特征，可见语音演变的不平衡性。又如，人称、数一致关系上的形态变化，在哈尼语、彝语等彝缅语支语言中都已消失殆尽，但在同是彝缅语支语言的载瓦语里还保留了少量的形态变化。再如，独龙语的人称、数等带来的动词形态变化丰富，符合北部羌语支语言的主要特点，但其量词的发达程度则接近彝缅语支语言。景颇语则恰恰相反，动词的形态变化已经大部消失，形态发达程度介于南北之间，而其量词的丰富程度又接近藏缅语中量词较少的北部语言。这些语言现象都说明，语法上的演变也不一定是齐头并进的。

由此推之，同一语法范畴在不同方言的表现也不一定会齐头并进。普米语示证范畴正是如此，北部方言演变速度较慢，南部方言演变速度较快，这是语言系统自身发展的不平衡性所致。

（三）语言接触方面的差异

北部方言处在示证范畴比较发达的语言所在地区，南部反之，普米语南部方言处在示证范畴不甚发达的环境下。我们有理由认为，普米语南部方言也有可能是在与周边语言的密切接触中，受到了其他示证范畴不甚发达的语言的影响而逐渐弱化了此范畴。

戴庆厦先生认为"在语法形态的发展上，藏缅语也是发展很不平衡，存在着形态变化从少到多的多种发展阶段。嘉绒、羌等语言保留较丰富的形态变化，形态变化是表示语法意义的主要手段之一；而彝、哈尼等语言，形态变化比较贫乏，语序和虚词是表示语法意义的主要手段；景颇等语言，形态变化的多少介于二者之间"，"所以，从共同母语分化出来的诸语言，除共同具有从同一母语那里继承的某些特征外，还具有各自在独立发展后形成的某些特征，即使是共同特征，也可以由于所处的语言环境不同，而在具体的发展途径、发展快慢等方面形成差异"①。这一观点指出了语言环境的重要性。那么，普米语北部方言发达的示证范畴到底是原始藏缅语特点的留存（或者是"共同创新"）呢，还是受周边亲属语言的影响，在频繁的语言接触中借入的范畴呢？

前文我们已经提到，普米语北部方言的使用者主要分布在四川，其民族成分为藏族，周边接触较多的语言也多为藏语支语言、羌语支语言等形态变化丰富、示证范畴比较发达的语言。例如，木里藏族自治县从小学开始开设藏语课，本地受过学校教育的普米语北部方言使用者都学过藏语，不少学校教康巴藏语的老师就是藏语流利的普米语北部方言使用者，藏语对当地普米方言产生了较多的影响。

以亲见非亲见子范畴为例，普米语北部方言与藏语支、羌语支语言的特点比较接近，具有较发达的亲见非亲见范畴，而且，与这些语言一样，北部普米语的亲见非亲见标记也具有多功能性。如，"白马语的非亲见标记兼表陈述范畴"②，"藏语体貌范畴总是与示证性和自我中心趋向范畴共享形式标记"③。又如，嘉绒语茶堡话"过去时一共有四个基本的形式：完成体、非亲验完成体、非完成体、非亲验非完成体"，例如：

tɤ-wxti　他变大了/长大了

to-wxti　他变大了/长大了（我没有亲眼看见）

pɯ-xtɕi　他以前很小（现在不小了）

pjɤ-wxti 他以前很小（现在不小了，我没有看见过他原来的样子）④

茶堡话用其他语法范畴的标记来兼表亲见与非亲见，通过动词前缀的变化表示时体意义，同时这个时体标记也兼表亲见或非亲见意义。普米语北部方言也是如此，亲见、非亲见标记由体标记兼任。

而且，与北部方言亲见非亲见子范畴特点相反的是，保留了更多形态变化特征的南部方言几乎没有亲见范畴，只在两个趋向动词上还残留有亲见、非亲见的对立。南部方言又正好处于示证范畴不太发达的彝缅语支语

---

① 戴庆厦：《藏缅语族语言研究》，昆明：云南民族出版社，1990年，第429—430页。

② 齐卡佳：《白马语与藏语方言的示证范畴》，载《民族语文》2008年第3期。

③ 江荻：《藏语拉萨话的体貌、示证及自我中心范畴》，载《语言科学》2005年第1期。

④ 向柏霖：《嘉绒语研究》，北京：民族出版社，2008年，第260—262页。

言的包围之中。这是否也验证了语言接触对示证范畴的影响呢？因此，普米语示证范畴南部保留得少，北部保留得多，可能与其语言接触也有一定的关系。

综上，三个可能的成因里面，哪个原因是最主要的，本质性的？笔者认为，自身演变是主要因素，各个语法范畴在演变中不是齐头并进的，南部方言虽然还保留了很多形态变化，在形态上演变得比较慢，但在示证范畴上演变的速度比较快。而且，示证范畴更倾向于出现在非分析性的语言里。语言南北地理分布和语言接触也是示证范畴发展速度不一的推动因素。

四、结语

本文主要论述普米语示证范畴的地域差异，并揭示导致差异的成因。通过全文的描写与分析，认为示证范畴在普米语方言里出现了弱化的演变趋势，主要表现在：北部方言还保留着亲见非亲见子范畴，而南部方言已基本消失；北部方言听说非听说子范畴具有句法上的强制性，而在南部方言是非强制性的。我们认为这是普米语通过形态表示的语法范畴从强到弱演变过程中的一种表现。而且，地区的差异往往会反映出历时的、环境的差异。普米语北部方言虽然有相对发达的示证范畴，示证标记的别义能力较强，但从南北方言比较来看其总体演变趋势的话，北部方言的示证范畴也有走向弱化、脱落的可能性。

本文的研究成果表明各种语法范畴的演变，不是同步的，也不是整齐划一的。示证范畴的演变受地理条件、系统自身演变、语言接触等因素的限制，不同于其他范畴的演变，要具体情况具体分析，不能使用单一的思维模式或制约因素来解释各种语法范畴的演变。

［原载于《云南师范大学学报》（哲学社会科学版）2019年第3期］

中越仡佬语多罗方言比较研究

李锦芳　阳柳艳

摘要： 本文比较分析越南白仡佬语和中国境内仡佬语多罗方言的语音对应及演变特点、词汇的同源率、构词形态、词法、句法等方面，梳理了二者之间的基本关系，还结合自称、历史背景等因素，指出越南白仡佬语与云南麻栗坡月亮湾仡佬语关系最为密切，可将其划分为仡佬语多罗方言南部次方言的不同土语。

关键词： 中越仡佬语；多罗方言；比较

地处中越边境的云南省文山壮族苗族自治州的麻栗坡县世代居住着一支仡佬族 —— 白仡佬，其语言属于仡佬语多罗方言。多罗方言是仡佬语4个方言中地域分布最广且最分散的方言，地跨中国黔、桂、滇三省区及越南北部，现主要分布于贵州六枝特区、广西隆林各族自治县、云南麻栗坡县以及越南北部河江省同文、安明二县。

据有关调查材料，越南北部的仡佬族约系200年前陆续从贵州辗转迁入，主要居住地为河江省的同文、黄树皮、安明、渭川等县，21世纪初共有1473人（陈智睿，2006）。分为3个支系，即白仡佬、青仡佬、红

作者简介：李锦芳，文学博士，中央民族大学中国少数民族语言文学学院教授、博士研究生导师，主要研究方向为中国少数民族语言文字；阳柳艳，文学博士，广西财经学院文化传播学院副教授，主要研究方向为中国少数民族语言文化。

基金项目：桂学研究院"广西民族语言文化研究"协同团队（GXYJY20170901）；广西财经学院文化传播学院学科建设课题"广西少数民族口传文化传承与保护研究 —— 以仡佬族为例"（18wxk003）。

仡佬，但只有白仡佬和红仡佬两支仍保留母语。越南一侧的白仡佬自称 tɯ³⁴dɯ³³（Самариной，2011）³⁷³。据我们调查了解，白仡佬系从中国云南麻栗坡迁入越南北部。显然，中越两国的白仡佬语属于同一支，但是由于分化时间较长、周边语言环境各异等因素的影响，出现了明显的差异。

仡佬语方言支系众多，内部差异大，迄今为止，方言内部、方言之间的历史关系远未梳理清晰。本文从语音对应关系、语音演变创新、构词法及基本词汇的异同等方面，对中越仡佬语多罗方言4个代表点进行比较研究，分析该方言内部各代表点的关系，进一步确定越南白仡佬语的地位，为仡佬语方言、土语划分及相关语言历史比较研究提供参考。我们选取贵州六枝居都仡佬语、广西隆林弯桃仡佬语、云南麻栗坡月亮湾仡佬语、越南河江同文白仡佬语作为比较对象。国内仡佬语语料主要来源于李锦芳团队的调查；越南白仡佬语语料主要来源于俄罗斯学者Самариной主编的《仡佬族的语言》（ЯЗЫКИ ГЭЛАО，2011）；其他来源的语料文中另作说明。本文原始仡佬语语音构拟主要参考Weera（2000）的构拟体系。

一、语音比较

（一）声调比较及演变特点

仡佬语各方言点塞音韵尾消失，已没有舒声调和促声调之分。弯桃声调有3个，另有33、24两个声调只出现在汉语借词中；居都3个，月亮湾3个，高调都有高升、高平两读；越南同文3个，中平调33调有32调变体，多出现在词头、叠音词中。

仡佬语各方言土语点声调的对应大多不整齐，可能是因为仡佬语早期声调分合在各方言差别较大，也可能是塞音韵尾消失、入声调并入舒声调后引发声调对应混乱。相对于方言之间的声调对应关系来说，各方言内部语言点的对应相对要整齐一些。多罗方言各语言点声调对应大致如下（见表1）：

表 1　多罗方言各语言点声调对应

弯桃	居都	月亮湾	同文
55	33、45	33	33
31	31	35、55	55
35	45	31	31

声调对应例词如下（见表2）：

表 2　多罗方言各语言点声调对应例词

	弯桃	居都	月亮湾	同文
	55	33、45	33	33
我	i⁵⁵	i³³	i³³	ʔi³³
谁	–na⁵⁵	–na³³	–naŋ³³	–nɔ̃³³
肉	u⁵⁵	ʔu³³	a³³	ʔõ³³
烧	pjan⁵⁵	plan³³	pi³³	pi³³
竹笋	ŋi⁵⁵	ŋi⁴⁵	la³¹ɲi³³	lɔ³¹²ɲi³³
喝	zan⁵⁵	zan⁴⁵	zaŋ³³	zɒ̃³³
	31	31	35、55	55
蔬菜	qəᵒlɑŋ³¹	kaᵒlaŋ³¹	ʔluŋ³⁵	lõŋ⁵⁵
舌	mau³¹	mau³¹mau³¹	mlɯ³⁵	mlɤ⁵⁵
牙	pjaŋ³¹	plaŋ³¹	pi³⁵	pi⁵⁵
手	mi³¹	mi³¹	mi³⁵	mi⁵⁵
新	mi³¹	mi³¹	mi⁵⁵	mi⁵⁵
高	ju³¹	zu³¹	ju⁵⁵	ju⁵⁵
热	dei³¹	den³¹	di⁵⁵	dʑi⁵⁵
月	dzi³¹	dzi³¹	zi⁵⁵	zi⁵⁵
	35	45	31	31
灭	de³⁵	de⁴⁵	dai³¹	da³¹

	弯桃	居都	月亮湾	同文
果子	ma³⁵	ma⁴⁵	ma³¹	mõ³¹
呕吐	ta³⁵	ta⁴⁵	ta³¹	tɔ³¹
指甲	ʔle³⁵	ʔle⁴⁵	ʔlai³¹	ɗa³¹
孩子	la³⁵	la⁴⁵	la³¹	lɔ³¹
解，脱	ke³⁵	ke⁴⁵	kai³¹	kja³¹
人	tshu³⁵	tshu⁴⁵	tshɯ³¹	tshi³¹

注：以词根语素作比较分析，下同

弯桃的55调、居都的33调、月亮湾的33调、同文的33调有较整齐的对应，但居都少部分读45调；弯桃的31调、居都的31调、月亮湾的35、55调、同文的55调有比较整齐的对应；弯桃的35调、居都的45调对应月亮湾的31调、同文的31调。

此外，各语言点也存在声调对应的例外，见表3：

表3　多罗方言各语言点声调对应例外的例词

	弯桃	居都	月亮湾	同文
头	–ei⁵⁵	–ʔlei⁴⁵	–ɚ³¹	–lə³¹
心	–ɬei⁵⁵	–ɬei³¹	ɕiu³³	ʂi³³
这	ni⁵⁵	ŋi⁴⁵	ni³¹	ni³¹
什么	–tɕi⁵⁵	–tɕi³³	–tɕi⁵⁵	—
乳房	–pa³⁵	—	–pu³⁵	pɸə⁵⁵
水	uŋ⁵⁵	ɯŋ³³	m⁵⁵	m̃³³
父亲	ba⁵⁵	ba³³	ba³⁵	ɓɔ⁵⁵

早期入声调在弯桃、居都表现为高升调35、45，在月亮湾、同文为中降调31。同文部分读音较短促，保留有入声特征。我们将其与保留入

声的布央语、普标语、拉哈语比较如下（见表4）：

表 4　多罗方言各语言点与保留入声的布央语、普标语、拉哈语比较的例词

	弯桃	居都	月亮湾	同文	郎架布央	普标	拉哈
鸟	–no³⁵	–no⁴⁵	ni³¹	–ni³¹ʔ	nuk¹¹	nuk³⁵	nək⁴³
骨头	–dei³⁵	–de⁴⁵	–dai³¹	–ɗa³¹ʔ	da:k³¹	da:k³³	dak⁴⁵
肝	te³⁵	te⁴⁵	tai³¹	ta³¹ʔ	tap⁵⁴	tap³³	tap³¹
灭	de³⁵	de⁴⁵	dai³¹	da³¹	dap⁵⁴	dap³³	—
果子	ma³⁵	ma⁴⁵	ma³¹	mɒ³¹	ma:k¹¹	miak⁴⁵	ma:k²⁴
脑	au³⁵	ɑɯ⁴⁵	au³¹	o³¹ʔ	ak⁵⁴	ɛk²⁴	—
屁	tei³⁵	—	tai³¹	ta³¹	tut⁵⁴	tɑt³³	—

就多罗方言内部声调对应关系而言，4个点之间均形成对应规律，其中弯桃与居都、月亮湾与同文的对应关系又更为整齐。

（二）声母比较及演变特点

仡佬语多罗方言各语言点的声母数量普遍较多，弯桃44个，居都43个，月亮湾50个，同文99个。各语言点声母的具体情况如下：

弯桃：p、ph、b、m、f、w、t、th、d、n、l、ʔl、ɬ、ts、tsh、dz、s、z、tʂ、tʂh、dʐ、ʂ、ʐ、tɕ、tɕh、dʑ、ɕ、z̧、ŋ̟、j、k、kh、g、ŋ、ɣ、q、qh、h、pj、phj、bj、mj、lj、ɬj。

居都：p、ph、b、m、m̥、f、w、v、t、th、d、n、ŋ̟、l、ʔl、ɬ、ts、tsh、dʑ、s、z、tɕ、tɕh、dʑ、ɕ、ŋ̟、ɳ̟、j、ʔj、k、kh、g、ŋ、ɳ̟、x、ɣ、q、qh、χ、pl、phl、bl、ml。

月亮湾：p、ph、b、m、m̥、f、v、t、th、d、n、ŋ̟、l、ʔl、ɬ、ts、tsh、dʑ、s、z、tʂ、tʂh、dʐ、ʂ、ʐ、tɕ、tɕh、dʑ、ɕ、z、ʔz、ŋ̟、ɳ̟、j、ʔj、k、kh、g、ŋ、ɳ̟、x、q、qh、ʔ、h、h̃、pl、phl、bl、ml。

同文：ɓ、ɓj、ɓl、ɓl、ɓβ、c、ç、ɗ、ɗ̧、dz、dʐ、ɗʐ、ɸ、ʄ、ɗj、ɣ、ɰ、h、hu̧、h̃、j、ju̧、ʔj、ʃ、ʄj、k、kj、ku̧、kh、khu̧、ļ、lj、lu̧、ɬ、ɬ、m、m̃、 mj、m̥l、ml、ʰm̥̃、ʰm̃、n、ʰŋ̃、ʰñ、ɲ、ɲj、ŋ、p、pɸ、pj、pl̥、phj、phl̥、phl、q、qh、s、sj、sṳ、ɕ、ʂ、ɕj、ʂṳ、t、tj、thj、thṳ、tj、ts、tsṳ、tʂ、tsh、tshj、tɕ、tɕj、tɕh、tɕhj、tɕhṳ、t̪、t̪j、t̪ṳ、t̪h、t̪hṳ、t̪ʂ、t̪ʂṳ、t̪ʂh、t̪ʂhṳ、v、w、β、x、χ、z、z̩、zj、zṳ、z̪、zh、ʔ。

月亮湾和同文所有鼻音、清鼻音可自成音节表义。

同文的声母系统较为复杂，与中国境内仡佬语的差别大，这可能与记录者对于语料处理的方式不同有关，如对腭化音、唇化音与介音的处理不同会导致声母、韵母数量的不同等。我们经过对Самариной（2011）所附光盘语料录音辨认发现：dz实际读音为dʐ；kj、tj有时读为tɕ；ʂ有时实际读音为ɕ；t实际读音有时为ts，有时为tʂ；ʃ的实际读音有时为dʑ；c的实际读音为tɕ；l̩的实际读音更接近ɬ。同文白仡佬语中存在自成音节或作为声母的鼻音m̃、ʰm̥̃、ʰm̃、ʰŋ̃、ʰñ，我们认为实际为清化鼻音m̥、ŋ̥，ɰ的实际读音为w，ɲj的实际读音为ŋ，等等。如此，其声母数量实际上没那么多。

1. 声母异同

各语言点的声母系统同中有异，4个语言点的相同之处有：塞音和塞擦音声母分送气与不送气两类；塞音、擦音、塞擦音声母分清浊；有小舌音；有鼻音声母m、n、ŋ、ŋ̥，边音声母l、ɬ等，有带喉塞音声母等。

我们从声母系统是否有腭化音、复辅音、清化鼻音等方面观察各语言点间的相异之处，具体如下（见表5）：

表5　从声母系统是否有腭化音、复辅音、清化鼻音等方面观察各语言点间的相异之处

	复辅音	清化鼻音	腭化音	翘舌音	鼻化音	鼻音自成音节
弯桃	-	-	+	+	-	-
居都	+	+	-	-	-	-
月亮湾	+	+	-	+	+	+
越南白仡佬	+	+	+	+	+	+

月亮湾和同文地域与语言结构比较接近，但是同文有少量明显的腭

化音声母词，月亮湾则没有。例如，同文bja³¹～月亮湾buɯ³⁵"（一）张"，同文kji³¹～月亮湾tɕi³¹tɕi³¹"（背）驼"。

2.声母对应及演变规律

原始仡佬语复辅音*pl-（*pr-、*ml-、*mr-、*bl-、*br-）在各点的发展、演变（见表6）：

表6　原始仡佬语复辅音*pl-在多罗方言各语言点发展、演变的例词

	原始仡佬语	弯桃	居都	月亮湾	同文
血	*pl-	pja³⁵	pla⁴⁵	pla³¹	plɔ³¹
桃子	*pl-	-pjaŋ³¹	-plaŋ³¹	-pluŋ³⁵	plu³³
活	*pl-	pau⁵⁵	puɯŋ³³	pu³³	pɸə³³
酒	*pl-	pjau³¹	pləɯ³¹	pləu³⁵	plɤ³³
银子	*pr-	phjaɯ³⁵	phlɯ⁴⁵	phə³¹	phlə³¹
五	*ml-	mjau³¹	mləɯ³¹	mlən³⁵	mlɛŋ³³
鬼	*mr-	mlou³¹/-nəɯ³¹	mlɯ³¹	m̥³⁵	-ɬo̥³³
鸭子	*bl-	ble³¹/bje³¹	blɛ³¹	blɯ³⁵	-ɓlu⁵⁵
飞	*br-	-phau³⁵	-phəu⁴⁵	-phu³¹	-phu³¹
肩膀	*br-	-bja³¹	-plaŋ³¹	phlə⁵⁵	-phlə⁵⁵
虱子	*br-	-dʑuŋ³¹	-dʑuŋ³¹	-dʑu³⁵	—

*pl-声类在弯桃表现为腭化或者流音消失：*pl-> pj-、p-；在居都、月亮湾，多有保留，少数流音消失：*pl-> pl-、p-；同文部分保留，少数流音演变：*pl-> pl-、pɸ-。*pr-声类在各点都演变为送气音：弯桃*pr-> phj-，居都*pr-> phl-，月亮湾*pr-> ph-，同文*pr-> phl-。*ml-声类在弯桃表现为*ml-> mj-，在居都、月亮湾、同文保留。*mr-声类在弯桃表现为*ml-> n-，比如"鬼"一词我们2003年调查时读为mlou³¹，2013年调查时读为-nəɯ³¹，应为自由变读；在居都表现为*mr-> ml-；在月亮湾表现为*mr-> m̥；同文保留流音，且发生演变：*mr-> ɬ-。*bl-声类在弯桃表现为腭化*pl-> bj-，如"鸭子"一词2003年调查时读为ble³¹，

2013年调查时读为bje³¹；在居都、月亮湾、同文保留。*br-声类在各点的演变较为复杂：在弯桃表现为 *br-> ph-、bj-、dz-；在居都表现为 *br-> ph-、pl-、dz-；在月亮湾表现为 *br-> ph-、phl-、dz-；在同文表现为：*br-> ph-、phḷ。

原始仡佬语 *qr-声类在各点的发展、演变（见表7）：

表 7 原始仡佬语 *qr-声类在多罗方言各语言点发展、演变的例词

	弯桃	居都	月亮湾	同文
头	–ei⁵⁵	–ʔlei³¹	–ə³¹	–ḻə³¹
家	i³¹	–ʔlei³¹	–ə³¹	–ḻə⁵⁵
仡佬	–ʔlo⁵⁵	–ʔlo⁴⁵	–ʔlɯ³¹	–dɯ³³/–ʔlɯ³¹
路	–ʔlan³¹	–ʔlan³¹	–ɕuŋ³⁵	–ɕɔ̃⁵⁵
菌子	ʔlau³¹	ʔləɯ³¹	qəɯ³⁵	–qɯ⁵⁵
盖（动词）	laŋ⁵⁵	ʔlaŋ³³	thu⁵⁵	–tho⁵⁵

Weera（2000）[118]的原始仡佬语构拟系统中没有小舌复辅音 *qr-声类，而构拟为舌根音 *kr-。根据仡佬语各方言语言点"头""家""仡佬""菌子"等的语音形式，我们认为原始仡佬语应该存在 *qr-形式。早期 *qr-声类在弯桃变为零声母、塞音喉塞化或者塞音喉塞化后喉塞音消失：*qr->ø-、ʔl-、l-；在居都塞音喉塞化：*qr->ʔl-；在月亮湾变为零声母、小舌音或塞音喉塞化：*qr->ø-、q-、ʔl-；在同文演变为清塞音、小舌音、塞音喉塞化或者演变为浊塞音：*qr->ḻ-、q-、ʔl-/ɗ-，如"仡佬"一词，有的记为 –dɯ³³，有的记为 –ʔlɯ³¹。月亮湾、同文的"路""盖"两词，其来源不同于弯桃、居都等地仡佬语，有待分析，但显然月亮湾、同文同源，弯桃、居都同源。

原始仡佬语 *pwr-声类在各语言点的发展、演变（见表8）：

表 8　原始仡佬语 *pwr– 声类在多罗方言各语言点发展、演变的例词

	原始仡佬语	弯桃	居都	月亮湾	同文
年	*pwr–	plei^{31}/pjei^{31}	plei^{31}	plə^{55}	plə^{55}
死	*pwr–	plan^{31}/pjan^{31}	plan^{31}	plən^{35}	plẽ^{55}

　　介音 –w– 在各语言点都已失落。*pwr– 声类在弯桃演变为腭化音：*pwr–> pj–，我们2003年调查时"年""死"分别都有两读 plei^{31}/pjei^{31}、plan^{31}/pjan^{31}，2013年调查时分别读为 pjei^{31}、pjan^{31}；在居都、月亮湾、同文演变为 *pwr–> pl–。

　　原始仡佬语清鼻音声类在各语言点的发展、演变（见表9）：

表 9　原始仡佬语清鼻音声类在各语言点发展、演变的例词

	原始仡佬语	弯桃	居都	月亮湾	同文
饭	*m̥–	mau^{55}	mauɯ^{33}	mau^{33}	mɔ̃^{33}
狗	*m̥–	mauɯ^{31}	mɯ^{31}	–m̥^{55}	–ʰm̩̃^{55}
猪	*m̥–	mo^{31}	mo^{31}	ŋ^{35}	–ʰñ^{55}
跳蚤	*m̥–	–me^{35}	–mɛ^{45}	—	–ʰm̃a^{31}
鼻子	*ŋ̥–	–ŋe^{35}	–ŋɛ^{45}	mai^{31}	–ma^{31}
短	*ŋ̥–	ni^{55}	ŋei^{33}	ŋ̥aŋ^{33}	–ɕã^{33}
成熟	*ŋ̥–	huŋ^{35}	huŋ^{45}	m̥^{31}	ʰm̩̃^{33}
等	*ŋ̥–	–ŋau^{31}	–xɯ^{31}	hɯ^{35}	hɯ^{55}

　　清鼻音声母 *m̥– 在弯桃演变为单纯鼻音声母：*m̥–>m–；在居都、月亮湾、同文有的保留，有的演变为单纯鼻音声母：*m̥–>m̥ –、m–。*ŋ̥– 声类在弯桃演变为发音方法相同的舌尖中音、舌面后音：*ŋ̥–> n̥–、ŋ–；在居都有的并入舌尖中清鼻音，有的演变为发音方法相同的舌面后音：*ŋ̥–> n̥–、ŋ–；在月亮湾有的保留，有的演变为发音方法相同的唇音：*ŋ̥–>ŋ̥–、m–；在同文有的演变为发音方法相同的唇音，有的演变为发音

部位相同的擦音：*ŋ̊- -> m̥-、ɕ-。声母 *ŋ̊ - 在弯桃有的演变为单纯鼻音，有的演变为喉擦音：*ŋ̊- -> ŋ-、h-；在居都有的演变为相同部位的擦音，有的演变为喉擦音：*ŋ̊->x-、h-；在月亮湾和同文有的并入双唇清鼻音，有的演变为喉擦音：*ŋ̊-> m̥-、h-。

与仡佬语其他方言不同，多罗方言多数语言点都存在翘舌音声母，Weera（2000）认为原始仡佬语存在翘舌音声母，李锦芳、阳柳艳（2014）认为仡佬语的翘舌音是受彝语、苗语、汉语等影响，是语言接触引发的创新。从各语言点翘舌音声母的数量来看，同文的翘舌音声母最多，居都仡佬语没有，而弯桃仡佬语例词有限，翘舌趋向平舌。以下为各语言点翘舌音声母的对应（见表10）：

表 10　多罗方言各语言点翘舌音声母对应的例词

	弯桃	居都	月亮湾	同文
山	-dzo³¹	-dzu³¹	-dʐʅ³⁵	-dʐʌ⁵⁵
冷	-zi³⁵	-ji⁴⁵	-ʐai³¹	zja³¹
直	ʐau³⁵	zau⁴⁵	ju³⁵	-ju⁵⁵
宽	dzən³⁵	dzɯn⁴⁵	dʐʅ³¹	dʐɚ³¹
喝	zan⁵⁵	zɑn³³	ʐaŋ³³	ʐã³³
尾巴	-tsei³⁵	-tsei⁴⁵	tʂai³¹	tʂə³³
锯（木头）	—	zaŋ³³	dzu³³	zu³³
病	-ze⁵⁵	-ze³³	-ʐei³³	-ʐi³³
歪	-sʅ³¹	-sʅ³¹	ʂua³²	suai⁵⁵

从各语言点翘舌音的对应关系来看，弯桃、居都的平舌音大致对应月亮湾、同文的翘舌音，但也有例外，如"直""歪"等。

此外，同文的腭化音非常丰富，中国境内多罗方言各语言点仅弯桃有少量例词。但综合其声母、韵母系统情况来看，其实是调查者将越南白仡佬语多数i介音处理成声母的腭化音，且多出现在汉语借词中。例如，同文 phjau³¹ ~ 弯桃 phiau⁵⁵ "瓢"，同文 sjã⁵⁵ ~ 弯桃 ɕian²⁴ "像"。

从以上各语言点声母对应及演变规律看，4个语言点之间的声母对应规律明显，且居都与弯桃有着比较整齐的对应规律，月亮湾与同文的对应也比较整齐，只因两地对声母处理方式不同而导致看似差别较大，但从发音部位和发音方法上看，两者有着紧密的联系。4个语言点声母主要对应关系如下（见表11）：

表 11 多罗方言各语言点声母主要对应关系的例词

	弯桃	居都	月亮湾	同文
	mj、l̠、m、n	ml̠、l̠、m、n	ml̠	ml̠、ml
纸	–mjau³¹	ml̠ɯɯ³¹	ml̠ə⁵⁵	ml̠ə⁵⁵
拳头	–le³⁵	–le⁴⁵	ml̠aŋ³³	–ml̠õ³³
舌头	mau³¹	–mau³¹	ml̠ɯ³⁵	–ml̠ɤ⁵⁵
爬	nau³¹	ml̠ɯ⁴⁵	—	ml̠ə⁵⁵
油	mjaŋ³¹	ml̠aŋ³¹	ml̠uŋ³⁵	ml̠õ⁵⁵
名字	–nən³¹	–nɯn³¹	ml̠uŋ³⁵	ml̠ɤ⁵⁵
	ʔl̠、l̠、ø	ʔl̠	q、ʔl̠、l̠、ø	q、d、l̠
打	ʔl̠əu³⁵	ʔl̠ɯ⁴⁵	qoŋ³³	qõ³³
脖子	–laŋ³¹	–ʔl̠aŋ³¹	luŋ⁵⁵	–doŋ⁵⁵
闭（眼）	—	—	ʔl̠ai³¹	da³³
舔	i³⁵	ʔl̠i⁴⁵	ʔl̠i³¹	–di³¹
会	—	ʔl̠o³¹	ʔl̠au³³	do³³
房子	–i³¹	–ʔl̠ei³¹	ə³⁵	–l̠ə⁵⁵
指甲	–ʔl̠e³⁵	–ʔl̠e⁴⁵	–ʔl̠³¹	–da³¹
	n、ŋ	n̥、ŋ̊、n	ŋ̊、ŋ	ɕ、ɲ
短	–ni⁵⁵	–n̥ei³³	ŋ̊aŋ³³	–ɕã³³
骑	–ŋuŋ⁵⁵	–n̥uŋ⁴⁵	ŋ̊y⁵⁵	ɕe³³
记得	—	—	ŋ̊uŋ³⁵	ɕõ³³
牛	ŋi³¹	ŋi³¹	ŋi³⁵	ɲi⁵⁵

	弯桃	居都	月亮湾	同文
竹笋	–ŋ̟i⁵⁵	–ŋi³³	–ŋ̟i³³	ɲi⁵⁵
筛	–nən³¹	nei³¹	–ŋ̟i⁵⁵	–ɲi⁵⁵
	bj、pj、phj	bl、pl、phl	phl、ph	phl、phl̥
拆	bja³⁵	bla⁴⁵	phla³¹	phlɔ³¹
边	pjəu³⁵	pluɯ⁴⁵	phɔ⁵⁵	phlɚ⁵⁵
肩膀	bja³¹	plaŋ³¹	phlɚ⁴⁵	phlɚ⁵⁵
银子	phjaɯ³⁵	phluɯ⁴⁵	phɚ³¹	phlɚ³¹
	ph、p、pj	ph、p、pl	ph、p、pl	ph、p
翻	–phau⁵⁵	–phau⁴⁵	phau³¹	phɔ³³
辣	—	–phei⁴⁵	phən³¹	phẽ³¹
慢	—	phi³¹	phi³¹	phi³¹
梦;牙	pjaŋ³¹	plaŋ³¹	–pi³⁵	–pi⁵⁵
烧	pjan⁵⁵	plan³³	pi³³	puɯ³¹
疮	—	–plo³³	–plau³³	–pa³¹
口袋	–pu⁵⁵	–pu³³	–po³³	–po³¹
	s	ɕ、s	ɕ、s	s
肠子	–se⁵⁵	–ɕe³³	–ɕi³³	–si³³
蒜	–sei³⁵	–sei⁴⁵	ɕi³¹	–si³¹
笑	–səu³¹	–səɯ³¹	–su³⁵	–su⁵⁵
擦	–səu³¹	–ɕe⁴⁵	—	–sa³¹
知道	–səu³¹	–səɯ³¹	su³⁵	su⁵⁵
	tɕ、t	tɕ、t	tɕ	kj
李子	–tɕiau³¹	–tɕuɯ³¹	tɕuɯ³⁵	–kji³⁵
稻谷	tɕi³¹	tɕi³¹	–tɕi⁵⁵	–kji⁵⁵
满	ti³⁵	tɕi⁴⁵	–tɕi³³	–kji³¹
猴子	ta⁵⁵	ta³³	–tɕi³³	–kji³³

	弯桃	居都	月亮湾	同文
	tʂ	tʂ	tʂ、tʂ	tʂ、t
（一）口	tʂo³⁵	tʂo⁴⁵	tʂəɯ³¹	tʂɻ³¹
咬	tʂaŋ⁵⁵	tʂaŋ³³	tʂu³³	tu³³
痒	—	—	tʂu³³	tu³³
女儿	–tʂau⁵⁵	–tʂau³³	–tʂau⁵⁵	to⁵⁵
饿	tʂau⁵⁵	–tʂɯ³³	–tʂɻ³³	tʂə⁵⁵
	m、h、ø	m、h、ø、m̥	m̩、m̥	m̃、ʰm̃
狗	maɯ³¹	mɯ³¹	–m̥⁵⁵	–m̃⁵⁵
熟	huŋ³⁵	huŋ⁴⁵	m̥³¹	–ʰm̃³³
跳蚤	–me³⁵	–mɛ⁴⁵	—	–ʰm̃⁵⁵
闻	mu³⁵	mu⁴⁵	m̩³¹	–m̃³¹
水	uŋ⁵⁵	ɯŋ⁴⁵	m̩⁵⁵	m̃³³
脓	huŋ³⁵	huŋ⁴⁵	–m̥³¹	–ʰm̃³¹

（三）韵母比较及演变特点

各语言点的韵母数量差别不大，弯桃33个，居都40个，月亮湾31个，同文46个。具体如下：

弯桃：a、o、e、ə、i（ɿ、ʅ）、u、ɯ、y、ai、aɯ、au、an、aŋ、ia、iau、ian、iaŋ、ua、uan、uaŋ、uo、ei、ie、iɛn、uen、əu、ən、in、ui、iu、un、uŋ、yɛ。

居都：a、ɑ、o、e、ə、i（ɿ）、u、ɯ、ai、au、aɯ、an、aŋ、ia、ua、iau、iaɯ、uan、ɑu、ɑɯ、an、aŋ、uai、ɑɯ、iaŋ、uan、ei、en、ue、əu、əɯ、ən、əŋ、iu、iɯ、in、ui、uŋ、ɯn、ɯŋ。

月亮湾：a、o、ə、ɛ、ɚ、i（ɿ）、u、y、ɯ、ai、au、aɯ、an、aŋ、ia、ua、iau、iaŋ、uai、ei、en、əu、əɯ、ən、əŋ、iu、uŋ、in、ou、ɯn、ɯŋ。

同文：a（a:）、ã、ɒ、ṽ、o、õ（o̤、o̥、o:）、ɔ（ɔ̤、ɔ:）、e、ẽ、ɛ̃、ɤ、

ɤ̃、i（ĩ、ɿ）、u（ʊ、u:）、ɯ、ɚ（ɚ:）、y、ai̯、au̯、an、aŋ、ãŋ、õŋ、eu̯、
ɛi̯、ɛ̃i̯、ei̯、ẽi̯、en、ẽɲ、eɲ、ɛɲ、ɛ̃ɲ、ɤʊ、ɤ̃i̯、iɯ̃ŋ、ɯŋ、õŋ、oŋ、ɔŋ、ɔ̃ŋ（ɔ̃ŋ̩）、
iu、iɲ、iŋ、uŋ（ʊŋ）、ũŋ。

1.韵母异同

各语言点韵母的相同之处：一般都有a、o、i、u、e（ə）、ɯ等6个
单元音韵母，其中月亮湾的ə对应其他点的e；有辅音韵尾n、ŋ 2个（同
文记为ɲ、ŋ）；没有塞音韵尾；没有长短元音的对立（同文有长音，但
没有区别音位作用）；都有单元音、二合元音、三合元音、元音带鼻音韵
尾4类韵母；韵母i都有变体ɿ；有介音i等。

各语言点韵母的韵尾都出现弱化现象：弯桃的an、au、ei、əu实际读
音为[aⁿ]、[aᵘ]、[eⁱ]、[əᵘ]；居都的uŋ有时读为[uⁿ]；月亮湾的en实际读音
为[eⁿ]；同文的iɲ、ɛɲ、ɔŋ实际读为[iⁿ]、[ɛⁿ]、[ɔⁿ]，ɤʊ、ɤ̃i̯、ai̯、au̯、eu̯、
ɛi̯、ɛ̃i̯、ei̯、ẽi̯、ɤʊ、ɤ̃i̯等也出现弱化。

各语言点区别主要如下：

同文有后次高展唇元音韵母ɤ，其他语言点没有；同文有很多鼻化元
音韵母，包括鼻化单元音韵母和鼻化复合元音韵母，其他语言点没有[①]；
同文和月亮湾有儿化韵母，弯桃和居都没有；弯桃、月亮湾和同文有圆唇
音y韵母，居都没有；弯桃、居都和月亮湾的后高展唇单元音韵母ɯ可以
与其他韵母结合成复元音韵母，同文只以单元音韵母形式出现。

2.韵母对应及演变特点

许多在弯桃、居都、月亮湾为双元音的韵母，在同文多为单元音。例
如（见表12）：

表 12　弯桃、居都、月亮湾为双元音的韵母在同文多为单元音例词

	弯桃	居都	月亮湾	同文
犁	–dau³⁵	–dauɯ⁴⁵	–dau³¹	–d̥o³¹
星星	–dai⁵⁵	–dai³³	–dai³³	–da³³

① 同文白仡佬语的鼻化韵母是音位变体还是独立音位，我们尚不明确，因此暂时把鼻化
韵母当作一个独立音位处理。

	弯桃	居都	月亮湾	同文
斗笠	–hau³⁵	xaɯ⁴⁵	–hau³¹	hɔ³³
鱼	–lau³¹	–liu³¹	–ləu³⁵	–lʅ⁵⁵
牙齿	pjaŋ³¹	plaŋ³¹	–pi³⁵	pi⁵⁵
突出物	–tau³¹	təɯ³¹	–ti³⁵	–ti⁵⁵

注：斜体为对应的例外词

弯桃、居都、月亮湾的鼻音韵尾韵母，在同文多表现为鼻化单元音韵母。同文鼻音韵尾脱落而变成鼻化单元音韵母的这一现象，也是仡佬语多数语言点鼻音韵尾脱落变成单元音韵母的一个过程。例如（见表13）：

表13　弯桃、居都、月亮湾的鼻音韵尾韵母在同文多表现为鼻化单元音韵母例词

	弯桃	居都	月亮湾	同文
手镯	–gaŋ³¹	–gaŋ³¹	–guŋ³⁵	gõ⁵⁵
坟墓	–taŋ⁵⁵	–taŋ³³	–taŋ³³	–tã³³
染	haŋ⁵⁵	haŋ³³	haŋ³³	hõ³³
啼	–duŋ³¹	–duŋ³¹	duŋ³⁵	dõ⁵⁵

弯桃、居都仡佬语没有儿化元音韵母ɚ，月亮湾、同文有这一元音韵母。同文的ɚ多对应弯桃、居都的后高元音及与其组合而成的复合元音韵母，多对应月亮湾的舌尖后元音ʅ、后高元音u和儿化元音ɚ。例如（见表14）：

表14　多罗方言各语言点儿化元音韵母ɚ的对应例词

	弯桃	居都	月亮湾	同文
宽	dʑən³⁵	dʑuɯ⁴⁵	dʑʅ³¹	dʑzɚ³¹
蜜蜂	zei³¹	–zən³¹	zʅ⁵⁵	zɚ⁵⁵
寻找	pau³¹	–pɯ³¹	pu⁵⁵	pɸɚ⁵⁵

	弯桃	居都	月亮湾	同文
脸	ljau³⁵	liɯ⁴⁵	ə³¹	–lə³¹
纸	–mjau³¹	mlɯ³¹	mlə⁵⁵	mlə⁵⁵
外祖父	—	—	–phu³⁵	pɸə⁵⁵
肿	wu³⁵	vu⁴⁵	—	βə³¹
玩耍	–zəu³¹	zɯ³¹	ʐʅ⁵⁵	–zə⁵⁵

同文的韵母由于单元音化特征比较明显，复合元音例词较少，但其带有鼻音韵尾的韵母多对应弯桃、居都、月亮湾的单元音韵母。例如（见表15）：

表 15　多罗方言各语言点有鼻音韵尾韵母的对应例词

	弯桃	居都	月亮湾	同文
腰	ɬu⁵⁵	ɬuŋ³³	ɬu⁵⁵	ɬõŋ⁵⁵
鹅	ŋo⁵⁵	ŋo³³	–ŋɔ³¹	–ŋõŋ³³
下（雨）	do³¹	do³¹	—	dõŋ⁵⁵
红	pja³¹	pla³¹	*plaŋ³¹*	plõŋ³¹

注：斜体为对应的例外词

同文"腰""鹅"二词的鼻音韵尾均为后起，越南红仡佬语也有这种情况（李锦芳、韩林林，2009）。

二、词汇比较

核心词是词汇中相对比较稳固且变异较缓慢的，核心词同源率的比较是考察语言历史关系的重要依据，也是判断亲属语言亲疏关系的重要标准。包含核心词在内的基本词和常用词也比较稳定，也是比较亲属语言亲疏关系的重要依据。在比较4个语言点核心词的基础上，我们再进一步比较同文白仡佬语与中国境内仡佬语多罗方言的常用词汇。比较词表中多为固有词，但将各语言点早期可能共同借自汉语、彝语等的一些词项也纳入比较。

（一）核心词比较

我们以Swadesh 200核心词作为择词范围，来比较仡佬语多罗方言各点核心词的异同。由于部分词项欠缺材料，或没有相应的概念，实际比较词项为183项，同源数及比例如下（见表16）：

表 16　多罗方言各语言点核心词的同源数及比例

	同源数	同源率		同源数	同源率
弯桃–同文	145	79.23%	月亮湾–居都	147	80.03%
居都–同文	144	78.69%	居都–弯桃	170	92.90%
月亮湾–同文	165	90.16%	月亮湾–弯桃	149	81.42%

核心词同源例词如下（见表17）：

表 17　多罗方言各语言点核心词的同源例词

	弯桃	居都	月亮湾	同文
我	i⁵⁵	i³³	i³³	ʔi³³
你	muɯ³¹	muɯ³¹	mu³⁵	mu⁵⁵
新	mi³¹	mi³¹	mi⁵⁵	mi⁵⁵
白	–au³⁵	–au⁴⁵	au³¹	ʔɔ³¹
飞	–phau³⁵	phəu⁴⁵	–phu³¹	–phu³¹
种子	pei³¹	pei³¹	pi⁵⁵	pi⁵⁵
血	pja³⁵	pla⁴⁵	pla³¹	plɔ³¹
三	ta³¹	ta³¹	tau⁵⁵	tɔ⁵⁵
和	*ɬiau³⁵*	*ɬiau⁴⁵*	ti³⁵	ti⁵⁵
这	ni⁵⁵	ŋi⁴⁵	ni³¹	–ni³¹

注：斜体为与同文不同源例词。

（二）常用词比较

我们在核心词比较的基础上再比较常用词的同源关系，以526个常用词为比较基准，计算各语言点同源率。各语言点常用词的同源数及比例如下（见表18）：

表 18　多罗方言各语言点常用词的同源数及比例

	同源数	同源率		同源数	同源率
弯桃－同文	382	72.62%	月亮湾－居都	384	73.00%
居都－同文	377	71.67%	居都－弯桃	474	90.11%
月亮湾－同文	468	88.97%	月亮湾－弯桃	385	73.19%

同文有少数常用词在中国境内仡佬语多罗方言中少见。例如（见表19）：

表 19　多罗方言各语言点常用词比较

	弯桃	居都	月亮湾	同文
下巴	qu⁵⁵	dʑau³⁵quɯ⁴⁵	ʔjaŋ⁵⁵qu⁵⁵	bja⁵⁵ti⁵⁵
舂（米）	tan⁵⁵	tan³³	taŋ³³	–ji³¹
很	lau⁵⁵tsʅ³¹	tsa³¹sʅ³¹	—	ku⁵⁵
富	aŋ³¹	ʔɑŋ³¹	u⁵⁵	si³¹
钻	kaᵘmjai³⁵	qəᵘmlɛ⁴⁵	gu³³	tɕhi³³

我们可以看出，同文白仡佬语与中国境内仡佬语多罗方言语言点的同源率普遍较高，无论是核心词还是常用词，同源率都超过70%，且与月亮湾仡佬语的同源率最高，可见两者之间的关系是最密切的。

此外，仡佬语多罗方言各语言点的人称代词分单数和复数，一般比较简单，但同文白仡佬语的人称代词却要细分卑称、尊称等，比中国境内仡佬语多罗方言的复杂得多。各语言点人称代词比较如下（见表20）：

表 20　多罗方言各语言点人称代词比较

		弯桃	居都	月亮湾	同文
第一人称	单数	i⁵⁵	i³³	i³³	ʔi³³
	复数	ti⁵⁵tu³¹	di³³to³¹	qa⁵⁵i³ 排除式 qa⁵⁵di³⁵ 包括式	qʊ⁵⁵ʔi³³ 排除式 qʊ⁵⁵di̱⁵⁵ 包括式
第二人称	单数	mu³¹	məɯ³¹	mu³⁵	mu⁵⁵
	复数	dʑi⁵⁵tsu³¹	ti³³tɕo³¹	qa⁵⁵mu³⁵	qʊ⁵⁵mu⁵⁵ 卑称 qʊ⁵⁵ɯa⁵⁵ 对男性 qʊ⁵⁵pi³³ 对男性 qɔ⁵⁵ɓɯ⁵⁵ 对尊敬的老年男性
第三人称	单数	bi⁵⁵	mi⁴⁵	bə³¹	ɓɯ³¹ pu⁵⁵ʔi⁵⁵ɓɯ³¹ 对尊敬的老人 mi⁵⁵jɔ⁵⁵ɓɯ³¹ 对老年女性 ʔʊ⁵⁵pi⁵⁵ɓɯ³¹ 对女性 ʔʊ⁵⁵ɯa⁵⁵ɓɯ³¹ 对年轻或中年男性 ʔʊ⁵⁵na⁵⁵ɓɯ³¹ 对不太认识的人
	复数	ma⁵⁵həu³⁵	a³³hei⁴⁵	qa⁵⁵bə³¹	ʔɔ̃³³qʊ⁵⁵ɓɯ³¹ 卑称

三、构词与句法比较

仡佬语多罗方言各语言点的构词方式、词法及句法特征基本一致，以下我们具体从构词形态、词法及句法等方面来观察其异同。

（一）叠音构词

多罗方言各语言点的叠音词比较多，可能系早期分布于黔西一带，与彝语的长期接触有关，包括完全重叠和变调重叠。

弯桃仡佬语的名词、形容词、动词可以重叠，如 wei³¹wei³¹ "天"、dʑi³¹dʑi³¹ "叶子"、quŋ³¹quŋ³¹ "苦"、dai⁵⁵dai⁵⁵ "小"、ŋuŋ⁵⁵ŋuŋ⁵⁵ "骑"、taŋ⁵⁵taŋ⁵⁵ "戳" 等。

居都仡佬语的名词、形容词、动词可以重叠，如 lui³¹lui³¹ "翅膀"、mjau³¹mjau³¹ "纸"、quŋ³¹quŋ³¹ "苦"、ni³³ni³³ "短"、tha³¹tha⁴⁵ "扶"、phau³¹phau⁴⁵

"飞"等。

月亮湾仡佬语的名词、形容词、动词、副词可以重叠，如du³¹du³¹"山弄"、pli³¹pli³¹"淡"、lu³⁵lu³¹"秃"、di³⁵di³⁵"想"、ɬi³¹ɬi³¹"挑选"、ti⁵⁵ti⁵⁵"一点儿"、ȵiu⁵⁵ȵiu⁵⁵"才"等。

同文白仡佬语的名词、形容词、动词、副词可以重叠，如kɯ³³kɯ³³"后脑勺"、βɚ⁵⁵βɚ³¹"囟门"、ɕi³³ɕi³³"提"、di³¹di³¹"舔"、qo³³qo³³"苦"、lɤ³³lɤ³³"软"、ti⁵⁵ti⁵⁵"一点儿"、ȵɔ⁵⁵ȵɔ⁵⁵"刚才"等。

弯桃、居都仡佬语重叠词包括名词、形容词、动词，且有一定数量的变调重叠；月亮湾、同文的重叠词包括名词、形容词、动词、副词，变调重叠例词有限。

（二）词头的使用

多罗方言各语言点都有丰富的词头，词头出现的频率较高，能产性较强。弯桃常见的有pə⁰、bə⁰、ta⁰、mə⁰、la⁰、lə⁰、ka⁰、qa⁰等；居都常见的有pau³³、ma³³、la⁴⁵、qə³³、vu³¹、lə³¹、pa⁴⁵等；月亮湾常见的有pau³³、mi³³、a³³、la³¹、pa³¹、bu³⁵、mi³⁵、a⁵⁵、ȵi⁵⁵、phu⁵⁵、qa⁰等；同文常见的有pu³³、du⁵⁵、qɒ³¹、qɔ³¹、ʔa⁵⁵、ɗa³¹、dɔ³³、lɔ³¹、mi³³、ɓo⁵⁵等。各语言点由词头构成的词包括名词、动词和形容词。例如（见表21）：

表 21　多罗方言各语言点由词头构成的词举例

	弯桃	居都	月亮湾	同文
身体	pə⁰suŋ³¹	vu³¹suŋ³¹	bu³⁵su³⁵	ɓõ⁵⁵si³³
怕	bə⁰lau³¹	vu³¹ləu³¹	qa³¹lau³⁵	qɔ³¹lɤ³³
鼻子	tə⁰ŋe³⁵	te³¹ŋɛ⁴⁵	bu³⁵mai³¹	ɓo⁵⁵ma³¹
牛仔	lə⁰be³⁵	la⁰bɛ⁴⁵	la³¹ȵi³⁵	lɔ³¹nĩ³³
山	ka⁰dʑo³¹	qə⁰dʑo³¹	du³⁵dʐ̩³⁵	du⁵⁵dʐɤ³³
生	ka⁰de³⁵	qə⁰de⁴⁵	qa³¹dai³¹	qɔ³¹ɗa³¹
热	ka⁰dei³¹	qə⁰dun³¹	qa³¹di⁵⁵	qɔ³¹di⁵⁵
疼	ka⁰ze⁵⁵	qə⁰ze³³	qa³¹zei³³	qɒ³¹zi³³
笑	ka⁰səu³¹	qə⁰sɯ³¹	qa³¹su³⁵	qɔ³¹su⁵⁵

续表

	弯桃	居都	月亮湾	同文
凿子	qa⁰ dzaŋ³¹	qə⁰dzaŋ³¹	mi³¹dzuŋ³⁵	mi³³dzõ⁵⁵
远	qa⁰le³¹	qɛ⁰lie³¹	a⁵⁵li⁵⁵	ʔa⁵⁵li³³

从词头的使用来看，同文白仡佬语与月亮湾仡佬语的词头形式、分布较为接近。

（三）互动标记的使用

多罗方言各语言点都有表示相互行为、动作的标记，其结构形式为"动词＋互动标记"：弯桃"动词＋ku³⁵"，居都"动词＋ko⁴⁵"，月亮湾"动词＋ku³¹"，同文"动词＋qu³¹"。

从语音对应上看，各语言点表示互动的标记同出一源。从使用频率上看，弯桃、居都、月亮湾的使用频率较低，例词有限；而同文的使用频率较高，一般出现在含有"相互"行为、动作语义的动词中。例如（见表22）：

表 22　多罗方言各语言点互动标记使用的例词

	弯桃	居都	月亮湾	同文
打架	ʔləu³⁵ku³⁵	—	ʔluɯ³¹ku³¹	dɯ³¹qu³¹
吵架	ʔləu³⁵au³⁵ku³⁵	pa³¹pauɯ³³ko⁴⁵	i³¹ku³¹	ʔi³¹qu³¹
遇见	tan⁵⁵ku³⁵	tan³³ko⁴⁵	—	—
分别	—	fei³¹ko⁴⁵	—	—
陪伴	—	da³¹tshu⁴⁵ko⁴⁵	—	—

此外，同文的互动标记还可用于表示两者或两者以上的事物、物体发生某种关联语义的词、词组、句子中，其使用范围比中国境内仡佬语同一方言要大、组合搭配能力更强，其语法化程度显然更高，例如ʂua⁵⁵mi³³qu³¹"扭打"、ɕi⁵⁵qu³¹"交换"、dʑɔ⁵⁵qu³¹"谈话"、ti³³ɛuŋ⁵⁵qu³¹"打招呼"、tsɛ̃³³qu³¹"争取"、qu³³qu³¹"骂（相互骂）"。

词，例如ti³³qu³¹"也"、thɔ⁵⁵ thɔ⁵⁵qu³¹"相加"、khɯ³¹qu³¹"接受"、

ji³¹jã⁵⁵qu³¹ "融合"、thɔŋ³¹qu³¹ "同样"、ji³³yaŋ⁵⁵qu³¹ "相等" 等。

短语或句子，例如：

lɚ³³ qɔ³³ ta³³lɣ³³ qu³¹.　　　房子离房子很近。

房子 在　旁边（相互）

di³³ 6β⁵⁵ qu³¹ ɯu³³.　　　一起走。

我们 全部（相互）走

põ³³mɣ³¹ qu³¹ dɔ³³.　　　互相帮助学习。

帮忙（相互）学

（四）句法

多罗方言各语言点的词、词组与句子在组合结构的顺序上具有一致性，以主谓、修饰、动宾为常见。句子成分的基本语序为"主 — 谓 — 宾"；形容词做修饰语时一般后置于中心语，少数前置；数量结构短语作为修饰语时前置于中心语；动词受副词修饰，修饰成分有前有后；否定副词通常位于句末，一般有单独否定和框式否定两种类型；疑问句的表达形式丰富等。

仡佬语各方言点的否定词一般位于句末，这种否定结构在汉藏语系诸语言和东南亚区域语言中具有鲜明特征。多罗方言各语言点的否定句从语义上看，一般包括：一般否定（"不""没有"）、已然否定（"尚未""未曾"）和禁止否定（"别""不要"）。从类型上看，一般有单独否定和框式否定两种类型。各语言点否定形式如下（见表23）：

表 23　多罗方言各语言点的否定形式

	弯桃	居都	月亮湾	同文
一般否定	ma⁵⁵；qa⁵⁵	ma³³ … vo³³；ma³³ … o³³	ma⁵⁵ … tʂau³¹	mɔ³³ … tsɔ³¹；pu³¹
已然否定	qa⁵⁵	qa³¹ … vo³³；qa³¹ … o³³	ma⁵⁵ … tʂau³¹	mɔ³³ … tsɔ³¹；pu³¹
禁止否定	han⁵⁵	xan³³	ku³⁵ … ɕi³³	qu⁵⁵ … ɕi³³

多罗方言多数语言点的框式否定以否定词断后，弯桃所有否定副词、

居都的 xan^{33}、同文的 pu^{31} 均位于被否定成分之前。仡央语言否定词"不"原先位于句末，有的借入其他语言否定词后，否定语序随之变为否定前置谓词型，有的处于过渡阶段，形成"否定 …… 否定"的框式结构（李锦芳、吴雅萍，2008）。本文比较的4个语言点中，只有弯桃仡佬语的否定句为单独否定类型，否定副词全部处于被否定成分之前，这种否定结构的出现应为受汉语和当地壮语否定结构影响所致；居都既有单独否定又有框式否定形式；月亮湾只有框式否定型；同文既有单独否定又有框式否定形式，其中 pu^{31} 位于被否定成分之前，应为汉语借词。居都、月亮湾、同文的否定类型较相近，三者与弯桃有一定的差别，而月亮湾与同文的结构特点更接近。

四、结语

仡佬语分4种方言，即多罗方言（黔西南）、哈给方言（黔中北）、稿方言（黔中）、阿欧方言（黔西）。经过学界多年来对弯桃、居都、月亮湾等地多罗方言的调查、记录与研究，其语音、词汇、语法等结构信息逐渐展现出来，弯桃、居都、月亮湾等地仡佬语属于多罗方言观点已得到学界认可。而对于越南北部白仡佬语的研究，由于调查条件有限，中国国内目前还没有对其进行较为系统的记录与研究，对越南白仡佬的支系研究也涉及较少，所运用到的材料多系外国学者调查、记录所得。Weera（2000）根据群体自称将越南白仡佬语与云南麻栗坡老寨、贵州六枝牛坡（居都）、广西隆林三冲等地仡佬语一同归入了他所划分的仡佬语西南方言；Shen（2003）在其论文中也涉及越南白仡佬语①，并列出了18个词，在 Weera（2000）划分仡佬语三大方言（西南、中部、北部）的基础上，认为白仡佬语应该与三冲仡佬语属于不同方言，并把三冲仡佬语调到中部方言；韦名应（2008）根据原始仡佬语 *qr-（*Gr-）声类在现代语言点的创新，并通过列举"头""家""路""仡佬"等词与红丰、月亮湾、三冲等地仡佬语进行比较，认为越南同文白仡佬语与月亮湾仡佬语最为接

---

① 材料来自其导师艾杰瑞教授对越南河江同文白仡佬语的调查。

近，应该属于多罗方言。

　　结合越南白仡佬语语音、词汇、语法等特点以及族群自称、历史背景等因素综合考虑，越南白仡佬语属于多罗方言无疑，但目前对越南白仡佬语在多罗方言内部土语的归属还不甚明确。本文对以同文为代表的越南白仡佬语与中国境内弯桃、居都、月亮湾等地仡佬语进行比较分析，通过对这些语言点的语音对应及演变特点、词汇的同源比率、构词形态、词法、句法等多方面的比较，并结合其自称、历史背景等因素，我们认为越南白仡佬语与月亮湾仡佬语关系最密切。张济民（1993）将多罗方言划分为六枝牛坡（居都）、隆林摩基（大水井）、麻栗坡老寨、水城打铁寨、遵义尖山5个土语。其中的水城打铁寨仡佬语，贺嘉善（1983）将其归入稿方言。综合他人对多罗方言土语划分的研究成果及本文通过比较所得的结果和各语言点之间的相互关系，我们认为，除了水城打铁寨仡佬语尚需比较研究再确定其方言归属外，可将多罗方言划分为两个次方言，即北部次方言和南部次方言。北部次方言包括3个土语区：第一土语区为居都及其附近其他点的仡佬语，这些点主要集中在六枝特区的箐口彝族仡佬族布依族乡和堕却乡（2015年撤销合并为关寨镇）①；第二土语区为贵州遵义尖山仡佬语；第三土语区为广西隆林县大水井、弯桃一带的仡佬语。南部次方言包括2个土语区：第一土语区为云南麻栗坡县月亮湾、峰岩、老寨一带的仡佬语；第二土语为越南北部河江省的白仡佬语。

参考文献：

陈智睿，2006. 越南濒危民族语言的现状及应对濒危语言的政策[J]. 罗文青，译. 广西民族研究，（1）：141–146.

贺嘉善，1983. 仡佬语简志[M]. 北京：民族出版社：62.

李锦芳，2011a. 仡央语言和彝语的接触关系[J]. 民族语文，（1）：27–35.

李锦芳，2011b. 仡佬语布央语语法标注话语材料集[M]. 北京：中央民族大学出版社.

---

①　张济民（1993）认为普定县马场区营盘镇的上关、下关和织金县阿弓区的一些村寨也说这种话；贺嘉善（1983）认为镇宁顶银哨也属于这个土语。

李锦芳等，2006. 西南地区濒危语言调查研究[M]. 北京：中央民族大学出版社.

李锦芳，韩林林，2009. 红仡佬语概况[J]. 民族语文，（6）：63–79.

李锦芳，吴雅萍，2008. 关于侗台语的否定句语序[J]. 民族语文，（2）：37–39.

李锦芳，阳柳艳，2014. 多语言接触下的隆林仡佬语变异研究[J]. 民族语文，（5）：35–43.

李炜，2004. 月亮湾仡佬语研究[D]. 北京：中央民族大学.

明悦，2010. 峰岩仡佬语及方言内部比较[D]. 北京：中央民族大学.

韦名应，2008. 仡佬语方言土语划分[D]. 北京：中央民族大学.

张济民，1993. 仡佬语研究[M]. 贵阳：贵州民族出版社：299–310.

EDMONDSON J, 2008. Kra or Kadai languages[M]//DILLER A V N, EDMONDSON J A, LUO Y X, The Tai–Kadai languages. London and New York: Routledge.

OSTAPIRAT W, 2000. Proto–Kra[J]. Linguistic of the Tibeto–Burman area, 23(1): 118.

SHEN Y M, 2003. Phonology of Sanchong GeLao[D]. MA Thesis, University of Texas in Arlington.

САМАРИНОЙ И В, 2011. ЯЗЫКИ ГЭЛАО[M]//Материалы к сопоставительному словарю Кадайских языков. Москва.

（原载于《民族语文》2019年第1期）

羌语和"羌-汉"中焦点的韵律实现方式①

张夏夏　王蓓

摘要：通过严格控制的语音实验比较了羌语母语者的羌语和他们说的汉语普通话（羌-汉）中焦点的韵律实现方式。结果表明：羌-汉与羌语一样，焦点词上都有一定程度的音高、音强和时长的增加；而焦点前后词的时长没有系统变化。重要的是，二者在音高和音强上都不存在"焦点后压缩"；而汉语普通话中是有这一特征的。可见，二语中焦点的韵律实现方式主要受母语迁移的影响，用"焦点后压缩"标记焦点的方式不易习得。由此可以推测，这一特征也很难通过语言接触进行传播。

关键词：羌语；羌-汉；韵律；焦点；"焦点后压缩"

一、引言

焦点是语句中根据语义或语用需要而强调的成分（Bolinger，1958），除了能用语法标记外，还可以通过韵律实现。焦点韵律编码方式的研究已经涉及近五十种语言和方言，在所考察的这些语言中，普遍的发现是，焦点词表现为音高升高、时长延长和能量加大。其中一些语言有"焦点后压

作者简介：张夏夏，文学博士，浙江师范大学国际文化与社会发展学院讲师、硕士研究生导师，主要研究方向为实验语音学和二语习得；王蓓，心理学博士，北京理工大学外国语学院副教授、博士研究生导师，主要研究方向为语调，涉及语言演化、语言习得、语音训练等。

基金项目：教育部新世纪优秀人才项目（NCET-12-0584）；中央民族大学自主科研项目"青年学术团队引领计划"（2017MDYL15）。

① 感谢四川省阿坝藏族羌族自治州汶川县龙溪乡阿尔村余世华先生对完成本实验提供的帮助。

缩"（post-focus compression, PFC）的现象，即语句中焦点后的成分音高下降、音域压缩和能量降低（Xu *et al.*, 2012）。例如，印欧语系中的英语（Eady *et al.*, 1986; Xu & Xu, 2005; Liu, 2010）、瑞典语（Heldner & Strangert, 2001）、德语（Féry & Kügler, 2008）等；阿尔泰语系中的日语（Ishihara, 2002）、韩语（Lee & Xu, 2010）、土耳其语（Ipeck, 2011）、维吾尔语（Wang *et al.*, 2011, 2013）等；汉藏语系中的藏语（Wang *et al.*, 2011; 王玲, 2011; Zhang *et al.*, 2012; 张夏夏, 2013）、汉语普通话（Xu, 1999; Liu & Xu, 2005; Xu *et al.*, 2012）以及汉语的许多方言，如南昌话（Wang *et al.*, 2011）、太原话（段文君、贾媛, 2015）、兰银官话（Shen & Xu, 2016），还有吴语中的上海话、无锡话、苏州话和宁波话（Wang *et al.*, 2015）。在汉语普通话中，这一特征甚至可以跨过有长停顿的语调短语边界（Wang, Xu & Ding, 2018）。但在中国的很多语言和方言中却不存在"焦点后压缩"，比如彝语（Wang *et al.*, 2011）、德昂语（Wang *et al.*, 2011）、佤语（Wang *et al.*, 2011）、回辉话（Wang *et al.*, 2012）、黎语（Wu *et al.*, 2015）、白语（刘璐等, 2016）等。另外，非洲的许多语言中也没有这一特征（Zerbian, 2007; Zerbian *et al.*, 2010）。而与汉语关系密切的羌语中焦点是怎样通过韵律的方式来实现的呢？这是本文关注的其中一个问题。

　　焦点是交际中极为常见的信息表达手段，因此它在第二语言习得中也占有重要地位。Chen等人（2012）比较了美国华裔和非华裔汉语学习者所说的汉语普通话中焦点的实现方式，发现非华裔的汉语学习者并没有用"焦点后压缩"标记焦点，而华裔学习者则能够掌握这一特征。Chen等人分析，这两项研究共同的发现是，开始学习汉语的年龄、学习时间长短以及使用比例均是决定是否可以掌握"焦点后压缩"的重要原因。高薇等人（2015）考察了中国英语学习者所说的英语陈述句中焦点的韵律实现方式，结果发现明显有别于英语母语者，并不存在"焦点后压缩"；但通过有针对性的干预训练，他们的韵律焦点有了改进。高薇等人指出无论学习者的母语中是否有"焦点后压缩"，二语中都很难自然习得这一特征。由此可见，"焦点后压缩"很难通过语言接触在不同的语言间进行传播，易失不易得。

　　还有一些实验证据来自对中国少数民族语言母语者说汉语普通话的研究。比如，德昂族人说的德昂语和汉语普通话中焦点的韵律表达方式也是一致的，均不用音高、时长和音强来标记焦点（王玲，2011）。回辉话和回辉－汉语普通话均用时长延长来标记焦点，而音高上并没有显著差异（Wang *et al.*，2012）。汉语水平较高的白语母语者也并没有成功习得汉语普通话焦点的韵律表达方式（Liu *et al.*，2016）。而张夏夏（2013）对藏语拉萨话母语者的研究发现了不同的结果，藏－汉语普通话中焦点的实现方式与拉萨话一致：均表现出焦点词音高升高、音强增加和时长延长；最重要的是，习得了"焦点后压缩"这一韵律特征。

　　可见，二语中焦点的韵律表达方式主要受母语迁移作用和语言输入的影响，一般情况下，结果与其母语较为一致，"焦点后压缩"易失不易得，但如果具备足够充分的条件，比如较高的使用率，很早开始学习，也可以获得跟母语者相同的韵律表达方式。那么，羌语母语者说汉语普通话是如何用韵律手段标记焦点的呢？这是本研究探讨的另一个问题。

　　羌族是中国西南地区的一个古老民族，有自己的语言，但没有文字。羌语属汉藏语系藏缅语族羌语支，分为南、北两大方言（孙宏开，1981；黄布凡、周发成，2006；黄成龙，2007）。目前大多数羌族人都会说汉语，并接受汉语教育。本文主要考察羌语南部方言龙溪土语以及当地羌族人所说的汉语普通话中焦点的韵律实现方式。该方言共有5个声调，调值分别为：55、33、21、213、51，基本语序为SOV（郑武曦，2010）。本实验的调查点为四川省阿坝藏族羌族自治州汶川县龙溪乡阿尔村。

二、羌语和羌－汉中焦点的产出

（一）实验材料

　　羌语实验选用了2个目标句，羌－汉实验选用了3个目标句，其中一个为同类研究中常用的高平调短句。设置了纠正式焦点语境，请发音人根据具体语境正确强调目标词。比如，"不是哥哥，爸爸把黄牛卖了"，这时句首词"爸爸"为焦点。中性焦点条件时，背景句为"我刚刚知道"，这时目标句"爸爸把黄牛卖了"中不需要特别强调句中任何一个词。

羌语目标句1：

$a^{55}pa^{21}le^{21}$　　$ma^{21:55}tə^{21}-\mathbb{c}ya^{21}pu^{21}we^{21}$.

爸爸 施事格 黄牛　方向－卖　做　第三人称

爸爸把黄牛卖了。

羌语目标句2：

$a^{55}ma^{21}le^{21}$　　$a^{55}\mathbb{c}oŋ^{21}i^{21}pho^{21}z_{l}^{21}pou^{55}pu^{21}we^{21}$.

妈妈 施事格 弟弟 与格 衣服 方向－买 做　第三人称

妈妈给弟弟买了衣服。

汉语目标句1：爷爷把牛卖了。

汉语目标句2：妈妈给妹妹买了衣服。

汉语目标句3：妈妈摸猫咪。

羌语和汉语普通话的每个目标句都有4种焦点条件：中性、句首、句中和句末焦点。总计分析了600个句子：5（目标句）×4（焦点条件）×3（重复次数）×10（发音人）。

（二）发音人

10位发音人（5男5女）参加了本实验，他们均来自阿尔村，以羌语为母语，汉语普通话为第二语言，年龄在14岁至66岁之间，没有任何语言或听力障碍。

（三）录音过程

录音在阿尔村进行。录音时，每个句子在电脑屏幕上随机呈现，需要强调的部分用背景色标记出来。羌语没有文字，所以实验材料以汉语呈现，由羌语母语人与实验者一起进行说明和监控，发音人需要对句子进行熟悉，记住羌语目标句。羌语和羌－汉实验分开进行，顺序随机，中间留出一段时间休息。所有句子重复3遍，且每遍的顺序用录音软件AudioRec随机生成。录音前有一个简短的练习。录音采用Rode NT1-A麦克风，通过PresonusFirebox外置声卡，在IBM电脑中保存为wav文件。

（四）声学参数测量和统计方法

在Praat中用Xu的脚本（2005—2011）对所有声音文件中的音节边界进行手工标注，校对声带的振动周期，并使用脚本文件将振动周期转化为基频值并保存为文本文件。提取出每个音节的音高最大值、音高最小值、平均音强和时长。

音高值用公式（1），以50 Hz为参考值将Hz转为半音（st）。

$$f_{st} = 12 \times \log_2 (f_0 / 50) \qquad （1）$$

（五）结果

1. 音高

羌语2个目标句在各焦点条件下的语调曲线见图1，羌－汉目标句的语调曲线见图2和图3。每个音节都是平均提取了10个点的音高值，每个值都是10位发音人3次重复的平均值。横坐标为音节，纵坐标为基频值，图中标注了目标词。

由图1、图2、图3可见，无论是羌语还是羌－汉语普通话，各个目标句中，不同焦点条件下的语调曲线差别并不十分明显。焦点词音高略有上升，但焦点后没有明显的音高下降和音域压缩。不同目标句的语调模式基本一致。

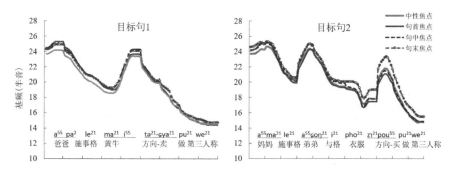

图 1　羌语目标句 1 和目标句 2 在各焦点条件下的语调曲线

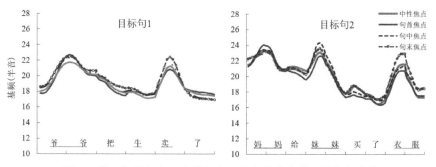

图 2　羌－汉目标句 1 和目标句 2 在各焦点条件下的语调曲线

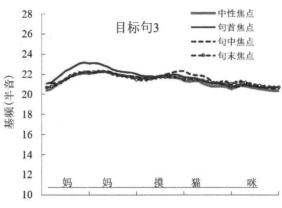

图 3　羌–汉目标句 3 在各焦点条件下的语调曲线

为了对以上结果进行统计检验，提取了目标句中句首、句中、句末 3 个目标词的音高最大值、最小值和音域（音高最大值和最小值之差），并平均了不同目标句和所有发音人的 3 遍重复，具体结果见表 1，焦点词的数据用粗体标出。

表 1　羌语和羌–汉中各目标词在不同焦点条件下的音高最大值、最小值和音域（半音）

语言	焦点条件	句首词	句中词	句末词
羌语	中性焦点	24.6 / 21.2 / 3.4	24.0 / 19.2 / 4.8	21.9 / 16.5 / 5.5
	句首焦点	**25.5 / 21.7 / 3.8**	24.1 / 19.3 / 4.8	21.6 / 16.2 / 5.4
	句中焦点	25.4 / 21.8 / 3.5	**24.9 / 19.7 / 5.2**	22.0 / 16.5 / 5.5
	句末焦点	25.4 / 22.0 / 3.4	24.7 / 19.9 / 4.8	**23.0 / 17.0 / 6.0**
羌–汉	中性焦点	22.8 / 18.8 / 4.0	21.5 / 18.4 / 3.1	21.6 / 17.5 / 4.2
	句首焦点	**23.6 / 18.6 / 5.0**	21.5 / 18.3 / 3.1	21.5 / 17.7 / 3.9
羌–汉	句中焦点	23.3 / 19.2 / 4.0	**22.3 / 18.3 / 4.0**	22.0 / 17.7 / 4.2
	句末焦点	23.0 / 19.0 / 4.0	21.7 / 18.5 / 3.1	**22.6 / 18.0 / 4.6**

以词的位置和焦点条件为自变量，分别对羌语以及羌–汉中目标词的

音高最大值、最小值和音域做两因素重复测量的方差分析，结果见表2。可见：羌语和羌－汉中，焦点对音域都没有系统的调节作用；在羌－汉中，焦点对音高最小值也没有影响。

表2 羌语和羌－汉中目标词音高最大值、最小值和音域的两因素
重复测量的方差分析结果

语言	自变量	自由度	最大值	最小值	音域
羌语	词的位置	$F_{(2, 18)}$	74.591**	72.933**	18.262**
	焦点条件	$F_{(3, 27)}$	8.046**	5.153*	1.01 *n.s.*
	词的位置 × 焦点条件	$F_{(6, 54)}$	10.711**	2.789*	4.726**
羌－汉	词的位置	$F_{(2, 18)}$	17.499**	8.597*	12.835**
	焦点条件	$F_{(3, 27)}$	4.261*	1.918 *n.s.*	1.583 *n.s.*
	词的位置 × 焦点条件	$F_{(6, 54)}$	7.58**	0.924 *n.s.*	6.404**

注：数值为F值，*表示显著性水平，$p < 0.005$**，$0.005 < p < 0.05$*

对羌语各目标词的音高最大值和最小值，羌－汉各目标词的音高最大值在4种焦点条件间的差异做简单效应检验，并结合表1中的数据进行分析，结果表明：（1）与对应的中性焦点条件相比，羌语中各焦点词的音高最大值和最小值均显著上升，平均升高0.9和0.5个半音；焦点前也有上升，音高最大值和最小值平均升高0.7和0.6个半音；焦点后音高最大值和最小值均没有明显变化。（2）羌－汉中，句中各位置的焦点词音高最大值显著上升，与对应的中性焦点条件相比，平均上升约0.9个半音；焦点前音高最大值表现不系统，句中焦点前音高上升，而句末焦点前音高没有显著升高；焦点后没有明显变化；而音高最小值上均没有差异。

2. 音强

羌语和羌－汉中各目标词在不同焦点条件下的平均音强见表3，平均了不同目标句和所有发音人相应的数据，其中，焦点词的音强用粗体标出。由表3可见，羌语和羌－汉中焦点词的平均音强都有增加。为了从统

计上对结果进行检验，以词的位置和焦点条件为自变量，分别对羌语以及羌-汉中目标词的平均音强做两因素重复测量的方差分析，结果见表4。

表3　羌语和羌-汉各目标词在不同焦点条件下的平均音强（dB）

语言	焦点条件	句首词	句中词	句末词
羌语	中性焦点	72.3	68.9	63.9
	句首焦点	**73.8**	69.1	63.9
	句中焦点	73.5	**69.8**	64.3
	句末焦点	73.6	69.8	**65.5**
羌-汉	中性焦点	69.8	68.5	66.0
	句首焦点	**71.2**	69.2	66.7
	句中焦点	71.2	**70.1**	66.7
	句末焦点	70.9	69.6	**67.2**

表4　羌语和羌-汉中目标词平均音强的两因素重复测量的方差分析结果

语言	自变量	自由度	F值
羌语	词的位置	$F_{(2, 18)}$	175.355**
	焦点条件	$F_{(3, 27)}$	6.877*
	词的位置 × 焦点条件	$F_{(6, 54)}$	6.467**
羌-汉	词的位置	$F_{(2, 18)}$	36.755**
	焦点条件	$F_{(3, 27)}$	16.071**
	词的位置 × 焦点条件	$F_{(6, 54)}$	3.889**

注：*表示显著性水平，$p < 0.005$**，$0.005 < p < 0.05$*

分别对羌语和羌-汉中各目标词的平均音强在4种焦点条件间的差异做简单效应检验，并结合表3中的数据进行分析，结果表明：（1）羌语中，焦点词音强均有显著增加，与对应的中性焦点条件相比，平均增加1.3

dB；焦点前音强也有增加，平均增加1.2 dB；焦点后音强没有明显变化。总的来说，音强的变化模式与音高是一致的。（2）羌－汉中，音强在整句都有增加，与对应的中性焦点条件相比，焦点前、焦点词和焦点后平均增加幅度分别为1.2 dB、1.4 dB和0.7 dB。羌－汉中焦点后音强的表现与音高不同，音高上没有明显变化。

3.时长

羌语、羌－汉目标句中各目标词在不同焦点条件下的时长见表5，平均了不同目标句和所有发音人相应的数据，其中，焦点词的数据用粗体标出。可见，羌语和羌－汉中各焦点词时长均有延长。为进一步考察焦点对时长的调节作用，以词的位置和焦点条件为自变量，对各目标词的时长做两因素重复测量的方差分析，结果见表6。

表 5　羌语和羌－汉中目标词在各焦点条件下的时长（ms）

语言	焦点条件	句首词	句中词	句末词
羌语	中性焦点	282	369	334
	句首焦点	**295**	372	338
	句中焦点	289	**388**	335
	句末焦点	288	379	**349**
羌－汉	中性焦点	433	282	415
	句首焦点	**467**	291	417
	句中焦点	438	**320**	428
	句末焦点	442	300	**449**

表 6　羌语和羌－汉中目标词时长的两因素重复测量的方差分析结果

语言	自变量	自由度	F值
羌语	词的位置	$F_{(2, 18)}$	71.218**
	焦点条件	$F_{(3, 27)}$	4.651*
	词的位置 × 焦点条件	$F_{(6, 54)}$	2.347*

续表

语言	自变量	自由度	F值
羌-汉	词的位置	F（2, 18）	73.58**
	焦点条件	F（3, 27）	11.745**
	词的位置 × 焦点条件	F（6, 54）	12.521**

注：*表示显著性水平，$p < 0.005$**，$0.005< p < 0.05$*

对羌语和羌-汉中各目标词的时长在4种焦点条件间的差异做简单效应检验，结果表明：羌语和羌-汉中焦点对时长的调节模式是一致的，均表现为焦点词时长延长，与对应的中性焦点条件相比，平均延长量分别为16 ms和35 ms；而焦点前后时长基本不变。

4. 小结

羌语和羌-汉中焦点对音高、音强和时长的调节模式如表7所示。可见，羌语和羌-汉中焦点的韵律实现方式的相同之处为：焦点词的音高、音强和时长均有增加；焦点后音高和音强都没有压缩，焦点前后时长基本不变。但是，具体细节上存在一些差异。在音高上：羌语中焦点词和焦点前的音高最大值、最小值均显著上升；而羌-汉中，焦点对语调的调节主要表现在音高最大值上，最小值没有差异；且焦点前音高没有系统变化。在音强上：羌语中焦点词和焦点前音强显著增加，焦点后没有明显变化；而羌-汉中，有窄焦点调节的句子音强整体上都有增加。

表 7　羌语和羌-汉中焦点对各声学参数的调节模式（以相应的中性焦点为基线）

位置	声学参数	羌语	羌-汉
焦点前	音高最大值	↑	—
	音高最小值	↑	—
	音域	—	—
	平均音强	↑	↑
	时长	—	—

位置	声学参数	羌语	羌-汉
焦点词	音高最大值	↑	↑
	音高最小值	↑	—
	音域	—	—
	平均音强	↑	↑
	时长	↑	↑
焦点后	音高最大值	—	—
	音高最小值	—	—
	音域	—	—
	平均音强	—	↑
	时长	—	—

注：↑表示声学参数显著增加，—表示没有显著变化

三、讨论与结论

本文通过严格控制的语音实验研究，发现羌语母语者说的羌语和汉语普通话（羌-汉）中焦点的韵律实现方式大致相同，表现为：焦点词的音高、音强和时长均有增加；没有"焦点后压缩"，焦点前后时长基本不变。另外，羌语中焦点词和焦点前音高最大值和最小值均有增加，而羌-汉中焦点词音高变化主要表现在最大值上，且焦点前音高没有系统变化。

本研究的一个重要发现是，羌语与彝语（Wang *et al.*, 2011）一样，也属于无"焦点后压缩"的语言。羌语中没有用"焦点后压缩"来突显焦点，而是抬高焦点前的音高来提示语句后面有重要信息。而彝语（Wang *et al.*, 2011）中焦点会使整句的音高都上升。这不同于汉语普通话（Xu, 1999；Liu & Xu, 2005；Xu *et al.*, 2012）和藏语（拉萨藏语：张夏夏，2013；安多藏语：王玲，2011）。汉语普通话和藏语中都存在焦点后音高下降、音域压缩和能量降低。可见，汉藏语系的语言存在着两种焦点的韵律实现方式。Xu等人（2012）提出了一个大胆的假说，认为"焦点后压缩"

是通过语言传承获得的，而不是通过语言接触传播的。这一假说还需要大量其他语言的证据来证明。本研究发现羌语母语者在习得汉语普通话时并没有学会用"焦点后压缩"标记焦点，从二语语调习得的角度提供了一项实验证据，即"焦点后压缩"是很难通过语言接触传播的。

本研究的结果与其他几项汉语方言以及中国少数民族语言的相关研究都是一致的，共同的发现是，"焦点后压缩"在二语中不易习得。即使二语在语音、词汇和语法上已经达到了接近母语人的水平，语调的习得也仍然和母语人有明显区别。如，回辉话和回辉–汉（Wang et al., 2012），德昂语和德昂–汉（王玲，2011），白语和白–汉（Liu et al., 2016），这些研究中都发现"焦点后压缩"特征在母语和二语中均有缺失。也就是说，当一个人母语中缺少"焦点后压缩"时，那么其二语中也没有掌握该特征。羌–汉中焦点词音高、音强和时长的增加，与羌语基本一致，可能主要是母语正迁移的结果，而缺乏"焦点后压缩"的特征，可能主要是由于母语中没有这一语音线索，而且二语中更关注音段或者局部的韵律，很难习得整体的语调特征。

Best（1992, 1995）提出的知觉同化模型（Perceptual Assimilation Model）和Flege（1992, 1995, 2007）提出的言语学习模型（Speech Learning Model）都可以对二语中焦点的韵律实现方式进行解释。两种模型都认为成人对非母语语音的感知取决于母语和二语语音之间的感知距离。这两种理论主要是基于音段习得的相关研究提出的，但也可以推广到超音段层面。两个模型都指出如果学习者辨认不出二语语音与母语语音的差别，有可能是因为忽略了某些重要的语音特征而进行等同归类（equivalent classification），从而妨碍了二语语音范畴的形成，造成二语产出的语音与母语的语音近似。语调的习得也有类似的现象，Wang等人（2012）对回辉话的研究显示，回辉话母语者感知汉语普通话焦点的正确率仅为54.8%，显著低于北京人的感知正确率（75.6%），这很可能是由于回辉话没有"焦点后压缩"，其母语者很难识别到汉语普通话中的这一特征并形成相应的范畴。因此，没有"焦点后压缩"的羌语的母语者在学习汉语普通话时也很难感知到并获得这一特征。可见，第二语言中语调可能比音段更难习得。

另外，以上两个模型认为二语学习者语音经验越丰富就越能正确感知和产出标准的二语语音，也就是说，语音可以随着学习时间的增加而改善提高。Chen（2015）的研究发现，留学美国的高年级汉语普通话母语者比刚到美国的新生在使用英语时更多地表现出"焦点后压缩"。为什么少数民族语言母语者的汉语已经掌握得相当熟练了，但仍然没能习得汉语普通话中的"焦点后压缩"呢？Liu等人（2016）发现白族母语者尽管很早就开始学习汉语，但仍然没能成功习得汉语普通话的焦点的韵律表达方式。他们分析，这可能是由于日常生活中除了通过媒体，白族母语者很少能够接触到标准的普通话语音。高薇等（2015）对中国英语学习者进行了焦点语调训练，发现通过有针对性的训练，二语学习者可以习得英语中焦点的韵律表达方式。由此可见，没有足够的标准音输入，缺少有针对性的语调训练，无"焦点后压缩"语言的母语者难以自动习得这一特征。像回辉－汉、德昂－汉以及本研究中的羌－汉之所以没有"焦点后压缩"，可能主要由于缺乏二语的标准语音输入和训练。

综上所述，本研究可以得出以下结论：

羌语母语者的羌语和他们说的汉语普通话在焦点韵律表达方式上基本一致，即：焦点词的音高、音强和时长均有增加，但幅度不大；不存在"焦点后压缩"；焦点前后时长基本保持不变。

参考文献：

段文君，贾媛，2015. 济南方言和太原方言中焦点语音实现的对比研究[C]// 第十三届全国人机语音通讯学术会议，天津.

高薇，许毅，穆凤英，2015. 中国英语学习者韵律焦点教学的实验研究[J]. 外语教学与研究，47（6）：861–873，960.

黄成龙，2007. 蒲溪羌语研究[M]. 北京：民族出版社.

刘璐，宋清逸，王蓓，2016. 大理白语中焦点的韵律实现方式[C]// 第十二届全国语音学学术会议，通辽.

孙宏开，1981. 羌语简志[M]. 北京：民族出版社.

王玲，2011. 焦点的编码方式：德昂语、佤语、藏语、汉语等语言比较研究[D]. 北京：中央民族大学.

张夏夏，2013. 韵律焦点的实现与感知：藏语拉萨话、羌语比较研究[D].

北京：中央民族大学.

张夏夏，王蓓，2018. 藏语拉萨话中焦点和疑问的韵律编码方式[J]. 清华大学学报（自然科学版），58（4）：368-373.

郑武曦，2010. 龙溪羌语概况[J]. 民族语文，4：69-81.

BEST C T, 1995. A direct realist view of cross-language speech perception [M]// STRANGE W, Speech perception and linguistic experience: issues in cross-language Research. Timonium: York Press: 171-204.

BEST C T, STRANGE W, 1992. Effects of phonological and phonetic factors on cross-language perception of approximants[J]. Journal of phonetics, 20: 305-330.

BOLINGER D L, 1958. Intonation and grammar[J]. Language learning, 8: 31-37.

CHEN Y, 2015. Post-focus compression in English by Mandarin learners[C]// the 18th International Congress of Phonetic Sciences (ICPhS), Glasgow: 1-5.

EADY S J, COOPER W E, KLOUDA G V, et al., 1986. Acoustical characteristics of sentential focus: narrow vs. broad and single vs. dual focus environments[J]. Language and speech, 29: 233-250.

FÉRY C, KÜGLER F, 2008. Pitch accent scaling on given, new and focused constituents in German[J]. Journal of phonetics, 36: 680-703.

FLEGE J E, 1995. Second-language speech learning: Theory, finding and problems[M]//STRANGE W, Speech perception and linguistic experience: issues in cross-language research. Timonium: York Press: 233-277.

FLEGE J E, 1992. The Intelligibility of English vowels spoken by British and Dutch talkers[M]//KENT R D, Intelligibility in speech disorders: theory, measurement and management. Amsterdam: John Benjamins: 157-232.

HELDNER M, STRANGERT E, 2001. Temporal effects of focus in Swedish[J]. Journal of phonetics, 29: 329-361.

IPEK C, 2011. Phonetic realization of focus with no on-focus pitch range expansion in Turkish[C]//the 17th International Congress of Phonetic Sciences (ICPhS), Hongkong: 140-143.

LIU Z H, CHEN A J, VAN DE VELDE H, 2016. Prosodic focus marking in Bai-Mandarin sequential Bilinguals' Mandarin[C]//the 8th International Conference on Speech Prosody, Boston: 951-955.

SHEN C, XU Y, 2016. Prosodic focus with post-focus compression in Lan-Yin Mandarin[C]//the 8th International Conference on Speech Prosody, Boston: 340-344.

WANG B, LI C, WU Q, et al. , 2012. Production and perception of focus in PFC and non-PFC languages: comparing Beijing Mandarin and Hainan Tsat[C]// the 13th Annual Conference of the International Speech Communication Association (Interspeech), Portland: 663-666.

WANG B, XU Y, XU J, 2011. Prosodic realization of discourse topic in Mandarin Chinese: comparing professional with non-professional speakers[C]// the 17th International Congress of Phonetic Sciences (ICPhS), Hongkong: 17-21.

WANG B, ZHANG, Y Y, XU Y, et al. , 2017. Prosodic focus in three northern Wu dialects: Wuxi, Suzhou and Ningbo[C]//the 8th Experimental Linguistic Conference, Crete: 117-120.

WU Q, WANG B, ZHANG X X, et al. , 2015. Does silent pause facilitate focus perception in a non-PFC language? An experimental study of Li Language[C]//the 18th Oriental COCOSDA Conference, Shanghai: 295-299.

WU W L, CHUNG L, 2011. Post-focus compression in English-Cantonese bilingual speakers[C]//the 17th International Congress of Phonetic Sciences (ICPhS), Hongkong: 148-151.

WU W L, XU Y, 2010. Prosodic focus in Hong Kong Cantonese without post-focus compression[C]//the 5th International Conference on Speech Prosody, Chicago: S10831.

XU Y, 1999. Effects of tone and focus on the formation and alignment of f_0 contours[J]. Journal of phonetics, 27: 55-105.

XU Y, 2013-2022. ProsodyPro — a tool for large-scale systematic prosody analysis[C]// Proceedings of tools and resources for the analysis of speech prosody (TRASP 2013), Aix–en–Provence: 7–10.

XU Y, CHEN S–W, WANG B, 2012. Prosodic focus with and without post-focus compression (PFC): a typological divide within the same language family?[J]. The linguistic review, 29: 131–147.

ZERBIAN S, GENZEL S, KÜGLER F, 2010. Experimental work on prosodically–marked information structure in selected African languages (Afroasiatic and Niger–Congo)[C]//the 5th International Conference of Speech Prosody, Chicago: 100976.

（原载于《汉藏语学报》2019年）

语言生活调查的主要内容和方法

王远新

摘要： 本文从语言社区、领域和群体等3个维度，论述不同类型社区、相关领域及不同群体语言生活调查的主要内容和方法，认为不同社区、领域和群体的语言生活调查各有侧重，相互关联，既可以作综合调查，也可以作专项调查。无论何种类型的语言生活调查，都应当以问题为导向，既要有宏观视野，又要有全面精细的设计，还要恰当运用各种调查方法。只有这样，才能获取真实可靠的数据和典型案例，准确揭示调查地语言生活的特点和规律，并在相关调查数据和不同类型个案及对比分析的基础上，建构理论认识。文章还就濒危语言和高同质性社区语言生活调查问题做了进一步说明。

关键词： 语言生活；田野调查；社区、领域和群体；内容和方法

语言生活主要指语言文字在不同类型社区、不同社会群体日常生活和特定行业或领域中的使用，不同群体对语言文字本身及其使用的态度、使用需求、发展期望以及与语言使用者身份建构相关的语言态度和语言认同。

作者简介：王远新，文学博士，中央民族大学中国少数民族语言文学学院教授、博士研究生导师，主要研究方向为中国少数民族语言研究、社会语言学。

基金项目：国家社会科学基金重点项目"新中国语言政策对新疆语言生活的影响研究"（13AZDO52）；国家社会科学基金重大招投标项目"蒙古族语言生活调查"（17ZDA316）；国家民委协同创新中心–中央民族大学少数民族事业发展协同中心民族团结教育研究平台双语教育研究团队项目（YDZXTC20170404）。

　　语言生活调查主要涉及社区、领域（包括特殊领域）和群体（包括特殊群体）3个相互关联的维度。不同维度的调查研究都应当聚焦并服务于语言文字使用的主体——普通民众，这是语言生活调查应有的语言价值观。社区调查的基本单位是语言社区（包括虚拟语言社区），主要目的是描述不同类型社区居民日常生活领域的语言文字使用状况以及不同群体的语言态度、语言认同等问题；领域调查的基本单位是不同行业、部门和机构，主要涉及教育、行政、司法、传媒、文化、宗教及一些特殊领域的语言文字使用状况，以及相关群体的语言态度和语言认同等问题；群体调查的对象是不同类型的群体，如公务人员、教师、学生、外企员工、进城务工者等，主要调查其语言文字使用、语言态度、语言认同等问题。有时，群体与社区或领域的调查对象重合，但调查目的不同，调查切入角度、调查对象的侧重也不同。

　　根据调查目的，语言生活调查既可以是多维度的综合调查，也可以是单维度的专题调查。无论何种维度，调查点和调查对象的选择都应当以问题为导向，即：在提出有研究价值问题的基础上，选择具有代表性的调查点和调查对象，通过相关调查数据和不同类型个案的对比分析，建构理论认识。比如，随着我国改革开放的深化、城镇化进程和人口流动速度的加快，一些群体如生态保护形成的各类移民、人口流动形成的进城务工群体等，普遍面临着语言文化适应和身份建构问题。以此为问题导向，可以选择不同类型移民社区作为调查点、不同类型进城务工者作为调查群体。本文主要从社区、领域和群体等3个维度，综合论述语言生活调查的主要内容、调查方法和注意事项。

一、日常生活领域的综合调查

　　日常生活领域综合调查的对象主要是普通民众，他们都有固定的居住社区和特定的语言社区，其语言（包括文字，下同）使用首先体现在日常生活领域。因此，语言社区是日常生活领域调查的基本单位，调查内容包括特定社区内不同群体的语言文字习得和习得途径，语言文字能力，在不同场合、针对不同话题与不同交际对象的语言文字使用状况，语言文字需求及相关的语言态度、语言认同等。

（一）语言社区维度

语言社区调查首先应当考虑调查规模及调查点的选择。调查目的不同，调查规模和调查点的选择就会有差别。

就调查规模而言，可将县、旗、区范围的调查看作小规模调查，地、州、盟、市范围的调查看作中等规模调查，省、自治区、直辖市乃至全国范围的调查看作大规模调查。立足于问卷调查，无论何种规模，都应以语言社区为基本调查单位，以代表性和操作性为选点依据。

不同语言社区的语言使用存在差异，研究者需要依据调查目的选择相应的语言社区作为调查点。立足于社区入户问卷调查，调查点的选择可以有不同角度，比如民族分布、语言使用、居住形式、生产方式等。

依据民族分布特点，语言社区可分为民族聚居区、杂居区和散居区；依据语言使用类型，可分为单语或单方言区、民汉双语或多语区、汉语双言或多言区，以及特殊语言或方言区（如混合语或混合方言区、语言或方言边缘区、语言岛或方言岛）等；依据居住形式和生产方式，可分为城镇社区（新城区、老城区、开发区、城中村等）、纯农业区或纯牧业区、半农半牧、移民社区等。不同角度既可以单独考虑，也可以综合考察，而且可以依据调查目的和调查地的实际情况灵活变通。

1.小规模调查的选点

以蒙古族语言生活调查为例。根据民族分布特点，应当主要选择蒙古族聚居区（蒙古族人口占多数、蒙古语占优势的地区）和多民族杂居区（蒙古族占一定比例，且有蒙古族社区和蒙古语使用环境的地区）作为调查地，从中选择不同类型的具有代表性的调查点。蒙古族散居区是否作为入户问卷调查点，视调查目的而定。如果全面调查蒙古族语言生活，散居区可不作为社区入户问卷调查点，但需要从中选择典型调查点进行实地观察和结构性访谈；如果重点调查散居或杂居地区蒙古族语言生活，则需要将其作为社区入户问卷调查点。根据语言使用特点，可以从蒙古语单语区、蒙汉双语、蒙汉及其他少数民族语言多语区中选择调查点。根据居住形式和生产方式，城镇地区可以选择蒙古族人口较多的老城区、新城区、开发区、城中村、城镇移民安置点等作为入户问卷调查点；农牧区应当选择牧业区、农业区和半农半牧区的乡镇（苏木）或行政村（嘎查）作为入户问卷调查点。

2.中等规模调查的选点

以内蒙古自治区蒙古族人口居第二位的赤峰市为例。赤峰市被城区和农业区分割为西北部、北部和南部3个区域，蒙古族共82万人。北部和西北部的5个旗约30万人使用蒙古语：巴林左旗蒙古族人口最多，因地处农业区和矿区，只有几个蒙古族聚居的苏木保留了蒙古语；克什克腾旗蒙古族人口不多，但相对聚居，且以牧业生产为主，因而较好地保留了蒙古语；翁牛特旗蒙古族聚居于旗内东北部牧区，保留了蒙古语；阿鲁科尔沁旗和巴林右旗也较好地保留了蒙古语。南部地区40万蒙古族中，只有一两万人保留蒙古语，其中松山区是蒙古族人口大区，但近10万蒙古族已转用汉语；蒙古族人口最多的喀喇沁旗，只有一个村庄的200余人和其他几个村庄的部分老年人保留和使用蒙古语，其余10多万人已转用汉语；敖汉旗3万多蒙古族中，只有最北部的敖润苏莫苏木近5000人使用蒙古语；宁城县有近1万人使用蒙古语，且是南部旗县中唯一保留蒙古语授课学校的地区。[1]局部保留蒙古语的地区，如个别牧业苏木和极少数农业或半农半牧村庄，既可以作为普遍调查的选点，也可以作为专项考察蒙古语保留原因的调查点。

3.大规模调查的选点

以内蒙古自治区蒙古族语言生活调查为例。依据调查目的、内蒙古的区域及民族分布特点，应当从东部、西部和中部的全部12个盟市中选择调查点。包头市（汉族占94.31%，蒙古族占3.21%）、呼和浩特市（汉族占87.16%，蒙古族占9.98%）蒙古族人口较少，且很少有蒙古族聚居的语言社区，可以不作为社区入户调查的选点城市。包头市有蒙汉双语教学的蒙古族完全中学，可以作为双语教育专项调查的选点；呼和浩特市作为自治区首府，不仅有不同学段的蒙汉双语学校，而且使用蒙古语文的文化、出版和传媒机构齐全，应当作为领域调查的重点。立足于社区入户问卷调查，假设选择赤峰市作为东部蒙古族调查地，至少应当分别选择一个农业旗县和一个牧业旗县，比如，在赤峰市南部的宁城县选择农业调查点，在北部的阿鲁科尔沁旗选择牧业调查点。根据聚居程度，可以将蒙古族占当地总人口50%～90%的地区视为聚居区（牧区的蒙古族比例可能更高）、20%～50%的地区视为杂居区、20%以下的地区视为散居区。有些地区蒙古族人口比例较高，但已整体转用汉语，不必从中选择社区调查点，如赤峰市松山区。一些社区只有少数老年人保留蒙古语，已出现代际传承的断层，这类社区可以作为蒙古族语言兼用和转用或蒙古族语言文化保护的专题调查点。

如果调查全国范围内的蒙古族语言生活，应当综合考虑有蒙古族分布的8个省区（内蒙古、辽宁、吉林、黑龙江、新疆、甘肃、青海、河北），并依据各省区民族分布特点选择调查点。东三省、青海、新疆和甘肃的蒙古族生活在民族杂居区，其主要分布特点是大杂居、小聚居；河北省的蒙古族社区基本属于语言文化孤岛类型。根据整体调查需要，综合考虑人口、生产方式、居住类型、蒙古语方言分布及其使用特点，上述省区都需要选择不同类型的社区作为入户调查点。8个省区之外的北京市未形成蒙古族聚居社区，可以只作专题调查，如出版和传媒领域的蒙古语文使用调查。

4.选点注意事项

代表性调查点的选择与调查目的有关。每个地区都有特殊性，因此，应当根据各调查地的特点区别对待，并可以适当变通。关于调查点的选择及注意事项，笔者已有专论。[2]总体而言，选择调查点应当具有学术敏感性和宏观视野，且以问题为导向，同时兼顾以下方面：（1）民族分布状况；（2）社区类型（语言使用、居住形式、生产方式等）；（3）地理环境；（4）周边语言文化大环境。

需要注意的是，选择调查点应当以行政单位或基层群众性自治组织为依据，比如城镇社区、乡镇行政村，而不应以自然单位为依据，比如居民小区、自然村。城镇居民小区是自然单位，其基层群众性自治组织是居民委员会（或社区居委会），一个居民委员会可能由若干居民小区构成，比较大的小区可能独立构成居民委员会；居民委员会的上级主管单位是街道办事处，一个街道办事处由若干居民委员会构成。农牧区的基层群众性自治组织是村民委员会（即行政村或嘎查），自然村是自然单位，一个村民委员会一般由多个自然村或村民小组构成，比较大的自然村可能独立构行政村；村民委员会的上级主管单位是乡镇（苏木），一个乡镇由多个村民委员会构成。因此，城镇应当以街道办事处或居民委员会为调查单位，农牧区应当以乡镇或行政村为调查单位。

虚拟社区指网络语言社区，其语言生活的调查除了在特定虚拟社区内进行一定时段的跟踪观察外，还需要将其语言使用特点、语言变异项、语言态度、语言认同等作为调查问题，在实体社区及不同群体中进行访谈和问卷调查，目的是描述虚拟社区语言生活的特点，对比它与实体社区语言生活的共性和差异性，揭示两类社区语言生活的互动关系和相互影响。

（二）群体维度

日常生活领域的调查主要以社区为单位，采用实地观察、访谈和问卷调查等方法进行调查。实地观察的内容主要分两类：一类是观察调查点的地理位置、周边语言文化环境、住户的布局、语言景观，特别是社区居委会或村委会的各类公示栏、宣传栏、标语等；另一类是户访过程中观察调查对象家庭的语言媒体设备及家庭成员的语言交际情况。访谈的内容也分两类：一类是入户前访谈社区居委会或村委会干部及当地文化精英，目的是进一步了解调查点的基本情况、核实人口数据、确定户访对象和问卷抽样方案；另一类是户访和问卷调查过程中对调查对象的一般性访谈和深度访谈，访谈内容应围绕语言生活的调查主题进行。问卷调查的抽样需要按调查地户籍人口的总体特点抽取样本，而且应当采用入户一对一访谈式问卷调查法。根据调查样本的需要，每户只能选取一名问卷调查对象。比如调查蒙古族语言生活，应当以户口在调查地的蒙古族家庭（包括族际通婚家庭）作为户访和问卷抽样对象。调查特殊社区不一定以居民户口作为抽样依据，比如调查河南省镇平县石佛寺镇维吾尔族聚居的天下玉源社区。社区内维吾尔族居民的户口均在新疆，为便于管理和服务，镇平县将长期居住在石佛寺镇做玉石和餐饮生意的维吾尔族及其家属统一安置在天下玉源社区。[3]

1. 样本数量

入户调查样本量视调查点居民的社会属性、语言使用的同质性高低而定。居民社会属性和语言使用状况越复杂的调查点，样本的同质性就越低，反之亦然。为保证样本社会变量的代表性和均衡性，同质性越低的社区，抽取的样本量应该越大；同质性高的社区，样本量可以少一些。比如蒙古族高度聚居的纯牧业村，村民的社会属性和语言使用类型均比较单一，抽取的样本量可以比民族杂居村、城市多民族杂居社区少。也就是说，社会属性和语言使用类型较单一的社区，样本量可以相对少一些。即便同质性很高的调查点，样本量也应当在30个以上；随着调查点同质性的降低，就应适当增加样本量。社会变量主要涉及民族成分、性别、职业年龄和语言背景等。民族聚居社区的民族成分较单一，性别和语言背景涉及男性和女性、单语人和双语人（或多语人），年龄涉及老中青三代，每个分层有10个以上样本，就可以大致推及社区成员社会差异的总体。同质性较高的调查点，即便将样本量扩大一倍，调查结论也应该是一样的。民族杂居村和城镇民族杂居社区居民的民族成分、职业类别、语言背景比较复杂，调查对象的同质性比民族聚居的农牧社区要低。为均衡不同社会特征的调查对象，应当增加样本量，一般不少于50个。比如民族成分和职业类别各有5个分层，每个分层至少保证10个样本，就可以大体保证不同类型样本的代表性。考虑到二次数据分析，不同类型的调查点均可以根据社会分层的实际适当增加样本量。总之，样本要能推及社区成员社会特征分布的总体。换言之，只有不同社会变量均衡分布的样本，才是具有代表性、能够推及社区总体的样本。这是就某一调查点，即某一特定语言社区的样本量而言的，一项综合性或专项调查，一般都要选择若干不同类型的代表性社区或群体。这样，总样本量便会随着调查点即代表性调查社区的增加而增加。调查规模越大，总样本量也就越大。

应当注意的是，社区入户调查必须以户为单位，在户访的基础上，根据调查点样本量的需求，从每户中选取一位合适的成员作为问卷调查对象，即一户只能抽取一个样本、做一份问卷。否则，问卷设置的问题和选项中的很多答案都会重复，问卷的信息量会大大降低。样本的抽取除考虑社会变量的均衡，还需要考虑调查对象是否愿意或有能力配合调查。

2.样本构成

（1）兼顾不同年龄段。立足于社会语言学社区入户问卷调查，15岁以下的人语言能力和语言认知尚未定型或成熟，年龄太大又难以配合完成问卷调查。因此，调查样本一般应当控制在15～69岁，并且可以分为老中青3个年龄分组，如15～34岁为青年组、35～54岁为中年组、55～69岁为老年组。可以根据调查项目和调查地实际，适当调整年龄结构。如果调查点某一社会特征的调查对象较少，如青年组或老年组人口少，个别十三四岁、七十岁左右的人也可以作为调查对象，并将其归入相应的年龄组。因为差一两岁，语言能力不会有明显的差异和变化。又如调查点长期外出务工的中年男性较多，可以根据实际相应地减少中年男性样本。上述调整都应以符合调查点人口结构的总体特点为原则。如果是行业或领域的专项问卷调查，比如公务人员语言生活调查，年龄组的划分应当符合这一群体的总体特征，即可以将20～35岁、36～50岁分别划入青年组、中年组，也可以根据专项调查群体的实际做适当的调整。无论综合性还是专项问卷调查，为了便于对比分析，同一类型不同调查点调查对象年龄组的划分应当相同。总之，年龄组的划分和调整，应当以符合调查点人口结构的总体特点为原则。

（2）兼顾不同受教育程度。受教育程度可以分为高等、中等和初等3个组，分组应当以调查地受教育程度的总体水平为依据。农牧区调查对象的受教育程度普遍较低，可以将未上过学和小学文化程度的归入初等组、初中文化程度的归入中等组、高中及以上文化程度的归入高等组；城镇社区调查对象受教育程度较高，可以分为小学及以下、中学（初中、高中、中专和技校）、大专及以上文化程度等3个组。如果是教师或公务人员专项调查，则可以分为中学、大专、本科及以上文化程度等3个组。需要注意的是，同类调查项目不同类型社区、不同行业或领域调查对象的年龄分组应当遵循统一的分组原则。

（3）兼顾不同职业。农牧区调查点一般不需进行职业分类，村干部一般也都是农村户口，可以与农牧民归为同类调查对象。城镇调查点则需进行职业分类，一般参考劳动和社会保障部等部门联合编制的《中华人民共和国职业分类大典》（中国劳动社会保障出版社，2015年修订）中的职业分类标准，但需要根据调查地实际以及与语言生活调查的相关度作适当删减和归并。需要说明的是，如果是普遍性调查，农牧区和城镇社区的调查样本可以包括教师和学生；如果一类调查中设有教师和学生专项调查，则不需要包括这两类群体。

（4）兼顾通婚家庭。调查民族杂居区的语言生活，需考虑族际通婚家庭；调查边境民族地区的语言生活，不仅需要考虑族际通婚家庭，也应当兼顾跨国通婚家庭。族际通婚家庭和跨国通婚家庭的样本量，应当根据社区内通婚户数的比例确定。比如，调查点有10%的通婚家庭，通婚家庭的样本量也应当占总样本量的10%。

（三）部门维度

除上述维度和注意事项，日常生活领域的调查还应当结合部门或机构访谈。正式调查前，应当走访调查地语言文字管理部门、民族宗教部门、教育部门、文史办、媒体管理部门和传媒机构，了解民族人口及分布、语言使用、学校教育和媒体语文使用的基本状况，还应当走访拟定调查点所属的街道办事处、居委会或乡镇、村委会，进一步搜集并核查调查点的信息和抽样方案，并请相关单位的人员协助调查，以便获得事半功倍的调查效果。

二、专门领域的调查

日常生活领域之外的领域属专门领域，其语言生活的调查同样涉及社区、群体、领域（行业）等3个维度。专门领域的调查对象，既包括与语言文字使用相关的部门、机构及其工作人员，也包括这些领域的管理和服务对象——普通民众。调查内容主要包括相关领域（行业）语言文字使用及语言教育相关政策、法律法规的制定和落实，不同部门（党政机关、人大、政协、企事业单位等）、机构（官方或民间组织、群团组织等）及相关人员的语言文字使用状况和语言态度、语言认同等。调查方法涉及各类田野调查法，其中访谈法应当以结构和半结构访谈（深度访谈）为主。问卷调查既可以是部门和机构工作人员的独立专项调查，比如，公务人员普通话掌握、使用及语言态度调查，媒体语言文字使用状况调查，教师或学生语言文字使用和语言教育调查等；也可作为语言生活整体调查的组成部分，即特定领域和群体的调查，并与社区入户问卷调查数据对比，相互印证。依据调查目的和需要，既可以调查一个部门和机构，也可以综合调查不同部门和机构。

（一）行政和司法领域调查

1.部门维度

狭义的行政部门指政府各职能部门及其下属机构，广义的行政部门包括各类公务系统如政府、党委、人大、政协、党群组织等。狭义的司法部门指法院和检察院，广义的包括公安局、检察院、法院、司法局及其下属机构（派出所、人民法庭、司法所、公证处等）。行政和司法部门属政策制定和执行部门，负有上情下达、下情上传的职责。这些部门或机构既是语言文字使用主体普通民众的服务部门、相关领域的管理部门，也是对上级负责的职能部门。从语言生活调查角度看，行政、司法领域及其公务人员是语言政策、规划及相关法律法规制定和执行的服务方、管理方，普通民众则是被服务方和被管理方。

部门调查主要采用专题访谈法，包括两方面的内容：一是从相关部门或机构获取数据和文献资料，比如语言政策相关的法规、以通知等形式下发的文件、公开发布的政务文献、语言文字相关的工作总结、调查地的基本信息（如地区概况、民族人口、社区分布、语言文字状况及其历史沿革）等。二是针对研究问题深度访谈相关部门或机构的负责人和工作人员。

访谈分一般性访谈和深度访谈两类。一般性访谈主要采用结构访谈法，包括与调查地相关的重点和热点问题，民众普遍关注及政府部门亟待解决的问题。遇到与研究者实地观察或问卷调查数据不一致甚至相反的情况，需要针对这类问题展开全面深入的访谈。深度访谈即半结构访谈，主要涉及受访者负责或熟悉的与语言文字使用、宣传、服务等相关工作的问题。研究者既要获取部门或机构职责范围内的信息，即从公务角度了解语言生活的相关问题，也要了解访谈对象的语言态度和语言行为。此外，调查地文化精英也应当作为深度访谈对象。一般而言，县级以上政府机构都设有史志办，政协部门设有地方文史资料办公室，一些地方还设有与语言文化相关的民间机构，如"非遗"协会、民族文化学会等。后一类机构的成员多是文化精英或退休干部，熟悉当地的历史和现状。

受工作性质等因素制约，公务人员工作繁忙、无暇配合，调查难度随之增加。因此，调查前取得对方的信任十分重要。研究者最好先找业务主管或对口部门，请他们出面协调，这比自己带着本单位介绍信直接去要调查的单位更有用。比如调查少数民族地区语言生活或双语教学问题，调查地民宗局或教育局及其下属单位语言文字工作办公室应是首选协调单位。汉族地区的语言文字工作办公室多设在教育局，民族地区的少数民族语言文字工作办公室多设在民宗局，有些省、自治区、直辖市单独设立语言文字工作委员会或少数民族语言文字工作委员会。如能由党委或政府办公室、党委宣传部或统战部出面协调，更有助于相关单位配合调查。在做好协调和沟通的基础上，最好先作一般性访谈，并索要相关数据和文献资料，然后针对具体问题作深度访谈。

2.群体维度

问卷调查法是行政和司法领域群体维度的调查方法之一，调查对象不仅涉及公务人员，也涉及普通民众，即公务人员的服务和管理。公务人员的问卷调查应当包括调查对象的客观信息（如个人、家庭、工作信息等）、工作用语用文及相关的语言态度（如对行政和司法领域语言文字使用政策、规定、现状的评价及需求、期望等）。普通民众调查可以在日常生活领域的调查问卷中设置相应的问题和选项，考察他们与行政和司法领域公务部门及其工作人员的语言互动，以及相关的语言态度、语言文字需求和期望等；也可以设计普通民众对公务人员语言使用、语言服务的评价、需求等专项问卷。公务人员（施事方）和普通民众（受事方）的调查数据、访谈材料相互印证，有助于揭示影响语言文字使用的因素，深化研究结论。

公务人员问卷调查的样本量一般应不少于40个。比如调查某县蒙古族公务人员的语言生活，乡镇以上在编公务人员和驻村干部都应列为调查对象，因为后者的编制、驻村前后的日常工作都与普通公务人员无本质差别。居委会和村委干部不属于国家公务人员编制，不能作为公务人员的问卷调查对象，只能作为语言社区入户问卷调查对象。如果民族杂居区某一民族的公务人员数量较少，可以适当减少问卷样本数量，但一般应不少于30个。公务人员的年龄及其分组应当与社区入户调查问卷的样本有差别，即不宜设定为15～69岁，而应是20～65岁，然后根据调查群体的实际分为青年组、中年组和老年组。也可根据不同调查地的实际作适当调整，但同类调查应当按统一标准划分年龄组，以保证样本具有不同年龄组的代表性和不同调查项目的可比性。

无论部门专题访谈还是公务人员问卷调查，只要场合和调查对象合适，就可因地制宜开展调查，不必局限于办公地点。

3.语言社区维度

语言社区的调查对象主要是行政和司法部门的服务及管理对象即普通民众。语言社区的选择原则与日常生活领域的调查相同，只是需要尽量避开公务人员比较集中的小区，如一些地方的公务员小区，而应当选择普通居民社区。如果实在无法避开，应当选择非公务人员作为调查对象。

（二）传媒和文化领域调查

传媒和文化领域的调查对象主要包括3类：一是与传媒和文化相关的政府管理部门、党委系统的宣传和外宣部门等；二是与传媒和文化相关的企事业单位，如广播电台、电视台、报社、出版社、杂志社、网络中心或各类官方和私营媒体等；三是传媒受众，即普通民众。

传媒和文化管理部门属相关政策、法律法规的制定和执行部门，其工作人员属公务人员。可以在公务人员的访谈和问卷调查中包括这部分调查对象，但重点应当放在传媒和文化政策、法律法规制定，语言文学使用及管理工作等方面；与传媒和文化领域相关的企事业单位是语言文化产品的提供方，对其工作人员的访谈和问卷调查也可以包含在公务人员调查中，但应当侧重其业务工作，特别是语言文字和相关文化产品的服务方面。不同类型社区的普通民众是传媒和文化政策、法律法规的受惠方以及语言文字服务和文化产品的受众，可以在入户访谈和问卷调查中涉及这部分内容，即在访谈提纲和调查问卷中设置相应的题目。服务和管理方与政策受惠方、语言文化产品提供方与受众的调查资料和数据相互印证，可以全面了解调查地传媒和文化领域语言文字的使用状况、语言文化产品及其服务效果，不同群体接触语言文化产品的状况、评价和需求，媒体和语言文化产品对当地语言文字使用和发展的影响、媒体和文化发展存在的问题及影响因素等。

文化领域的调查还涉及文化管理部门、民间机构等组织的与语言文字相关的活动，调查内容主要包括当地文化事业和文化活动的语言文字使用状况，参与者的语言态度、民族和文化认同等，调查方式与行政和司法领域相同。

（三）教育领域调查

教育是系统工程，是全社会的事业，涉及千家万户和众多部门，因此，教育领域调查涉及的范围比较广。

1.部门维度

教育部门和相关机构语言生活调查主要采用专题访谈法，有纵向和横向两个角度。纵向调查主要指部门和机构的垂直访谈，如省、自治区、直辖市级至县区旗级教育主管部门和相关机构。访谈内容主要涉及与教育相关的法律法规制定和执行等问题，以及与教育相关的田野文献，包括工作指导、部门总结、典型材料和相关数据等。横向调查主要指某一调查地教育部门和相关机构的访谈。比如，调查某县双语教育和教学问题，首先要访谈县教育主管部门，以及与教育相关的民族宗教、语言文字工作、少数民族语言文字使用（翻译机构和传媒单位）等部门，其次要访谈政策执行部门和相关群体，如不同级别或类型的教育机构和学校、教师、学生及学生家长等。

不同部门的职能属性和工作侧重点不同，各自的关注点有区别；相关人员看待双语教育和教学的立场与角度不同，对某些问题的看法和行为也会有差异。一般而言，教育主管部门多强调国家意识和教育制度的国家设计、国家通用语言文字教学及教学效果，更关注学校和学生的普遍竞争力；少数民族语言文字管理、工作和使用部门多强调少数民族语言文化的特点，更加关注学校、学生及民众少数民族语言文字的使用和地方性文化知识的传承。因此，兼顾访谈部门的结构性和层次性，有助于全面了解不同部门和群体的态度与行为以及二者之间的复杂关系，更准确地揭示相关领域语言文字政策和法律法规、语言文字使用和发展、语言文字教育和教学等状况、存在的问题及影响因素。

2.群体维度

教育领域的调查，可以通过各级教育主管部门领导、学校管理层、教师、学生及其家长的访谈和问卷调查，获取相关的数据和材料。

访谈方面。不同群体有各自的需求和期望，对同一问题会有不同看法。比如教育主管部门与学生家长因立场和态度、需求和期望有差别，看问题的角度不同，对某些问题的看法也会有差异。因此，兼顾访谈部门的层次性、访谈对象的多样性和代表性，采用结构访谈法作全面深入的调查，才能从不同侧面了解不同部门、不同群体的态度和行为及其复杂关系。在此基础上，研究者针对不同立场、态度和行为作出恰当分类，揭示存在的问题，考察影响语言文字学习、双语教育和教学的主观与客观以及宏观与微观因素，提出的对策建议才会有针对性。这是保证访谈全面性、客观性和真实性的重要环节，也是落实访谈提纲的必要途径。访谈内容既要包括一般性的材料和数据，也要挖掘典型个案，并发现新的线索和研究问题。

问卷调查方面。教育主管部门工作人员、教师和学生以及学生家长都应当作为调查群体。如果教育主管部门的工作人员数量有限，可以将其包含在公务人员问卷调查样本中。教师群体较庞大，不仅是调查地重要的语言使用群体，也是教育和教学的主要实施者，因此，应当将教师列入专项问卷调查群体。调查样本的选择，既可以是调查区域内（如全县范围）不同类型学校的教师，也可以是某所学校（最好是十二年一贯制学校）的教师。如果是语言生活的全面调查，学校调查点的选择应当考虑当地语言或方言的分布特点，还需要与社区调查结合起来。社区调查点选择城镇和农牧社区，也应选择相应的学校作为调查点，调查对象应当包括学校各级领导和各科任课教师。比如调查学校双语教学模式及其教学效果，不能只以汉语文或少数民族语文教师为调查对象。课程设置具有系统性，语文教学及教学效果会影响各类课程甚至课外活动，因此，需要考察不同科目授课教师、学校各级领导对教学模式与教学效果的评价以及相关的需求和期望。学生家长对学生的择校、教学模式的选择以及学习成效有直接的影响，因此，也应当将其列入问卷调查群体。

学生问卷调查应以高中生作为调查对象，一是他们经历了不同学段的学习，对语言教育或双语教学有切身的感受；二是他们的认知和理解能力能够保证问卷调查的顺利实施。初中生和小学生的调查，应当主要采用听课观察、访谈等方法。

3.语言社区维度

调查语言教育和教学问题，除教师和学生专项问卷调查，还应调查学生家长。一般而言，在社区入户问卷中设置几个相关题目以及相应的选项，即可以了解学生家长对子女所在学校语言教育和教学的评价、需求和期望，以及对子女择校的看法和选择、对学校教育和相关教学模式的评价和期望、对子女未来的规划、对语言教育政策的看法和建议等。不同类型社区户访和问卷中与学校教育及教学模式、教学效果相关的调查内容，可以作为家长对相关问题的反馈。这些数据和资料还可以在一定程度上说明影响学校语文学习和使用及教学效果的社会因素，如社区和家庭的语言使用环境，以及家长态度对子女语文学习、学习成效的影响等。选择社区调查点时，由于已有教师和高中生的专项问卷调查，因此，应当尽量不要选择教师比较集中的社区，比如有些地区的教师公寓、教师之家；调查对象也应当避开教师和高中生。

三、特殊领域和群体调查

特殊领域语言生活的调查，既可以包含在社区语言生活的综合性调查中，也可作专项调查，比如宗教领域语言文字使用以及相关的态度语言认同调查；有些调查内容，比如语言景观调查，既可以包含在广义行政司法领域的调整中，也可以作专项调查。特殊群体如宗教从业者、自媒体从业者或其他新兴群体，他们与一般领域或行业从业群体的语言文字使用、语言态度和语言认同会有一定差异；外企员工语言使用和语言态度、进城务工者或各类新兴移民社区居民的语言文化适应、留学归国人员的语言文化认同等，均可归入特殊群体的专项调查。一些新兴的语言生活也可以归入特殊领域或群体的调查，如虚拟空间或网络语言生活、新媒体语言生活调查等；网络语言、新词新语、字母词、中学生流行语等语言项目的调查，也可以包含在新兴语言生活的调查之中。

（一）特殊领域调查

宗教领域调查可以选择特定场合（寺庙、清真寺等）作实地观察和访谈，也可以作专项问卷调查，同时还需要结合部门和社区调查。比如，宗教管理部门的文献搜集和专题访谈、社区入户访谈和问卷调查中设置与宗教领域语言文字使用及相关的语言态度和语言认同问题，一些地区还需要专题调查佛学院、伊斯兰经学院等的宗教教育问题，目的是了解宗教从业者和信仰者的语言文字学习途径、语言文字能力、语言文字使用、语言态度和语言认同等问题。上述调查数据和材料相结合，可以较全面地描述调查地宗教和宗教教育领域语言生活的特点。

语言景观（linguistic landscape）[4]是指特定区域即公共空间和场所的语言文字使用，我国习惯称作社会用语用文或社会用字。调查内容主要涉及机关牌匾、商业招牌、路牌、指示牌、公益广告及各类服务窗口（包括电子显示屏）、宣传栏或公示栏、横幅等的语言文字使用，还可以包括机关信笺、公文题头、各类媒体的标识和标题等。语言景观调查既可以作为行政和司法领域调查的组成部分，即作为公共语言服务的内容，以此观察行政司法领域语言生活的特点；也可以作为特殊领域的专项调查，即语言生活的一种形态，以此观察公共空间和场所语言文字的使用状况、特点和规律，描述语言文字的表层信息功能，揭示其蕴含的政策取向、受众态度和需求等深层意义。

语言景观调查主要采用实地观察法（搜集影像和图片材料等）、专题访谈法（访谈管理和执法部门、制作方，如语言文字工作委员会或办公室、工商局、城管局以及牌匾制作公司，搜集相关文献资料和数据，了解工作人员的语言文字态度），还可以作专项问卷调查。语言景观调查既需要全面观察，获取牌匾、标识、广告等的语言文字使用数据和典型例证，也需要选择代表性街道或商业中心、旅游景点等，作局部的数据分析，以解剖麻雀的方式验证整体观察的结论。关于语言景观的评价、需求和建议等，既可以选择代表性群体作专项调查，也可在社区入户调查、领域或行业专项调查的访谈提纲和问卷中设置专门问题作普遍性调查。具体而言，依据观察、访谈获取的资料和数据，发现的问题和形成的初步认识，设计专项访谈提纲和调查问卷，重点调查语言景观设计的理念和动机、受众的感受和态度、需求和期望等。这样，可以将研究者对"公共场景物化"的观察与"群体主观态度"的调查数据结合起来，丰富调查内容，深化认识。文献资料、访谈观点、影像图片和问卷数据分析相结合，能够较全面地反映调查地语言景观的现状及其信息功能和象征意义，以及不同群体对政府语言服务的满意度和需求，揭示存在的问题，分析影响因素，提出对策建议。

（二）特殊群体调查

特殊群体如外企员工语言使用和语言态度调查，既可以将某个外企单位看作独立的语言社区，以管理者和员工为调查对象，采用实地观察、专题访谈和问卷调查法作全面调查，如能以实习生身份或其他身份参与观察，调查效果更佳；也可以将不同类型的外企单位作为对比调查点。进城务工者的语言文化适应、留学归国人员的语言文化认同、中学生流行语、特定网络群体的网络语言使用特点等，均可以归入特殊群体的专项调查。网络语言调查应当以经常接触网络的群体为调查对象，并按其社会特征分为不同群体，观察他们网络语言使用及相关语言态度、语言认同的共性和差异。

四、进一步说明的两个问题

（一）濒危语言调查

有些语言已处于极度濒危状态，不用于交际，只存在于个别老年人的记忆中。这类语言常常是语言保护的重点，研究者记录和描写语言材料，将这类语言作为文化品种永久保存下来。从语言功能调查角度看，通过文献梳理、实地观察和访谈，就可以了解濒危语言的使用状况，那么是否有必要作入户问卷调查？我们认为，为更全面了解濒危语言使用的历史、现状及走向，比如是继续走向濒危直至消亡，还是通过不同形式继续保留甚至逐渐恢复，揭示影响其发展的因素，比如语言环境、本族人的语言态度和语言行为、对当地语言文化政策和保护措施的看法及建议等，有必要作入户问卷调查，并采用综合调查法，将社区入户问卷调查、本族和外族不同群体的专项访谈结合起来。访谈提纲和调查问卷设置的问题、选项，应当与语言活力较强的民族语言生活调查有所区别。比如，不必包括调查对象本族语的能力，以及针对不同交际话题、交际对象和使用场合的本族语使用问题，而应当将不同社区、领域和群体语言使用者的语言态度及态度比较作为调查重点，描述和分析影响语言发展的外部环境及内在因素。具体而言，以当地政府为保护濒危语言制定的政策和采取的措施、本族人为保护本族语做出的努力、外族人的态度等，作为访谈提纲和问卷设置的问题及评价指标。比如，当地政府和民间组织采取的措施（设立非物质文化传承机构、培养非物质文化传承人、举办语言学习培训班等），专家学者或当地文化精英编写的语言词典、记录的语言材料等。问卷调查数据可以从整体上反映濒危语言在当地人心目中的地位、保护的必要性、保护措施是否得当或有效等信息。将问卷调查结论与访谈法、观察法获得的材料和案例相结合，可以揭示影响濒危语言发展的因素。换言之，以态度为主的问卷调查数据，可以与深度访谈、实地观察获取的材料相互印证、相互补充，从而深化对语言濒危过程、原因及其发展趋势的认识。

（二）高同质性社区语言生活调查

调查语言或方言本体，常在语言或方言腹地选择偏僻的社区作为调查点。因为这类地区民族成分的同质性高，与外界接触少，受其他语言或方言影响不大。调查语言生活，民族杂居区的民族成分和语言使用状况比较复杂，调查内容、变量和可供比较的维度较多，结论也比较丰富。因此，民族杂居区比单一民族聚居区更能吸引语言生活研究者的目光。

民族杂居区语言生活调查有两个侧重点：一是全面调查杂居区内不同民族的语言生活状况；二是以杂居区内某一民族的成员为调查对象。后者又有两种调查方案：一种是在某一民族大规模调查中选择民族杂居区内的这一民族成员作为调查对象，调查数据和结论服务于大规模调查；另一种是小范围、小规模专项调查，这类调查以多民族地区内的某一民族为调查重点，但也可扩大调查范围。因为不同民族的分布环境和语言使用总会相互影响，其语言使用与单一民族聚居区内同一民族的语言使用有明显差异。全面关注杂居区不同民族的语言使用状况，并从不同角度加以对比，可以更好地揭示民族杂居区某一民族语言生活的特点，且可以与聚居区同一民族语言生活的特点作对比。

本族语活力较强的单一民族聚居区，语言使用的同质性很高，即便有少数其他民族成员，也会以聚居地主体民族语言为交际语。与之相应，调查内容、变量和可供对比的角度也比较简单。研究者只需要作试调查，就可以大体了解当地的语言生活状况。有时甚至通过文献资料和个别访谈，就可大致了解当地的语言生活状况。既然如此，为什么还要花费力气去实地作全面系统的调查？调查这类地区的语言生活有多大意义？对此，可以从科学实证和认识积累两方面解释。

第一，科学实证的需要。采用科学调查方法、经过实地调查获取的数据以及在此基础上得出的结论，与非随机即主观性观察和访谈获得的认识或通过间接途径获取的信息有本质差别。前者具有实证性，可信度高；后者的结论或认识即便是对的，但因为不具实证性，他人无法验证，可信可不信。就此而言，任何可靠的结论，都必须有科学实证的支持。

第二，积累认识的需要。学术研究需要逐步积累，正确的认识需要通过不同个案或从不同角度加以验证，并在长期观察、实践检验和科学研究的基础上提炼总结。缺乏不同类型个案的积累和对比，只是凭借感性经验、表面现象的推测或少数调查个案，难以得出全面、准确和深入的结论。

弥补调查点同质性高、调查结论简单的途径主要有两条。

首先，增加选点数量和类型。增加同类和不同类型的对比个案，可以扩大调查范围和样本量，增加对比项目，并以此观察同类型内部和不同类型之间的差异。从同类型的个案对比看，同质性较高的不同调查点，地理位置、生态环境、交通条件、经济发展程度、周边社会人文环境等因素，都会影响调查对象的语言能力、语言使用和语言态度，从而影响不同调查点的语言生活状况及其发展趋势。从不同类型的个案对比看，如生态移民社区、牧业聚居社区、农业聚居社区、半农半牧社区、城市社区、城中村等，均可以从不同角度作对比分析，从而提炼不同类型调查点语言生活的共性和差异性。总之，增加对比个案，有助于深化认识、丰富研究结论、概括更高层次的理论观点。

其次，增加访谈广度和深度。访谈广度指访谈人数和访谈对象的类型；访谈深度指在一般访谈的基础上，扩展和细化既定的访谈内容及相关问题。同质性高低是相对的，同质性高的调查点，其内部也会存在差异，通过深入细致的访谈可以发现有对比价值的问题。这样既能挖掘细节、发现新问题、获得更加全面的材料，又可以补充问卷调查数据的不足，深化相关研究。

五、小结

语言生活田野调查涉及社区、领域或行业、群体等3个维度，这3个维度各有侧重，相互关联，既可以作综合调查，也可以作专项调查。比如社区或特殊群体调查往往离不开行政、司法、传媒、教育、文化等领域的调查；又如教育专项调查应当结合行政、司法、传媒等领域的调查，而这些领域常面临专业双语人才问题，这就需要调查双语教育政策、教学模式、人才培养等情况，分析上述领域双语人才问题的影响因素，并提出针对性、可操作性的对策建议。

本文重点论述了不同类型社区、相关领域或行业及不同群体语言生活调查的主要内容和方法，认为无论何种类型的语言生活调查，都应当以问题为导向；即使同一项调查也应当综合使用不同的调查方法。比如，学校语言教育和教学调查，除采用实地观察、访谈和问卷调查法，还可以作为志愿者在所调查的学校任教一个学期或一个学年；调查外企员工的语言使用和语言态度，如果能以实习生身份或其他身份在外企工作一段时间进行参与式观察，不仅可以获取大量的真实材料和数据，感悟也更为深刻。语言生活调查既要遵循特定的原则，也可根据研究目的和实际情况灵活运用或适当调整调查方法。

总之，不同维度的语言生活调查，既要有宏观视野，又要有全面精细的设计，还要恰当运用各种调查方法。只有这样，才能获取真实可靠的数据和典型案例，准确揭示调查地语言生活的特点和规律，并在相关调查数据和不同类型个案及对比分析的基础上，建构理论认识。

参考文献：

[1] 百度贴吧.图说内蒙古赤峰市蒙古族分布以及蒙古语言保留区[EB/OL]. [2018-11-01]. https://tieba.baidu.com/p/2876976351? red_tag= 0736045313.

[2] 王远新.语言田野调查点的选择及相关问题[M]//王远新.语言田野调

查实录（四）.北京：中央民族大学出版社，2007.

[3]　王远新.维吾尔族在豫经商务工者语言生活及语言文化适应调查[J].民族教育研究，2020，31（5）122–131.

[4]　尚国文，赵守辉.语言景观研究的视角、理论与方法[J].外语教学与研究（外国语文双月刊），2014，46（2）：214.

（原载于《民族教育研究》2019年第2期）

古代文学研究

《红楼梦》佳人形象的文学基因探究

曹立波

摘要： 作为中国古代文学的集大成之作，《红楼梦》对于女性形象的塑造在创新中亦不乏继承，这一点在林黛玉、薛宝钗形象的塑造上体现得尤为突出。因而，无论是汉唐以降诗文中淑女的形貌，还是元明清戏剧中多情旦角的至情，抑或是清初才子佳人小说中才女的文采，红楼佳人身上都带有显性的前代文学基因特征。在形貌上，古代四大美女中，杨贵妃、西施的意态给钗黛形象的塑造以启示；在情韵上，《西厢记》和《牡丹亭》等戏曲中的佳人与佳句为《红楼梦》增添抒情效果；在文才上，红楼佳人形象对才子佳人小说中的才女内涵有所沿革，吸纳了佳人的诗文才气，摒弃了借美人所寓托的男权理想，凸现了女儿的独立审美价值。红楼女子身上的貌、情、才，兼容了历代文学作品中女性美的基因特征，林黛玉和薛宝钗，已由小说中的人物形象，升华为红楼佳人的文学意象。

关键词： 红楼梦；佳人形象；文学基因

《红楼梦》是中国章回小说的艺术高峰，其虚实比例大于三分虚构、七分史实的《三国演义》，也就是说，《红楼梦》的艺术虚构和文学想象的空间较大。《红楼梦》又是一部侧重描写现实的小说，作者开篇曾强调自己所写的是"半世亲睹亲闻的这几个女子"[①]。故事本事与艺术虚构之间

作者简介：曹立波，文学博士，中央民族大学文学院教授、博士研究生导师，主要研究方向为明清文学。

基金项目：国家社会科学基金项目"《红楼梦》清代刻本海外流布影响研究"（18BZW059）。

① 曹雪芹：《红楼梦》，无名氏续，北京：人民文学出版社，2008年，第5页。

的分寸如何把握，成为阅读《红楼梦》的障碍。近年，着眼于以曹雪芹家世生平的自传说与索隐的方法相结合、以"曹贾互证"的方式探究此书，淡化了这部小说的文学性，也忽视了文学艺术的审美意蕴。基于此，本文以红楼佳人形象的遗传基因为切入点，探讨林黛玉、薛宝钗等艺术典型的文学集成性，以期拓展解读《红楼梦》的诗意空间。

以往对红楼佳人形象继承性的研究，从小说文体角度的关注较多。考察视点首先集中在世情小说上，张俊认为《红楼梦》"发展了《金瓶梅》《醒世姻缘传》《林兰香》等世情小说的写实艺术，并不断创新"①；也有论者认为世情小说在"突出女性之情、颂扬女性之才、展示才女的悲剧"②方面对红楼佳人塑造有具体影响。有的集中在才子佳人小说上，认为"《红楼梦》在反映世情、爱情观、女性观三个方面都继承、借鉴了才子佳人小说的思想，又有了新的发展与突破"③。或聚焦于文言小说，马瑞芳认为"在《聊斋志异》中，诗词对故事情节的发展已起到非常重要的作用。这，有没有可能影响到《红楼梦》? 值得深入研究"，并设想"如果除掉诗歌，某些聊斋式、红楼梦式人物，比如白秋练和林黛玉，将不复存在"④。刘敬圻在《〈红楼梦〉女性世界还原考察》中从"女人"形象塑造的窗口，概括了几类小说对《红楼梦》的影响，"《金瓶梅》发现了女人，又亵渎了女人；它发现了寻常，却又亵渎了寻常"，才子佳人小说中的女子"是超级美女、超级才女、超级贞女的集大成"，进而推论，"对此类小说，《红楼梦》在自知的扬弃中，又有不自知的承传"⑤。统而观之，学界对红楼佳人形象文学继承性的研究，专注于小说发展史的成果较多。在前人的基础上，超越古代文体界限进行综合考察，或可有新的收获。

《红楼梦》中佳人形象的渊源，超越了小说文体，也超越了叙事文学

---

① 张俊:《清代小说史》，杭州：浙江古籍出版社，1997年，第385页。

② 雷勇:《明末清初世情小说对〈红楼梦〉的影响》，载《红楼梦学刊》2003年第3辑。

③ 陈敏子:《论〈红楼梦〉对才子佳人小说的借鉴与超越》，硕士学位论文，中南民族大学，2009年。

④ 马瑞芳:《从〈聊斋志异〉到〈红楼梦〉》，济南：山东教育出版社，2004年，第344—397页。

⑤ 刘敬圻:《明清小说补论》，北京：生活·读书·新知三联书店，2004年，第129—131页。

领域，表现在对中国古代文学的兼容、整合进而提升上。这一点在林黛玉、薛宝钗等佳人形象的塑造上，体现得较为明显。传统佳人的形象要素是貌、情、才，《红楼梦》中的佳人形象，在容貌体态中融入了汉唐宋明诗文元素，使之更富有文学积淀；在情韵中注入了元明清戏曲因素，更便于心理道白和传情达意；在才华的表现上突出了女儿的特质，淡化了以往男子作闺音的倾向，使小说代言体的特征更为突出。

一、汉唐以降诗文遗韵与红楼淑女的容颜

"出浴太真冰作影，捧心西子玉为魂"①，第三十七回贾宝玉的《咏白海棠》，在同一联诗中道出了宝钗与杨贵妃、黛玉与西施的相似性。《红楼梦》开篇，作者说书中所写是自己曾经亲睹亲闻的女子，似乎更多的是源于真实生活。但实际上，艺术虚构的空间也是比较大的。黛玉、宝钗的美貌有着深远的文学渊源，我们可以追溯到古代的"四大美女"沉鱼、落雁、闭月、羞花，分别对应的是这样几个朝代的佳人，即春秋的西施、西汉的昭君、东汉的貂蝉、唐代的杨贵妃。《三国志》中还没有貂蝉这个人物，成书于元末明初的《三国演义》中则渲染了貂蝉的作用。四大美女被综合到一起，应该是明朝以后的事情。正如继《西游记》之后有《八仙出处东游记传》，明朝人将汉之吕洞宾、唐之韩湘子、宋之曹国舅等八仙整合在一起，"四大美女"的组合时间也应与其相近，对红楼佳人形象的塑造产生了直接影响。《红楼梦》中有文本出处的是黛玉酷似西施，宝钗与贵妃的相像。

西施的意态表现在黛玉的娇弱、高雅之美。《红楼梦》第三回，宝黛初见时，作者描述了二人的主观审美感受，即"情人眼里出西施"。当宝玉初次看到黛玉时，不是把她想成西施，而是认为眼前的美人就是西施，而且胜过西施，"病如西子胜三分"②。其实写西施或黛玉的病容，是为了写她们的美，甚至因西施捧心的情态而引出"东施效颦"的趣话。

---

① 曹雪芹：《红楼梦》，无名氏续，北京：人民文学出版社，2008年，第492页。
② 曹雪芹：《红楼梦》，无名氏续，北京：人民文学出版社，2008年，第49页。

黛玉像西施，除了在宝玉眼中，其他人也是这样认为的。譬如说晴雯是林黛玉的影子，读者可从晴雯的相貌反观黛玉。第七十四回抄检大观园时，无论是王夫人，还是王善保家的，都说晴雯像个病西施。小说第六十五回，贾琏的小厮兴儿向尤二姐介绍贾府的裙钗。他对黛玉和宝钗的描述非常生动："另外有两个姑娘，真是天上少有，地下无双。"这里的叙事带有陌生化的感觉。"一个是咱们姑太太的女儿，姓林，小名儿叫什么黛玉，"他又说，"面庞身段和三姨不差什么。"因为他用远的来比近的，尤三姐就在他旁边，可见尤三姐长得也很像黛玉。从龄官、尤三姐到晴雯，说起她们的美貌，书中每每会联系到林黛玉。接着说黛玉的特点了，"一肚子文章，只是一身多病"，强调多才多病。"出来风儿一吹就倒了。我们这起没王法的嘴都悄悄的叫他'多病西施'。"①这里，作者又从距离黛玉较远的兴儿的视角来谈林黛玉像一位多病的西施，足见无论是情人之眼，还是他人之眼，黛玉像西施可谓众口一词。

黛玉的西施之美，除了因病而颦的可人情态，还有淑女的意态。东汉赵晔撰《吴越春秋》于旧史所记之外增入不少民间传说。书中写越国"选择美女二人而进之"，西施、郑旦本为"苎萝山鬻薪之女"，被"饰以罗縠，教以容步"，"三年学服，而献于吴"②。可见天生丽质的西施，是被装饰以华服，教以礼仪，品貌兼美，得以惊艳吴宫。《红楼梦》第三回写黛玉初进贾府，众人见她"年貌虽小，其举止言谈不俗"③；王熙凤也赞叹道："天下真有这样标致的人物，我今儿才算见了！况且这通身的气派，竟不像老祖宗的外孙女儿，竟是个嫡亲的孙女。"④从举止言谈，到通身气派，亦可见黛玉的仪态素养堪与西施媲美，甚至胜其三分。

《红楼梦》第六十四回"幽淑女悲题五美吟"中，林黛玉所题的五首咏史绝句，将《西施》列为第一首："一代倾城逐浪花，吴宫空自忆儿家。

---

① 曹雪芹：《红楼梦》，无名氏续，北京：人民文学出版社，2008年，第914页。

② 赵晔：《吴越春秋》，载古吴靓芬女史贾茗辑：《女聊斋志异》，济南：齐鲁书社，1985年，第5页。

③ 曹雪芹：《红楼梦》，无名氏续，北京：人民文学出版社，2008年，第39页。

④ 曹雪芹：《红楼梦》，无名氏续，北京：人民文学出版社，2008年，第41页。

效颦莫笑东村女，头白溪边尚浣纱。"①宝钗从诗歌创作的角度赞扬林妹妹这五首诗"命意新奇，别开生面"②，但黛玉之长不仅仅在于"善翻古人之意"，而是延续了魏晋以来，咏史诗"名为咏史，实为咏怀"的传统。当一代倾国倾城的美人，随浪花而消逝的时候，吴国昔日的宫廷徒然追忆斯人。这里的"儿家"，是女儿自指，恰似薄命佳人颦儿的口吻。所以，黛玉咏《西施》，也是名写西施，实写自己。

贵妃之意态表现在宝钗的丰润、淡雅之美上。"梨花一枝春带雨"③，是白居易《长恨歌》中赞叹杨贵妃的诗句，同样适于薛宝钗。诗人张祜也曾用"梨花静院无人见，闲把宁王玉笛吹"来表现杨贵妃的闺情雅趣。梨花、梨香作为烘托薛宝钗的背景还是很恰当的。她刚到贾府的时候，住在梨香院。薛宝钗常服一种药叫冷香丸，酿制的时候是用四种白色的花蕊，有牡丹花、荷花、菊花、梅花各十二两，同时还要有雨水、白露、霜降、小雪这四天的雨、露、霜、雪各十二钱，酿制好后要埋在梨花树下。唐诗有"忽如一夜春风来，千树万树梨花开"，梨与雪也可以互比，小说写薛家时用"丰年好大雪"，可见用梨花来描述宝钗较为恰切。

宝钗衣着的颜色也会令人联想到野史外传中的杨贵妃。《红楼梦》第二十三回，茗烟带给宝玉一些"传奇角本"，其中便包括宋代乐史的《杨太真外传》。《外传》写道："妃常以假髻为首饰，而好服黄裙。天宝末，京师童谣曰：'义髻抛河里，黄裙逐水流。'"④《红楼梦》第八回宝玉初探宝钗时，看到她的装束，头上是"漆黑油光"的发髻，上身是"蜜合色棉袄"，下身是"葱黄绫棉裙"，虽然通身给宝玉的感觉是"一色半新不旧，看去不觉奢华"⑤，但联系贵妃的衣着，这自上而下渐变的浅黄色，像一朵花，和谐自然中透着高贵典雅。

《红楼梦》中多处直接或间接地提及宝钗与杨贵妃的关联。直接如第

---

① 曹雪芹：《红楼梦》，无名氏续，北京：人民文学出版社，2008年，第891页。

② 曹雪芹：《红楼梦》，无名氏续，北京：人民文学出版社，2008年，第893页。

③ 白居易：《白居易诗集校注》，谢思炜校注，北京：中华书局，2006年。

④ 乐史：《杨太真外传》，载蒲戬选注：《古小说选》，武汉：长江文艺出版社，1984年，第204—205页。

⑤ 曹雪芹：《红楼梦》，无名氏续，北京：人民文学出版社，2008年，第119页。

二十七回回目"滴翠亭杨妃戏彩蝶",将宝钗扑蝶比作"杨妃戏彩蝶"。又如第三十回通过宝玉之口将宝钗与杨贵妃相提并论:"怪不得他们拿姐姐比杨妃,原来也体丰怯热。"①间接如小说第五回里写"不想如今忽然来了一个薛宝钗,年岁虽大不多,然品格端方,容貌丰美,人多谓黛玉所不及"②。还有第二十八回的"宝钗生的肌肤丰泽"③。无论"丰美"还是"丰泽",似乎都在间接晕染,渐渐地在读者印象中留下杨贵妃的影子。

因为有古代美女的比附,黛玉和宝钗的美貌显得更为具体,亦更有文学积淀。需要指出的是,四大美女多源于历史人物,西施、昭君、貂蝉、杨贵妃,虽有实有虚,却道出了"红颜命薄古今同"(黛玉《明妃》)④的悲剧主旨。

红楼佳人到底是写实的,还是虚构的?作者在第一回虽坦言,书中所写的是"我半世亲睹亲闻的这几个女子",但从黛玉和宝钗身上被赋予的西施和贵妃的风韵而言,《红楼梦》中婚恋故事的两个女主人公皆为艺术虚构的典型。不过,曹雪芹将西施和杨贵妃等佳人形象从古代宫廷移入贾府,呈现出世情化的特点。"雪满山中高士卧,月明林下美人来"⑤,读到元末明初诗人高启的《梅花九首》中的名句,不禁联想宝钗《终身误》曲中的"山中高士",而"雪"与"林"似乎引发了钗与黛姓氏的创作灵感。可见,无论如何变幻其出身与名姓,薛宝钗和林黛玉两位美人在形貌上所承继的文学基因还是比较显在的。

二、元明清妙词艳曲与红楼佳人的至情

《红楼梦》的艺术渊源并非仅限于同一题材、同一体裁的小说。"西厢记妙词通戏语,牡丹亭艳曲警芳心",第二十三回的回目已昭示出,这部

---

① 曹雪芹:《红楼梦》,无名氏续,北京:人民文学出版社,2008年,第409页。

② 曹雪芹:《红楼梦》,无名氏续,北京:人民文学出版社,2008年,第68页。

③ 曹雪芹:《红楼梦》,无名氏续,北京:人民文学出版社,2008年,第389页。

④ 曹雪芹:《红楼梦》,无名氏续,北京:人民文学出版社,2008年,第892页。

⑤ 高启:《高青丘集》,金檀辑注,徐澄宇、沈北宗校点,上海:上海古籍出版社,2013年,第651页。

小说在传情达意时，前代戏文佳作"通"和"警"的作用。同时，《红楼梦》的作者还自度曲文，增强了小说的抒情性。

红楼佳人中钗黛的情集中反映在恋情和友情上。宝玉与宝钗、黛玉之间的婚恋之情，第五回《红楼梦曲》开篇便概括道："开辟鸿蒙，谁为情种？"尤其是最后："因此上，演出这怀金悼玉的《红楼梦》。"①如果说《红楼梦》演绎的是一场爱情悲剧，还不够完全。其实，《红楼梦》演绎了婚姻爱情的双重悲剧，一个是林黛玉与贾宝玉的爱情悲剧，另外一个是薛宝钗与贾宝玉的婚姻悲剧。"怀"和"悼"两个动词值得关注。"怀"对于人来讲，既可以是死去的人，也可以是远方的人，生离死别都可以。而"悼"专指悼念死者，"玉"显然指林黛玉，"金"则指薛宝钗。此曲的叙事视角或从男性主人公的角度，或者从作者的角度，实际上这二者是难分轩轾的。"金"是金玉良缘，"玉"指的是木石前盟。所以"怀金"应指没有爱情的婚姻，"悼玉"指的是没有婚姻的爱情。小说第五回的回目，诸版本存在异文，有代表性的是这样四组文字：

"开生面梦演红楼梦，立新场情传幻境情"（甲戌本）②

"游幻境指迷十二钗，饮仙醪曲演红楼梦"（庚辰本、己卯本、杨藏本）③

"灵石迷性难解仙机，警幻多情秘垂淫训"（蒙府本、戚序本、舒序本、卞藏本）④

"贾宝玉神游太虚境，警幻仙曲演红楼梦"（甲辰本、程甲本、程

---

① 曹雪芹：《红楼梦》，无名氏续，北京：人民文学出版社，2008年，第82页。

② 曹雪芹：《脂砚斋重评石头记：甲戌本》，北京：人民文学出版社，2010年，第125页。

③ 曹雪芹：《脂砚斋重评石头记：庚辰本》，北京：人民文学出版社，2006年，第97页；曹雪芹：《脂砚斋重评石头记：己卯本》，北京：人民文学出版社，2009年，第99页；曹雪芹：《乾隆抄本百廿回红楼梦稿：杨本》，北京：人民文学出版社，2009年，第49页。

④ 曹雪芹：《蒙古王府本石头记》，北京：书目文献出版社，1986年，第161页；曹雪芹：《戚蓼生序本石头记》，北京：人民文学出版社，2006年，第155页；曹雪芹：《清乾隆舒元炜序本红楼梦》，上海：上海古籍出版社，2007年，第101页；曹雪芹：《卞藏脂本红楼梦》，北京：北京图书馆出版社，2006年，121页。

乙本)①

　　尽管四组版本在回目中对情节的提炼各有侧重，但第二组庚辰、己卯等本，以及第四组甲辰、程甲等本中，都有"曲演红楼梦"。《红楼梦曲》在小说主旨的概括上，起到了提纲挈领的作用。

　　小说第二十二回和第二十三回，分别交代了宝钗的婚姻和黛玉的恋情，而戏曲的曲文，在此起到了连接和催化的作用。小说第二十二回写宝钗十五岁时，贾府为她安排了一次"将笄之年"的隆重生日。凤姐亲自料理，老太太特意关照，家中搭台唱戏，好不热闹。然而这一回的回目是"听曲文宝玉悟禅机"和"制灯谜贾政悲谶语"。在繁华吵闹之后，宝钗的生日竟以宝玉的了悟作结，寓意颇深。关于《更香》诗谜是否适合宝钗的问题，我们看"光阴荏苒须当惜，风雨阴晴任变迁"②。联系前文，宝钗给宝玉诵读的《寄生草》中"烟蓑雨笠卷单行"和"芒鞋破钵随缘化"③，似乎都有苏轼《定风波》词的意象："竹杖芒鞋轻胜马。谁怕？一蓑烟雨任平生。……回首向来萧洒处。归去。也无风雨也无晴。"④其中"任"和"随"，与宝钗随分从时的性格相符；从烟蓑芒鞋，到风雨阴晴，宝钗的诗谜同宝玉的心曲也是和谐一致的。联系后文第二十三回集中于黛玉的情节来看：这两回一个写宝钗点戏、宝玉悟禅；一个写黛玉听戏、双玉读曲。构成了钗黛对峙之势，以"戏"为纽带，也使得"怀金悼玉的《红楼梦》"这一双重意蕴，得以反复皴染。

　　钗黛二人不仅仅是情敌的关系，她们彼此之间的感情还是很好的，是一对闺中密友。小说借行酒令中黛玉脱口而出的戏文以及宝钗的宽容，把二人的情感展示得跌宕有致。这两个人，尤其是黛玉一直对宝钗存有戒

---

①　曹雪芹：《甲辰本红楼梦》，北京：书目文献出版社，1989年，第157页；曹雪芹：《程甲本红楼梦》，北京：北京图书馆出版社，2001年，第181页。曹雪芹：《红楼梦：程乙本，桐花凤阁批校本》，北京：北京图书馆出版社，2001年，第201页。

②　曹雪芹：《红楼梦》，无名氏续，北京：人民文学出版社，2008年，第305页。

③　曹雪芹：《红楼梦》，无名氏续，北京：人民文学出版社，2008年，第295页。

④　邹同庆、王宗堂：《苏轼词编年校注》，北京：中华书局，2002年，第356页。"萧洒"，元代延祐庚申刊《东坡乐府》作"萧瑟"。

心，但从哪一天开始消解前嫌了呢？是从林黛玉的违禁开始的。第四十回刘姥姥进园，众人行酒令。令官鸳鸯说："左边一个'天'。"林黛玉脱口而出"良辰美景奈何天"①。这是《牡丹亭》的《惊梦》一出中的唱词："原来姹紫嫣红开遍，似这般都付与断井颓垣。良辰美景奈何天，赏心乐事谁家院！"②《红楼梦》第二十三回已经详写林黛玉看了这两句以后为之心动神摇，为之如醉如痴，进而眼中落泪的审美感受，所以她牢牢地记住了"良辰美景奈何天"。

　　《牡丹亭》和《西厢记》都是当时的禁书，宝钗听了黛玉的对答，回头看着她。接下来到第四十二回，宝钗私下劝黛玉说，我们都应该做一些针黹、纺织的事情才是，偏偏就认得了字，既认得了字，就应该拣那些正经的书去看，我们不要看这些杂书，移了性情就不可救了。宝钗还以自己的亲身经历说服黛玉，她的一席话"说的黛玉垂头吃茶，心下暗伏，只有答应'是'的一字"③，从此她很感激宝钗。之后，贾宝玉略感郁闷，钗黛经常因自己而含酸，如今竟然让自己落了单。于是他问黛玉："是几时孟光接了梁鸿案？"还是《西厢记》里的句子，回答是从"小孩儿家口没遮拦"④说起了。再看燕窝粥的体贴，从精神到物质，林黛玉感激不已，于是把自己的心里话跟宝钗讲了："你素日待人，固然是极好的，然我最是个多心的人，只当你心里藏奸。"⑤这一回的回目是"金兰契互剖金兰语"，从此二人义结金兰。

　　　　在明清文学佳人形象的基本要素中，色即自然美是人的外在美，
　　　才即才能美是人的内在美，而情即情感美是贯穿于内外、流荡于心灵
　　　的人性底蕴之美。色、才、情三要素交相渗透，构成鲜明的人格美、

———————

　　① 曹雪芹：《红楼梦》，无名氏续，北京：人民文学出版社，2008年，第544页。
　　② 汤显祖：《牡丹亭》，徐朔方、杨笑梅校注，北京：人民文学出版社，1963年，第53页。
　　③ 曹雪芹：《红楼梦》，无名氏续，北京：人民文学出版社，2008年，第566页。
　　④ 曹雪芹：《红楼梦》，无名氏续，北京：人民文学出版社，2008年，第660页。
　　⑤ 曹雪芹：《红楼梦》，无名氏续，北京：人民文学出版社，2008年，第606页。

人性美。①

　　貌美多才的林黛玉和薛宝钗，还用她们的真与善，共同构筑了一种闺友闺情的美好境界。

　　后四十回的情节，对前代作品有继承，也有创新。在此也以戏剧情节的借鉴和创新加以说明。看到香菱在后四十回的遭遇时，读者容易觉察到夏金桂毒害"秋菱"而咎由自取的情节，与关汉卿《窦娥冤》中张驴儿害人不成，反毒死父亲的戏文有些相似，也由此为第一百零三回"施毒计金桂自焚身"这一情节的因袭而缺乏创新感到遗憾。不过，后四十回还是不乏新意的。在第八十五回"贾存周报升郎中任"的情节，写贾政荣升，加之黛玉生日，凤姐说："不但日子好，还是好日子呢。"贾母对黛玉说："你舅舅家就给你做生日，岂不好呢。"②又写王子腾和亲戚家送过一班"新戏"来贺喜。出场的第三出戏"众皆不识"，听见外面人说："这是新打的《蕊珠记》里的《冥升》。小旦扮的是嫦娥，前因堕落人寰，几乎给人为配，幸亏观音点化，他就未嫁而逝，此时升引月宫。不听见曲里头唱的'人间只道风情好，那知道秋月春花容易抛，几乎不把广寒宫忘却了！'"③这里的《蕊珠记》，经考证"它是根据元代吴昌龄的杂剧《辰钩月》改编而成，是为了'花朝节'而新打的节令戏"④。从"新打"戏文的意义来讲，后四十回的情节设置还是不乏原创意义的。诚然，《红楼梦》中所涉及的戏曲，其创新的前提皆以前人的杂剧或传奇剧为基础，带有元明戏剧的基因特征。

────────────

① 郭英德：《至情人性的崇拜 —— 明清文学佳人形象诠释》，载《求是学刊》2001年第2期。

② 曹雪芹：《红楼梦》，无名氏续，北京：人民文学出版社，2008年，第1199页。

③ 曹雪芹：《红楼梦》，无名氏续，北京：人民文学出版社，2008年，第1201页。

④ 储著炎：《百廿回本〈红楼梦〉第八十五回〈蕊珠记〉考论》，载《红楼梦学刊》2010年第2辑，第240 — 254页。

三、才子佳人小说的遗传与红楼才女的变异

尽管《红楼梦》对才子佳人小说有指责，但书中的佳人观却深受明末清初才子佳人小说的影响。"佳人乃天地山川秀气所钟，有十分姿色，十分聪明，更有十分风流。十分姿色者，谓之美人；十分聪明者，谓之才女；十分风流者，谓之情种。人都说三者之中，有一不具，便不谓之佳人。"①才子佳人小说中"佳人乃天地山川秀气所钟"的观点，与贾宝玉的女儿论相呼应："他便料定，原来天生人为万物之灵，凡山川日月之精秀，只钟于女儿，须眉男子不过是些渣滓浊沫而已。因有这个呆念在心，把一切男子都看成混沌浊物，可有可无。"②还有贾政对元春的夸赞："今贵人上锡天恩，下昭祖德，此皆山川日月之精奇、祖宗之远德钟于一人，幸及政夫妇。"③他也认为"山川日月"的精秀钟情于女儿。贾政这段话的表述与宝玉的看法有相同之处，与才子佳人小说中对佳人的赞赏也相近。"才子佳人小说强调'情'的价值与力量，对女性也表现了前所未有的尊重甚至推崇，而这两方面也正是《红楼梦》的精神命脉。"④

需要指出的是，《红楼梦》对传统佳人意象的抒情功能有继承也有超越。香草、美人等意象是中国古代抒情文学中失意文士借以自比的载体，也就是说，在古代文学传统中，佳人意象带有男性文人的基因。到了叙事文体中，尤其是才子佳人题材作品中，佳人之才在作者和才子眼中是欣赏的对象，也融入了男性的期望、男权的理想。这一点，海内外学者已有共识，纪德君认为："佳人形象本质上不过是落魄文人心造的幻影，是他们用以确证自我存在价值、实现其人生理想的艺术符号。"⑤李志宏指出："明末清初才子佳人小说作家对于理想女性形象的形塑，除了反映出

① 崔市道人编：《醒风流奇传》，载《古本小说集成》编辑委员会编：《古本小说集成》，上海：上海古籍出版社，1994年，第92—93页。

② 曹雪芹：《红楼梦》，无名氏续，北京：人民文学出版社，2008年，第274页。

③ 曹雪芹：《红楼梦》，无名氏续，北京：人民文学出版社，2008年，第240页。

④ 刘勇强：《中国古代小说史叙论》，北京：北京大学出版社，2007年，第349页。

⑤ 纪德君：《明末清初小说戏曲中佳人形象的文化解读》，载《明清小说研究》2003年第1期，第93—105页。

明清之际男女性别化流动和性别认同产生变化的文学现实之外，同时也隐含了作家通过理想女性形象的塑造以为比兴寄托的深层寓意。"①与之不同的是，红楼佳人的才华则是男性可望而不可即的。宝玉的"女儿论"，由"佳人乃天地山川秀气所钟"，变成"凡山川日月之精秀，只钟于女儿"。一个"只"字，将男性从"山川秀气所钟"的对象中剥离出去。宝玉"把一切男子都看成混沌浊物"，因而他七八岁的时候便有这样的见识："女儿是水作的骨肉，男人是泥作的骨肉。我见了女儿，我便清爽；见了男子，便觉浊臭逼人。"②《红楼梦》没有把男性意识、男权理想强加于"清净洁白"（第三十六回）的女儿。在看待才女的态度上，宝玉强调女儿的纯粹性，即唯女儿论、纯女儿论。

才子佳人小说中，才子与佳人在文才上互相爱慕，并成为姻缘的媒介。如《玉娇梨》中，佳人白红玉因偶见才子苏有白的题壁诗，而爱其才。苏有白也因见红玉的新柳诗，甚慕红玉之才。苏才子因诗才而遇难成祥，又博得红玉的表妹卢梦梨的芳心。于是二女皆慕有白，演绎了娥皇、女英的佳话，又称"双美奇缘"。而《玉娇梨》中这种"诗唱诗酬诗作媒"③的情节，并没有在《红楼梦》中重演。《红楼梦》中宝玉作为才子的代表，其文采风流虽鹤立于贾府内外的须眉浊物，但与黛玉、宝钗等才女相比，往往甘拜下风。

宝玉的诗才常作为黛玉等才女的陪衬而出现。大观园题对额，与贾政那些清客相比，宝玉表现出色。他所题的"沁芳""有凤来仪""杏帘在望"等匾额，曾让"贾政拈髯点头不语"，④让众清客赞叹不已。但园中的"凸碧堂"和"凹晶馆"等妙题却出自黛玉。第七十六回"凹晶馆联诗悲寂寞"的情节中，黛玉和湘云联诗，对出了"寒塘渡鹤影"和"冷月葬花魂"的绝妙好辞。这里还补叙了题匾额的细节，湘云很欣赏地说："可知当日盖这园子时就有学问。这山之高处，就叫凸碧；山之低洼近水处，就叫作凹晶。这'凸''凹'二字，历来用的人最少。如今直用作轩馆之名，

---

① 李志宏：《明末清初才子佳人小说叙事研究》，台北：大安出版社，2008年，第137页。

② 曹雪芹：《红楼梦》，无名氏续，北京：人民文学出版社，2008年，第28页。

③ 荑秋散人编次：《玉娇梨》，冯伟民校点，北京：人民文学出版社，1999年，第225页。

④ 曹雪芹：《红楼梦》，无名氏续，北京：人民文学出版社，2008年，第221页。

更觉新鲜，不落窠臼。可知这两处一上一下，一明一暗，一高一矮，一山一水，竟是特因玩月而设此处。"黛玉告诉湘云："实和你说罢，这两个字还是我拟的呢。因那年试宝玉，因他拟了几处，也有存的，也有删改的，也有尚未拟的。这是后来我们大家把这没有名色的也都拟出来了……谁知舅舅倒喜欢起来，又说：'早知这样，那日该就叫他姊妹一并拟了，岂不有趣。'所以凡我拟的，一字不改都用了"。①第十七回至十八回"大观园试才题对额"，虽然写的是贾政在考宝玉的诗才，但隔了六七十回之后，曹雪芹告诉读者其实黛玉也参与了题对额，凡是黛玉拟的，都被采用了，而且"一字不改"，可知她的文才胜过宝玉，且深得贾政的赏识。

海棠诗社中的同题吟咏，宝玉的诗作时常"压尾""落第"，进而衬托出黛玉和宝钗的诗才。宝玉写诗"压尾"在第三十七回咏白海棠时，书中写：

> 李纨道："若论风流别致，自是这首；若论含蓄浑厚，终让蘅稿。"探春道："这评的有理，潇湘妃子当居第二。"李纨道："怡红公子是压尾，你服不服？"宝玉道："我的那首原不好了，这评的最公。"又笑道："只是蘅潇二首还要斟酌。"②

宝玉自己落后毫无怨言，但对宝钗第一、黛玉位居第二却不愿接受。他请求对"蘅潇二首还要斟酌"，意在为黛玉讨得第一的名次。宝玉"落第"在第三十八回咏菊时，宝、黛、钗、探春、湘云共写了十二首咏菊诗，怡红公子名下有《访菊》和《种菊》两首，书中写李纨的评判是黛玉的三首位列前三，"宝玉听说，喜的拍手叫'极是，极公道。'"然后很淡定地主动服输，笑道："我又落第。"他不认为自己的诗不好，只恨敌不上黛玉《咏菊》中的"口齿噙香对月吟"。③宝玉另一次"落第"在第五十回"芦雪广争联即景诗"中，李纨笑道："宝玉又落了第了。"宝玉笑道："我原不会联句，只好担待我罢。"李纨笑道："今日必罚你。我才看见栊翠庵

---

① 曹雪芹：《红楼梦》，无名氏续，北京：人民文学出版社，2008年，第1061—1062页。

② 曹雪芹：《红楼梦》，无名氏续，北京：人民文学出版社，2008年，第493页。

③ 曹雪芹：《红楼梦》，无名氏续，北京：人民文学出版社，2008年，第514—515页。

的红梅有趣，我要折一枝来插瓶。可厌妙玉为人，我不理他。如今罚你去取一枝来。"①众人都道这罚的又雅又有趣。宝玉欣然从命，回来遵命还写了一首七律诗《访妙玉乞红梅》。宝玉在诗社活动中，很有绅士风度，对自己的落后并不在意，但愿意林妹妹夺冠，愿意帮探春补写，还愿意与妙玉打交道。在水做的骨肉中，他尤其偏爱几位聪明清秀、富有才情的女子，这些行为可以说是宝玉"女儿论"的集中体现。

才子佳人小说中"才驱道韫，姿胜毛嫱"，且"咏絮才情""贞静幽闲"②的佳人理想，影响到《红楼梦》中对黛玉"咏絮才"和宝钗"停机德"的塑造。但自古以来女子之才与德的矛盾，到《红楼梦》中有所激化。这部小说在艺术上是集大成之作，在思想上，尤其是女性观上，也兼容了前代和当时的思想，并有所创获。

《红楼梦》中女子才与德的对立，集中在李纨形象的塑造上。小说在介绍李纨时写道："至李守中承继以来，便说'女子无才便有德'，故生了李氏时，便不十分令其读书，只不过将些《女四书》《列女传》《贤媛集》等三四种书，使他认得几个字，记得前朝这几个贤女便罢了，却只以纺绩井臼为要，因取名为李纨，字宫裁。"③"女子无才便有德"一句存在版本差异。

　　女儿无才便有德（甲戌本）
　　女子无才便有德（庚辰本、己卯本、蒙府本、戚序本、列藏本、舒序本、杨藏本、甲辰本）
　　女子无才便为德（程甲本）
　　女子无才便是德（卞藏本、程乙本）

上文对比显示，作"女子无才便有德"的版本居多，四组文字的异文集中在"有""为""是"三个动词上，其中"为"和"是"意义相近，而

---

① 曹雪芹：《红楼梦》，无名氏续，北京：人民文学出版社，2008年，第674—675页。

② 烟霞散人编：《凤凰池》，载《古本小说集成》编辑委员会编：《古本小说集成》，上海：上海古籍出版社，1994年，第54页。

③ 曹雪芹：《红楼梦》，无名氏续，北京：人民文学出版社，2008年，第55—56页。

"有"字值得注意。虽然只有一字之差，但是早期抄本用"女子无才便有德"是很有深意的。甲戌本在"便有德"处有一条朱笔侧批，云："'有'字改得好。"①"女子无才便有德"似乎是要女子掩盖其才，而奉行妇德。"女子无才便是德"是旧时赋予女子的行为准则，提倡女子不读诗书，唯针黹女工为是。《红楼梦》（第六十四回）中薛宝钗劝林黛玉时曾说："自古道'女子无才便是德'，总以贞静为主，女工还是第二件。其余诗词，不过是闺中游戏，原可以会可以不会。"②

　　清石成金《家训钞》引《靳河台庭训》云："女子通文识字而能明大义者，固为贤德，然不可多得；其他便喜看曲本小说，挑动邪心，甚至舞文弄法，做出无耻丑事，反不如不识字，守拙安分之为愈也。陈眉公云：'女子无才便是德'，可谓至言。"③

　　由此可见，在清代即使有民主思想萌芽，"女子无才便是德"依然植根于时人的头脑中。第五十六回中，作者写李纨是个"尚德不尚才"的人。她不是没有"才"，只是在"德"与"才"之间，更崇尚"德"。不过，即便如此，小说也经常让李纨的"才"有所显露，诗社社长就是突出的例证。曹雪芹"女子无才便有德"的艺术构思，将传统观念中女子的德与才在"是"与"非"上的矛盾，调和成"有"与"无"的取舍。

　　《红楼梦》中女子才与德的统一，同样体现在黛玉和宝钗两种佳人之美上。《红楼梦》对待佳人的看法，往往一笔写出两种声音，一种是时人的观点，一种是宝玉的观点。正如戚蓼生《石头记序》所说："一声也而两歌，一手也而二牍；此万万所不能有之事，不可得之奇，而竟得之《石头记》一书，嘻！异矣。"④时人对黛玉之才、宝钗之德都是赞赏的，但针对宝钗的劝勉，宝玉却颇为反感，进而斥之为"国贼禄鬼之流"（第

---

①　曹雪芹：《脂砚斋重评石头记：甲戌本》，北京：人民文学出版社，2010年，第99页。

②　曹雪芹：《红楼梦》，无名氏续，北京：人民文学出版社，2008年，第891页。

③　陈诏：《红楼梦小考》，上海：上海书店出版社，1999年，第329页。

④　曹雪芹：《戚蓼生序本石头记》之《石头记序》，北京：人民文学出版社，2006年，第1页。

三十六回）。从宝玉的言行和心理活动可见，众人所谓"正经话"，恰是宝钗辈"劝他去立身扬名"①的"混账话"。宝玉的见解和时人的趋尚是格格不入的。所以，《红楼梦》中对佳人之才的品评，也并非单一标准。

红楼佳人的才，既包括文才，又含有治家之才的因素。"咏絮才"和"停机德"的相提并论，其实颠覆了"女子无才便是德"的传统思想，将才与德完美地赋予黛玉、宝钗两位佳人形象中，这在古代才女观念中，迈出了比较艰难的一步。

虽然从文体继承性而言，《金瓶梅》《林兰香》等世情小说是《红楼梦》渊源的主流，但从佳人的形貌、情韵和才气而言，《红楼梦》的水源更为开阔。红楼之海由百川汇集，在承继前代诗文、戏剧、小说等文学基因特质的基础上，远远超出了小说文体、世情题材的范畴。红楼佳人是一种兼美的文学意象，融合了先秦至清代佳人的意态与才情。黛玉型、宝钗型已经成为中国式古典佳人的特定符号，含蓄而隽永。

（原载于《中国人民大学学报》2019年第5期）

---

① 曹雪芹：《红楼梦》，无名氏续，北京：人民文学出版社，2008年，第473—474页。

荀玫原型为袁枚考

叶楚炎

摘要： 平步青《霞外捃屑》卷九中所提及的荀玫"似指卢雅雨"之说存在着诸多疑问，通过卢见曾和荀玫的对比可知，两人姓名字号之间全无联系，在家世、家境、年岁、科名等诸多方面，卢见曾也都与荀玫有显见的差异，因此，卢见曾并非荀玫的原型人物，而是在塑造这一人物的过程中借用了其某些事迹的本事人物。通过考辨可以看到，在姓名字号、籍贯、科名、形容、年岁、家境、行迹等各个方面，在荀玫与袁枚之间都存在着极为绵密的关联，且在袁枚和吴敬梓之间有诸多关系密切的共同友朋。因此，袁枚应当便是小说中荀玫的原型人物。从袁枚是荀玫的原型人物入手，或许可以为吴敬梓与袁枚之间交游谜题的破解提供某些关键的线索。而在这一原型人物的映射下，既可以更为深入地探讨荀玫的塑造方式、叙事意义等，也能对于《儒林外史》中的原型人物和本事人物有一个更为明晰的审视。

关键词：《儒林外史》；荀玫；卢见曾；袁枚；原型人物；本事人物

荀玫是《儒林外史》中的一个主要人物。在小说的第二回荀玫便已出场，在第七回，荀玫的故事集中展开。而此后，虽然荀玫再没有直接露面，但在第十七回、第二十二回、第二十七回、第二十八回、第二十九回、第三十回、第四十六回，荀玫却以匾额题名以及被人谈论等多种形式

作者简介：叶楚炎，文学博士，中央民族大学文学院教授、博士研究生导师，主要研究方向为中国古代小说、明清文学等。

基金项目：国家社会科学基金后期资助项目"《儒林外史》原型人物考论"（19FZWB004）。

出现在小说中。一方面，与荀玫有关的情节前后连缀，构成了一部几乎可以横贯小说始终的"荀玫传"；另一方面，这些与荀玫有关的情节又以草蛇灰线的方式勾连起小说中的诸多故事和人物。因而，荀玫固然是小说的一个主要人物，却也是一个颇为特殊的主要人物。

　　和小说中的很多人物一样，荀玫应当也是以原型为基础塑造出来的小说人物，对于这一点，学界并无异议。但关于荀玫的原型人物究竟是谁，却存在着不同的看法。最早提到荀玫原型人物的是同治八年（1869）金和为《儒林外史》所写跋语，在提供了诸多原型人物信息的同时，金和也提及了"荀玫之姓荀"①。此后，在光绪三年（1877）天目山樵为《儒林外史》所做的识语中则说："荀玫姓荀，疑是姓卢，盖用卢令诗意。"②而在平步青的《霞外捃屑》卷九中，在列举了金和所说的"荀玫为苟某"之后，又沿用了天目山樵的说法："评本云云，似指卢雅雨。"③"苟某"是否真有其人，据现有研究仍不得而知，且这一说法似乎从未得到过学界的重视，并被认为是"错误的说法"④，而"似指卢雅雨"之说则被诸家所接受。

　　卢雅雨，也便是曾任两淮盐运使的卢见曾。在何泽翰所著的《儒林外史人物本事考略》一书中，便认为"这一说很可信"，并通过行迹与小说情节的比对，认为卢见曾之事"均与《儒林外史》所写荀玫的事相合"，"荀玫的原型即是卢见曾"⑤。在李汉秋所编的《儒林外史研究资料》中，则认为"《儒林外史》中季苇萧在扬州依盐运使荀玫，颇似李葂与卢见曾的关系"⑥。

　　从《儒林外史人物本事考略》一书的体例来看，其第一编《重要人物考实》是以小说人物的出场顺序为序进行讨论。因此，在《重要人物考实》所涉及的小说人物中，荀玫应当是第一个被讨论到的。但值得注意的是，

① 李汉秋编：《儒林外史研究资料》，金和跋，上海：上海古籍出版社，1984年，第129页。

② 光绪三年七月下弦天目山樵识语，参见李汉秋编：《儒林外史研究资料》，金和跋，上海：上海古籍出版社，1984年，第138页。

③ 李汉秋编：《儒林外史研究资料》，金和跋，上海：上海古籍出版社，1984年，第249页。

④ 何泽翰：《儒林外史人物本事考略》，上海：上海古籍出版社，1985年，第23页。

⑤ 何泽翰：《儒林外史人物本事考略》，上海：上海古籍出版社，1985年，第28页、第30页、第23页。

⑥ 李汉秋编：《儒林外史研究资料》，金和跋，上海：上海古籍出版社，1984年，第220页。

何泽翰虽然认同"似指卢雅雨"之说，并且试图通过比对证明这一说法，可何先生却并没有将荀玫放在第一个，甚至没有单列出荀玫进行讨论，而只是将荀玫附在了季苇萧的后面，这显然是因为卢见曾是由季苇萧的原型人物李葂推论而出。也便是说，其确实性其实还有待进一步的证明，而这或许也是李汉秋只是指明两者之间的关系，却并没有明言荀玫的原型即是卢见曾的原因所在。

正由于有关荀玫的原型人物存在着异说且并非完全确定，因此有必要在前人讨论的基础上作进一步的考证和辨析，既考察荀玫的原型人物，同时也探讨由此引发的相关议题。

一、作为"本事人物"的卢见曾

荀玫"似指卢雅雨"之说之所以被接受，主要是基于以下几个原因。

首先，卢见曾与吴敬梓存在着较为密切的交往。两人之间的相识或始于卢见曾任江宁知府时[①]。而"吴敬梓早年出游淮扬，就曾得到卢见曾的赀助"[②]。乾隆五年（1740），卢见曾获罪，被遣戍塞外边地的军台效力，士人高凤翰等人绘了一幅《雅雨山人出塞图》为卢见曾送行，有近二十位士人为此图题诗，其中便有吴敬梓所写的《奉题雅雨大公祖出塞图》一诗[③]。乾隆十九年（1754），卢见曾再任两淮盐运使，吴敬梓来到扬州，"盖依老友卢见曾"[④]。而在此年十月，吴敬梓病逝于扬州之后，王又曾"告转运使卢公，敛而归其殡于江宁"[⑤]。可以看到，吴敬梓与卢见曾之间交往密切。而据现在已发现的原型人物可知，很多原型人物都是吴敬梓身边的

---

① "据光绪八年《江宁府志》卷21，卢见曾在雍正时曾任江宁知府。传主也是在雍正末季移居白下的，他们的相识应始于此际。"陈美林：《吴敬梓评传》，南京：南京大学出版社，1990年，第339页。

② 陈美林：《吴敬梓评传》，南京：南京大学出版社，1990年，第342页。

③ 参见丘良任：《卢见曾及其〈出塞图〉》，载《故宫博物院院刊》1983年第2期，第43—48页。

④ 孟醒仁：《吴敬梓年谱》，合肥：安徽人民出版社，1981年，第108页。

⑤ 程晋芳：《文木先生传》，魏世民校点，载《勉行堂诗文集》，合肥：黄山书社，2012年，第802页。

朋友，吴敬梓完全有可能将熟识的卢见曾也写进小说。

其次，小说中的某些人物关系也将这一原型人物指向了卢见曾。在《儒林外史》第二十八回，季苇萧称荀玫为"年伯"，并说荀玫送了他一百二十两银子，且让他"在瓜洲管关税"；在第三十回，鲍廷玺也称季苇萧曾被荀玫照顾了"几百银子"①；在第四十六回，据季苇萧所说，由于厉知府是荀玫的门生，因此邀请季苇萧担任他的幕客。从这几处可以知道，季苇萧曾得到荀玫的颇多帮助和关照。季苇萧的原型是吴敬梓的好友李葂。而李葂与卢见曾之间的关系恰恰也是如此：卢见曾非常赏识李葂的诗才，不仅出资帮助李葂刊刻其诗集《啸村近体诗选》，还曾推荐李葂参加乾隆元年（1736）的博学鸿词之试②。而何泽翰也正是"证以卢见曾（雅雨）和李葂的关系"，因此判断《霞外捃屑》"似指卢雅雨"之说"很可信"③。

再次，卢见曾的某些行迹与荀玫相合。与荀玫一样，卢见曾是二甲进士；荀玫曾任两淮盐运使之职，卢见曾同样曾任此职；荀玫由于贪赃被拿问，卢见曾亦曾获罪被遣戍塞外。而这三件事的相合，也成为何泽翰认为荀玫"似指卢雅雨"之说很可信的主要证据。

但需要注意的是，虽然以上三点似乎都无疑义，但在以上三点之外，荀玫和卢见曾之间同时还存在着巨大的裂隙。

其一，据其他原型人物可知，在小说人物和原型人物的姓名字号之间会存在某种联系，也便是金和所说的吴敬梓会用"或象形谐声，或廋词隐语"④的方式，在原型人物姓名字号的基础上形成小说人物的姓名字号。而这也是此前学界在考论《儒林外史》原型人物时异常关键的一个方面。但就此而言，在荀玫和卢见曾之间却建立不起任何联系。天目山樵认为荀

---

① 吴敬梓：《儒林外史汇校汇评本》，李汉秋辑校，上海：上海古籍出版社，1999年，第348页、第368页。

② 朱之英修、舒景蘅纂：《怀宁县志》卷19，1918年铅印本。

③ 何泽翰：《儒林外史人物本事考略》，上海：上海古籍出版社，1985年，第28页。

④ 李汉秋编：《儒林外史研究资料》，金和跋，上海：上海古籍出版社，1984年，第129页。

玫原型姓卢，"盖用卢令诗意"①，"卢令"应指《诗经·齐风》中的《卢令》一诗："卢令令，其人美且仁。卢重环，其人美且鬈。卢重鋂，其人美且偲。"而从这首诗中也看不出"荀"与"卢"有何联系。就名号而言，荀玫在小说中只有姓名而已。卢见曾，字抱孙，号澹园，别号雅雨山人，两者之间亦无关联。在荀玫和卢见曾的姓名字号之间全无联系，这在已知的原型人物中极为罕见。

其二，两者之间事迹的相合多集中于荀玫这一人物的后半段，也便是荀玫已然退场，只是凭借言传状态出现在小说中的阶段。而倘或将荀玫作整体性的统观，特别是细观荀玫出场露面的相关情节，则会发现其与卢见曾有极多的不合之处。在上面所举相合的三件事中，真正足以为据的是荀玫所任的两淮盐运使之职以及因贪赃被拿问。除此之外，荀玫与卢见曾之间的差异则十分明显。

在小说中，荀玫的父亲荀老爹先于荀玫出场，虽然相对来说荀老爹"穿齐整些"，且看似"田地又广，粮食又多"②，但也只是薛家集上的一个普通百姓而已。而在荀老爹故去之后，"家里田地渐渐也花费了"，荀家也堕入贫寒的境地，从"荀家把这几十吊钱赎了几票当，买了几石米"③可知，荀玫一家平时只能靠典当维持生计。而卢见曾的卢氏家族则是德州的望族，其父卢道悦是康熙九年（1670）的进士，曾任陇西县令、偃师县令等职④。

在第七回，小说叙及荀玫是一个"清秀少年"，范进也称他为"少年才俊"⑤。据小说叙述可知，在第二回荀玫初登场时只有"七岁"，此时王

---

①　光绪三年七月下弦天目山樵识语，参见李汉秋编：《儒林外史研究资料》，金和跋，上海：上海古籍出版社，1984年，第138页。

②　吴敬梓：《儒林外史汇校汇评本》，李汉秋辑校，上海：上海古籍出版社，1999年，第18页、第20页。

③　吴敬梓：《儒林外史汇校汇评本》，李汉秋辑校，上海：上海古籍出版社，1999年，第95页、第96页。

④　王道亨修，张庆源纂：《德州志》卷9，清乾隆五十三年刻本。

⑤　吴敬梓：《儒林外史汇校汇评本》，李汉秋辑校，上海：上海古籍出版社，1999年，第94页。

惠则是"约有三十多岁光景"①。而在两人同榜登科时，王惠是五十岁②。据此推算，时间最多过去了十九年，荀玫的年纪至多不会超过二十六岁。因此，从科名的角度说，荀玫在小说中最重要的身份也便是"少年"进士，这与荀玫的两位老师周进与范进出场时都是老童生，最后通过科举考试成为的"老进士"形成了鲜明的对比。而卢见曾在康熙六十年（1721）成为进士，此时他三十二岁，虽然成名也不算晚，但和小说中的荀玫比起来，却不可同日而语。

荀玫是在进学成为秀才之后，在来年的录科中"取了第一"③，并由此一连通过了乡试、会试和殿试，成为进士，他科举之途的早达和坦荡在整部小说的人物中也几乎是首屈一指的。而卢见曾则是于康熙四十三年（1704）成为秀才，康熙五十年（1711）考中举人，此后一连经历了三次会试落第，在康熙六十年（1721）的时候才考中进士④，科举征程的时断时续也与荀玫的一马平川大为不同。

从以上对举可以看到，在家世、家境、年岁、科名等诸多方面，卢见曾与荀玫都有着显而易见的差异，并且这些差异都发生在人物形象极为关键的地方：荀玫就是以一个普通乡民之子的身份出场，在贫寒的境遇中却凭借科举考试成为春风得意的早达者。而倘或抹平这些差异，荀玫也就不再是我们看到的这个人物。因此，很难想象吴敬梓是以在这些方面全然不似的卢见曾为原型，塑造了荀玫这一形象。

事实上，这里有必要分清"原型人物"和"本事人物"。刘勇强先生便认为"不少本事研究实际上被等同于人物原型研究。这两者虽然存在着一定的联系，但总体而言，本事研究更关注的应是事迹或情节，而原型研

---

① 吴敬梓：《儒林外史汇校汇评本》，李汉秋辑校，上海：上海古籍出版社，1999年，第26页、第25页。

② "我恰是五十岁登科的"（这里的"我"是王惠。——编者注），参见吴敬梓：《儒林外史汇校汇评本》，李汉秋辑校，上海：上海古籍出版社，1999年，第93页。

③ 吴敬梓：《儒林外史汇校汇评本》，李汉秋辑校，上海：上海古籍出版社，1999年，第96页。

④ "予年二十有二举于乡。又三年，生子谦。又七年，予成进士。"（这里的"予"是卢见曾。——编者注）参见卢见曾：《先室萧宜人行述》（《雅雨堂文集》卷4），载《清代诗文集汇编》第268册，上海：上海古籍出版社，2010年，第104页。

究更偏重人物身份、样貌、性格，间或顾及其关系、经历等"①。而对于在原型和本事使用方面"堪称代表"的《儒林外史》而言，这一问题又格外突出，因此也便有更为细致地分辨"本事"与"原型"的必要。在《儒林外史》的人物写作中，作者会以某个人物为原型塑造小说人物，但与此同时，作者往往又会将其他一些人物的行迹带入，附着在小说人物的身上，这两者之间显然是有所区别的，只有前者才是小说的"原型人物"，而后者则可以被视为"本事人物"。对于小说人物的塑造来说，原型人物与本事人物应有主次之分，即以原型人物为主、本事人物为次。可从研究的角度来看，由于受到掌握材料的制约，又往往难以区分主次，因此也很难清晰辨别谁是原型人物，谁又是本事人物。可对于《儒林外史》来说，问题则没有这么复杂，因为原型人物往往有一个明显的标志，这便是前面所说的原型人物和小说人物在姓名字号之间的关联。吴敬梓通过这些关联透露了原型人物的信息，并显露出初始的创作意图和笔锋所指，而这些关联也自然可以成为我们考辨原型人物的重要线索。

因此，从与作者吴敬梓的交往、小说人物的关系、人物与小说情节的对应等方面可以看出：吴敬梓应当是将卢见曾的某些行迹写入了小说，并附着在荀玫这一人物的身上。但从两者之间事迹的诸多不合，尤其是姓名字号全无关联又可看出，在荀玫原型和卢见曾之间难以画上等号。从这一意义上说，卢见曾应是荀玫这一人物的本事人物，却并非原型人物。

以小说中的其他人物为例，我们也能看到本事人物和原型人物的差别。匡超人是以吴敬梓之友汪思迴为原型塑造的小说人物，在两个人物之间我们可以清楚地看到他们姓名的联系：匡超人姓匡名迴。"匡"与"汪"是同韵谐音，且字形相近，而"迴"与"迴"更是形近②。而在姓名的关联之外，无论是选家的身份，还是曾经编选的科举用书，乃至科名、人物关系、籍贯等，汪思迴的诸多行迹都被写入小说，成为匡超人身上颇为重

---

①　刘勇强：《古代小说创作中的"本事"及其研究》，载《北京大学学报》（哲学社会科学版）2015年第4期，第70—71页。

②　其至有些文献在提到汪思迴的时候，也往往会误写为"汪思迴"。如《重修安徽通志·艺文志》中便著录为"《四书质义》，东流汪思迴著"。吴坤修等修，何绍基等纂，卢士杰续修，冯焯续纂：《重修安徽通志》卷337，清光绪七年刻本。

要的人物特性①。

　　但需要指出的是，除了汪思迥之外，吴敬梓同时还引入了好友宁楷的一些事迹融合在匡超人的身上：匡超人以拆字少年的形象出现在《儒林外史》中，这来自宁楷的真实人生。由于家贫，宁楷在十四岁时就不得不辍学，"卖卜于市以供菽水"。而宁楷开始为士大夫所知并走上成名之路也与匡超人一般无二：宁楷虽然家贫，却"日夜读之无倦"，"乙卯秋，江宁令张公嘉纶折柬相邀，府君莫知其从来。既往谒，乃知昨夜读书，有客扣门，闲话而去者，公也"。正是在江宁县令张嘉纶的赏识和帮助下，宁楷才得以进入钟山书院并最终"成就学问，名震于时"②，在《儒林外史》中，匡超人便是由于夜读受到知县李本瑛的赏识，并在其提携之下考取秀才的。此外，从现有资料看，汪思迥并无"孝子"之名，而宁楷则是其朋友公认的孝子③。

　　从以上列举可以看到，匡超人身上兼具汪思迥和宁楷两人的行迹，但对于匡超人而言，宁楷只是他的本事人物，汪思迥才是他的原型人物。更为重要的是，如果作进一步的探讨可以发现，作为本事人物的宁楷之行迹都用于性格转变前"孝子"阶段的匡超人，而逐渐堕落的匡超人基本上则多与汪思迥的生平行事相符合。也便是说，吴敬梓将本事人物的行迹用于前半段的匡超人，同时又将原型人物的行迹用于后半段的匡超人，而人物塑造的重心则在后半段，也便是以原型人物为基础完成的人物塑造。

　　匡超人的人物塑造方式，以及体现在其中的原型人物和本事人物的差别为对于荀玫原型人物的考辨提供了一个极好的范本：荀玫的后半段与卢见曾行迹相合，而人物塑造重心所在的前半段则与卢见曾大不相合，这也就意味着在本事人物卢见曾之外，还有一个更为重要的原型人物，荀玫这一人物的前半段应当就是在此原型人物的基础上塑造而成的。

---

　　① 参见叶楚炎：《匡超人本事考论》，载《明清小说研究》2016年第3期。

　　② 宁开熙：《先府君家传》，载《修洁堂集略》卷首，南京图书馆藏嘉庆八年刻本。

　　③ 参见戴翼子：《修洁堂诗集叙》、车研：《修洁堂诗集叙》，载《修洁堂集略》卷首、卷2，南京图书馆藏嘉庆八年刻本。

二、荀玫原型人物考

根据现在已发现的《儒林外史》中的原型人物，可以总结出一个规律：这些原型人物或是吴敬梓的友朋，或与其友朋有交往。前者在已知的原型人物中占据了绝大多数，而后者则较少——如向鼎之原型商盘、王玉辉之原型汪洽闻等都可归入其中。但即便是后者，也是据现有资料，尚且没有发现他们与吴敬梓有直接的往来，但实际上由于所处时段、活动区域都相合，且彼此之间有共同的朋友，在这些原型人物与吴敬梓之间或许也存在着相当大的交往的可能性。换言之，已发现的原型人物形成了一个原型人物圈，这个原型人物圈既与吴敬梓的交游圈关系极为密切，同时也基本在吴敬梓所能接触到的士人圈内，而这也为我们对于其他原型人物的考证提供了重要的线索。

吴敬梓于雍正十一年（1733）从全椒移居南京，此后"四方文酒之士走金陵者，胥推先生为盟主"①，而在当时的南京，还别有一个"盟主"，此人便是袁枚。乾隆七年（1742）及九年（1744），袁枚曾两次游历南京②，乾隆十年（1745），袁枚担任江宁知县之职。乾隆十三年（1748），袁枚"以三百金购得江宁隋氏废园，易名随园"，并于此年辞官，"解组归随园"③。吴敬梓与袁枚都是当时南京城中交游甚广且颇具声名的士人，在吴敬梓和袁枚之间也有很多共同的友朋：程廷祚、樊明征、程晋芳、卢见曾、郑江、戴瀚、杨绳武、朱卉、宁楷、汪思迴、徐紫芝、周榘、李葂、陶湘、陈毅、江昱、杨凯、严长明、涂逢豫、金兆燕、王又曾等，这些士人都与吴敬梓有较为密切的交往，也与袁枚保持着交谊。并且在这些士人中，程廷祚、程晋芳、严长明等既是吴敬梓的挚友，同时也与袁枚最相契厚。因此，吴敬梓和袁枚其实都存身于一个由彼此之间共同的友朋所组成的士人圈中。

此外，从原型人物的角度看，在两人共同的友朋中，至少程廷祚（庄

---

① 金和：《〈儒林外史〉跋》，载李汉秋编：《儒林外史研究资料》，上海：上海古籍出版社，1984年，第128页。

② 郑幸：《袁枚年谱新编》，上海：上海古籍出版社，2011年，第141页。

③ 郑幸：《袁枚年谱新编》，上海：上海古籍出版社，2011年，第182页、第188页。

绍光之原型）、樊明征（迟衡山之原型）、郑江（周进之原型）①、宁楷（武书之原型）、李葂（季苇萧之原型）、汪思迴（匡超人之原型）、杨凯（汤镇台之原型）、朱卉（牛布衣之原型）等人都被作为原型人物写入了小说，如果再算上与袁枚交游频繁的商鼎（向盘之原型），以及袁枚曾为之写序的王藻（杨执中之原型），这些友朋又以可观的数目构成了原型人物圈中的重要部分。

这也就意味着，无论从交游的角度看，还是从已知原型人物所组成的士人圈来看，袁枚都是探讨原型人物时不容忽视的一个人物。

"袁枚字子才，小字瑞官，号简斋，又号存斋，世称随园先生。"②在《儒林外史》中，荀玫只有姓名，却别无字号。袁枚之"枚"与荀玫之"玫"恰为同音，且字形相近。而袁枚的小字瑞官之"瑞"与荀玫之"玫"也偏旁相同。

不仅是名字上的联系，在姓氏上也是如此。在谈论史书时，论者往往以"荀袁"并称，便如章学诚在《文史通义》中所言"而编次总括乎荀、袁"，下有小注："荀悦《汉纪》三十卷，袁宏《后汉纪》三十卷，皆易纪传为编年。"③荀悦所著的《汉纪》与袁宏所著的《后汉纪》，和班固的《汉书》、范晔的《后汉书》一样，在有关汉代的史籍中是最重要的著作，但与《汉书》《后汉书》所采用的纪传体不同的是，《汉纪》与《后汉纪》所采用的都是编年体，这也是论者往往会如同"班范"一般，亦将"荀袁"并称的原因。对于清人来说，"荀袁"是他们非常熟悉且常用的词语。在宁楷所写《挽吴赠君敏轩四首》其四中有"可惜雕龙未有终"之句，下有小注"赠君方著《史汉纪疑》，未毕"④，可见对于熟知汉代史籍的吴敬梓而言，"荀袁"亦会是信手拈来的词语。而在袁枚友朋的著作中也经常会用及"荀袁"。如厉鹗便有"夫班、范两史，荀、袁两纪之所载，其功德

① 参见叶楚炎：《周进原型人物考论——兼及严贡生、严监生兄弟之本事》，载《〈文学遗产〉古代小说研究论坛（2016）会议论文》。

② 王英志：《袁枚评传》，南京：南京大学出版社，2002年，第33页。

③ 章学诚：《文史通义·内篇四》，嘉业堂章氏遗书本。

④ 宁楷：《修洁堂集略》卷2，南京图书馆藏嘉庆八年刻本。

炳焕于简册者"①之语，杭世骏在《史论》一文中也说道："荀袁纪东西汉之始终。"②由于"荀袁"并称且是熟典，因此，在当时的语境中，倘或看到"荀"，时人也自然会联想起"袁"。

荀玫是山东兖州府汶上县人，倘或仅从这一点来看，似乎荀玫的籍贯也受到了本事人物卢见曾的影响，因为卢见曾便是山东德州人。但需要注意的是，《儒林外史》小说人物的籍贯多与原型人物有别，特别是小说上半部的主要人物则更是如此。吴敬梓往往会对原型人物的籍贯作较大的调整，跨越其原本所在的省份，形成小说中主要人物的籍贯。例如冯祚泰是安徽滁州人，在小说中马二先生则是浙江处州人；王藻是江苏苏州府吴江县人，其小说人物杨执中则是浙江湖州府德清县人③；李本宣是江苏扬州府江都县人，而以其为原型塑造的小说人物蘧公孙则是浙江嘉兴府人④；汪思迴是安徽省池州府东流县人，匡超人则是浙江省温州府乐清县人。因此，卢见曾与荀玫都是山东人，非但不能证明两者之间的关系，参之以小说中的叙述通例，还降低了卢见曾是荀玫原型的可能性。值得注意的是，在《儒林外史》中，周进与荀玫既是师徒，也是同乡。周进的原型人物郑江是浙江杭州府钱塘县人。而虽然在袁枚的籍贯上存在"钱塘"和"仁和"两说⑤，但无论是钱塘还是仁和，都属杭州府，从籍贯上说，袁枚与周进的原型人物郑江也恰是同乡。

在小说中，年已五十的王惠与二十多岁的荀玫一起考中进士，成为同年，而这显然是三十多岁的王惠在初见当时只有七岁、刚刚开蒙上学的荀玫之际万万不能相信的事情。而相类的事情在袁枚的身上也曾经发生过，康熙六十一年（1722），七岁的袁枚拜三十七岁的童生史中（字玉瓒）

① 厉鹗：《樊榭山房集》，董兆熊注，陈九思标校，上海：上海古籍出版社，2012年，第718页。

② 杭世骏：《道古堂全集》文集卷2，清乾隆四十一年刻光绪十四年汪曾唯增修本。

③ 叶楚炎：《杨执中原型人物考论》，载《中国文化研究》2017年第1期，第12页。

④ 郑志良：《〈儒林外史〉的人物原型及其意义——以蘧公孙、赵雪斋为中心》，载《中国文化研究》2017年第1期，第3页。

⑤ 参见郑幸：《袁枚年谱新编》，上海：上海古籍出版社，2011年，第2页。

为师①，但史中此时肯定也不会料到两人竟会一起成为秀才：师生二人于"雍正丁未，同入学"②，在两人同时进学之时，"时枚年十二，而先生年已四十二矣"③。

荀玫在二十多岁的年纪和时年五十、"须发皓白"的王惠同榜成为进士，借这一悬殊的年纪所显出的"年少"是荀玫的突出特征。对于袁枚来说，"年少"也正是其追求科名的过程中为旁人所钦羡、并为自己所自诩的重要一端。乾隆元年（1736），当时只有二十一岁的袁枚受到广西巡抚金鉷的举荐进京应博学鸿词之试。

> 乾隆元年，余与翰林前辈吴棕坪先生同受广西金中丞知，荐鸿博。入都时，先生鬓发全白，而余一领青衿，年才弱冠，同试保和殿上。④

在"鬓发全白"的吴棕坪的衬托之下，袁枚的"年才弱冠"无疑显得更为惹眼。事实上，此次博学鸿词之试的应征者多为"老师宿儒"，因此，当金鉷专门写了一道奏章推荐袁枚"年二十一岁，贤才通明，羽仪景运，应此选克称"时，"天下骇然，想见其人"⑤。不仅是袁枚所自诩的"二十华年海内惊"⑥，当袁枚来到京师时，他也确实是所有应征者中最为年少的一个，为此袁枚写下了《同一百九十三人试博学鸿词于保和殿下时班中无

---

① 参见袁枚：《随园诗话》，北京：人民文学出版社，1982年，第293页，"康熙壬寅，余七岁，受业于史玉瓒先生"（这里的"余"是袁枚。——编者注）；《余七龄上学是康熙壬寅岁也今年又是壬寅矣感而有作》，袁枚：《小仓山房诗文集》，周本淳标校，上海：上海古籍出版社，1988年，第693页。

② 袁枚：《随园诗话》，北京：人民文学出版社，1982年，第293页。

③ 袁枚：《双柳轩文集·溧阳史先生传》，载郑幸：《袁枚年谱新编》，上海：上海古籍出版社，2011年，第5页。

④ 袁枚：《吴棕坪太史涤砚遗图》，载《小仓山房诗文集》，周本淳标校，上海：上海古籍出版社，1988年，第1016—1017页。

⑤ 袁枚：《广西巡抚金公神道碑》，载《小仓山房诗文集》，周本淳标校，上海：上海古籍出版社，1988年，第1207页。

⑥ 袁枚：《途中见荐章感而有作》，载《小仓山房诗文集》，周本淳标校，上海：上海古籍出版社，1988年，第10页。

弱冠者诸王公都来疑年口号以对》①之诗。其《随园诗话》中也道："乾隆丙辰，召试博学宏词……二百人中，年最高者，万九沙先生讳经；最少者为枚。全谢山庶常作《公车征士录》，以先生居首，枚署尾。"②而在其友朋杭世骏、周大枢、张凤孙、胡天游等人的诗文中也屡屡言及此次博学鸿词的考试中袁枚最为年少③。

在《儒林外史》中，荀玫一连通过了乡试、会试和殿试，联捷成为进士，如前所论，中进士时，其年纪至多不会超过二十六岁。乾隆三年（1738），袁枚在北京考中举人，乾隆四年（1739），联捷成为进士，当时的袁枚只有二十四岁。需要注意的是，小说中有一处记叙：荀玫"匆匆进京会试，又中了第三名进士"和"传胪那日，荀玫殿在二甲"④。两相对读，中间有一个明显的问题，即：通过会试后，荀玫并不是"进士"，而只是"贡士"。只有"殿在二甲"之后，才能称进士，因此，这里的"第三名进士"应当有误。而微妙的是，所谓的"第三名进士"与"殿在二甲"也正与袁枚的科名相仿佛，袁枚在殿试中被钦点为二甲第五名进士，并因此写有"我愧牧之名第五"⑤的诗句。

不仅是"少年才俊"，在写到荀玫时，小说还特意称其是"清秀少年"⑥。而其时袁枚恰恰也是"长身鹤立，风姿绝佳"⑦的少年。可以与之对比的是，就形容而言，卢见曾则大为不如，由于他"长不满三尺"，因此"人呼矮卢"⑧，并与同样"长不满三尺"的杭州太守李慎修有"'两短人'

---

①　袁枚：《小仓山房诗文集》，周本淳标校，上海：上海古籍出版社，1988年，第15页。

②　袁枚：《随园诗话》，北京：人民文学出版社，1982年，第162页。

③　参见郑幸：《袁枚年谱新编》，上海：上海古籍出版社，2011年，第61页、第62页、第118页。

④　吴敬梓：《儒林外史汇校汇评本》，李汉秋辑校，上海：上海古籍出版社，1999年，第96—97页。

⑤　袁枚：《胪唱·其一》，载《小仓山房诗文集》，周本淳标校，上海：上海古籍出版社，1988年，第19页。

⑥　吴敬梓：《儒林外史汇校汇评本》，李汉秋辑校，上海：上海古籍出版社，1999年，第94页。

⑦　郑幸：《袁枚年谱新编》，周本淳标校，上海：上海古籍出版社，1988年，第4页。

⑧　袁枚：《随园诗话》，北京：人民文学出版社，1982年，第145页。

之号"①。

在中进士为官后，由于其母过世，荀玫不得不从京城回乡守制，而在回乡治丧之时，"一连开了七日吊，司、道、府、县，都来吊纸。此时哄动薛家集，百十里路外的人，男男女女，都来看荀老爷家的丧事"，"整整闹了两个月"②，虽是丧事，却办得极为热闹，对于出身贫寒的荀玫来说，是一次异样的衣锦还乡之旅。而袁枚在中进士后，同样有一次热闹而显赫的归乡之旅。乾隆四年（1739）冬，当时已成为翰林院庶吉士的袁枚"乞假归娶"，"得准，将赴佳期，赋诗留别诸同年，一时和者如云。子才集诸诗为一册，并绘《恩假归娶图》纪之"③。从袁枚所写的"多感群仙送暮云，真珠密字赠纷纷"④中，可以想见当时返乡送行的盛况。事实上，便如王文治诗中所言："即如科名人共羡，登科归娶谁弗愿。稗官院本作常规，求之史册岂数见。"虽然翰林回乡归娶是小说、戏曲的故套，可在现实中却并非常见之事，正所谓"馆阁百年惟五人"，据王文治自己所作的注释，百年间也不过"公与史文靖相国、秦芝轩开府、祝芷塘侍御、李松云太守"⑤五人而已。对于百年间曾回乡归娶的翰林，祝德麟另有一说，"百年已来，词馆恩假归娶余所知者：溧阳史文靖公，华亭张文敏公，静海励衣园侍郎，无锡嵇相国，秦芝轩开府，李松云太守，简斋及余八人而已"⑥。但无论是五人抑或八人，翰林回乡归娶之事都鲜见到屈指可数，对于"年少才绝奇"⑦的袁枚来说，这也无疑更增加了其以翰林之尊返乡的光耀程度。颇具意味的是，袁枚此次的返乡，也不只是归娶而已，他一路南行，于乾隆五年（1740）回到杭州成婚。婚后，袁枚还曾"往拜祖坟，

---

①　袁枚：《随园诗话》，北京：人民文学出版社，1982年，第549页。

②　吴敬梓：《儒林外史汇校汇评本》，李汉秋辑校，上海：上海古籍出版社，1999年，第101页。

③　郑幸：《袁枚年谱新编》，周本淳标校，上海：上海古籍出版社，1988年，第98页。

④　袁枚：《乞假归娶留别诸同年·其四》，载《小仓山房诗文集》，周本淳标校，上海：上海古籍出版社，1988年，第20页。

⑤　王文治：《袁简斋前辈给假归娶图》，载《梦楼诗集》卷21，清乾隆刻道光补修本。

⑥　祝德麟：《简斋归娶图二首》，载《悦亲楼诗集》卷25，清嘉庆二年姑苏刻本。

⑦　《送袁子才给假归娶》，载李重华：《贞一斋集》卷3，清乾隆刻本。

以未及奉养祖母为恨"①，对于未能报答对自己疼爱有加的祖母柴氏的抚育之恩深以为憾。此外，对于同样有抚育之恩、并与他情同母子的亡姑沈氏，袁枚或也有改葬之举②。

如前所说，荀家颇为贫寒，在荀玫进学之前，只能靠典当维持生计，王惠也因此称荀玫"是个寒士"，并在荀玫回乡之后"共借了上千两的银子与荀家"③助其完成丧葬之事。而袁枚也出身贫寒，其诗文中所言的"家贫"④、"吾少也贫贱"⑤、"余幼时家贫"⑥、"寒家贫甚"⑦等都证明了这一点。正是因为"惭愧少年贫里过"，因此袁枚"无力早娶"，一直等到成为翰林之后才能成婚。而据《诸知己诗》其五"协办大学士吏部尚书孙公嘉淦"中"我来温卷时，春风吹满面。已助阮修婚，更作正平荐"可知，便如同《晋书》中的阮修曾受到王敦等人的资助成婚一样，在袁枚成婚的过程中，"其时孙嘉淦或亦有资助之举也"⑧。

综上所述：从名字上说，"玫"与"枚"同音且形近，"玫"与袁枚的小字"瑞官"之"瑞"也偏旁相同；就姓氏而言，由于"荀袁"并称且是熟典，因此在时人的眼中，"荀"与"袁"其实是相互之间可以自然勾连的姓氏；从地域的角度看，荀玫与周进同乡，都是山东兖州府人，而袁枚与周进的原型郑江都是浙江杭州府人；七岁的荀玫与三十多岁的王惠日后同榜考中进士，而七岁的袁枚同样与三十七岁的老师史中在五年后同时考取秀才；二十多岁的荀玫与须发皆白的王惠成为同年，衬显出的是荀玫的

---

①　郑幸：《袁枚年谱新编》，周本淳标校，上海：上海古籍出版社，1988年，第103页。

②　参见郑幸：《袁枚年谱新编》，周本淳标校，上海：上海古籍出版社，1988年，第103页、第4页。

③　吴敬梓：《儒林外史汇校汇评本》，李汉秋辑校，上海：上海古籍出版社，1999年，第100页、第101页。

④　袁枚：《与备之秀才第二书》，载《小仓山房诗文集》，周本淳标校，上海：上海古籍出版社，1988年，第1861页。

⑤　袁枚：《秋夜杂诗·其九》，载《小仓山房诗文集》，周本淳标校，上海：上海古籍出版社，1988年，第231页。

⑥　袁枚：《随园诗话》，北京：人民文学出版社，1982年，第189页。

⑦　袁枚：《先姚章太孺人行状》，载《小仓山房诗文集》，周本淳标校，上海：上海古籍出版社，1988年，第1742页。

⑧　郑幸：《袁枚年谱新编》，周本淳标校，上海：上海古籍出版社，1988年，第98页。

年少，而在袁枚被举荐应博学鸿词之试时，相形于"鬓发全白"的吴棕坪，以及其他所有应征者的"老师宿儒"，二十一岁的袁枚的年纪最少则为世人所铭记；据小说相关叙述可知，荀玫成为进士时年纪至多不过二十六岁，袁枚则于二十四岁时成为进士；荀玫曾联捷考中"第三名进士"，并殿在二甲，袁枚也是联捷，在殿试中获取的名次则是二甲第五；荀玫是一个清秀少年，袁枚则是风姿绝佳的少年；在为官之后，荀玫曾从京城回乡，虽是治丧守制，却颇为隆重显赫地实行了一次还乡之旅，而在成为翰林之后，袁枚也曾从京城返乡，既是归娶，同时也祭拜祖坟，并或有改葬亡姑之举，且回乡的过程同样显赫而热闹；荀玫是一介寒士，由于得到王惠的资助才能完成回乡的丧葬之事，袁枚同样家境贫寒，在返乡成婚的过程中应当也得到了孙嘉淦的资助。由以上列举可见，在荀玫与袁枚之间存在着极为绵密的联系，小说中荀玫的原型人物应该就是当时在士林中鼎鼎大名的袁枚。

三、袁荀之间：小说人物的生成及其意蕴

对于袁枚与《儒林外史》之间的关联，此前学界也曾有关注，并认为这一关联主要体现在小说第四十一回在沈琼枝故事中出现的江宁知县身上。在何泽翰的《儒林外史人物本事考略》之"沈琼枝"一条中，所附的便是"某知县"，并通过小说相关叙述和《随园诗话》卷四中张宛玉一则的对比，认为"所写的知县即是袁枚"[①]。在李汉秋所编的《儒林外史研究资料》之"江宁知县"一则中，也认为"江宁知县即用袁枚事"[②]。在陈美林的《吴敬梓评传》中则认为在吴敬梓创作《儒林外史》的过程中，"就曾采撷与袁枚有关涉的一些'时事'写入作品中去"，并以杜少卿赞扬萧云仙的"宰相须用读书人，将帅亦须用读书人"乃化用袁枚相关轶事以及沈琼枝故事为例，证明这一观点[③]。商伟亦认为在"处置沈琼枝案的县令

---

① 何泽翰：《儒林外史人物本事考略》，上海：上海古籍出版社，1985年，第71页。

② 李汉秋编：《儒林外史研究资料》，金和跋，上海：上海古籍出版社，1984年，第222页。

③ 陈美林：《吴敬梓评传》，南京：南京大学出版社，1990年，第310页、第311页。

与处置张宛玉案的袁枚之间"要建立"对应关系"①。近来，郑志良发现了宁楷所写的《避雨文木山房赠茸城女子歌》以及吴敬梓的佚诗《后新乐府》之《茸城女》等材料②，根据这些材料，井玉贵认为"《外史》中审案的江宁知县，无疑就是袁枚"③。

由此可见，袁枚其实一直在《儒林外史》的研究视野之中，并且也被视为小说的原型人物。虽然从人物形象上说，江宁知县在小说中并不重要，但借由这一人物所形成的袁枚与小说人物的联系却值得我们充分重视。换言之，袁枚有充分的可能性被写入小说，而这也为袁枚就是荀玫的原型人物提供了一个重要的佐证。因此，与吴敬梓以宁楷作为原型人物塑造了武书，但同时又将宁楷的某些行迹融入匡超人这一人物相类，吴敬梓应是既以袁枚为原型塑造了小说中的荀玫，同时又将袁枚审张宛玉之事附着在了江宁知县的身上。

被学界关注的不仅是袁枚与小说的联系，还有袁枚与吴敬梓之间的关系。如前所论，吴敬梓与袁枚都是南京城中交际颇广的文人，且都存在于由彼此之间的诸多共同友朋所组成的士人圈中，两人之间完全应当存在交游。戴瀚《雪村编年诗剩》卷十二有《芦渡园消寒小集励行南招同吴蒙泉龚退庵冯粹中吴敏轩朱草衣宋润九涂长卿沈廋岑樊圣谟顾秋亭即席各赋次仲弟粒民韵四首兼呈徐药川顾秋庭程绵庄》一诗，论者便认为"据此可知，其时朱卉与吴敬梓、涂逢豫、樊明征等人曾于金陵芦渡园作消寒会。则袁枚或亦与之有过从"④。

退一步言之，即使吴敬梓与袁枚从未见面，由于两人有诸多共同的友朋，且一些朋友对二人而言都是无话不谈的密友，他们也会通过友朋听到彼此的声名。在二人共同的挚友中，程晋芳是一个需要特别加以注意的人

---

① 商伟：《礼与十八世纪的文化转折》，北京：生活·读书·新知三联书店，2012年，第304页。

② 参见郑志良：《〈儒林外史〉新证——宁楷的〈儒林外史题辞〉及其意义》，载《文学遗产》2015年第3期；郑志良：《新见吴敬梓〈后新乐府〉探析》，载《儒林外史》新文献研讨会（2015年）会议论文。

③ 井玉贵：《〈儒林外史〉新文献研讨会综述》，载《文学遗产》（网络版）2016年第3期。

④ 郑幸：《袁枚年谱新编》，周本淳标校，上海：上海古籍出版社，1988年，第157页。

物，这不仅是因为程晋芳与吴敬梓、袁枚二人都是过从甚密的至交，亦是因为程晋芳多次提及了《儒林外史》，这在吴敬梓的友朋中也是绝无仅有的。乾隆四年（1739）袁枚与程晋芳结交于淮安①。乾隆六年（1741），吴敬梓与程晋芳结识，此年冬，"应程晋芳邀请，至其家，'与研诗赋，相赠答，惬意无间'"，一直到乾隆七年（1742）春初，方"从淮安程家回南京"②。而在乾隆十七年正月（1752），"程晋芳以应乡试来江宁，到访随园。子才出所藏奇书，互通有无，更示以手编志怪之作"③。也正是在程晋芳来南京的这段时间内，吴敬梓"偕严东有往访。从此，风雨晨夕，无不聚会，频蜡雨屐，鼓棹烟水，酌酒破愁，赋诗取乐，极尽生平之欢"④。由此可以看到，袁、程二人之间的结识与吴、程二人的结识时间相近，且无论是淮安，还是南京，袁、程以及吴、程之间都有极为密切的交游，因此，很难想见袁枚与吴敬梓从没有自共同的至交程晋芳那里听到对方。事实上，袁枚与程晋芳常"剪灯对数海内人物"⑤，对此，还可参阅程晋芳所写的《望奎楼偶稿序》：

> 囊余与钱唐袁子才尚论海内文人，统存殁计之，才得六十余辈。余与子才交游最广，自谓此外当无复有人，有则必识之也。⑥

由此可以看到，即使吴敬梓与袁枚并不相识，以程晋芳与吴敬梓之间的交情，在程晋芳与袁枚在纵论海内文人时，也定会说及吴敬梓，反之，程晋芳在与吴敬梓交谈时也理应同样会说到袁枚。也便是说，无论从哪个方面看，至少以程晋芳为中介，吴敬梓与袁枚都应知道对方。

但奇怪的是，从情理上说，既然在吴敬梓与袁枚之间有诸多共同的友

---

① 郑幸：《袁枚年谱新编》，周本淳标校，上海：上海古籍出版社，1988年，第100页。

② 孟醒仁：《吴敬梓年谱》，合肥：安徽人民出版社，1981年，第78页、第79页。

③ 郑幸：《袁枚年谱新编》，周本淳标校，上海：上海古籍出版社，1988年，第100页。

④ 孟醒仁：《吴敬梓年谱》，合肥：安徽人民出版社，1981年，第99页。

⑤ 袁枚：《征士程绵庄墓志铭》，载《小仓山房诗文集》，周本淳标校，上海：上海古籍出版社，1988年，第1240页。

⑥ 程晋芳：《勉行堂诗文集》，魏世民校点，合肥：黄山书社，2012年，第726页。

朋，其中也包括程晋芳这样无话不谈的挚友，两人理应有交往或至少彼此互闻，可据现有资料来看，非但两人的诗文作品从未提及对方，也找不到任何两人存在交游的文献。论者因此将吴敬梓与袁枚之间的关系视为"关心和研究吴敬梓及其《外史》人的一个谜。同时，也成为研究袁枚及其著述人的一个谜"①。

这个"谜"曾受到学界的热议。李汉秋在《儒林外史研究资料》一书中便认为"吴、袁两人的集子中却见不到对方的名字，估计两人曾发生龃龉"②。在《儒林外史研究纵览》中李汉秋亦认为"从种种迹象来看，吴敬梓与袁枚很可能发生过'龃龉'"③。而在孟醒仁、孟凡经所著的《吴敬梓评传》中，则明确认为两人之间的互不提及应是由《儒林外史》所引发的："袁枚正式看到脱稿后的《外史》，大概在他辞官退隐南京的时候。因袁氏大发反对议论，闹了一场风波。"对于袁枚为何竭力反对《儒林外史》，孟醒仁、孟凡经认为《儒林外史》中对于八股取士的态度、将"功名"与"学问"分开、鄙薄时文士和假文士以及反对娶妾等"都深深地触怒了袁枚"。但这些都属猜测，并无实据，为此，两位先生又举出袁枚的《答某山人书》《寄程鱼门》《答程鱼门》等诗文为证，认为"山人"指的便是吴敬梓，而诗中所云的"一史"则是《儒林外史》④。对孟醒仁、孟凡经的这一看法，晨光曾写专文进行商榷，明言"'某山人'不可能是吴敬梓"，而"一史"也与《儒林外史》无关⑤。此外，陈美林、杜贵晨、王进驹等也对晨光的商榷意见表示肯定。但之后，对于吴敬梓与袁枚之间的关系，以及两人之间互不提及的原因，却也没有更多的讨论和进展。

就此而言，从袁枚是荀玫的原型人物入手，或许可以为吴敬梓与袁枚之间交游谜题的破解提供某些关键的线索。通过小说人物荀玫和原型人物袁枚的比对可以知道，吴敬梓实际上是用往往与"袁"并称的"荀"作为

① 孟醒仁、孟凡经：《吴敬梓评传》，郑州：中州古籍出版社，1987年，第273页。

② 李汉秋编：《儒林外史研究资料》，金和跋，上海：上海古籍出版社，1984年，第222页。

③ 李汉秋：《儒林外史研究纵览》，天津：天津教育出版社，1992年，第189页。

④ 孟醒仁、孟凡经：《吴敬梓评传》，郑州：中州古籍出版社，1987年，第273—275页。

⑤ 晨光：《评由〈儒林外史〉引起的一场风波——与孟醒仁、孟凡经先生商榷》，载《明清小说研究》1990年第1期，第97页。

小说人物的姓氏，又采用与"枚"同音形近的"玫"作为小说人物的名，虽然"荀玫"别无其他的字号可供比对，但"荀玫"与"袁枚"两个姓名却已密切地关联在一起。除此之外，如前所论，吴敬梓还将袁枚的籍贯、科名、形容、年岁、家境以及一些著名的逸事等都附着在荀玫的身上，这都使得两个人物之间构成了颇为绵密的联系。因此，在当时的文化语境中，很多读者应该都能看出"荀玫"影射的究竟是何人，尤其是吴敬梓与袁枚共同的那些友朋——当然也包括袁枚自己。

从人物形象上说，小说中的荀玫是一个少年进士，科举之途上的早达以及顺畅是其人生境遇中最为突出的特征。但除了令人艳羡的科举经历，荀玫在试图匿丧事件中所表现出的对于孝道的背离，以及最后由于贪赃而被拿问，则为这个人物笼罩了一层黝黯的灰色。这也意味着与上半部书的其他主要人物周进、范进、王惠、二严兄弟等一样，荀玫亦并非一个形象正面的小说人物，或者说得更确切一些，其性情与结局的灰暗甚至掩盖住了早达科名所带来的光耀。从本质上说，小说人物与原型人物永远不能等同，但对于当时的读者来说，可能未必会持有这样明晰的小说意识。在他们眼中，可能对于原型人物的影射就是小说人物的全部——而在被影射的人读来，或许更会如此。

所以我们不难想见袁枚在读到《儒林外史》中荀玫这一人物时的观感。考虑到在吴敬梓和袁枚之间有如此众多的共同友人，以及当时《儒林外史》"人争传写之"①的传播热度，特别是他们彼此之间共同的挚友程晋芳曾不止一次地在《怀人诗》（其十六）、《哭吴敏轩》、《文木先生传》等诗文中提到《儒林外史》，袁枚也应当会读到这部小说。从这个角度说，李汉秋所提出的"估计两人曾发生龃龉"，以及孟醒仁、孟凡经所认为的两人之间的互不提及应是由《儒林外史》所引发，可能正切中了两人交往的实情。但与前辈学者所推测的状况不同的是：两人之间的交恶并非由于吴敬梓在《儒林外史》中所写及的对于科举的反思、假名士的批判以及娶妾的讽刺等所引发，而是在于吴敬梓其实是以袁枚为原型塑造了荀玫这一

① 程晋芳：《文木先生传》，载《勉行堂诗文集》，魏世民校点，合肥：黄山书社，2012年，第802页。

人物。

　　从人物塑造看，作为主要人物的荀玫与其他主要人物也有所区别。与小说中和荀玫关系密切并且同时出场的周进、范进、王惠等人相比，用在荀玫身上的笔墨似乎更淡一些。相形于周进撞号板、范进中举以及王惠附逆等经典情节，在荀玫的故事中似乎没有出现如此跌宕的情节波澜。这种淡淡着墨的人物写作，或许也是受到了原型人物袁枚的影响：吴敬梓可能不得不考虑两人之间的诸多友朋，以及袁枚在吴敬梓所属的士人圈内的影响力，因此选择了用更为含蓄蕴藉的笔墨去塑造荀玫这一人物。

　　因此，我们看到的荀玫既没有夸张的言行，也没有被置于令人印象深刻的情节冲突中。在荀玫故事集中展开的第七回，我们只看到一个清秀少年在迅速到达科举顶峰之后，又因为回乡守制而仓促退场。荀玫七岁时便已出现，并在乍一出现时就被预言了日后的显达，就此看来似乎这个人物被寄予了作者颇多的深意，但其仕途的骤然中断以及匆匆归去又似乎消解了作者寄予更多深意的可能性，就在这种欲语还休的状态中，荀玫完成了自己的出场和故事。单单只看荀玫露面时的这些表象，似乎荀玫是一个被作者宽待的人物，又或是一个没有充分达到其原初塑造目的的半成品，但实际上，作者所给予这个人物的深意也正是通过这些淡笔点染出来的。

　　可以看到，在七岁的荀玫一开始登场的时候，虽然没有任何的对话或是动作，但人物性情的刻画便已经开始，这主要是通过他的父亲荀老爹呈现出来的。荀老爹所体现出的恳挚本分以及对于师道的尊重，在整体气氛浇薄而功利的薛家集可谓一个异数，从荀老爹的身上，我们可以窥见荀玫本来的品性。而此后荀玫在贫寒的家境中与母亲相依为命，并通过一力苦读成为"少年才俊"，则是这种本性的最好显现。但在荀玫踏入仕途之后，其品性却显露出明显的变化。在陈和甫递名帖试图拜见时，荀玫建议将他请进来"问问功名的事"。在见到陈和甫后，他和王惠则都表示要"问一问升迁的事"。以此两处细节为津梁，荀玫最后的选择也便显得顺理成章：在应当丁忧之际，他却采纳了王惠的建议试图匿丧以及夺情，其目的只是能尽早地"考选科、道"①。就如同他的迅速登科、匆匆退场一样，从

---

　　① 吴敬梓：《儒林外史汇校汇评本》，李汉秋辑校，上海：上海古籍出版社，1999年，第96页、第97页、第98页、100页。

一个本性淳朴、恪守孝道的少年，到蜕变为满腹功名热念、背弃孝道的小人，荀玫堕落的速度同样迅疾。

　　需要注意的是，荀玫在应当丁忧之际却欲图匿丧之事，在原型人物袁枚的身上并无着落。因此，有两个可能：其一，就此处情节而言，吴敬梓可能是借用了其他相关的本事材料来塑造荀玫；其二，这一笔或许是完全小说化的虚构。事实上，就明清两代而言，自明初开始，便已"夺情纷纷，其中不乏营求者"①，因此，这一笔既是虚构，却也反映了较为普遍的官场世情。但无论是哪种情形，结合原型人物袁枚以及小说中的叙述脉络来看，这一情节放在荀玫身上仍然有其内在的缘由。在考取翰林后，年少得意的袁枚"颇钟情于声色娱乐"②，而在回乡归娶时，这种得意在袁枚的整个翰林生涯中也达到了顶峰。与之相类的是，荀玫将丁忧归乡后的丧仪办得隆重而热闹，借助于这种别样的衣锦还乡，表面看来呈现的是位于仕途低潮的荀玫，实则却凸显出一个在功名路上渐行渐远且功名执念无比炽热的荀玫。换言之，荀玫是以归乡的方式宣告自己对于父辈以及既往的彻底背离，这种背离与荀玫的试图匿丧异曲同工，却又更为确实。

　　从小说的叙述脉络来看，尽管袁枚的回乡归娶与荀玫的回乡丁忧有婚和丧的区别，但在小说的整个上半部，婚礼与丧礼的交替进行本身就共同形成了一条重要的叙事线索。在荀玫故事的前后接连写到了范进母亲的丧礼、王氏的丧礼、严监生的丧礼、严贡生之子的婚礼、蘧公孙的婚礼等。这些描写各异的丧礼和婚礼串联起了诸多的故事，也体现出"礼"在小说叙事中的特殊价值③。就此而言，婚礼与丧礼的区别其实并不重要，它们共同凝聚而成的那个"礼"字才更为关键。因此，吴敬梓有可能将原型人物袁枚的回乡归娶改写成了荀玫的回乡丁忧，但这两者的区别却并非问题的核心，更为重要的是，与其他人物的故事一样，吴敬梓运用的其实是涵盖面更为阔大、意义也更为深邃的"礼"去书写荀玫这一人物。

　　因此，荀玫既是一个具有独立形象价值的特殊个体，又是一个存身于

---

　　①　赵克生：《略论明代文官的夺情起复》，载《西南师范大学学报》（人文社会科学版）2006年第5期，第49页。

　　②　郑幸：《袁枚年谱新编》，周本淳标校，上海：上海古籍出版社，1988年，第107页。

　　③　参见林顺夫：《〈儒林外史〉的礼及其叙事体结构》，载《文献》1982年第2期。

全书有机的人物谱系之中并与之息息相关的主要人物。从家世来看，荀玫突出的特点是出身贫寒，这与此后出场的同是少年的蘧公孙便有显见的不同，而与楔子部分的王冕则颇为一致。特别是在与寡母相依为命这一点上，荀玫也与王冕极为相似。但不同的是，王冕以贫寒始，以贫寒终，在贫寒的生活境遇中始终保持着高洁的品行，特别是对于母亲的"孝"。荀玫在贫寒的境遇中实现了人生的奋起，但其实现奋起的方式却恰恰是王冕曾质疑和表达过隐忧的八股取士，而荀玫品行的堕落以及对于孝道的背离也恰如王冕的预言。可以说，在楔子部分的王冕之后，正文的第一个少年寒士荀玫便以起点相似、终点迥异的另一种人生开启了全书对于士人如何对待"文行出处"的深切追问。

荀玫的特点不仅在于其出身贫寒，更在于他是一个少年进士。如前所论，与贫寒的家世相类，这点同样和原型人物袁枚有密切的关联：在乾隆元年的博学鸿词之试中，袁枚年岁最小；而在袁枚联捷成为进士时，也只有二十四岁而已。这一"少年进士"的身份被直接引入小说中的荀玫身上，并成为荀玫最为突出的特征。同是考中进士，荀玫的年少凸显出他的一众师友周进、范进、王惠等人的"暮年登上第"，而同样是少年，荀玫的科途得意又与蘧公孙、匡超人等人在"异路功名"之路上的辛苦跋涉形成了鲜明的对比。从科举的角度说，荀玫或许是全书之中最幸运的士人，可年少登第并没有让荀玫从名利场中迅速脱身而出，相反，这反而使得荀玫过早地陷入功名利禄的泥淖中无法自拔。因此，读者会在感叹周进、范进等人科举之路的崎岖之余，钦羡荀玫科举之途的顺达和坦荡。但从另一个方面来看，周进、范进固然在科考中耗费了数十年的生命，可他们某些朴质的品性却也得以保存数十年之久。而对于荀玫而言，速成的功名带来的则是品行的速朽，这或许也是周进、范进等人虽是晚遇却能在仕途保持令名，而年少得意的荀玫却终不免因贪赃被拿问的缘由所在。

立足于小说整体性的人物设置还可以看到，在小说的上半部起始部分现身的荀玫与上半部末尾部分出场的匡超人之间也产生了微妙的照应。在各自的故事正式展开时两人都是出身贫寒的少年，此后两人都经历了品行大幅度的变化，匡超人显达之后对于母亲的不闻不问与荀玫在母亲去世之后的试图匿丧也都体现了相同的"不孝"。并且如前所论，两个人物的塑造都经历了原型人物和本事人物行迹的拼接。而从人物关系的角度看，两人蜕变的过程也都相类。荀玫在书中有颇多的际遇：书中的两位名宦周进和范进都是他的老师，富有而"敦友谊"的王惠是他的同年，但也就是因为这些高端的人际关系，促成并加速了荀玫的堕落。无论是王惠劝他匿丧以及夺情，还是两位老师周进、范进认为夺情之事"可以酌量而行"①，都使得荀玫深陷名缰利锁之中。对于匡超人来说也同样如此，匡超人在小说中获得了几乎是最多的知遇：马二先生、潘老爹、李本瑛、郑老爹、潘三以及杭州的一众士人等，都曾真诚地帮助、提携、接纳过匡超人，但所有的这些知遇在让匡超人的生活境遇越来越好的同时，却也一步步地将他推到人性的深渊。

因此，荀玫和匡超人在小说的上半部分构成了首尾呼应的两个端点，通过这两个端点，我们能够勾勒出儒林世风日下、品行堕落的集体性状貌，并能在由此及彼的纵横交错中品鉴出个体士人和整个儒林之间那种纷繁复杂但同时又令人啼笑皆非的荒谬感。但在诸多相类性的背后，荀玫和匡超人之间也有关键性的不同：作为终点的匡超人，其变化的过程异常显著，而作为起始点的荀玫，其蜕变的过程则更为隐晦，这既是首尾两个端点的特性使然 —— 从隐晦到显著，是首尾两端应有的状貌，但也未必不是由于原型人物的介入所给予小说写作的别样契机。

也就是说，可能正是顾及彼此之间在士人圈中盘根错节的各种友情，以及袁枚在士林中的现实名声，吴敬梓才没有用较为浓烈显豁的笔墨去刻画荀玫这一人物。但这种淡笔恰恰使得荀玫成为儒林集体性沉沦的一个合乎情理的端点，并以其淡而有致、隐晦曲婉的故事伏案了其后出现的士人更为显著而剧烈的品行蜕变。与此同时，与其他色彩更为鲜亮的主要人物周进、范进、王惠、二严兄弟、匡超人等人相比，用淡笔写出的荀玫又成为一个重要的素色人物，使得小说上半部的人物谱系浓淡相间、色泽协调。

由此也可以解释为何荀玫在退场后仍以匾额题名以及被人谈论等多种

---

① 吴敬梓：《儒林外史汇校汇评本》，李汉秋辑校，上海：上海古籍出版社，1999年，第100页。

形式出现在小说中，并几乎贯穿小说的始终。荀玫退场后的这种余音袅袅、含蓄不尽正与这一人物出场时的蕴藉婉曲相照应，而与荀玫有关的情节以草蛇灰线的方式勾连起小说由首至尾的诸多故事和人物，也正是由于荀玫的品行变化其实伏案和贯穿了整个士林的沉沦。

在这一视角的观照下，本事人物卢见曾的加入也便具有了双面的特质：从一方面来说，将卢见曾的某些行迹融入退场后的荀玫身上，借助于这些与袁枚的经历相异的本事，可以进一步冲淡小说对原型人物袁枚的影射，这与对于荀玫的淡笔书写其实有着异曲同工的作用；而从另一方面来说，与卢见曾相关本事的融合也使得荀玫成为交织了不同士人命运的复合体，因而进一步摆脱了作为个体而存在的孤立状态，具有了更为深广而复杂的群体性意蕴，并最终成为一个言有尽而意无穷的小说形象。

综上所述，平步青《霞外捃屑》卷九中所提及的荀玫"似指卢雅雨"之说存在着诸多疑问，通过卢见曾和荀玫的对比可知，两人姓名字号之间全无联系，在家世、家境、年岁、科名等诸多方面，卢见曾也都与荀玫有显见的差异，并且这些差异都发生在人物形象极为关键的地方。因此，卢见曾并非荀玫的原型人物，而是在塑造这一人物的过程中借用了其某些事迹的本事人物。

通过考辨可以看到，在姓名字号、籍贯、科名、形容、年岁、家境、行迹等方面，在荀玫与袁枚之间都存在着极为绵密的联系，且在袁枚和吴敬梓之间有诸多关系密切的共同友朋，而其中的很多友朋都被吴敬梓作为原型人物写进了小说。因此，袁枚应当便是小说中荀玫的原型人物。

作为原型人物的袁枚可以帮助我们破解袁枚与吴敬梓之间的交游谜题，两人之间的互不提及很有可能正是由吴敬梓以袁枚为原型人物塑造了荀玫这一人物所引发。实际上，在袁枚与吴敬梓的彼此无视以及卢见曾与吴敬梓之间交情的生死如一之间也产生了一个有意味的对比：和袁枚与吴敬梓的交往在文献中几乎是一片空白不同的是，卢见曾和吴敬梓的交情却始终不变。在乾隆十九年（1754），吴敬梓去扬州便主要是为了去见再任两淮盐运使之职的卢见曾，而在吴敬梓逝世于扬州之后，也正是在卢见曾的资助之下，才能"敛而归其殡于江宁"。这一微妙的对比也从侧面说明，卢见曾并非荀玫的原型人物，而只是借用了其些许经历的本事人物。

　　由此我们也可以对小说中的原型人物和本事人物有进一步的认识，《儒林外史》是一部在原型和本事的使用方面显得尤为突出的小说，这也意味着对于小说中原型人物和本事人物的细致分辨显得更为重要。而小说本身也提供了区分原型人物和本事人物的可能性：小说人物和原型人物在姓名字号上的关联便指明了相应的路径。经由对于原型人物和本事人物的分辨，我们能够更为细密地剖析小说人物层层累积的生成过程，对于人物意义的生成过程也能有更为明晰的一个审视。

　　借由原型人物袁枚，吴敬梓实际上是将对于年少得意的科举顺达者的观察和反思都浸透在荀玫这一人物中，并展现出少年进士荀玫与其他各类士人殊途同归的生存困境。从人物写作的层次看，塑造荀玫所用的淡笔、含蓄以及绵长与其他主要人物均有所不同，这或许是受到了原型人物袁枚的交游与声名的影响。但也正是在这样的影响之下，荀玫这一人物呈现出了有别于其他人物的韵味和特质，而经由卢见曾本事的加入，又将对于士人群体命运的赅括和隐喻融入了荀玫这一人物，荀玫也由此成为承载小说意旨的重要伏案和贯索。

　　需要指出的是，袁枚与吴敬梓之间的交游谜题可以从荀玫身上得到解释，但对于两人的关系而言，还存在着诸多尚未厘清的中间环节：两人之间的交情始于何时？交恶又发生在何时？程晋芳、程廷祚、樊明征等共同的友人有无进行调解？这些友人的调解又是否使得吴敬梓对于荀玫这一人物做出了某些改变，从而形成了我们现在看到的状貌？凡此等等，既与袁枚与吴敬梓的交游相关，也与《儒林外史》的成书过程、传播过程密切相连，都是值得进一步思考以及追索的问题。

　　　　　　　　　　　　　　（原载于《明清小说研究》2019年第3期）

《金瓶梅》的物象与晚明商人的物质世界

—— 兼论物象描写的语言风格

刘紫云

摘要：形象是文学艺术的一大构成要素，物象是小说形象体系的重要组成部分。《金瓶梅》中的物象描写与小说三要素——人物、情节、环境——密切相关。首先，小说通过一组物象群描写，将《水浒传》中已出现的边缘人物西门庆重塑为主要人物，并赋予其以晚明商人的新特质。其次，物象描写参与白银崇拜、物质消费、流通交换等情节的建构。最后，私人空间中的物象描写展现了西门庆的审美实践。借助于物象描写与人物特质、情节走向、空间审美等要素的互动关联，《金瓶梅》呈现出以西门庆为代表的晚明新兴商人的物质世界，进而服务于具有普遍意义的反思性主题。

关键词：金瓶梅；物象；物质；商人；晚明

　　小说中的物象描写，往往被视为静态、琐碎、无关紧要的，而被排除在有关小说本体等重要议题的讨论范围之外。实际上，形象是文学艺术的一大要素，艺术形象是小说艺术世界的重要组成部分。在一些小说中，物象充分参与小说人物塑造、情节建构与空间书写，与小说文体的三大构成要素密切相关。

　　作者简介：刘紫云，文学博士，中央民族大学文学院副教授、硕士研究生导师，主要研究方向为明清文学与古代小说。

　　基金项目：国家社会科学基金后期资助项目"古代小说日常物象描写的理论阐释"（18FZW045）。

　　三要素——人物、情节、环境——界定了小说这一叙事文体有别于其他文学体裁的特质，物象描写与三要素之间的互动关联也进一步证实了其作为辅助性构成要素的可能。本文尝试将物象描写纳入小说研究视野中，以《金瓶梅》中的物象描写与小说三要素之互动为切入点，探讨其于《金瓶梅》物质世界建构所扮演的角色。

一、财与色：物象描写与晚明商人新形象

　　"在小说文体诸要素之中，'人物'无疑是最为关键的一个：小说'情节'的展开必须依托人物，复杂的情节则需要众多彼此关联的人物联合演绎才能向前推进；小说'语言'的体制和风格，也受制于人物的性别、身份、年龄、籍贯以及情感状态。"①《金瓶梅》中的西门庆，便是这样一个关键性角色。这一人物脱胎于《水浒传》，原本只是一个边缘性角色，附属于有关武松的叙事段落，构成武松投奔梁山因果链条中的第一环。在情节和人物的挪用上，"虽然《金瓶梅词话》对《水浒传》的原文力求忠实，作者仍然时刻要求它们从属于自己的意图。…… 来自《水浒传》的人物有时重新加以构思。描写的技巧以及作家处理题材的手法都有重大差异"②。西门庆便是《金瓶梅》的作者首先要重塑的人物，其描写的技巧与《水浒传》有根本差异。

　　《金瓶梅》书名乃拼合三个女性人物之名而成，"她们三人是书中的重要人物，却不是主要人物。主要人物还是西门庆"③。为了摆脱《水浒传》"影响的焦虑"，使西门庆从边缘跃居中心，《金瓶梅》作者在这一人物的出场上下足了功夫。由于古代通俗小说文体受讲唱伎艺的深远影响，因此中国古代小说家在塑造人物时，尤其是在重要人物初次亮相时，往往不惜

　　① 刘勇强、潘建国、李鹏飞：《古代小说研究十大问题》，北京：北京大学出版社，2017年，第64页。

　　② 韩南：《韩南中国小说论集》，王秋桂等译，北京：北京大学出版社，2008年，第225 — 226页。

　　③ 吴组缃：《论金瓶梅》，载《北京大学学报》(哲学社会科学版) 2011年第5期，第136页。

辞费对人物服饰进行大段静态描写。在《水浒传》的江湖世界中，西门庆乃是微不足道的小人物，因此小说家甚至没给他一个正式的亮相。然而，《金瓶梅》却不肯放过这样的机会，作者用重要人物亮相的传统手法 —— 服饰描写 —— 将这位新世界的主人公推到了聚光灯下：

> 妇人 …… 看那人，也有二十五六年纪，生得十分博浪。头上戴着缨子帽儿，金玲珑簪儿，金井玉栏杆圈儿；长腰身穿绿罗褶儿；脚下细结底陈桥鞋儿，清水布袜儿，腿上勒着两扇玄色挑丝护膝儿；手里摇着洒金川扇儿，越显出张生般庞儿，潘安的貌儿。①

诚如许多研究者所言，静态的服饰描写往往无关小说叙述，也很难引起读者的兴趣，但以上这一组物象群 —— 缨子帽儿（瓦楞帽）、金玲珑簪儿、洒金川扇儿等 —— 所构成的描写绝非等闲之笔，反之，它们将在后文激荡起层层涟漪。第八回西门庆生日，潘金莲为其祝寿，然而西门庆一进门，金莲便"一手向他头上把帽儿撮下来，望地下只一丢。慌的王婆地下拾起来，见一顶新缨子瓦楞帽儿，替他放在桌上 …… 一面向他头上拔下一根簪儿，拿在手里观看，却是一点油金簪儿 …… 却是孟玉楼带来的。妇人猜做那个唱的与他的，夺了放在袖子里，不与他 …… 妇人因见手中擎着一根红骨细洒金、金钉铰川扇儿，取过来迎亮处只一照。原来妇人久惯知风月中事，见扇儿多是牙咬的碎眼儿，就是那个妙人与他的扇子，不由分说，两把折了"②。

小说第二回至第七回基本照搬水浒故事，叙述二人情事。但是，第七回中，小说家让西门庆撇开潘金莲，迎娶孟玉楼。上文所引便是西门庆迎娶孟玉楼后，与潘金莲再续前缘的场景。

第八回中出现的缨子瓦楞帽儿、金簪儿、洒金川扇这一组物象群，不再是静态描写，而被吸纳为叙述的成分，与第二回相互呼应、构成对话，激活了此前的物象描写，并参与塑造了西门庆这一人物形象的新特质。在

---

① 兰陵笑笑生：《金瓶梅词话》，陶慕宁校注，北京：人民文学出版社，2000年，第23页。
② 兰陵笑笑生：《金瓶梅词话》，陶慕宁校注，北京：人民文学出版社，2000年，第85页。

第二回潘金莲与西门庆的邂逅中，也出现过这三种同名物象，然而仅隔数月，二人再会时却已"人是物非"：第八回这顶缨子帽儿是新婚备办之物，簪子是孟玉楼的定情信物，此二者明摆着西门庆新婚的事实；川扇上的牙痕，则泄露了西门庆寻欢作乐的一贯行径。这一组物象群所蕴含的微妙信息，借由潘金莲的观看被含蓄地传达出来，勾勒出西门庆的浮浪形象。

西门庆本是个"破落户财主"，《水浒传》中他"从小也是一个奸诈的人"①，而《金瓶梅》中，他成了"从小儿也是个好浮浪子弟"，"使得些好拳棒，又会赌博，双陆象棋，抹牌道字，无不通晓"②。《金瓶梅》作者在小说第二回为西门庆"量身定制"的那副行头，可谓坐实了"财主"兼"子弟"的名头。

在这一组物象群中，"洒金川扇"最能彰显西门庆的这一双重身份，可以令《金瓶梅》与《水浒传》中的西门庆"判若两人"。康熙年间评点家张竹坡对西门庆的扇子颇多留意，在第三回的回前评提及"文内写西门庆来，必拿洒金川扇儿"，③并详细对比《金瓶梅》（绣像本）与《水浒传》中西门庆的差别：

> 况且单写金莲于挑帘时，出一西门，亦如忽然来到以前不闻名姓之西门，则真与《水浒》之文何异？然而叙得武大、武二相会，即忙叙金莲，叙勾挑小叔，又即忙叙武大兄弟分手，又即忙叙帘子等事，作者心头固有一西门庆在内，不曾忘记，而读者眼底，不几半日冷落西门氏耶！朦胧双眼，疑帘外现身之西门，无异《水浒》中临时方出之西门也。今看他偏有三十分巧，三十分滑，三十分轻快，三十分讨便宜处，写一金扇出来，且即于叙卜志道时，写一金扇出来。夫虽于迎打虎那日，大酒楼上放下西门、伯爵、希大三人，止因有此金扇作幌伏线，而便不嫌半日缠缠洋洋写武大、写武二、写金莲如许文字后，于挑帘时一出西门，止用将金扇一晃，即作者不言，而本文亦不

---

① 施耐庵：《水浒全传》，北京：人民文学出版社，1954年，第366—367页。

② 兰陵笑笑生：《金瓶梅词话》，陶慕宁校注，北京：人民文学出版社，2000年，第25页。

③ 兰陵笑笑生：《会评会校金瓶梅词话》，刘辉、吴敢辑校，香港：天地图书有限公司，2012年，第115页。

与《水浒》更改一事，乃看官眼底自知为《金瓶》内之西门，不是《水浒》之西门。①

张竹坡由一"金扇"而判断"《金瓶》内之西门，不是《水浒》之西门"，可谓体察入微、见微知著，道出了"金扇"之于《金瓶梅》作者重塑西门庆形象的画龙点睛之妙。如评点者所言："作者心头固有一西门庆在内。"因此"金扇"一旦出现，便成为西门庆这一形象不可分割的一部分。小说中西门庆不仅走路时拿着金扇"摇摇摆摆"（第二回、第三回），骑马时也摇着金扇（第五十二回）。谋得一官半职之后，金扇也是西门庆手中须臾不离的一件要紧物事。在家晏居，扇不离手（第五十一回）；出门应酬，必备冠带金扇（第五十三回）。

所谓"金扇"，即上文所论之"洒金川扇"。川扇，是明代中后期四川上贡宫廷的一种折扇。一把完整的折扇包含扇面、扇骨、扇头、扇钉、扇坠等部分，其精致讲究便也体现在这些方面。西门庆的这把"红骨细洒金、金钉铰川扇儿"，"红骨"为扇骨，"细洒金"写扇面，"金钉铰"指扇钉，是一把相当讲究的折扇。文震亨《长物志》卷七"器具"载，"折叠扇，古称聚头扇，由日本所贡"，后"川中蜀府制以进御，有金绞藤骨、面薄如轻绡者，最为贵重"②。西门庆所执之扇，当与此种较为贵重的"金绞藤骨"川扇十分接近。

四川贡扇曾于明代嘉万年间的朝野中风靡一时，尤其是华灿夺目的洒金川扇备受宫廷喜爱。沈德符《万历野获编》卷二十六"四川贡扇"条目载：

> 聚骨扇自吴制之外，惟川扇称佳。其精雅则宜士人，其华灿则宜艳女；至于正龙、侧龙、百龙、百鹿、百鸟之属，尤宫掖所尚；溢出人间，尤贵重可宝。今四川布政司所贡，初额一万一千五百四十柄；至嘉靖三十年，加造备用二千一百，盖赏赐所需；四十三年，又加造

① 兰陵笑笑生：《会评会校金瓶梅词话》，刘辉、吴敢辑校，香港：天地图书有限公司，2012年，第116页。

② 文震亨：《长物志》，北京：金城出版社，2010年，第267页。

小式细巧八百，则以供新幸诸贵嫔用者，至今循以为例。……凡午
节例赐臣下扇，各部大臣及讲筵词臣，例拜蜀扇，若他官所得，仅竹
扇之下者耳。[1]

　　这一喜好很快影响到市井，商人、富民竞相追捧。皇帝御赐川扇，是
对重臣地位的肯定。对于没有职衔的富商而言，川扇则是财富的象征。
谢肇淛《五杂俎》之《物部四》有云："蜀扇每岁进御，馈遗不下百余
万。上及中宫所用，每柄率值黄金一两，下者数铢而已。"[2]《金瓶梅》第
五十四回中，常时节与白来创赌棋，赢了一把折扇，在妓女面前卖弄，西
门庆见状，不无遗憾地说道："我可惜不曾带得好川扇儿来，也卖富卖
富。"[3]可以"卖富"的扇子，自然价值不菲，西门庆的暴发户心态也跃然
纸上。

　　一把精致讲究的川扇，既是暴发富商的"脸面"，也是浮浪子弟的
"名片"。一把川扇在手，可能暗示其人调风弄月的嗜好。折扇自传入之
初便被视为男女私狎之物，不宜出现在郑重严肃的场合。《金瓶梅》中除
了风流子弟和帮闲篾片之外，唯有妓女公开使用折扇。[4]明人陆容《菽园
杂记》卷五载："南方女人皆用团扇，惟妓女用撒扇。近年良家女妇亦有
用撒扇者，此亦可见风俗日趋于薄也。"[5]陆容所记是明代成弘年间之事；
《金瓶梅》中的社会风俗多为嘉万年间的写照，在这一点上，可见是延续
了此前的习俗，即良家妇女不用折扇。妓女借扇掩面，或为卖弄风情；而

---

①　沈德符：《万历野获编》下册，北京：中华书局，1959年，第662页。

②　谢肇淛：《五杂俎》下册，北京：中华书局，1959年，第346页。

③　兰陵笑笑生：《金瓶梅词话》，陶慕宁校注，北京：人民文学出版社，2000年，第662页。

④　《金瓶梅》在用扇描写上，带有很清晰的性别特征。女性尤其是家眷一般只用团扇，例如潘金莲用的便是白纱团扇（第十七回、第十九回、第二十七回、第五十二回）。男性多用折扇，但值得注意的是，在西门庆等男性使用者之外，折扇的使用者还包括妓女这一群体。小说第三十二回写妓女桂姐认月娘为干娘，便"用洒金扇儿掩面"；小说第五十九回，西门庆初见名妓郑爱月儿时，后者也是"用洒金扇儿掩着粉脸"。这两处描写是小说中仅见的两处提及女性使用折扇的情形。

⑤　陆容：《菽园杂记》，北京：中华书局，1985年，第53页。

子弟持扇摇摆，则或为彰显浮浪秉性。前述张竹坡便认为这把"金扇"写出了《金瓶梅》中西门庆所独有的浮浪情状——"三十分巧，三十分滑，三十分轻快，三十分讨便宜处"。华丽的折扇不仅暗示着浮浪子弟与烟花女子的往来，还进一步充当二者的传情之物。前文所述第八回潘金莲迎着光看到的洒金川扇儿上的牙眼儿，便是西门庆与妓女之间富于情色意味的信号传递。除了扇面上的牙眼儿之外，扇骨的颜色也透露出西门庆的浪荡习性。白维国引用明人何良俊《四友斋丛说》中所载松江俗谚"十清诳"之第一清诳"圆头扇骨揩得光浪荡"①，证明西门庆洒金扇的"红骨"非指红木、檀木扇骨，更非髹以红漆，乃指竹骨经长期摩挲而形成的红亮色泽。②如此一来，这把扇骨摩挲得发亮、扇面散布牙眼儿的红骨川扇，无疑成为"轻浮""清诳"的同义词，是西门庆猎艳之旅的绝佳证明。

由此可见，即便在第一回至第六回这样几乎完全依傍《水浒传》的情节中，《金瓶梅》已经透露出其不同于前者的兴趣和风格。西门庆初次亮相即已出现的物象群，尤其是其中富于代表性的"洒金川扇"，从物质细节层面赋予旧人物以新内涵，将"一个奸诈的人"重塑成一个暴发富商兼浮浪子弟。西门庆手执金扇招摇市井的得意之状，与其揩摸扇骨、混迹烟粉的浮浪之态，可谓相互映衬、相得益彰。洒金川扇，既象征财富，更暗示暧昧情事，这二者的微妙结合，无疑会让西门庆在财色兼得的自我幻想与陶醉中忘乎所以。财与色是西门庆终其一生的追求，也构成了《金瓶梅》迥异于《水浒传》的反思性主题。沉迷财色不能自拔，奠定了这一人物品格的基调，并主导了小说情节的走向。

二、物与欲：物象描写与晚明商人新逻辑

作为第一部以家庭日常生活为题材的章回小说，《金瓶梅》组织情节展开叙述的方式，显然有别于此前的章回小说。爱·缪尔的《小说结构》从情节与小说的关系角度，将小说大致分为情节小说、人物小说、戏剧性

---

① 何良俊：《四友斋丛说》，北京：中华书局，1959年，第323页。

② 白维国：《金瓶梅风俗谭》，北京：商务印书馆，2015年，第328页。

小说三种类型。①依此分类，此前的小说如《西游记》《水浒传》《三国演义》更接近"情节小说"，《金瓶梅》大致可归入"人物小说"一类。

　　尽管西门庆这一人物未贯穿小说始终，但却在最大程度上参与了情节建构。如前文所述，小说第二回就以一组物象群重塑了西门庆形象，并且为此人物之品格奠定基调。西门庆以暴发富商兼浮浪子弟的形象出现，这一形象所蕴含的新特质——对财、色永无餍足的追求——也很快随着情节铺展"浮出地表"。他一路高歌猛进的财富积累、情欲扩张与官位升迁，构成了小说八十回之前的情节主干，而女性家庭成员以及其他女性人物的情节，从整体上服务于西门庆追财逐色的叙述，是情节主干上的分支。西门庆无疑是小说内部的叙述"发动者"，其一旦暴亡（第七十九回），此后情节便如崖山崩塌般急转直下：家仆出逃，妻妾离散，人死财散。这一前后对比衬托出西门庆在统领情节方面的核心作用。同时，这样劝百讽一的结局安排，虽然是袭用既定故事母本及其道德框架时便已决定了的，但仍传达出小说家对西门庆所代表的社会新兴阶层及其价值观、生活方式和未来命运的隐忧与反思。

　　在为西门庆"借来"的六年光阴中②，小说家巨细无遗地向我们勾勒出他声色犬马的生活图景。在这一图景中，占据前方视野的便是他谋求财富的画面。对钱财的贪恋自古有之，但晚明商业经济的发展，不仅塑造了新兴商人阶层的白银崇拜，而且还使商品经济赖以依存的交换逻辑与物化思维深入人心。尤其是在一些商业较为发达的运河沿线城市，这种情况

---

　　① 情节小说中，情节是主要的，人物对事件的反应是附带的，而且总是有助于情节的发展；人物常常是按照情节的需要而具备哪些性格以及具备何种深度的性格。人物小说中的人物独立地存在，情节附属于人物。戏剧性小说则是人物与情节结合最为紧密的类型，人物就是情节，情节就是人物，情节的发展过程既出于自然，又合乎发展的逻辑性。参见[英]爱·谬尔：《小说结构》，载[英]卢伯克、[英]福斯特、[英]缪尔：《小说美学经典三种》，方土人、罗婉华译，上海：上海文艺出版社，1990年，第344—373页。

　　② 第十二回西门庆过29岁生日，倒推到第八回过生日时应当是28岁，第七十九回西门庆死的时候是33岁，小说叙述的是西门庆从28岁到33岁这段时间的生活。

更为明显。通过清河县原型临清的商业贸易实况①，我们或可间接感受清河县的商业氛围。小说中有关西门庆商业贸易的叙述，亦足以证明清河作为货物流通中转站的地位。商品的大量涌现与流通，带来了财富的急剧增长，暴发商人如雨后春笋般出现，西门庆便是其中的一员。无论是西门庆的商业、情场，还是官场生活，都倾注着小说家对新兴社会阶层及孕育这一阶层的商品经济运行逻辑——流通与交换的规则——的洞察。在这三种社会生活中，物质的流通、消费及其与潜在利益的交换，都扮演着结构性的角色，而这又是通过相关的物象描写得以实现的。有鉴于此，下文将从三个方面——白银崇拜、物质消费与交换逻辑——逐次论述物象描写如何参与建构、呈现晚明商人的物质世界。

在人物小说中，人物个性往往决定小说情节的走向。福斯特在《小说面面观》中曾以笛福的《摩儿·弗兰德斯》为例，认为"这本书正是按照女主角的个性自然地向前发展"②。西门庆对钱财的贪欲，正是小说情节发展的内在动力。相关物象描写参与人物话语与行动，被纳入小说情节，如账簿般将西门庆的财富一笔笔"登记在册"，生动地揭示出新兴商人阶层的白银崇拜。

商业生活是西门庆一切社会生活的根基。尽管西门庆的生药铺和官吏债为他富甲一方提供了原始积累，但让他在短时间内暴发的不是商业上的获利或政治上的谋划，而是婚姻上的精打细算。妻妾带来的嫁妆，尤其是孟玉楼与李瓶儿的嫁妆，让他如虎添翼。小说第七回中，凭借对财富的敏

---

① 《金瓶梅》中的清河县，有学者论证就是明代山东临清州，参见薛洪勣：《也谈〈金瓶梅〉与临清》，载黄霖、杜明德主编：《〈金瓶梅〉与临清——第六届国际〈金瓶梅〉学术讨论会论文集》，济南：齐鲁书社，2008年，第148页。此外，还有《金瓶梅地理背景新探》等文章谈及这个问题。临清，又名清源，位于山东西北部，居会通河与卫河交汇处，属东昌府，是一个水陆要冲之地。黄仁宇认为，在明代漕运系统中，临清是大运河运输主干线上一个颇为重要的点，沟通了闸河河段和卫河河段："临清的地位，是作为从漕河运来的货物向华北内陆各府县散发的运输中转站；这一点从货物接收地区的地方志中可以证实。""到宣德时，临清成了全国33所大商业城市之一，明王朝并在此设置了钞关，既征商税，又收船料。""万历时，每年包纳税银二万余两，相当于当时商税总数的三分之一。"参见黄仁宇：《明代的漕运》，张皓、张升译，北京：新星出版社，2005年，第184页。

② ［英］福斯特：《小说面面观》，苏炳文译，广州：花城出版社，1984年，第49页。

锐嗅觉，西门庆果断撇开潘金莲，火速迎娶布商遗孀孟玉楼。在媒婆惯用的夸张修辞中，我们仍可十分保守地估算出孟玉楼手里的这一份好钱："南京拔步床也有两张，四季衣服、妆花袍儿，插不下手去，也有四五只箱子。珠子箍儿、胡珠环子、金宝石头面、金镯银钏不消说。手里现银子他也有上千两。好三梭布也有三二百筒。"①为了至少在规模上与孟玉楼这份相当可观的嫁妆相匹配，西门庆也拿出"二十余担"的"衣服头面，四季袍儿，羹果饼茶，布绢绸绵"②作为聘礼。这一连串的物象群描写，都与特定的数量词结合，其文学意义不在于形象本身，而在于物象经验原型所象征的商品价值，亦即其通过白银货币换算出的抽象价值。

　　较之迎娶孟玉楼，西门庆迎娶李瓶儿的过程可谓枝节横生，其所得也出乎意料。西门庆不仅贪慕女性的美色，还觊觎她们的财富。③正如小说词话本第十六回标题所示"西门庆谋财娶妇"④，他迎娶李瓶儿可谓一桩精心策划且顺心如意的买卖。李瓶儿还没过门时，就为花子虚的官司给了西门庆三千两人情使费。此外，她还不忘给西门庆一些甜头以投其所好："床后边有四口描金箱柜，蟒衣玉带、帽顶绦环、提系条脱，值钱珍宝，玩好之物，亦发大官人替我收去。"⑤在李瓶儿服丧期间，西门庆这边已经准备攒造新房，以为日后李瓶儿起居之所。为此，一心思嫁的李瓶儿亮出了第二张牌，她跟西门庆掏心掏肺："奴这床后茶叶箱内，还藏着四十斤沉香，二百斤白蜡，两罐子水银，八十斤胡椒，你明日都搬出来，替我

---

① 兰陵笑笑生：《金瓶梅词话》，陶慕宁校注，北京：人民文学出版社，2000年，第66—67页。

② 兰陵笑笑生：《金瓶梅词话》，陶慕宁校注，北京：人民文学出版社，2000年，第75页。

③ 第十回西门庆第一次提及李瓶儿，便道："你不知，他原是大名府梁中书妾，晚嫁花家子虚，带了一分好钱来。"参见兰陵笑笑生：《金瓶梅词话》，陶慕宁校注，北京：人民文学出版社，第106页；第七十八回第一次提及蓝氏时也道："他是内府御前生活所蓝太监侄女儿，与他陪嫁了好少钱儿！"参见兰陵笑笑生：《金瓶梅词话》，陶慕宁校注，北京：人民文学出版社，第1069页。

④ 崇祯本此回标题作"西门庆择吉佳期　应伯爵追欢喜庆"。

⑤ 兰陵笑笑生：《金瓶梅词话》，陶慕宁校注，北京：人民文学出版社，2000年，第151页。

卖了银子，凑着你盖房子使。"①在李瓶儿与西门庆的两次私密交谈中，一连串的物象蜂拥而至，连同准确的数量词，好比一张预先开好的支票，允诺着日后随时可兑现的白银。正如西门庆对月娘估价这些香蜡细货时称其"也直几百两银子"②，这一组物象群在小说人物眼中很快就被"变现"成等价白银。及至李瓶儿历尽波折嫁入西门府，她的嫁妆"雇了五六付扛，整抬运四五日"③。第二日，李瓶儿一面开箱子打点细软首饰衣服，一面与西门庆过目：

> 拿出一百颗西洋珠子与西门庆看。原是昔日梁中书家带来之物。又拿出一件金厢鸦青帽顶子，说是过世老公公的，起下来上等子秤，四钱八分重。……又拿出一顶金丝髽髻，重九两……。④

此处出现的物象描写，包含了十分精确的数量、重量、产地、材质与款式等信息："一百颗""四钱八分重""九两"，分别是数量与重量；"西洋"是产地；"金厢鸦青""金丝"是材质兼款式。当物品成为商品进入流通市场，上述信息便成为衡量商品价值的重要参考标准。数量可以让价值实现累积式增长，而必要的产地和材质、款式等信息则有助于提升单位商品的价值。物象描写的此种风格，完全不同于彼时文人雅士在物质享受中对品味、意趣的强调，体现的是晚明商人阶层与市井社会的物质审美。

物品的商品价值，依托于商业贸易中以白银为媒介的流通体系。小说第五十六回叙述常时节向西门庆借钱，西门庆慷慨解囊，说道："兀那东西，是好动不喜静的，曾肯埋没在一处？也是天生应人用的，一个人堆

---

① 兰陵笑笑生：《金瓶梅词话》，陶慕宁校注，北京：人民文学出版社，2000年，第174页。

② 兰陵笑笑生：《金瓶梅词话》，陶慕宁校注，北京：人民文学出版社，2000年，第176页。

③ 兰陵笑笑生：《金瓶梅词话》，陶慕宁校注，北京：人民文学出版社，2000年，第215页。

④ 兰陵笑笑生：《金瓶梅词话》，陶慕宁校注，北京：人民文学出版社，2000年，第222页。

积，就有一个人缺少了。因此积下财宝，极有罪的。"①这句话对我们理解整部小说都有至关重要的意义。"那东西"指银子，"好动不喜静"道出了白银作为流通货币的本质特征。尽管西门庆不无自我调侃地否定堆积银钱以积累财富的正当性，但实际上正是白银的货币化才使得富人积累财富成为可能。因为尽管白银本身没有固定用途或实际价值，可是一旦成为流通货币，白银便可无限制地换得其他任何东西——甚至包括身体和权力。白银从1570年左右开始作为流通货币出现于世界范围内，尤其在中国，白银的购买力很强，因此也加剧了人们对白银的需求。就17世纪荷兰人向亚洲输出的白银而言，"从1610年到1660年这五十年间，荷属东印度公司各总部所核准的输出量，逼近五千万荷兰盾，这等于将近五百吨的白银"②。大量的白银输入，给16世纪后期至17世纪前期的中国社会造成了强烈的冲击。

从这个意义上看，这些物品本质上都是可用白银购得供人们消费的商品；同时，以商品为经验原型的物象脱离了与个人记忆、情感的具体关联，成为贸易流通网络中消费者手里短暂停留的符号。我们看到物象的具体形象正在逐渐瓦解，取而代之的则是物象的经验原型可兑换的货币价值，即抽象的数字和精确的计算。

尽管西门庆对财富积累有着异乎寻常的兴趣，但小说围绕这一人物展开的不是守财奴的故事，相反，我们看到的是对财富和资本持有更开放观念的新兴商人的兴衰史。

通过婚姻聚敛财富有着悠久的历史，西门庆的做法并不出奇。然而，与之前的财富观念不同的是，西门庆并没有停留于一味囤积财富，而是迅速将李瓶儿带来的资产——昔日花太监镇守广南时囤积下的货物——兑换成具有购买力的白银，用以换取更优越的物质享受和新一轮的商业投资。小说第二十回中，"西门庆自从娶李瓶儿过门，又兼得了两三场横财，家道营盛，外庄内宅焕然一新，米麦陈仓，骡马成群，奴仆成行"，

---

① 兰陵笑笑生：《金瓶梅词话》，陶慕宁校注，北京：人民文学出版社，2000年，第685页。
② [加]卜正民：《维米尔的帽子》，黄中宪译，长沙：湖南人民出版社，2017年，第175页。

"又打开门面二间，兑出二千两银子来，委付伙计赍地传开解当铺"。^①此后，到小说第三十回，西门庆又用四百五十两本钱在狮子街开了个绒线铺。^②据西门庆弥留之际的嘱托可知，其名下商铺多达六处：与乔亲家合营的缎子铺（五万两本钱）、绒线铺（六千五百两本钱）、绸绒铺（五千两本钱）、自营缎子铺（二万两本钱）、生药铺（五千两本钱）、解当铺（二千两本钱）。另外，再加上两处房产，西门庆的家产该有十万两之多。"初一看，似乎并不算多。但明朝一个七品官员，一年的官俸也不过是区区四五百两——也就是说西门庆留下的财富，已达到七品官员年俸的两百余倍。"^③在这一新兴商人阶层的价值观念中，这偌大的财富，只有被转化为物质消费和享受时，它的价值才得到最终实现。

与更高级的物质消费和享受几乎同时发生的，便是炫富行为，这也是财富带来的新价值，即对财富拥有者的心理补偿式回馈。"白银供应源源不绝的期间，其在中国催生出奢靡之风。它使人得以积聚财富，拥有现金，进而助长虚荣型消费和社会上竞比豪奢的风气。有能力享受这新富裕的人热情拥抱这文化，花大把银两购买昂贵物品、古玩、豪宅，并乐在其中。"^④西门庆及其生活正是这一新经济环境下富商阶层及其生活样式的代表。不断升级的奢侈性消费欲望和竞比豪奢的心态，构成了小说情节推进的内在逻辑。

对西门庆及其家庭成员吃穿用度的描写，不仅是小说家对日常细节的兴趣使然，这样的日常再现还有着更为深刻的意味：这种奢侈消费和享受曾是一种非日常的行为，但如今却成为商人家庭中的日常。围绕吃穿用度

---

① 兰陵笑笑生：《金瓶梅词话》，陶慕宁校注，北京：人民文学出版社，2000年，第230页。

② 兰陵笑笑生：《金瓶梅词话》，陶慕宁校注，北京：人民文学出版社，2000年，第380页。

③ 格非：《雪隐鹭鸶——〈金瓶梅〉的声色与虚无》，南京：译林出版社，2014年，第47页。

④ [加]卜正民：《维米尔的帽子》，黄中宪译，长沙：湖南人民出版社，2017年，第188页。

展开的更为细致、繁复的物象描写，构成了相关情节中的弥漫性景观。①
这一部分情节往往经由应伯爵这一陪衬性人物与西门庆的对话来展现。破
落户应伯爵是西门庆身边的帮闲篾片，在吃穿用度上颇有心得并以此博取
西门庆的好感，从中揩油得利。他曾盛谀过不少西门之物，其中，最具代
表性的是西门庆的犀角带、西门庆给李瓶儿置办的名贵棺材以及西门府中
的各式精致饮食。所有这些物象描写，都出现在小说第三十回以后，即在
西门庆积累了一定财富并谋得官职之后。

　　小说第三十回叙述西门庆通过贿赂谋得提刑所理刑副千户一职，正
得意扬扬地备办官服，恰好应伯爵到来，见西门庆的犀角带便拿起来看，
"西门庆见他拿起带来看，一径卖弄说道：'你看我寻的这几条带如何？'
伯爵极口称赞夸奖，说道：'亏哥那里寻的？都是一条赛一条的好带，难
得这般宽大。别的倒也罢了，自这条犀角带并鹤顶红，就是满京城拿着银
子也寻不出来。不是面奖，说是东京卫主老爷，玉带金带空有，也没这
条犀角带。这是水犀角，不是旱犀角。旱犀不值钱。水犀角，号作通天
犀。你不信，取一碗水，把犀角安放在水内，分水为两处。此为无价之
宝。又夜间燃火照千里，火光通宵不灭。'因问：'哥，你使了多少银子寻
的？'……西门庆道：'……定要一百两。'伯爵道：'且难得这等宽样
好看。哥，你到明日系出去，甚是霍绰。就是你同僚间，见了也爱'"②。

　　西门庆的武职，是个五品。据明人俞汝楫所作《礼部志稿》卷六十四
中"服色禁制"条所载万历年间职官品服之制可知，"五品六品，帽顶许
用金玉帽珠，用珊瑚、琥珀系腰，用金银犀角带"③。西门庆新官上任，依
官品订制的这条犀角带，并无僭越之举。尽管符合规制，但一百两一条
的犀角带可谓价值不菲。应伯爵这番不无表演之嫌的盛赞，正中西门庆

---

① 尤其是在女性成员的情节部分，围绕物质利益展开的大大小小的纠纷永不消停，不仅
建构了情节的冲突和矛盾，而且在叙述层面塑造了《金瓶梅》所特有的叙事形态，参见拙文《论
〈金瓶梅词话〉的物象选择与日常叙事形态》，载《人文杂志》2016年第3期。

② 兰陵笑笑生：《金瓶梅词话》，陶慕宁校注，北京：人民文学出版社，2000年，第
353—354页。

③ 林尧俞等纂修，俞汝楫等编撰：《礼部志稿》卷64，载《景印文渊阁四库全书》，台北：
台湾商务印书馆，1983年影印本，史部第598册，第77页。

下怀。

如前文所述，为了避免静态描摹与物质消费相关的物象，《金瓶梅》作者往往通过话语与行动将人物引入小说情节，使其成为动态叙述的一部分。小说第三十回后此类物象描写多出现于西门庆和应伯爵之间的"夸耀–奉承"式对话中。西门庆的夸耀话语是为了获得心理补偿回馈，应伯爵的奉承话语则是为了获得物质补偿回馈。正如第五十四回中所言："原来伯爵在各家吃转来，都学了这些好烹庖了，所以色色俱精，无物不妙。"①凭借着对时兴消费享乐知识和技巧的精通，应伯爵得以寄生于西门庆门下。因此，《金瓶梅》中但凡涉及时兴消费的物象描写，几乎都有西门庆和应伯爵同时在场。例如，第六十七回描写西门庆向应伯爵夸耀一种从杭州捎来的蜜饯食品"衣梅"：

> 伯爵才待拿起酒来吃，只见来安儿后边拿了几碟果食：一碟果馅饼……一碟黑黑的团儿，用橘叶裹着。伯爵拈将起来，闻着喷鼻香，吃之到口，犹如饴蜜，细甜美味，不知甚物。西门庆道："你猜。"伯爵道："莫非是糖肥皂？"西门庆笑道："糖肥皂那有这等好吃！"伯爵道："待要说是梅苏丸，里面又有胡儿。"西门庆道："狗材过来，我说与你罢，你做梦也梦不着：是昨日小价杭州船上捎来，名唤做衣梅。都是各样药料，用蜜炼制过，滚在杨梅上，外用薄荷、橘叶包裹，才有这般美味。每日清辰呷一枚在口内，生津补肺，去恶味，煞痰火，解酒剋食，比梅苏丸甚妙。"伯爵道："你不说，我怎的晓的。"②

这番一问一答，好比相声表演，让西门庆过足了卖富的瘾儿。应伯爵仿佛预先排练过似的一再提问，引逗西门庆一口气道出这种"细甜美味"的"黑黑的团儿"究竟为何物，产自何地，如何制作，有何药效。财富带

---

① 兰陵笑笑生：《金瓶梅词话》，陶慕宁校注，北京：人民文学出版社，2000年，第659页。

② 兰陵笑笑生：《金瓶梅词话》，陶慕宁校注，北京：人民文学出版社，2000年，第857页。

给西门庆的不只是在物质享受中的乐趣，更是消费和享受更精致、更优质生活的优先权，以及获取相关消费时尚和信息的优先权。第七十二回月娘曾颇有怨气地指责西门庆道："不信我说，你做事有些三慌子火燎腿样！有不的些事儿，诈不实的，告这个说一汤，那个说一汤，恰似逞强卖富的。"①"逞强卖富"可谓概括了西门庆对暴发骤得之财富的态度，即：通过竞比豪奢的消费和享受使得财富带来的新体验具体可感，同时通过旁观者的称羡赞美再度确认他对新体验所享有的优先权。

从上文所论西门庆追求物质享乐与时尚消费的情节可以看出，"这部小说，对于晚明享乐之物的消费者来说，也好似雅致生活的指南，反映和体现了当时社会所流行和享用的社会生活类型"②。借助于物象描写，小说家还原出财富积累转化为消费的具体语境以及财富拥有者在这一过程中的心态，构成了小说对商人生活样式的进一步呈现。

白银作为流通货币及其背后的交换逻辑，深刻地影响到这一时期生活的方方面面。这一点不仅体现在西门庆的商业生活中，而且也渗透到他的情场与官场生活中。小说也正是通过物的流通及其与利益的交换这一整体场景，来呈现这一具有强大同化作用的逻辑如何撬动传统的情感框架和社会秩序。

物品的具体形象逐渐为抽象的白银数量所替代，并前所未有地卷入变动不居的流通、交换关系之中。当商业逻辑渗透到欲望与情感领域，欲望满足便可与一定数量的物质利益顺畅交换。西门庆将女性的身体视同可交换、消费的商品，这也就无怪乎一定价值的物品往往充当其情场征战屡屡得胜的筹码。小说第二十二回，他在勾引宋惠莲时，便先留意于她"怪模怪样"的穿着：

> 西门庆因打帘内看见惠莲身上穿着红绸对衿袄，紫绢裙子，在席上斟酒，故意问玉箫："那个穿红袄的是谁？"玉箫回道："是新娶的

---

① 兰陵笑笑生：《金瓶梅词话》，陶慕宁校注，北京：人民文学出版社，2000年，第940页。

② [英]柯律格：《长物：早期现代中国的物质文化与社会状况》，高昕丹、陈恒译，洪再新校，北京：生活·读书·新知三联书店，2015年，第44页。

来旺儿的媳妇子惠莲。"西门庆道："这媳妇子怎的红袄配着紫裙子，怪模怪样！到明日对你娘说，另与他一条别的颜色裙子配着穿。"玉箫道："这紫裙子，还是问我借的裙子。"说了就罢了。①

次日，西门庆叫玉箫送了"一匹翠蓝四季团花兼喜相逢段子"给惠莲，并捎了句悄悄话："爹说来，你若依了这件事，随你要甚么，爹与你买。"②这一交换逻辑不仅被西门庆这一新兴商人阶层所操纵，而且在男权社会中，女性不但不可能对身体被客体化、被物化的倾向予以抗拒，而且比男性更加依赖于以这样一套物化思维来经营自己与男性的关系，并且从中牟利。第二十三回中，宋惠莲自从与西门庆私通之后，吃穿用度自与往日不同：

> 自此以后，常在门首成两价拿银钱买剪截花翠汗巾之类，甚至瓜子儿四五升量进去，教与各房丫鬟并众人吃。头上治的珠子筛儿，金灯笼坠子黄烘烘的，衣服底下穿着红潞绸裤儿，线捺护膝，又大袖子袖着香茶，木稚香桶子三四个带在身边。见一日也花消二三钱银子，都是西门庆背地与他的。此事不必细说。③

与西门庆有染的诸多女性中，尤其是经济地位处于弱势的女性，诸如潘金莲、宋惠莲、王六儿、如意儿、贲四娘子等人，无不对西门庆曲意逢迎，用自己的身体交换物质利益。西门庆和与他有染的女性之间的私密对话，往往就像是在谈生意，有时还伴随着"讨价还价"。仍以宋惠莲与西门庆的对话为例：

---

① 兰陵笑笑生：《金瓶梅词话》，陶慕宁校注，北京：人民文学出版社，2000年，第252—253页。

② 兰陵笑笑生：《金瓶梅词话》，陶慕宁校注，北京：人民文学出版社，2000年，第253页。

③ 兰陵笑笑生：《金瓶梅词话》，陶慕宁校注，北京：人民文学出版社，2000年，第268—269页。

　　　　妇人道："爹你许我编鬏髻，怎的还不替我编？恁时候不戴，到
　　几时戴？只教我成日戴这头发壳子儿。"西门庆道："不打紧，到明日
　　将八两银子，往银匠家替你拔丝去。"西门庆又道："怕你大娘问，怎
　　生回答？"老婆道："不打紧，我自有话打发他。只说问我姨娘家借来
　　戴戴，怕怎的？"①

　　可用白银估值的女性服饰，是小说叙述者抛给西门庆屡试不爽的敲门
砖：凭借它们，西门庆在势力可及范围之内的猎艳征途中如履平川。在西
门庆淫过的十九个女性中，"如果说这十九位人物有什么共同的特性，那
就是西门庆一勾即能到手。也就是说，西门庆与这些妇人打交道，没有遇
到过哪怕一丝一毫的困难。换言之，在这些人物的'色'的背后，反衬出
来的恰恰是'财'"②。由此可见，西门庆的财、色交易，正是其商业生活
逻辑的延续。

　　银钱所到之处，可谓所向披靡，不仅市井女性纷纷拜倒在西门庆的金
钱魔力下，甚至连等级森严的官场也对西门庆敞开大门。用王婆的话说，
西门庆"放官吏债结识人"，因此不仅是"本县里一个财主"，更重要的
是"知县相公也和他来往"。西门庆将他的商业敏感和交换逻辑运用到了
官场，凭借着平日通过放债积累的官场上的人脉，又不惜银钱贿赂蔡京，
果然如愿换得一官半职。若非他纵欲暴亡，或许我们还能看到他平步青
云。当然这一切并非一次贿赂便可一劳永逸，而是需要长期的经营，其中
包括逢年过节打点送礼。对这一点，西门庆从不含糊。第三十四回中，小
说家借应伯爵之手翻阅过西门庆的礼物账簿：

　　　　书箧内都是往来书柬拜帖，并送中秋礼物账簿。应伯爵取过一
　　本，揭开观开，上面写着：蔡老爷，蔡大爷，朱太尉，童太尉，中书
　　蔡四老爹，都尉蔡五老爹，并本县知县、知府四宅。第二本，是周守

---

　　①　兰陵笑笑生：《金瓶梅词话》，陶慕宁校注，北京：人民文学出版社，2000年，第
290页。

　　②　格非：《雪隐鹭鸶——〈金瓶梅〉的声色与虚无》，南京：译林出版社，2014年，第
316页。

备，夏提刑，荆都监，张团练，并刘、薛二内相。都是金段尺头，猪酒金饼，鲥鱼海鲜，鸡鹅大礼，各有轻重不同。①

据这份账簿可知，西门庆俨然把官场当成了商界，用经商"投资—回报"的生意经规划刚刚起步的官场生涯。尤其是排场盛大的承应招待，只要机遇合适，则不啻一次低风险、高回报的投资。

小说第四十九回叙述西门庆迎请宋巡按，一顿酒席就花费千两银子，不仅两位轿上的跟从人"每位五十瓶酒，五百点心，一百斤熟肉"，而且连宋巡按和蔡御史的"两张桌席，连金银器，已都装在食盒内，共有二十抬"，临行前都送到船上。这二十抬内是两份一样的礼物："一张大桌席，两坛酒，两牵羊，两对金丝花，两匹段红，一副金台盘，两把银执壶，十个银酒杯，两个银折盂，一双牙箸。"②当日宋巡按先走，蔡御史留下来，席间西门庆便趁机央蔡御史赴任两淮巡盐后提早十天放他的三万盐引。这一顿饭所费不赀，回报也立竿见影：一方面，西门庆通过蔡御史的关系拿到先批的盐引并获利。尽管小说家没有详细交代到底获利多少，但借应伯爵之口透露"此去回来，必有大利息"③，可见西门庆把官场交际视为一种人际关系的投资，而这种投资最终将回馈到他的商业经营中。另一方面，此后宋巡按差人回礼时，西门庆正在同僚家吃酒，同僚知此，对他更比往日敬重，这也为他未来的官场升迁积累资本。由此，西门庆将利益交换的逻辑从商业领域进一步运用到官场，通过近乎无所不能的金钱串通官场与商业的利益交换。

小说中物的施受与流通，暗示了人物潜在的欲望与利益交换关系。物与欲——财、色、权之欲——互为表里，构成了《金瓶梅》物象群描写的内在意涵，并服务于更大的具有反省意味的主题，即商业文化中人的

---

① 兰陵笑笑生：《金瓶梅词话》，陶慕宁校注，北京：人民文学出版社，2000年，第392页。

② 兰陵笑笑生：《金瓶梅词话》，陶慕宁校注，北京：人民文学出版社，2000年，第581页。

③ 兰陵笑笑生：《金瓶梅词话》，陶慕宁校注，北京：人民文学出版社，2000年，第605页。

日常生存状态、思维方式、情感结构与人际关系。

三、雅与俗：物象描写与晚明商人审美实践

将财富积累转化为物质享受，固然能带来心理补偿式回馈，但如若只是竞比豪奢，则终将难逃"暴发户"之讥；唯有效仿并领悟社会主流阶层在文化、审美上的微妙品味，方能为社会主流阶层所认可。为了提升整体社会地位，作为新兴阶层的晚明商人们在获得令人艳羡的财富和经济地位之后，还要进行文化、审美领域的模仿、学习与实践。在文化与审美领域，上流文人阶层一直把握着不可挑战的话语权，因此商人阶层进行审美品位的"升级"，几乎等同于向上流文人阶层看齐。

除了效法文人收藏书画古玩之外，依照文人阶层的审美品位营建、改造居住环境，可以说是晚明商人阶层审美实践的另一普遍做法。西门庆迎娶李瓶儿之际，在原有宅邸基础上，兼并花家院落，加盖卷棚、花园；对花园、书房的经营，尤能见出以西门庆为代表的晚明商人阶层对文人趣味亦步亦趋地追摹。

"家庭内景，可以看作是人物的转喻性的或隐喻性的表现。一个男人的住所是他本人的延伸，描写了这个住所也就是描写了他。"[①]卧室、书房等私人空间作为人物性格之延伸的信念[②]，普遍存在于世界文学中。在传统仕宦家庭的住宅空间内部，尤其是在稍具规模的住宅中，男性成员往往将书房营造成自己的私人空间。因此，书房的布置、经营，无不以彰显男性家庭成员的身份、个性乃至文化品位为宗旨。

《金瓶梅》一书中，小说家未曾写过西门庆众妻妾的卧室，却多次叙

①　[美]雷·韦勒克、[美]奥·沃伦：《文学理论》，刘象愚等译，北京：生活·读书·新知三联书店，1984年，第248—249页。

②　在传统住宅空间内部，根据两性区隔原则，"在内外有别的空间格局基础上，根据个体与群体的不同关系模式，又可将住宅空间细分为公共空间与私人空间。宽泛而言，闺房、卧内、书斋等建筑形式是个体日常起居之所，构成私人空间；而厅堂、祠堂等则是群体活动如会客、祭祀之所，属于公共空间。传统住宅建筑空间以内外有别、公私分明为区隔原则，进一步规约两性在家庭生活不同领域的分工"。对传统住宅空间内公私关系的讨论，参见拙文《〈红楼梦〉私人空间及相关物象书写的文化意蕴》，载《红楼梦学刊》2017年第5辑。

及西门庆的书房。西门庆虽为目不识丁的商人，但家中却有两三间书房。晚明范濂《云间据目抄》卷二记载世风变化，其中一则道："尤可怪者，如皂快偶得居止，即整一小憩，以木板装铺，庭蓄盆鱼杂卉，内则细桌拂尘，号称书房。竟不知皂快所读何书也。"①西门庆的书房，亦即此类附庸风雅者。小说第三十一回第一次提及西门庆的书房，那是大厅西厢房的一间，"内安床几桌椅、屏帏、笔砚、琴书之类"②，其内部陈设被一笔带过。第三十四回出现的书房则不然，小说家借着应伯爵的视角带领读者到书房内领略了一番：

> 进入仪门，转过大厅，由鹿顶钻山进去，就是花园角门。抹过木香棚，两边松墙。松墙里面三间小卷棚，名唤翡翠轩，乃西门庆夏月纳凉之所。前后帘栊掩映，四面花竹阴森，周围摆设珍禽异兽，瑶草琪花，各极其盛。里面一明两暗书房，有画童儿小厮在那里扫地……伯爵见上下放着六把云南玛瑙漆减金钉藤丝甸矮矮东坡椅儿，两边挂四轴天青衢花绫裱白绫边名人的山水，一边一张螳螂蜻蜓脚一封书大理石心壁画的帮桌儿，桌儿上安放古铜炉、流金仙鹤，正面悬着"翡翠轩"三字。左右粉笺吊屏上写着一联："风静槐阴清院宇，日长香篆散帘栊。"③

与上一处西厢房内的书房相比，翡翠轩书房可谓被小说家浓墨重彩地描写了一番。这一处书房在花园中木香棚后，松墙掩映深处，有曲径通幽之趣。书房中的陈设却也古香古色，乍看十分雅致。书房内外的安排、陈设，一定是以当时文人雅士的审美品位为蓝本来布置的。然而，但凡对文人雅士审美品位有所了解的读者，当不难发现这一套陈设与文人雅趣貌合神离。在作为时人雅趣品鉴指南的《长物志》中，文震亨曾对当时社会审

---

① 范濂：《云间据目抄》，奉贤褚氏1928年重刊本，第5页。

② 兰陵笑笑生：《金瓶梅词话》，陶慕宁校注，北京：人民文学出版社，2000年，第356页。

③ 兰陵笑笑生：《金瓶梅词话》，陶慕宁校注，北京：人民文学出版社，2000年，第391页。

美实践中的流俗现状给予嘲讽和矫正。例如，卷六指出，书房中的椅子如"折叠单靠、吴江竹椅、专诸禅椅诸俗式，断不可用"①。其中，"折叠单靠"正是西门庆书房中所用的交椅。此外，文震亨认为"交床……两脚有嵌银、银铰钉圆木者，携以山游，或舟中用之，最便。金漆折叠者，俗不堪用"②。由此可见，西门庆书房中这把云南玛瑙漆减金交椅，只怕入不了文人雅士的法眼。屠隆《考槃余事》对书画悬挂也有一番意见："高斋精舍，宜挂单条，若对轴即少雅致，况四五轴乎。"③西门庆书房中却是一边两个画轴，两边相对，正是殊少雅致。由此可见，西门庆书房中的布置恰恰是当时上层文人所批评的审美流俗。因此，作为士绅"最为珍视的一切文化实践发生的场所，一个高度仪式化的场域"④，书房可视为是对文人精神、品味的物质化呈现，"若把当日文人的意见作为书房之雅的标准，则西门庆的书房便处处应了其标准中的俗"⑤。

　　固然陈设、布局上的微妙差异，足以凸显西门庆之流在审美实践上与真正的文人雅士之间的天壤之别，然而，彻底暴露西门庆伪装姿态的，却是他内书房的一份账簿。这份账簿使得幽兰之室也难掩铜臭：

> 　　伯爵走到里边书房内，里面地平上安着一张大理石黑漆缕金凉床，挂着青纱帐幔，两边彩漆描金书厨，盛的都是送礼的书帕、尺头、几席文具，书籍堆满。绿纱窗下安放一只黑漆琴桌，独独放着一张螺甸交椅。书篮内都是往来书柬拜帖，并送中秋礼物账簿。⑥

　　前文提及翡翠轩内有一明两暗书房，这便是暗书房，也隐藏着不可见人的暗处交易。俗丽的书橱内装的是充当门面的书籍和文具，外来的访客

---

① 文震亨：《长物志》，北京：金城出版社，2010年，第204页。

② 文震亨：《长物志》，北京：金城出版社，2010年，第207页。

③ 屠隆：《考槃余事》，北京：金城出版社，2012年，第145页。

④ [英]柯律格：《长物：早期现代中国的物质文化与社会状况》，高昕丹、陈恒译，洪再新校，北京：生活·读书·新知三联书店，2015年，第136页。

⑤ 扬之水：《物色：金瓶梅读"物"记》，北京：中华书局，2018年，第210页。

⑥ 兰陵笑笑生：《金瓶梅词话》，陶慕宁校注，北京：人民文学出版社，2000年，第391—392页。

一望可知，但那是文饰后的假象；唯有书箧内隐藏着真相，装的都是西门庆用以维系人际关系、巩固商业根基的重要媒介：书柬拜帖和礼物账簿。此时未及中秋，西门庆却早已预先备办好礼物账簿了。

人物居住空间属于小说"环境"或"背景"的一部分，后者实质上是"一种'道具'系统"①，"是文学描写的要素"②，由一系列物象描写构成。出现在这一"道具系统"中的"道具"——物象——经常是象征性的，并进一步构成隐喻与象征体系。上述书房描写中，单一物象往往不具备象征性，而只有当这些作为陈设的物象聚拢成群、并置呈现之时，其整体意义才得以彰显。在此过程中，西门庆审美实践所参照的文人阶层的审美蓝本得以浮现，而二者之间"差之毫厘，谬以千里"的鸿沟愈加难以逾越。最后出现的"账簿"描写，将前面这块附庸风雅的遮羞布一并撕去，从文人主流审美观的立场宣告了西门庆亦步亦趋审美实践的失败。

然而，从小说话语层面看，西门庆审美实践的失败，正是小说家语言审美实践的成功，诚如扬之水所言，此处"笔致细微，用了晚明文人的标准来从反面做文章，且无一不从实生活中来，也是它成功的一处"③。《金瓶梅》在物象描写上遵循高度写实原则，并对语言精确性有着极高的要求，这正是小说家所奉行的语言审美。上述对西门庆书房内陈设物象描写之精确，足以让物质文化研究者据此找到相应的经验原型。扬之水对书房中出现的物象，逐一进行了考证。先看"云南玛瑙漆、减金钉藤丝甸、矮矮东坡椅儿"："东坡椅"是由胡床演变而来的交椅；"藤丝甸"即"藤丝垫"，指椅心儿的软屉；"钉"则指交椅转关处的轴钉；"减金"是一种"以金丝嵌入光素之中"的工艺；"云南玛瑙漆"则是椅背上的装饰，称为"百宝嵌"，其法以金银、宝石、玛瑙等为之，雕成山水、人物、花卉等，镶嵌于漆器之上。再看"一张螳螂蜻蜓脚，一封书大理石心壁画的帮桌儿，桌儿上安放古铜炉流金仙鹤"："螳螂蜻蜓脚"，当即细而长的三弯腿，腿

①　[美]雷·韦勒克、[美]奥·沃伦：《文学理论》，刘象愚等译，北京：生活·读书·新知三联书店，1984年，第203页。

②　[美]雷·韦勒克、[美]奥·沃伦：《文学理论》，刘象愚等译，北京：生活·读书·新知三联书店，1984年，第248页。

③　扬之水：《物色：金瓶梅读"物"记》，北京：中华书局，2018年，第212页。

肚膨起如螳螂肚，多用于供桌、供案；"一封书大理石心壁画的帮桌儿"，"一封书"的帮桌儿，乃长方形的短桌；"大理石心壁"，即桌心嵌大理石；"古铜炉"是香炉，"流金仙鹤"即鎏金仙鹤，"古铜炉流金仙鹤"，是一种将仙鹤和神龟构成器座的烛台。①本文之所以不惜辞费征引相关的考证结果，乃是为了说明《金瓶梅》物象描写十分显著的写实与精确的特点。这个特点的具体内涵落实到对器物的描写上，则体现为对材质、工艺、产地、时尚的重视，而这确立了小说家描写物象、小说人物及其所属阶层谈论物品的经典方式。

上文所引书房相关物象描写，从小说话语层面看，属于作者的叙述话语，而非人物的直接话语。然而，小说人物，尤其是主人公的话语，有其特定的势力范围，被称为"人物场域"②。"小说主人公总有自己的领区，有自己的作用于周围作者语境的势力范围；这一范围超出了（常常超出极多）主人公直接话语的界限。重要主人公声音所及的势力范围，无论如何应该大于他直接说出的原话。"③因此，从小说话语杂语性特征看，书房物象描写出现在西门庆的场域之中，混杂了主人公及其阶层意识形态，并进一步作用于作者语境的人物话语。在西门庆这一人物场域内，作者描写物象的方式，同时也代表了商人阶层谈论物品的方式。

除了以作者叙述话语描摹物象之外，《金瓶梅》中物象描写参与小说话语风格生成的另一普遍范式是进入人物的直接话语。"不同阶层不仅对

① 扬之水：《物色：金瓶梅读"物"记》，北京：中华书局，2018年，第204 — 208页。

② 商伟《〈儒林外史〉叙述形态考论》（《文学遗产》2014年第9期）一文中使用"人物场域"一词描述《儒林外史》人物话语及叙述形态，这一概念译自巴赫金论著英文译本的"character zone"一词（参见M.M. Bakhtin, "Discourse in the Novel", in *The Dialogic Imagination: Four Essays by M.M. Bakhtin*, Austin: University of Texas Press, 1988, pp.259 — 422. 又见 *Problems of Dostoevsky's Poetics*, Minneapolis: University of Minnesota Press, 1989）。中文译本根据俄文原著译作"领区"，在对杂语现象的讨论中，巴赫金得出，杂语分布在人物四周的作者语言中，形成了人物所特有的领区，"领区是这样或那样附着于作者声音之上的人物语言有效作用的区域"。参见[苏联]巴赫金：《巴赫金全集》第3卷"长篇小说话语"，白春仁、晓河译，石家庄：河北教育出版社，1998年，第100页。

③ [苏联]巴赫金：《巴赫金全集》第3卷"长篇小说话语"，白春仁、晓河译，石家庄：河北教育出版社，1998年，第105页。

物有不同的态度，而且谈论物品的方式也大相径庭"，"不仅表述词汇相异，而且有着完全不同的侧重点"。[①]《金瓶梅》中人物谈论物品所用的词汇，以及小说家描写物象所用的语言，迥异于《长物志》中士绅精英作者谈论物品的方式，却更接近"那些面向低端市场的著述"[②]。其中，关于物品的颜色、材质、工艺、产地、时尚、数量、价值等制约价格波动的实用信息及语汇，是标榜"君子不器"的士绅作者所避忌的，却为面向低端市场的居家手册和《金瓶梅》所共享并津津乐道。

物象描写的语言风格，是人物语言与作者语言的辩证统一。"作者似乎没有自己的语言，但他有自己的风格，有自己独具的统一的规律来驾驭各类语言，并在各类语言中体现出自己真实的思想意向和情态意向。"[③]人物语言形象是经由作者语言描绘出来的，因此人物语言是被描绘者，作者语言是描绘者。对于出现在特定人物直接话语或人物场域中的物象，小说家往往以那个人物及其阶层所特有的语言习惯和思维方式进行描写。因此，特定的物象描写，既属于小说人物话语，也属于作者话语，是一个融合了"被描绘者的语言意识"和"另一语言体系的描绘者的语言意识"的语言风格。[④]

四、结语

综上所述，《金瓶梅》中俯拾皆是的物象描写绝非等闲之笔，而与人物特质、情节走向、空间审美等要素的设计相伴相生并相互界定。《金瓶梅》作者在物象描写上异乎寻常的兴趣背后，隐含了其对小说主题的深刻理解。

---

① [英]柯律格:《长物:早期现代中国的物质文化与社会状况》，高昕丹、陈恒译，洪再新校，北京:生活·读书·新知三联书店，2015年，第83页。

② [英]柯律格:《长物:早期现代中国的物质文化与社会状况》，高昕丹、陈恒译，洪再新校，北京:生活·读书·新知三联书店，2015年，第83页。

③ [苏联]巴赫金:《巴赫金全集》第3卷"长篇小说话语"，白春仁、晓河译，石家庄:河北教育出版社，1998年，第94页。

④ [苏联]巴赫金:《巴赫金全集》第3卷"长篇小说话语"，白春仁、晓河译，石家庄:河北教育出版社，1998年，第146页。

物象描写不仅与小说三大要素互动关联，而且服务于一个具有普遍意义的反思性主题，即：对商业文化中的人的处境以及人—物关系和人际关系的观察，以及对引起这变化和危机的结构性原因的探寻。如上所述，我们看到的像开账单似的物象群的罗列，部分出现在叙述话语的静态描写中，但多数参与人物话语，促成人物行动，进而构成情节。古代诗歌创作理论往往强调凸显某个具有代表性的意象，捕捉意象的形神，进而提炼其作为文化符号的象征意义。《金瓶梅》中的物象却是在与其他物象的并置关系中被呈现，一连串物象的罗列和铺陈——物象群——成为更常见的描写形态。物象描写与计算、换算的交换逻辑互为表里，物象的数量及其所对应的白银价值而非文化内涵，激发了新的描写兴趣。当众多物象描写汇聚成小说人物须臾不离的物质环境与社会图景时，小说家向我们揭示了这种作为"物质的或社会的原因"的综合体的"决定力量"①，即商品经济流通、交换的新逻辑：如何以一种摧枯拉朽、所向披靡之势削弱并破坏传统的阶层区隔、道德秩序和情感框架。金钱与物质利益及其他事物之间畅通无阻的流通和交换，构成小说人物所处社会环境的决定性力量。社会各个阶层，从高级官员到底层奴仆，无不被这股力量所裹挟、变形、扭曲、重塑，更遑论小说中的"饮食男女"。

固然，在这一社会危机不断累积、社会秩序行将崩溃的进程中，个人道德的堕落自然也要为此负责。然而，《金瓶梅》的高明处在于，通过物象描写，小说家向我们呈现了超越个人道德弱点的更为广大的社会力量；借助物象描写，我们看到小说家对凌驾于个人之上的社会力量进行结构式呈现的抱负和努力。

［原载于《上海师范大学学报》（哲学社会科学版）2019年第6期］

---

① ［美］雷·韦勒克、［美］奥·沃伦：《文学理论》，刘象愚等译，北京：生活·读书·新知三联书店，1984年，第248页。

王夫之"朦胧"诗学观念研究

陈莉

摘要： 王夫之通过鉴赏和点评西周至明代的中国大量诗歌提炼和概括出了系列诗学观念。"朦胧"是王夫之诗学的一个重要方面。王夫之认为诗歌应当表现云烟迷蒙、光影交织、轮廓不清、模糊朦胧的情景；诗的主旨和思路不可过于清晰和理性，应当具有朦胧和模糊性。他常用"云烟""墨气""凝成一片"等来点评诗歌。王夫之的诗歌创作多以"梦""影""落花"等为意象，体现了其朦胧诗学观念。艺术中的朦胧意境具有梦境一样的效果，能够使接受者得到精神的放松，并弥补理性生活的不足。

关键词： 王夫之；诗歌；特质；朦胧；梦幻

一

朦胧是中国古代诗歌的一种常见审美类型。如《诗·秦风·蒹葭》写道："蒹葭苍苍，白露为霜。所谓伊人，在水一方。溯洄从之，道阻且长；溯游从之，宛在水中央。"[1]这首诗中，芦苇茫茫一片，白霜从空中散落，景色呈现出迷蒙之美。诗中的"伊人"似乎就在水一方，又似乎在河水中央。我们看不清这女子的相貌，她如同一个朦胧、缥缈的影子，也许真的

作者简介：陈莉，文学博士，中央民族大学文学院教授，主要研究方向为文艺学及中国古典美学。

基金项目：国家社会科学基金一般项目"楚汉梦幻艺术范式研究"（20BZW030）。

[1] 高亨：《诗经今注》，上海：上海古籍出版社，1980年，第168页。

只是宛在水中央的幻影而已。《蒹葭》柔婉缠绵，如梦如幻，可以说是中国最早的朦胧诗了。这一份朦胧的美在中国古代各种艺术中广泛存在，若云烟般蔓延，李商隐的诗、贺铸的词、姜夔的词，都有着淡若烟云的朦胧感。再如水墨山水画中，画家往往不追求画出清晰可见、一目了然的山和水，而是将一种空蒙和梦幻之感呈现出来，形成烟云水雾弥漫的艺术效果。

在理论层面也早有对朦胧美的关注。晚唐司空图的《与极浦书》中曾经引用戴叔伦的话来总结诗歌的朦胧特征："诗家之景，如蓝田日暖，良玉生烟，可望而不可置于眉睫之前也。"①司空图认为诗所描绘的情景应当如"蓝田日暖，良玉生烟"一样，不以清晰、明确、如在眼目之前和真切为上，而以朦胧、梦幻为美。宋代严羽评价盛唐诗歌时指出其妙处："如空中之音，相中之色，水中之月，镜中之象，言有尽而意无穷。"②严羽认为盛唐诗如同镜花水月一般，迷离恍惚，若隐若现，只可远观和感悟，却不能用语言进行清晰描述。明代谢榛也认识到了朦胧美的价值，其《四溟诗话》云："凡作诗不宜逼真，如朝行远望，青山佳色，隐然可爱，其烟霞变幻，难于名状；及登临非复奇观，惟片石数树而已。远近所见不同，妙在含糊，方见作手。"③谢榛发现作诗不能追求逼真，正如晨曦中远望黛青色的远山，烟霞变幻，难于名状。但是走进山里，就会发现也就是几块石头，几棵树而已，没有什么奇妙的。远景之所以美妙，正在于朦胧、含糊。今人王明居在《模糊美学》一书中指出模糊美具有"不确定性、整体性、混沌性、互浸性"④等特征。王明居所说的模糊美包括朦胧美，但又不局限于朦胧美。在王明居看来景色的朦胧性是模糊美的主要代表形态，他指出云海苍茫、烟波浩渺、月色朦胧、宇宙混沌、星空无垠等都具有模糊性。王明居揭示了朦胧美学的部分特征，但他的研究建立在二元对立的思维模式和耗散结构论的基础之上，虽然强调的是"亦此亦彼"性，但依然没有能对朦胧美的文化和社会心理给予更合理的解释，因而朦胧美的问

① 郭绍虞主编：《中国历代文论选》，上海：上海古籍出版社，1979年，第201页。

② 何文焕辑：《历代诗话》，北京：中华书局，1981年，第688页。

③ 谢榛：《四溟诗话》，宛平校点，北京：人民文学出版社，1961年，第74页。

④ 王明居：《王明居文集》第1卷，北京：文化艺术出版社，2012年，第3页。

题还需要有更多其他视角和更具体深入的解读。

二

王夫之，字而农，号姜斋，又号船山，是明清之际的思想家。王夫之在对西周至明代的中国古代诗歌进行广泛鉴赏和评析的基础之上，形成了对诗歌本质特征的独特认识。"朦胧"是王夫之诗学观念的一个重要层面，它虽不成体系，但是贯穿王夫之诗歌评析的始终。以往对于船山诗论中的"诗道性情""诗意浑成""即景会心""现量"等有较充分的研究，但对船山的"朦胧"诗学观念却较少关注。探析王夫之的"朦胧"诗学观念能够对其诗学有更深入的研究，也可以对"朦胧美"有更具体、更深入的认识。

王夫之认为诗歌不是用来言志的，也不是用来记录历史事实的，而是用来表现微妙的感受，描写朦胧和梦幻感的艺术形式。诗的朦胧和梦幻感首先来自对具有朦胧感的情景的描写，或者说诗歌所刻画的情景应当具有朦胧特征。他在《夕堂永日绪论·内编》中指出："咏物诗齐梁始多有之。其标格高下，犹画之有匠作，有士气。征故实，写色泽，广比譬，虽极镂绘之工，皆匠气也。"①意思是齐梁时期已多咏物诗，咏物诗的品格有高有低，犹如画画儿有匠作、有士气。如果将描写对象的一切细节、色彩等都据实呈露无遗，做到清晰明了，那匠气就太重了。

生活中朦胧常常是因为光线幽暗所造成的，如在月色或晨光中，景物轮廓不分明，有一种"漫成一片"的美感，所以王夫之最为赞赏朦胧光线中的景物。《明诗评选》中，王夫之对张羽《月夜舟行入金山》中"皓月悬高天，广川散飞霜"一句颇为欣赏，认为"千古金山，只此十字"②，就是因为这句诗写出了霜月弥漫的朦胧感。在《诗绎》中船山赞美朦胧晨曦中的景色之美，他说《诗·小雅·庭燎》中"庭燎有辉"一句，写出了乡间清晨微弱的红色光芒与晨雾交织而呈现的朦胧感，认为"乡晨之景，莫妙于此"③。王夫之评析岑参的《和贾至舍人早朝大明宫之作》，认为"'花

---

① 王夫之：《姜斋诗话》，载《船山全书》第15册，长沙：岳麓书社，1996年，第842页。
② 王夫之：《明诗评选》，载《船山全书》第14册，长沙：岳麓书社，1996年，第1273页。
③ 王夫之：《姜斋诗话》，载《船山全书》第15册，长沙：岳麓书社，1996年，第810页。

迎剑佩'四字，差为晓色朦胧传神"，即：这四个字能够展现出晓色朦胧之感，可惜"星初落"显露出有意造作的痕迹，所以还不够好。

"烂漫的春花"是朦胧美最集中的表现形式之一。王夫之较多关注诗歌中的这一意象。王融的《咏池上梨花》："翻阶没细草，集水间疏萍。芳春照流雪，深夕映繁星。"诗中描写了生机勃勃的初春景象，小草已没过了台阶，零星的浮萍在水中荡漾。最具有梦幻色彩的是梨花纷纷飘落，如漫天飞雪。飘落到春水中的梨花，如深夜的天空映出了点点星光。王夫之点评此诗："俱脱空写，字字切，字字活。若无首尾，而宛尔成章。"①船山的评析抓住了这首小诗中乱花迷眼，梨花飘满天空的空濛感。既说漫天飞花之美，也说的是这首小诗凭空写起，如漫天梨花般无首无尾，但宛尔成章的艺术效果。

"墨气"也是王夫之评论诗歌艺术效果常用的概念。如《明诗评选》中王夫之评贝琼的《郭忠恕出峡图》："阅题画诗不下数百首，无一佳者，总以笔痕折郭分明耳。此用北苑一色墨气，妙在自然。"②董源为五代画家，南唐主李璟时任北苑副使，故又称"董北苑"。董源的江南山水，山峦连绵，云雾晦暗，山水树石大都笼罩于空灵朦胧之中，苍茫深厚。船山认为大多题画诗都写得过于清晰分明，而这首却能写得如同董源的山水一样，呈现出朦胧、混沌之美，所以得到肯定。

王夫之更多用"烟"来评析诗歌的朦胧感和模糊性：评朱青城的《西湖采莲曲》为"两句作四句，萦绕生姿……二十字中烟波无限，一镜空函"③，认为二十字中有着烟波无限之感；评鲍照的《采菱歌三首》为"语脉如淡烟萦空，寒光表里"④，这实际上是在说，鲍照诗的语言中有着内在之气的流荡，如同淡烟般在空中萦绕。

①　王夫之：《古诗评选》，载《船山全书》第14册，长沙：岳麓书社，1996年，第623页。
②　王夫之：《明诗评选》，载《船山全书》第14册，长沙：岳麓书社，1996年，第1196页。
③　王夫之：《明诗评选》，载《船山全书》第14册，长沙：岳麓书社，1996年，第1556页。
④　王夫之：《古诗评选》，载《船山全书》第14册，长沙：岳麓书社，1996年，第620页。

三

王夫之的"朦胧"诗学观念还表现为对诗歌主旨和表现内容模糊性的认识方面。王夫之认为诗歌的写作不可以有过于明确的主旨。过于明确的主旨会使诗显得生硬和单薄。王夫之诗论的一个核心思想是"诗以意为主"，但他又要求"意"不可以过于贫乏和浅显。他在《夕堂永日绪论·内编》中说："把定一题、一人、一事、一物，于其上求形模，求比似，求词采，求故实，如钝斧子劈栎柞，皮屑纷霏，何尝动得一丝纹理？以意为主，势次之。势者，意中之神理也。"①这句话的意思是，诗歌固然以意为主，但不能局限于"一题、一人、一事、一物"，还要通过"意"呈现出"势"。假如说"意"是确定的，那么"势"则是诗歌显示出来的各种可解读性；假如说"意"是可以分析的，那么"势"则是不确定的和模糊的，是需要意会的。

王夫之看重"比兴"修辞手法，尤其是对"兴"更加青睐。因为"兴者，先言他物以引起所咏之词也"②，在所写的"他物"（常常表现为景物描写）与所表达的情和思之间没有清楚、明晰的联系，所以所传达的诗意具有模糊性。他在《诗绎》中说："兴在有意无意之间，比亦不容雕刻。"③即比兴的艺术效果正在于其所表达意义的模糊性和不确定性。在评江淹的《效阮公诗》时，王夫之也指出"寄意在有无之间，慷慨之中，自多蕴藉"④，就是说所表达的思想若有若无，隐隐约约，这样才可能给读者留下更加丰富的可解读空间。从接受美学的角度讲，这正是诗的魅力所在。

《古诗评选》中对王俭《春诗》的评析充分展现了王夫之的朦胧诗学观念。该诗写道："兰生已匝苑，萍开欲半池。轻风摇杂花，细雨乱丛枝。"王夫之评价这首小诗："此种诗直不可以思路求佳。二十字如一片云，因日成彩，光不在内，亦不在外，既无轮廓，亦无丝理，可以生无穷

---

① 王夫之：《姜斋诗话》，载《船山全书》第15册，长沙：岳麓书社，1996年，第820页。

② 朱熹集注：《诗集传》，北京：中华书局，1958年，第1页。

③ 王夫之：《姜斋诗话》，载《船山全书》第15册，长沙：岳麓书社，1996年，第814页。

④ 王夫之：《古诗评选》，载《船山全书》第14册，长沙：岳麓书社，1996年，第785页。

之情，而情了无寄。"①王俭的这首小诗，的确如王夫之所言，没有清晰的思路和明确的写作目的，其实就是撷取了兰花、浮萍渐生渐长的态势，以及微风轻拂细雨、杂花朦胧、天地氤氲的感觉；诗中没有具体清晰的事件，没有形象清晰的人物，甚至没有明晰的情感态度，诗中的情和景都没有开头，没有结尾，无从而起，无所着落，若有若无，飘若游丝柳絮，一切都是"乱花渐欲迷人眼"的混沌和迷蒙。王夫之肯定这首诗，指出这二十字如一片云，其实点出了诗中景色缥缈、不可把捉的特点，同时指出这首诗光影交织，但又没有具体的光影来源，因而混沌一体的特点。再如王夫之《明诗评选》中评析秦简王的《春词》为"点缀海棠，得晕外色"②，简单几个字的评语，就点出该诗写海棠但又不局限于海棠，而是将整个春天晓寒未退的感觉写出来了。

　　诗的朦胧艺术感还来自诗歌的非写实性和诗中情景的无边界感。因为崇尚无限蔓延的诗歌境界，所以王夫之推崇那些不局限于写实，且没有开端，没有结尾，具有无限蔓延趋势的诗歌。他要求诗歌可以从写具体清晰的意象开始，但是必须有一种趋向于虚无缥缈的趋势。如李白的《采莲曲》由写采莲女入手，接着写岸上游冶郎与朦胧垂杨相掩映，最终写紫骝马嘶鸣着消失到落花深处，然后天地间弥散的是落寞的情怀。王夫之评此诗："卸开一步，取情为景，诗文至此，只存一片神光，更无形迹矣。"③王夫之欣赏这首诗从写实开始，但最后却虚成一片，绵延不断，成为幻影。张昱的《水殿纳凉图》从具体地写红绡女纳凉开始，但最终荡开去写湖水及湖中夜晚的鸳鸯。王夫之认为如此写法由实到虚，"如水影晴光，别开人眉目"④，具有光影流动的感觉。《古诗评选》中船山评价刘峻的《登郁洲山望海》："平缀五十字，不知者以为突兀磊砢，实则诗理固然，春云初无根叶，秋月初无分界也。"⑤从这个评价中可以看出船山赞赏诗歌如同春云、秋月般有着飘荡、蔓延的趋势，而不可以局限于写得过于实，过

---

① 王夫之：《古诗评选》，载《船山全书》第14册，长沙：岳麓书社，1996年，第622页。
② 王夫之：《明诗评选》，载《船山全书》第14册，长沙：岳麓书社，1996年，第1556页。
③ 王夫之：《唐诗评选》，载《船山全书》第14册，长沙：岳麓书社，1996年，第907页。
④ 王夫之：《明诗评选》，载《船山全书》第14册，长沙：岳麓书社，1996年，第1543页。
⑤ 王夫之：《古诗评选》，载《船山全书》第14册，长沙：岳麓书社，1996年，第798页。

于具体，过于刻板。可以看出王夫之所认可的诗歌都不会写得太实，都有着从具体跳脱出来，写出灵光闪烁之妙的特点。

王夫之认为诗歌不能写实了，不能写死了，不能没有由一点慢慢往外流动和渗透的感觉。这其实很类似于中国水墨画中的晕染效果，也是水墨在宣纸上慢慢扩散的效果。也就是说，从画面的感觉来看，有着朦胧、梦幻般的审美效果；从绘画的笔触来看，画面无清晰的轮廓线，水与墨浓淡交融，氤氲润泽。这实际上体现了东西方思维的异同：西方的素描专注于对具体事物的精确描摹，边界是清晰的，但缺少一些荡开去、趋向无限的味道；中国的水墨写意画，看似有边界，但每一笔下去都会在宣纸上慢慢晕散，又无准确、刻板的边界。水墨山水画中的山脉、溪流，从何而来，去往何处，都不会画得过死，尤其是山水间烟云缭绕，雨雾迷蒙更是使天地呈现出无限绵延之感。即便是，写采莲女，写清晰的人物，也都会赋予人物一个光影交织的背景。写水边伊人，会将其置于苍茫的背景下，予以虚化。这就是贯穿于各种中国古代艺术的模糊性、朦胧性和晕散效果。王夫之独具慧眼抓住了艺术的"朦胧"特征。

四

诗歌点评中对"朦胧"美的关注与王夫之诗歌理论中的"取影"观念是一脉相承的。人所生活的世界千姿百态，有的清晰、明了，有的朦胧、迷幻。王夫之所看重的是如云烟一般迷蒙的生活世界。他认为诗歌呈现的不应是清晰、明确的外在客观事物，而是要再现宇宙的朦胧性和模糊性。艺术的目的也不是准确明晰地再现外在景物，而是捕捉世界的朦胧之影，所以叫"取影"。

《古诗评选》中王夫之评析张正见的《初春赋得池应教》为"全不煞池说，字字有池，亦已凌空写影"[1]。王夫之看好这首诗能够不落到实处，不局限于写池，而是能够凌空写春光，写花影，写出一片风月缥缈的感觉。这就是写出朦胧的生活之影。《诗绎》中船山在评析王昌龄的《少年

---

① 王夫之：《古诗评选》，载《船山全书》第14册，长沙：岳麓书社，1996年，第858页。

行》时指出："想知少妇遥望之情，以自于得意，此善于取影者也。"①《少年行》这首诗并不是对生活的如实刻画，而是想象的产物。诗中所写的少妇遥望，并不是真的看见了旌旗十万，而是诗人将"旌旗十万"和"楼头少妇"这两个意象叠加在一起，其实是撷取了生活的影子，即"取影"。

诗是朦胧的"取影"，所以接受主体对于诗歌的领会不能考之经典，验之现实。接受主体也认可世界的这种朦胧性才能进入艺术之中，才能隐约感知艺术是朦胧和模糊的影子，这就是"影中取影"。船山评析《诗·小雅·出车》时指出："训诂家不能领悟，谓妇方采蘩而见归师，旨趣索然矣。"②意思是诗歌不是对生活景象的如实刻画，诗是生活的影子，而接受者读诗歌则是"影中取影"。训诂家不能领悟诗的"取影"特征，因而总是验之事实。如果验之事实，就会发现《出车》一诗所写的是不合生活逻辑的现象。王夫之评析阮籍的《咏怀》云："但如此诗，以浅求之，若一无所怀，而字后言前，眉端吻外，有无尽藏之怀，令人循声测影而得之。"③王夫之指出阮籍的这些诗表面上看起来好像没有说什么，但是在字里行间，眉端吻外，循声测影，却有无限情怀。"影中取影""循声测影"生动地说明了鉴赏诗歌朦胧之美的路径，即：认可诗歌的朦胧性和模糊性特征，接受诗歌的非写实性特征，充分发挥想象，去感受万象纷至沓来，千姿百媚无限展开的妙境。

五

王夫之的诗词也在一定程度上体现了"朦胧"诗学观念。王夫之的很多诗词都以写梦、写影、写迷蒙的落花为主，营造了一个朦胧和梦幻的艺术世界。

王夫之善于将各种景物置于烟云雾气之中，呈现出朦胧梦幻的艺术效果。如《早春》："光气浮莎径，红滋点药畦。晴丝弱柳外，夕蝶小窗西。

---

① 王夫之：《姜斋诗话》，载《船山全书》第15册，长沙：岳麓书社，1996年，第809页。
② 王夫之：《姜斋诗话》，载《船山全书》第15册，长沙：岳麓书社，1996年，第809页。
③ 王夫之：《古诗评选》，载《船山全书》第14册，长沙：岳麓书社，1996年，第677页。

风细千波绿，云生一片低。天情随物理，色色与春齐。"①诗中写到光气在莎径上浮动，绿波片云一色等具有朦胧感的景色。如《重登回雁峰》："碧树江烟小散愁，青鞋雪鬓又重游。朱甍如梦迷双岸，绿草当春覆一丘。纵酒华年凌石级，题诗夕雨认高楼。渔舟战鼓皆今日，惭愧乾坤一影浮。"②碧树、朱甍、绿草、青鞋、雪鬓等都被笼罩在氤氲的江烟之中，整首诗弥漫着由碧树、绿草染成的绿色氛围，如梦，如影。如《冬夕》："南天玄气合，始夜素烟围。薄霭孤星出，林风几叶飞。古今销永夕，书卷掩空扉。此夕关河迥，残灯一影微。"③该诗中依然写到素烟、薄霭、残灯、微影等朦胧景色。

王夫之诗中多出现梦、影等意象。《落花诗》中"三更露冷清同滴，片月天低影倍高"④，表现的是月色迷蒙和万籁俱寂的情景。《为白沙六经总在虚无里解嘲》写道："晓日上窗红影转，暝烟透岭碧烟孤。六经总在虚无里，始信虚无不是无。"⑤这首诗歌写影，写烟，写有无之辩，写出来船山对于世界混沌和朦胧状态的感受。他甚至用《念奴娇》词牌写了松影、柳影、竹影、梅影、雁影、云影、波影、帆影、帘影、纸窗影等系列词，构成了一个"影"系列。船山写梦的诗词也不少，如《冰林诗十首·其九》中的"春忆梨花梦里云"⑥和《偶作（戊辰）》中的"江梅尽落真如梦"⑦等诗句写朦胧的梦。这类诗句在船山诗集中随处可见，它们体现了船山对于宇宙混沌性和朦胧感的认识：不知梦是真还是假，不知花开花落是虚还是实，也不知世界是有还是无。船山通过诗词写出了一个"混沌"和"朦胧"的世界。这个世界不是来自船山有意识的表达，而是来自船山对宇宙混沌状态的无意识的"呈现"。

王夫之大量写作有关花的诗词，如《如梦令·本意》："花影红摇簾

---

① 王夫之：《王船山诗文集》，北京：中华书局，1962年，第158页。

② 王夫之：《王船山诗文集》，北京：中华书局，1962年，第218页。

③ 王夫之：《王船山诗文集》，北京：中华书局，1962年，第252页。

④ 王夫之：《王船山诗文集》，北京：中华书局，1962年，第406页。

⑤ 王夫之：《王船山诗文集》，北京：中华书局，1962年，第295页。

⑥ 王夫之：《王船山诗文集》，北京：中华书局，1962年，第350页。

⑦ 王夫之：《王船山诗文集》，北京：中华书局，1962年，第357页。

缝，苔影绿浮波动。风雨霎时生，寒透碧纱烟重。如梦，如梦，忒杀春光调弄。"①花影、苔影、绿波、碧纱、烟雨等如梦一般混融一体、光影交织。如《十六字令·落花影》："落花影，款款映春江。终相就，贴水不成双。"②写了如影一般飘落的花影、飘零到春江中的落花，以及落寞的情绪。如《捣练子·晚春》中"云似梦，雨如尘，花泪红倾柳黛嚬"③，表现了云梦雨尘萧索情态下花柳倾颓的衰败景象和内心难以言说的惆怅。如《梅花》诗写"墟里寒烟罩断桥"，写"老眼看花似隔纱"④，可以看出王夫之的诗词中有不少景物邈远虚惘，情感淡然无确定指向，体现了他的朦胧诗学观念。

六

晨曦、暝色、云烟、雨雾、月光、孤灯等，都会形成朦胧的艺术效果。在朦胧的背景下，花影摇曳，苔痕斑驳，光影交织。朦胧的意境中，各种事物的轮廓都不是很清晰，事物与事物之间的界限也不是很清晰，各种事物的颜色似乎交织混融在一起，人的情感也是若有若无，懵懵懂懂。从艺术实践的角度看，从西方印象派绘画到象征主义诗歌，从意境朦胧的《蒹葭》到以舒婷、顾城为代表的朦胧诗，可以说"朦胧"弥漫在中外古今各种艺术中。文学艺术作品中的朦胧意象和朦胧艺术效果引起了一些研究者的关注。如19世纪的法国批评家朗松指出要格外珍惜"在诗歌中足以使杰作光芒四射的那点朦胧"⑤。但对朦胧美的关注显然不够，而且为什么"朦胧"会具有如此的艺术魅力？对于这个问题似乎一直没有非常恰切的答案。就这个问题，笔者有以下一些思考：

首先，朦胧是人类生活中的一种自然景象，在朦胧的自然景色中，各

---

① 王夫之：《王船山诗文集》，北京：中华书局，1962年，第539页。

② 王夫之：《王船山诗文集》，北京：中华书局，1962年，第539页。

③ 王夫之：《王船山诗文集》，北京：中华书局，1962年，第539页。

④ 王夫之：《王船山诗文集》，北京：中华书局，1962年，第225页。

⑤ [美]昂利·拜尔编：《方法、批评和文学史》，徐继曾译，北京：中国社会科学出版社，1992年，第101页。

种事物的形状和色彩都显得模糊不清，云雾或微弱灯光下的事物颜色也会变得比较单纯。这本身就是人类喜爱的自然现象的一种，能够带给人快乐感。在现实生活中，去看云山雾海，让飘浮不定的云彩将自己带到什么都不想的状态；或者去看朦胧的柳烟，沿着那如梦一样的淡黄色，让思绪也弥散到很远的地方。这些都是美妙的人生体验。当艺术家再现了生活中的朦胧美时，人们会有一种如临其境的艺术感受，这是朦胧生活体验在艺术中的延伸。

其次，接受者也会对艺术家表现朦胧的艺术能力所感动。模糊和朦胧的花影、云雾得到恰切的表现是艺术手法成熟的表现。比如中国的水墨山水画，其实画家往往不追求画出清晰的山和水，而在于将一种空蒙和梦幻之感呈现出来，形成烟云水雾弥漫的景象。在水墨画中呈现出的这种氤氲美表达画家内心深处的某种模糊朦胧的世界感受，并与接受者内心深处对于朦胧和梦幻的期望相契合。同样，如果诗词或绘画中描绘出了云遮雾绕和梦幻迷离的艺术效果，人们也会惊叹于这种艺术表现能力，从而获得快感。

再次，朦胧的意境之所以美还在于它类似于梦境，类似于人的一种非理性状态。不可否认，人类总有一种理性冲动，希望准确、客观地把握世界，希望将世界上所有的事情都搞得清清楚楚的。随着人类社会生活的发展，理性和秩序逐渐成为人类生活的主要状态。但是长久处于理性和秩序中，人类的神经紧绷，人类整体进入倦怠期。梦境是人类的放松途径，所以人总是对梦境有着一种莫名的好感，除了夜晚的梦境外，"半梦半醒"也是人类不可缺少的一种放松方式，弗洛伊德称其为"白日梦"。在白日梦中，人可以将努力、抗争、目的性等暂且放下，从而进入一种了无欲望、无拘无束的自由状态，获得一种超越功利的审美体验。而艺术在一定程度上正是在满足了人们潜意识中对于"半梦半醒"生存状态的渴望。正如美国学者史蒂文斯在《人类梦史》中说的："艺术可以对整个社会起到同样的弥补功能，就像梦可以对社会中的一名成员起到安慰作用一样。"①在潜意识层面，朦胧的梦和艺术中的朦胧意境能够弥补人类本应有但却常

---

① [美]安东尼·史蒂文斯：《人类梦史》，杨晋译，海口：海南出版社，2002年，第325页。

常被挤兑掉的半梦半醒状态，使人类在梦幻状态中得到灵魂的休憩。王夫之甚至认为接受者能够进入迷离恍惚的诗歌境界才是诗歌创作的目标，他评袁凯的《送张七西上》为"一往深折，引人正在缥缈间"①。评郭璞的《游仙诗》为"阅此诗者，如闻他人述梦……"②这些都说的是诗歌能够将接受者带进一个缥缈、梦幻的艺术世界，从而远离清醒的世俗生活。

王夫之关注到诗歌中广泛存在的"朦胧"意象，以及诗歌的"朦胧"艺术效果，并对"朦胧"诗学观念进行了理论概括，这在一定程度上推进了人们对于诗歌美学价值的认识。自古以来，中国文人都有着较为浓厚的家国情怀和担当精神，"文以载道"是贯穿中国诗学始终的核心价值观念，但过多强调诗对民族发展和政治伦理问题的关注，也在一定程度上使诗歌沦为载道的工具。而且，载道之文，多是那些以现实主义手法反映社会现实生活现状的作品。因此，在"文以载道"的主旋律下，现实主义作品得到较大发展，但其他艺术形式的美学价值却相对被忽略。好在，在"文以载道"的主旋律下，总伴随着追求艺术独立的呼声，尤其是在王朝趋于没落时期，或者在易代之际，艺术独立的呼声就会更加强烈。王夫之生于明清之际，明朝灭亡后，他成了遗民，但坚决不与清廷合作。因此，在隐居于衡阳石船山"湘西草堂"时期，王夫之对中国古代诗歌的反思和概括，就少了一些功用性的考虑，多了一些对诗歌作为独立艺术形式应该具有的特质的思考。王夫之有关诗歌朦胧性和模糊性的阐发就是在这一特殊的时代背景下提出来的，具有一定的理论价值，对于我们思考艺术的朦胧美提供了很好的个案。

综上，"朦胧"是广泛存在于艺术中的一种审美类型。"朦胧"是王夫之评价诗歌的一个常用的视角，他广泛分析了存在于诗歌中的朦胧美，也探讨了朦胧美创作的一些问题。朦胧作为一种审美类型，一方面是对生活中的朦胧美的反映，另一方面也是因为朦胧契合了人类对于半梦半醒的生存状态的渴望。朦胧的艺术境界能够将接受者带入一种超越了琐碎的、明了的、清晰的生活状况，从而进入一种如梦似幻的状态，并得到精神的放

---

① 王夫之：《明诗评选》，载《船山全书》第14册，长沙：岳麓书社，1996年，第1359页。

② 王夫之：《古诗评选》，载《船山全书》第14册，长沙：岳麓书社，1996年，第709页。

松。而这种梦幻感是人类生存的一种必要的状态，在现实生活中不可能达到，在艺术中能够获得，艺术弥补了生活的不足。王夫之在明清易代之际对朦胧美有较为深入和全面的关注，这是中国美学超越写实和社会功用而呈现出纯审美追求的一个瞬间，其理论价值值得关注。

（原载于《文艺评论》2019年第3期）

论学者的章回小说创作

—— 以《镜花缘》为中心

傅承洲

摘要： 李汝珍既是一位小说家，又是一位学者。集两种角色于一身的李汝珍，在从事小说创作时，经常将学者的思维方式和言说习惯不自觉地用于小说创作之中，使其小说带有鲜明的学者化特征。在《镜花缘》中，作者借人物之口宣讲自己的学术观点，借小说传播知识和技艺。写小说也旁征博引，近乎"迂腐"的严谨与执着。学者的博学多闻为李汝珍虚构情节、塑造形象提供了便利的条件和丰富的资源，《山海经》成了他取材的重要典籍，他将自己的学问与知识赋予笔下的人物，以凸显其才学。在《镜花缘》中，李汝珍借人物之口发表对现实的认识，刻画人物，叙述故事，体现出强烈的批判精神。

关键词： 李汝珍；《镜花缘》；学者；小说家

李汝珍既是一位小说家，创作了章回小说《镜花缘》，又是一位学者，专治音韵学，著有《李氏音鉴》。李汝珍研究音韵学的时间要早于小说创作，也长于小说创作。他在《李氏音鉴·凡例》中说："前人释论音义，多分韵名篇，而罕有分母之书。故学者每遇切音，但知字隶某韵，而不喻应归何母。于翻切之学，自难穷其根源。珍自髫年锐志于斯，于各字各

作者简介：傅承洲，文学博士，中央民族大学文学院教授、博士研究生导师，主要研究方向为中国古代小说和明清文学。

基金项目：国家社会科学基金后期资助项目"文人与明清白话小说"（18FZW021）。

音，不惮其劳，萃集群书，详加考证。"①李汝珍从小便有志于音韵学，几十年如一日，嘉庆九年（1804）完成《音学臆说》初稿，其兄李汝璜《音学臆说序》云："归来仲弟以所撰《音学臆说》进，浏览浃日。"该序作于嘉庆九年（1804）孟春。②嘉庆十一年（1806），李汝珍又将《音学臆说》做了大幅度修改，更名为《李氏音鉴》。嘉庆十五年（1810）刻印。章回小说《镜花缘》于嘉庆二十年（1815）完稿，嘉庆二十三年（1818）在苏州首刻。李汝珍在苏州原刊本末尾说："小说家言，何关轻重！消磨了三十多年层层心血，算不得大千世界小小文章。"③李汝珍大约生于乾隆二十八年（1763），嘉庆二十三年（1818）五十六岁。按嘉庆本的说法，李汝珍二十多岁就开始创作《镜花缘》。而卷首孙吉昌题辞云："可怜十数载，笔砚空相随。频年甘兀兀，终日惟孳孳。心血用几竭，此身忘困疲。"④萧荣修题辞则云："闻说书成二十年，穷愁兀兀剧堪怜。此编一出真无价，半部先窥信有缘。"⑤道光元年（1821）的刻本，将原刊末尾所说"消磨了三十多年层层心血"改为"消磨了十余年层层心血"。道光元年（1821）李汝珍还在世，修改当为他本人执笔。《镜花缘》的创作用了十余年的时间比较可信。李汝珍在完成《李氏音鉴》之后，开始创作《镜花缘》，时间从嘉庆九年（1804）到嘉庆二十年（1815），正好十一年。《镜花缘》中大量采用《李氏音鉴》有关音韵学的观点和文字，也能证明《镜花缘》创作在《李氏音鉴》成书之后。数十年的音韵学研究，使他形成了学者的知识结构和思维方式。虽说清代不像现代有如此繁复的学科分类和职业分工，但研究音韵学和创作章回小说还是两种完全不同的著述活动。学者和作家在阅读兴趣、知识结构、思维习惯、表达方式等方面都存在明显的差异，集两种角色于一身的李汝珍，在从事小说创作时，经常发生角

---

① 李汝珍：《李氏音鉴》，载《续修四库全书·经部·小学类》，上海：上海古籍出版社，2002年影印本，第388页。

② 参见李明友：《李汝珍师友年谱》，南京：凤凰出版社，2011年，第247页。

③ 李汝珍：《镜花缘》，北京：人民文学出版社，1955年，第760页。

④ 孙昌吉：《绘图镜花缘题词》，载《绘图镜花缘》，北京：中国书店，1985年影印本，第1页。

⑤ 萧荣修：《绘图镜花缘题词》，载《绘图镜花缘》，北京：中国书店，1985年影印本，第2页。

色错位，将学者的思维和言说方式不自觉地用于小说创作之中，使其小说带有鲜明的学者化特征。

一

李汝珍生活在清朝乾隆、嘉庆、道光三朝，这一时期正是乾嘉学派的鼎盛时期。李汝珍从事音韵学研究受到了时代风气的影响，他曾拜著名学者凌廷堪为师，《李氏音鉴》卷五记载："壬寅之秋，珍随兄佛云宦游朐阳，受业于凌氏廷堪仲子夫子。论文之暇，旁及音韵，受益极多，母中麻韵即夫子所增也。"①身边还有一群切磋音韵学的友人。音韵学在传统的四部分类中属于经部的小学类，颇受官府和学人的重视。而学者往往又有"敝帚自珍"的心理，李汝珍也不例外。《李氏音鉴》刊行后，山阴俞杏林读后并题词。李汝珍见到俞杏林题词后非常高兴，将《音鉴题词》附录于重刊本后，并写识语"甲戌冬，余在东海，得山阴俞杏林刊行《传声正宗》。……余与月南窃喜数千里之外，素昧平生，得此知音，不待后世子云，吾书知免予覆瓿矣。爰取杏林《题词》续刊《音鉴》后，并缀数语，以志欣幸"②。正是重视学术的时代风气与"敝帚自珍"的学者心理，致使李汝珍在创作章回小说《镜花缘》时，也念念不忘自己的音韵学研究，在小说中借人物之口宣讲自己的学术观点。第十七回开篇，黑齿国才女紫衣女子说："婢子闻得要读书必先识字，要识字必先知音。若不先将其音辨明，一概似是而非，其义何能分别？可见字音一道，乃读书人不可忽略的。……即以声音而论，婢子素又闻得，要知音，必先明反切；要明反切，必先辨字母。若不辨字母，无以知切；不知切，无以知音；不知音，无以识字。以此而论，切音一道，又是读书人不可少的。但昔人有言，每每学士大夫论及反切，便瞠目无语，莫不视为绝学。若据此说，大约其义失传已久。所以自古以来，韵书虽多，并无初学善本。"③学者往往

---

① 李汝珍：《李氏音鉴》，载《续修四库全书·经部·小学类》，上海：上海古籍出版社，2002年影印本，第461页。

② 转引自李明友：《李汝珍师友年谱》，南京：凤凰出版社，2011年，第382—383页。

③ 李汝珍：《镜花缘》，北京：人民文学出版社，1955年，第112页。

将自己研究的学术领域看得十分重要，否则就不会花费大量的时间精力从事专门研究，而长期的研究又会导致对这一门学问的喜爱甚至偏爱。识字知音是读书的前提与基础，这种观点其实就是音韵学家李汝珍夫子自道。第二十八回，唐敖等人到歧舌国，音韵学乃该国之国宝。据一老者介绍："音韵一道，乃本国不传之秘。国王向有严示：如有希冀钱财妄传邻邦的，无论臣民，具要治罪。"①多九公还打听到国王定的是："如将音韵传与邻邦，无论臣民，其无妻室者，终身不准娶妻；其有妻室者，立时使之离异；此后如再犯，立即阉割。"②后来多九公因治好了王妃的重病，才得到一份字母表。这份字母表实际上就是《李氏音鉴》中《松石字母谱》的一个简表。李汝珍用这一虚构的故事向世人表明，他所治音韵学是多么重要。

李汝珍并不是一个只懂音韵学的学究，而是一位兴趣广泛、博学多闻的文人。余集的《李氏音鉴序》云："大兴李子松石少而颖异，读书不屑章句帖括之学，以其暇旁及杂流，如壬遁、星卜、象纬、篆隶之类，靡不日涉以博其趣。而于音韵之学，尤能穷源索隐，心领神悟。"③李汝珍还编过一本围棋棋谱《受子谱》，颇为围棋爱好者重视。中国古代小说本来就有传播知识的功能，胡应麟云："小说者流，或骚人墨客，游戏笔端；或奇士洽人，搜罗宇外。纪述见闻，无所回忌；覃研理道，务极幽深。其善者足以备经解之异同，存史官之讨核，总之有补于世，无害于时。"④"古今著述，小说家特盛；而古今书籍，小说家独传。何以故哉？怪力乱神，俗流喜道，而亦博物所珍也；玄虚广莫，好事偏攻，而亦洽闻所昵也。谈虎者矜夸以示剧，而雕龙者闲掇之以为奇；辩鼠者证据以成名，而扪虱者类资之以送日。"⑤作为学者兼小说家，李汝珍在创作《镜花缘》时，便有明确的传播知识的目的。第二十三回，李汝珍借林之洋之口自述《镜花缘》的创作特色与动机："这部'少子'乃圣朝太平之世出的，是俺天朝

---

① 李汝珍：《镜花缘》，北京：人民文学出版社，1955年，第200页。

② 李汝珍：《镜花缘》，北京：人民文学出版社，1955年，第202页。

③ 朱一玄编：《明清小说资料选编》上册，天津：南开大学出版社，2006年，第523页。

④ 胡应麟：《少室山房笔丛》，上海：上海书店出版社，2001年，第283页。

⑤ 胡应麟：《少室山房笔丛》，上海：上海书店出版社，2001年，第282页。

读书人做的。这人就是老子后裔。老子做的是《道德经》，讲的都是元虚奥妙；他这'少子'虽以游戏为事，却暗寓劝善之意，不外'风人之旨'。上面载著诸子百家，人物花鸟，书画琴棋，医卜星相，音韵算法，无一不备。还有各样灯谜，诸般酒令，以及双陆、马吊、射鹄、蹴球、斗草、投壶，各种百戏之类，件件都可解得睡魔，也可令人喷饭。"①因为姓李，李汝珍自称老子李聃的后裔，其所撰《镜花缘》就戏名《少子》，书中记载了各种知识和技艺。细读《镜花缘》，不难发现，作者确有用小说传播知识才艺的倾向，第七十五回和第七十六回芸芝详细讲解大六壬课占方法，第七十六回廖熙春讲盈朒算法，第七十九回米兰芬讲述"铺地锦"和"差分法"等速算法。细心的读者完全可以根据小说人物的讲解，学习相关的知识和技艺。清代文人读者特别推崇《镜花缘》中的知识与学问。许乔林的《镜花缘序》云："是书无一字拾他人牙慧，无一字落前人窠臼，枕经葄史，子秀集华，兼贯九流，旁涉百戏，聪明绝世，异境天开，即引程乡千里之酒，而手此一编，定能驱遣睡魔，虽包孝肃笑比河清，读之必当喷饭。综其体要，语近滑稽，而意主劝善，而津逮渊富，足裨见闻。"②作为李汝珍的好朋友，许乔林作序推荐《镜花缘》，特别指出该书"津逮渊富，足裨见闻"。清代确有读者从《镜花缘》中学到了实用的知识，陆以湉的《冷庐杂识》卷四记载："《镜花缘》说部，征引浩博。所载单方，以之治病辄效。表弟周莲史太史士柄，为余言之，因录其方以备用。余母周太孺人，喜施方药，在台郡时，求者甚众。道光癸未夏，有患汤火伤，遍身溃烂，医治无效，来乞方药。检阅是书中方，用秋葵花浸麻油同涂。旧秋葵花方盛开，依方治之立愈。乃采花贮油瓶中，以施人，无不应手获效。"③陆以湉所说的药方，见小说第二十六回，林之洋嘴被烫伤后，多九公为之所开妙方即是。李汝珍很可能懂医学，至少读过一些医书，小说第二十九和第三十回曾写多九公先后治愈歧舌国世子和王妃的病，并开有多种药方。既然有人从《镜花缘》中学到了医药知识，也会有读者从中学到神话、历史、诗歌、音韵、算法、课占、围棋、双陆、马吊、灯谜、酒令、笑话

① 李汝珍：《镜花缘》，北京：人民文学出版社，1955年，第163页。
② 朱一玄编：《明清小说资料选编》上册，天津：南开大学出版社，2006年，第518页。
③ 朱一玄编：《明清小说资料选编》上册，天津：南开大学出版社，2006年，第524页。

等方面的知识。

　　学术研究靠证据说话，尤其是清代乾嘉时期，注重考据，无征不信，主张无一事无出处，无一事无来历，旁征博引是清代学术研究的重要特点。《李氏音鉴》设三十三问，李汝珍对每一问的解答都大量引述前人对这一问题的认识。如"第一问字声总论"，李汝珍先后引述了孔安国的《尚书序》、朱熹的《通鉴纲目》、孔颖达的《尚书疏》、韦续的《书法》等十多家关于字形字音的记载和解释。这种严谨的学风也影响到李汝珍的小说创作，《镜花缘》中不少素材来源于古代典籍，为了强调其真实可信，作者在行文中一一注明出处。第十六回写多九公和紫衣女子谈音韵，为了证明"'敦'字在灰韵，应当读'堆'"，先后举出《毛诗》《易经》《汉书》《周礼》《左传》《仪礼》《尔雅》等七部书中十个例证。第十七回写唐敖为解释《礼记》中的"鸿雁来宾"，先后引述郑康成注的《礼记》、许慎注的《淮南子》、高诱注的《吕氏春秋》等书中关于"来宾""宾爵"的解释，并一一加以辨析，最后得出"似以郑注为当"的结论，这种做法与《李氏音鉴》如出一辙。第四十一回，写才女史幽探识读苏蕙的《织锦回文璇玑图》，作者用五种颜色标出诗作，按颜色分"四围四角红书读法""中间井栏式红书读法""黑书读法""蓝书读法""紫书读法""黄书读法"六类，每类如何识读，仔细解释，从某字起，顺读几言几句，逆读几言几句，并将所得诗一一列出。又写才女哀萃芳"从史氏六图之外，复又分出一图"，再叙述其识读方法及所得诗。回文诗本来是一种文字游戏，这首《织锦回文璇玑图》，八百四十一字，用不同的排列组合方法，可以识读出数千首诗来。李汝珍用书中篇幅最长的一回，不厌其烦地识读这首回文诗，显示出一位近乎"迂腐"的学者的严谨与执着。在该回结尾处，作者借唐小山之口，称赞"史氏、哀氏两个才女，寻其脉络，疏其神髓，绎出诗句，竟可盈千累万，使苏氏当日制图一片巧思，昭然在目，殆无余恨。这两个才女如此细心，不独为苏氏功臣，其才情之高，慧心之巧，亦可想见"①。这既是夸奖两位才女，未尝不是作者自夸。王韬在《镜花缘图像序》中说："《镜花缘》一书，虽为小说家流，而兼才人、学人之能事者

---

　　① 李汝珍：《镜花缘》，北京：人民文学出版社，1955年，第304页。

也。人或有诋其食古不化者，要不足病。观其学问之渊博，考据之精详，搜罗之富有，于声韵、训诂、历算、舆图诸书，无不涉历一周，时流露于笔墨间。阅者勿以说部观，作异书观亦无不可。故宜于雅人者，未必宜于俗人。"①王韬认为《镜花缘》学问渊博，考据精详，搜罗富有，在我们看来，他更像是在评价一部学术著作。

二

李汝珍当然知道，他写《镜花缘》是在写章回小说，而不是写学术著作。章回小说有其自身的特点与传统：需要讲述故事，刻画人物，以文学形象取胜。学者的博学多闻为其虚构情节、塑造形象提供了便利的条件和丰富的资源。《镜花缘》最精彩的部分在前五十回——写林之洋、多九公、唐敖等人游历海外几十个国度的故事。李汝珍虽然长期生活在海边，但没有出海远洋的生活经历，对国外的山川地理、人物形貌、风土人情、语言文化并不熟悉，因此他对外国的描写不是源于亲身经历，也不是源于他人的记载，而是借助于古代的神话传说，因而《山海经》成了他取材的重要典籍。《山海经》记载了数十个神奇的国度，那里生活着一群从外貌、行为到思想、情感都与国人不同的人。李汝珍根据这些简单的记载进行虚构，想象出林之洋等人沿途到达的海外国家。这样，既解决了作家生活经历不足的困难，又确实给读者以殊方异域之感。《山海经》中有两处关于君子国的记载，一处见于《海外东经》："君子国在其北，衣冠带剑，食兽，使二文（大）虎在旁，其人好让不争。有薰华草，朝生夕死。"②一处见于《大荒东经》："有君子之国，其人衣冠带剑。"③张华在《博物志·外国》中据此演绎为："君子国，人衣冠带剑，使两虎，民衣野丝，好礼让，不争。土千里，多薰华之草。民多疾风气，故人不蕃息。"④李汝珍便根据

① 丁锡根编著：《中国历代小说序跋集》（下），北京：人民文学出版社，1996年，第1445页。

② 袁珂：《山海经校注》，北京：北京联合出版公司，2014年，第226页。

③ 袁珂：《山海经校注》，北京：北京联合出版公司，2014年，第295页。

④ 袁珂：《山海经校注》，北京：北京联合出版公司，2014年，第226页。

上述这些记载虚构了一个海外礼仪之邦——"好让不争"的君子国，该国城门上写着"惟善为宝"四个大字，一路都是耕者让畔、行者让路的光景，林之洋和多九公来到该国闹市，只见卖货人与买货人发生争执，卖者要交好货而取贱价，而买者却要付高价只取一半的货物。作者显然是用君子国的国民礼让不争与唯利是图、尔虞我诈的现实进行对照，其讽世之意甚明。《山海经·海外北经》记载："无肠之国在深目东，其为人长而无肠。"①郭璞注云："为人长大，腹内无肠，所食之物直通过。"李汝珍在《镜花缘》中所写无肠国的国民皆无肠，"才吃下物去，腹中并不停留，一面吃了，随即一直通过"②。这一特征明显来自《山海经》及郭璞注的记载。李汝珍不只是借用了其国名与国人的生理特点，还别出心裁地虚构了该国富人将自己排出的粪便给仆人婢女食用，用以讽刺社会上富人为富不仁、吝啬刻薄的卑劣本性。《山海经·海外西经》云："女子国在巫咸北，两女子居，水周之。"③郭璞于"水周之"条下注云："有黄池，妇人入浴，出即怀妊矣。若生男子，三岁辄死。周犹绕也。"④《三国志·东夷传》载："有一国亦在海中，纯女无男。"⑤《后汉书·东夷列传》云："又说海中有女国，无男人。或传其国有神井，窥之辄生子云。"⑥《西游记》便根据这些材料，虚构了一个"一国尽是女人，更无男子"的西梁女国，国内有一条子母河，喝了这条河里的水，便会怀孕生子。唐僧和猪八戒因误饮河水，有了胎气，受尽折磨，后来找到落胎泉，才解了胎气。《三宝太监西洋记》基本因袭了这一写法。李汝珍却只是用了女儿国的国名，别出心裁地虚构了一个与《山海经》《西游记》完全不同的女儿国："此地女儿国却另有不同，历来本有男子，也是男女配合，与我们一样。其所异于人的，男子反穿衣裙，作为妇人，以治内事；女子反穿靴帽，作为男人，以治外

① 袁珂：《山海经校注》，北京：北京联合出版公司，2014年，第214页。

② 李汝珍：《镜花缘》，北京：人民文学出版社，1955年，第93页。

③ 袁珂：《山海经校注》，北京：北京联合出版公司，2014年，第201页。

④ 转引自袁珂：《山海经校注》，北京：北京联合出版公司，2014年，第201页。

⑤ 陈寿：《三国志》，长春：吉林人民出版社，1995年，第619页。

⑥ 司马彪：《后汉书》，长春：吉林人民出版社，1995年，第1606页。

事。"①小说第三十三回，林之洋到女儿国内殿卖货，被国王看中，选为王妃，身高体壮的宫娥奉命为他穿耳，疼得他喊叫连声，又给他缠足，"那黑须宫娥取了一个矮凳，坐在下面，将白绫从中撕开，先把林之洋右足放在自己膝盖上，用些白矾洒在脚缝内，将五个脚指紧紧靠在一处，又将脚面用力曲作弯弓一般，即用白绫缠裹。才缠了两层，就有宫娥拿着针线来密密缝口，一面狠缠，一面密缝。林之洋身旁既有四个宫娥紧紧靠定，又被两个宫娥把脚扶住，丝毫不能转动。及至缠完，只觉脚上如炭火烧的一般，阵阵疼痛"②。李汝珍如此这般描写，并非制造噱头，而是让林之洋作为男人的代表，亲身体验一下穿耳、缠足对女人身体的摧残及其所带来的痛苦，实际上就是对现实中男女地位不平等，女人受到了男人的歧视和奴役等社会问题的深刻反思。在小说第十二回，作者借吴之和之口对妇女缠足的陋习进行了激烈的批判："始缠之时，其女百般痛苦，抚足哀号，甚至皮腐肉败，鲜血淋漓。当此之际，夜不成寐，食不下咽，种种疾病，由此而生。小子以为此女或有不肖，其母不忍置之于死，故以此法治之。谁知系为美观而设，若不如此，即不为美！试问鼻大者削之使小，额高者削之使平，人必谓为残废之人，何以两足残缺，步履艰难，却又为美？即如西子、王嫱，皆绝世佳人，彼时又何尝将其两足削去一半？况细推其由，与造淫具何异？此圣人之所必诛，贤者之所不取，惟世之君子，尽绝其习，此风自可渐息。"③吴之和的观点其实就是李汝珍对女儿国描写动机的最好说明。

　　诚如胡适所说："《镜花缘》是一部讨论妇女问题的小说。"④至少是一部以讨论妇女问题为主的小说，其中一个重要内容就是表彰女性的才华。李汝珍将自己的学问与知识赋予他笔下的人物，以凸显人物的博学多才。小说第十六回至第十八回，写多九公与黑齿国中的两位才女谈学问，开始时多九公根本不把才女放在眼里："可惜是个幼年女流，不知可有一二

---

① 李汝珍：《镜花缘》，北京：人民文学出版社，1955年，第229页。

② 李汝珍：《镜花缘》，北京：人民文学出版社，1955年，第237页。

③ 李汝珍：《镜花缘》，北京：人民文学出版社，1955年，第78页。

④ 胡适：《胡适文集》第6卷，北京：人民文学出版社，1998年，第164页。

可谈之处。"①紫衣女子请教经书上"敦"字的读音，多九公引经据典，列出十音，"除此十音之外，不独经传上未有他音，就是别的书上也就少了"。②紫衣女子当场指出"'敦'字倒像还有吞音、侟音之类"，让多九公十分难堪。才女讲《毛诗》的叶韵，《论语》《礼记》的注解，《周易》注本的卷帙与名姓，多九公无言以对，满头大汗，最后落荒而逃。音韵学乃歧舌国不传之秘，多九公因治好了王妃的重病，才得到一份字母表。小说第三十一回多九公等人观看字母，揣摩多时，丝毫不懂，才女兰音并未学过音韵，却将字母表读懂解通。这一故事意在说明，兰音聪明过人，只有她才能悟出这份神秘的字母表中隐藏的规律。

李汝珍爱下围棋，身边有一群棋友，经常切磋棋艺，还写了一本《受子谱》。李汝珍在《镜花缘》中描写了一批才女，个个身怀绝技。作者的围棋知识也成了他刻画才女的重要资源，小说第七十三回，写才女燕紫琼同易紫菱对弈，卞香云与姚芷馨观阵，后来孟紫枝也加入观棋。作者并没有具体描写燕紫琼与易紫菱如何下棋，主要内容是几位才女谈棋谱，其实就是李汝珍对围棋的基本看法：下棋不能一味图快，"多算胜，少算不胜"；学棋要时常打谱，却又不能按谱下棋，要懂得随机应变。这些应该是李汝珍下棋的经验之谈。姚芷馨谈自己打谱："妹子打的谱都是'双飞燕''倒垂莲''镇神头''大压梁'之类，再找不着'小铁网'在那谱上。"③都是非常专业的术语，非深研棋谱如李汝珍者不能道也。

在《镜花缘》中，李汝珍大谈学问，作家的主观动机还是想以此来表现人物的才学。李汝珍在给朋友许乔林的信中谈到他写《镜花缘》的状况："日前虽已完稿，因所飞之句，皆眼前之书，不足动人；今拟所飞之句，一百人要一百部书，不准雷同，庶与才女二字，方觉名实相称，方能壮观！"④小说从第八十二回起，用了十二回的篇幅，写才女饮酒行令，飞双声叠韵，且出自不同的古书。李汝珍已经写完初稿，并不满意，"因所飞之句，皆眼前之书"，于是又作修改，每一酒令出自一部古籍，以突显

① 李汝珍：《镜花缘》，北京：人民文学出版社，1955年，第109页。
② 李汝珍：《镜花缘》，北京：人民文学出版社，1955年，第110页。
③ 李汝珍：《镜花缘》，北京：人民文学出版社，1955年，第533页。
④ 朱一玄编：《明清小说资料选编》上册，天津：南开大学出版社，2006年，第518页。

才女阅读面与记忆力。李汝珍说得非常清楚，他之所以贪求书籍的多与僻，就是要显示才女名实相符。

三

无论是作家，还是学者，作为社会精英，他们都关注自己生活的时代与社会，愿意通过自己的著述去影响乃至改变社会，但作家和学者影响社会的方式是不一样的，作家是通过鲜活的人物形象潜移默化地感染读者，而学者则通过不可辩驳的逻辑力量去说服读者。作为学者的李汝珍情况比较特殊，其所治音韵学，是一门近乎自然科学的学问，远离现实社会，不能在其学术著作中发表对社会问题的看法。写小说，则可以通过人物与情节来表达自己对现实的认识，对丑恶现象的批判，对理想社会的向往。李汝珍在《镜花缘》第二十三回说："他这'少子'虽以游戏为事，却暗寓劝善之意，不外'风人之旨'。"[①]他的好友许乔林也认为，《镜花缘》"综其提要，语近滑稽，而意主劝善"[②]。洪棣元的《镜花缘序》云："正人心，端风化，是尤作者之深意存焉。不知者仅以说部目之，知之者直以经义读之。盖温柔敦厚，《诗》之教；疏通知远，《书》之教；广博易良，《乐》之教；洁净精微，《易》之教；恭俭庄敬，《礼》之教；比事属辞，《春秋》之教：是书兼而有之。"[③]

清代文人还是从传统的劝善惩恶的角度解释李汝珍的创作动机与《镜花缘》的社会意义。晚清小说家吴沃尧说："《镜花缘》一书，可谓之理想小说，亦可谓之科学小说。其所叙海外各国，皆依据《山海经》，无异为《山海经》加一注疏，而其讽世、理想、科学等，遂借以寓于其中。吾最喜其女儿国王强迫林之洋为妃，与之缠足一段，其意若曰：'汝等男

---

① 李汝珍：《镜花缘》，北京：人民文学出版社，1955年，第163页。

② 许乔林：《镜花缘序》，载朱一玄编《明清小说资料选编》上册，天津：南开大学出版社，2006年，第518页。

③ 洪棣元：《镜花缘序》，载朱一玄编《明清小说资料选编》上册，天津：南开大学出版社，2006年，第519页。

子，每以女子之小足为玩具，盍一反躬为之，而亲其痛苦哉?'"①吴沃尧明确指出了李汝珍创作《镜花缘》有讽世的意图，并以女儿国为例加以说明。在《镜花缘》中，作者用大量篇幅，借人物之口发表对现实问题的看法。小说第十一回，君子国两位宰辅吴之和、吴之祥畅谈天朝陋习，多达十一种：第一，殡葬选风水；第二，生子女请客演戏，大肆铺张；第三，将子女送入空门；第四，争讼；第五，屠宰耕牛；第六，宴客穷尽奢华；第七，三姑六婆哄骗钱财；第八，后母虐待继子女；第九，妇女缠足；第十，算命合婚；第十一，生活奢华。两人所述切中时弊，有些问题至今仍有现实意义。例如宴客习俗："往往珍羞罗列，穷极奢华。桌椅既设，宾主就位之初，除果品、冷菜十余种外，酒过一二巡，则上小盘小碗，其名南唤小吃，北呼热炒，少者或四或八，多者十余种至二十余种不等，其间或上点心一二道。小吃上完，方及正肴，菜既奇丰，碗亦奇大，或八九种至十余种不等。主人虽如此盛设，其实小吃未完而客已饱，此后所上的，不过虚设，如同供献而已。更可怪者，其肴不辨味之好丑，惟以价贵的为尊。因燕窝价贵，一肴可抵十肴之费，故宴会必出此物为首。既不恶其形似粉条，亦不厌其味同嚼蜡。及至食毕，客人只算吃了一碗粉条子，又算喝了半碗鸡汤，而主人只觉客人满嘴吃的都是'元丝锞'。岂不可笑?"②小说中对每一种陋习，作者都是先描述其现象，次分析其荒谬，再提出解决方案，有如一篇议论文，显示其学者的思维方式。如殡葬选风水，作者指出，一些子孙"往往因选风水，置父母之柩多年不能入土，甚至耽延两代三代之久，相习成风。以至庵观寺院，停柩如山；旷野荒郊，浮厝无数"。接着用风水先生并未发达的实事，证明殡葬看风水实在是骗人的把戏，"善风水之人，岂无父母? 若有好地，何不留为自用? 如果一得美地，即能发达，那通晓地理的，发达曾有几人?"最后作者劝告世人："殡葬一事，无力之家，自应急办，不可蹉跎；至有力之家，亦惟择高阜之处，得免水患，即是美地。"③

---

①　吴沃尧：《说小说》，载朱一玄编《明清小说资料选编》上册，天津：南开大学出版社，2006年，第524页。

②　李汝珍：《镜花缘》，北京：人民文学出版社，1955年，第75页。

③　李汝珍：《镜花缘》，北京：人民文学出版社，1955年，第71—72页。

李汝珍不只是借人物之口来讽世，叙述故事，刻画人物，也体现出强烈的批判精神。小说中两面国国民"个个头戴浩然巾，都把脑后遮住，只露一张正面，却把那面藏了"。唐敖着儒巾绸衫，与其交谈，"他们那种和颜悦色、满面谦恭光景，令人不觉可爱可亲，与别处迥不相同"。而林之洋旧帽破衣，"随口问他两句。他掉转头来，把俺上下一望，陡然变了样子，脸上冷冷的，笑容也收了，谦恭也免了"。唐敖"暗暗走到此人身后，悄悄把他浩然巾揭起。不意里面藏著一张恶脸，鼠眼鹰鼻，满面横肉。他见了小弟，把扫帚眉一皱，血盆口一张，伸出一条长舌，喷出一股毒气，霎时阴风惨惨，黑雾漫漫"。①从小说的描述中不难看出，作者就是讽刺现实中那些看人行事、两面三刀、当面一套、背后一套的阴险小人，和颜悦色只是他们的伪装，青面獠牙才是他们的本相。唐敖一行来到白民国，遇到一学馆先生。这先生自视甚高："我的学问，只要你们在我跟前稍为领略，就够你们终身受用。"对唐敖等人傲慢无礼："你们既不晓得文理，又不会作诗，无甚可谈，立在这里，只觉俗不可耐。莫若请出，且到厅外，等我把学生功课完了，再来看货。况且我们谈文，你们也不懂。若久站在此，惟恐你们这股俗气四处传染，我虽'上智不移'，但馆中诸生俱在年幼，一经染了，就要费我许多陶熔，方能脱俗哩。"②及至听先生教学生念书，竟然将《孟子》的"幼吾幼，以及人之幼"念成了"切吾切，以反人之切"，将《论语》的"求之与，抑与之与"念成了"永之兴，柳兴之兴"，明显是讽刺现实生活中一些文人不学无术却不懂装懂，腹中空空却盛气凌人的丑恶嘴脸。

中国章回小说发展到清代中叶，产生了《儒林外史》《红楼梦》两部伟大的作品，将小说创作推到了巅峰，有如古代诗歌发展到盛唐时期，出现李白、杜甫两位伟大的诗人一样。如何超越前人，是其后每一个有追求的文学家面临的巨大困境与难题。中唐时期，出现了众多风格各异的诗人，韩愈尚奇警、白居易重讽谕，就是在这种特殊的历史时期所做的有益探索，虽然他们的创作成就并没有超越李杜，但他们的探索精神以及所提

---

① 李汝珍：《镜花缘》，北京：人民文学出版社，1955年，第178页。
② 李汝珍：《镜花缘》，北京：人民文学出版社，1955年，第153页。

供的艺术经验值得后人尊敬和学习。李汝珍在章回小说的创作中所处的位置，就和诗歌史上的中唐诗人一样，如何将章回小说的创作向前推进，李汝珍有自己的思考，他并没有一味地模仿和重复前人，而是发挥自己的特长，将学术、知识、百戏引入章回小说之中，使之发生了一些新的变化。李汝珍的创作得失，学界见仁见智，可以有自己的理解和评价，但他的这种探索精神是应该充分肯定的。

［原载于《南京大学学报》（哲学·人文科学·社会科学）2019年第1期］

《红楼梦》人物身世缺憾的艺术内涵

曹立波　李红艳

摘要：《红楼梦》中塑造了较多有身世缺憾的人物形象。据初步统计，红楼女子中，父母双亡者9人，缺少父亲或母亲者10人。荣宁二府以及贾府亲友的众男子中，父母双亡者3人，缺少父亲或母亲者10人。本文择取其中主要人物形象加以对比，分析结果显示书中写红楼女子的身世缺憾，意在渲染"千红一窟（哭）"与"万艳同杯（悲）"的人生悲剧，共性之中不乏个性特征。小说中诸多男子的身世缺憾，很大程度上源于并导致其家庭教育的缺失，使得贾府呈现出"一代不如一代"的家运走势。基于孤儿寡母形象的统计分析，集中探讨了作者在此类情节中的情感意蕴。

关键词：《红楼梦》；身世缺憾；人生悲剧；家族悲剧；孤儿寡母

　　对《红楼梦》人物身世缺憾的关注，在相关论著中多有体现，但基本上是探究单个人物身世，或以单个人物身世作为论述的一个方面，且多关注的是红楼女性形象。同时，对于具有不同身世缺憾的人物，关注程度也有所不同。初步统计相关代表著作以及近10年《红楼梦》相关刊物中发表的论文，发现其中关注较多的具有身世缺憾的人物是林黛玉和史湘云。对林黛玉身世缺憾的论述：一方面集中于父母双亡、寄人篱下的生活境

　　作者简介：曹立波，文学博士，中央民族大学文学院教授、博士研究生导师，主要研究方向为明清文学；李红艳，中央民族大学硕士研究生，主要研究方向为明清文学。

　　基金项目：国家社会科学基金项目《红楼梦》清代刻本海外流布与影响研究"（18BZW059）。

况①，将黛玉与同是寄居贾府的湘云、宝钗相比较，认为只有黛玉失去双亲，且没有叔伯、兄弟，身世最为悲惨②，更有用历史的眼光，将同是背井离乡的林黛玉和西施加以对比，认为她们有天然对应③；另一方面多从心理学角度分析父母双亡对黛玉的影响，认为亲人接二连三地故去给黛玉的心灵留下了刻骨的伤痛④，身世处境使黛玉有着强烈的"独在异乡为异客"的孤独与焦虑⑤，黛玉更易从周遭的人事联系到自己的身世，承受着巨大的心理压力⑥，因无人主张而爱情受阻，使黛玉的忧郁感伤更加沉重动人⑦；另有将黛玉与白流苏相比，认为寄人篱下使她们满心焦虑⑧。关于史湘云，多侧重于褓褓中父母双亡的人生缺憾，如胡文彬⑨、崔子恩⑩、苏萍⑪。此外还有对湘云和黛玉的比较，认为两者境遇多有相似之处，将个性相对照，如曾扬华⑫。还有认为湘云比黛玉更加凄凉，如李希凡⑬。范秀萍⑭曾指出湘

---

① 参见周思源：《周思源正解金陵十二钗》，北京：中华书局，2006年，第79页；梁冬梅：《永不凋零的原野之花 —— 刘姥姥形象的文化意蕴兼与林黛玉之比较》，载《红楼梦学刊》2008年第2辑。

② 参见孙虹：《论林黛玉的客居意识与悲情解脱》，载《红楼梦学刊》2007年第4辑。

③ 参见徐乐吟、陆德海：《〈五美吟〉与林黛玉的心灵世界》，载《红楼梦学刊》2016年第3辑。

④ 参见李希凡：《传神文笔足千秋：〈红楼梦〉人物论》，上海：东方出版中心，2017年，第147页。

⑤ 参见[美]张安妮：《林黛玉的孤独感论析》，载《曹雪芹研究》2015年第3期。

⑥ 参见王子溪：《红消香断有谁怜 —— 从异常心理学角度重新审视林黛玉的死亡》，载《红楼梦学刊》2008年第2辑。

⑦ 参见薛瑞生：《捧心西子玉为魂 —— 林黛玉论》，载《红楼梦学刊》1993年第3辑。

⑧ 参见陶小红：《白流苏与林黛玉》，载《红楼梦学刊》2009年第3辑。

⑨ 胡文彬：《胡文彬点评红楼梦》，北京：团结出版社，2006年，第251页。

⑩ 崔子恩：《史湘云论》，载红楼梦研究集刊编委会编：《红楼梦研究集刊》第11辑，上海：上海古籍出版社，1983年，第177页。

⑪ 苏萍：《寒塘鹤影读湘云 —— 试论湘云形象及其独特的女性价值》，载《红楼梦学刊》2008年第2辑。

⑫ 曾扬华：《红楼梦引论》，广州：中山大学出版社，2001年，第179页。

⑬ 参见李希凡：《传神文笔足千秋：〈红楼梦〉人物论》，上海：东方出版中心，2017年，第258页。

⑭ 范秀萍：《"霁月光风耀玉堂" —— 史湘云形象新探》，载红楼梦研究集刊编委会编：《红楼梦研究集刊》第11辑，上海：上海古籍出版社，1983年，第194页。

云不像黛玉那样有着沉重的精神负担。

受到关注的具有身世缺憾的人物其次是晴雯和妙玉。论著中提到晴雯不知籍贯、不详姓氏的孤女身世的如刘梦溪①、张锦池②。李希凡则指出晴雯"她的来历和性格，使她成为大丫头群中独来独往、不大合群的人"。③曾扬华认为晴雯过早地惨死是由于她"心比天高，身为下贱"④。妙玉的身世论述侧重于"身世之谜"，认为妙玉的身世是个"谜"，恐非寻常"读书仕宦之家"出身，应该是出生于权贵之家。持此观点的如胡文彬⑤、李希凡⑥、张锦池⑦。另外，刘阳河⑧从心理学角度分析了身世对妙玉人格的影响。

此外，受到关注的还有香菱和尤氏姐妹。李希凡⑨提到香菱自幼被拐的命运。苏萍⑩比较了香菱与秦可卿的身世。身世对尤氏姐妹的生活产生了本质影响，持此观点的如李希凡⑪、周思源⑫。另外涉及的还有迎春、平儿。⑬除了以上对具有身世缺憾的女性形象的论述，顾绍炯⑭还提到了贾珍

---

① 刘梦溪：《红楼梦新论》，北京：中国社会科学出版社，1982年，第136页。

② 张锦池：《红楼管窥：张锦池论红楼梦》，北京：文化艺术出版社，2009年，第187页。

③ 参见李希凡：《传神文笔足千秋：〈红楼梦〉人物论》，上海：东方出版中心，2017年，第319—320页。

④ 曾扬华：《红楼梦引论》，广州：中山大学出版社，2001年，第236页。

⑤ 胡文彬：《胡文彬点评红楼梦》，北京：团结出版社，2006年，第299页。

⑥ 参见李希凡：《传神文笔足千秋：〈红楼梦〉人物论》，上海：东方出版中心，2017年，第284—285页。

⑦ 张锦池：《红楼管窥：张锦池论红楼梦》，北京：文化艺术出版社，2009年，第136页。

⑧ 刘阳河：《"世难容"——妙玉之矛盾心理与人格异常探论》，载《红楼梦学刊》2017年第6辑。

⑨ 参见李希凡：《传神文笔足千秋：〈红楼梦〉人物论》，上海：东方出版中心，2017年，第340页。

⑩ 苏萍：《真应怜爱读香菱》，载《红楼梦学刊》2014年第5辑。

⑪ 参见李希凡：《传神文笔足千秋：〈红楼梦〉人物论》，上海：东方出版中心，2017年，第452页。

⑫ 周思源：《周思源正解金陵十二钗》，北京：中华书局，2006年，第153页。

⑬ 参见李希凡：《传神文笔足千秋：〈红楼梦〉人物论》，上海：东方出版中心，2017年，第280页、第372页。

⑭ 顾绍炯：《贾珍——贾府衰败的祸首》，载《红楼梦学刊》1986年第3辑。

的身世。

　　虽相关问题已有所涉及，本文意在拓宽对人物身世关注的范围，力求囊括《红楼梦》中所有父母双亡或者缺少父亲或母亲的主要人物形象。同时在内容方面，除了关注人物身世缺憾的境况、身世对人物性情的影响，更侧重身世缺憾导致的教育缺失问题。

一、"千红一窟（哭）""万艳同杯（悲）"的人生悲剧

　　红楼女子的身世缺憾，既写出了身世不完美的可怜可悯，又体现了与命运抗争的可歌可泣。尽管她们美丽、聪慧，但都无力把握自己的命运，千红万艳，最终花落水流红。这是红楼女子悲剧的共性，作者这样写主要是为了凸显人生悲剧。同时，群芳的悲剧又与理想世界的毁灭互为因果。共性之中又不乏个性特征，更有处境相似，而悲剧不同者。以下将红楼女子按金陵十二钗正册和其他女子分类列表，以便对比分析其身世缺憾的异同（见表1、表2）。

表1　金陵十二钗正册身世的缺憾[①]

身世	人物	作品中的相关描述	身世对人物的影响
父母双亡	林黛玉	今只有嫡妻贾氏生得一女，乳名黛玉，年方五岁。（第二回） 度其母必不凡……可伤上月竟亡故了。（第二回） 林如海已葬入祖坟了。（第十六回）	父母早逝，虽有铭心刻骨之言，无人为我主张。（第三十二回）
	史湘云	襁褓之间父母违。 [乐中悲]襁褓中，父母叹双亡。（第五回）	从小儿没爹娘的苦。 在家里做活做到三更天。（第三十二回）

---

　　① 本文正文中及所有表格中所引的文字，均出自曹雪芹：《红楼梦》，无名氏续，北京：人民文学出版社，2008年。

续表

身世	人物	作品中的相关描述	身世对人物的影响
父母双亡	秦可卿	他父亲秦业现任营缮郎，年近七十，夫人早亡。因当年无儿女，便向养生堂抱了一个儿子并一个女儿。谁知儿子又死了，只剩女儿，小名唤可儿。（第八回）	治得病治不得命。（第十一回）
	妙玉	今年才十八岁，法名妙玉。如今父母俱已亡故。（第十八回）	衣食起居不宜回乡。（第十八回）
丧母	贾迎春	二小姐乃赦老爹之妾所出，名迎春。（第二回）	金闺花柳质，一载赴黄粱。（第五回）
	贾惜春	四姑娘小，他正经是珍大爷的亲妹子，因自幼无母，老太太命太太抱过来养这么大，也是一位不管事的。（第六十五回）	可怜绣户侯门女，独卧青灯古佛旁。（第五回）
丧母	贾巧姐	见凤姐已经停床。（第一一四回）	事败休云贵，家亡莫论亲。（第五回）
丧父	薛宝钗	自父亲死后，见哥哥不能依贴母怀。（第四回）	他便不以书字为事，只留心针黹家计等事，好为母亲分忧解劳。（第四回）

　　史湘云和林黛玉同是父母双亡，但是史湘云的身世更加悲惨。林黛玉在五岁之前父母健在，还有一段幸福的童年生活，但是史湘云在襁褓中就父母双亡。史湘云自幼寄居在叔叔家，虽为贵族小姐，却"在家里做活做到三更天"，而且"一点儿作不得主"。所以金陵世勋史侯家的富贵对她并没有太大影响，虽然出身高贵，但是处境尴尬。相似的身世，史湘云并没有像林黛玉一样多愁善感，相反却"英豪阔大"，犹如"霁月光风"，性格与身世形成反差。

　　林黛玉和薛宝钗同是寄居在贾府的亲戚，但是身世不同，常常引发不同的感慨。林黛玉"母亲去世的早，又无姊妹兄弟"，薛宝钗"又有母亲，又有哥哥"。林黛玉感叹"我长了今年十五岁，竟没一个人像你前日的话教导我"，薛宝钗却道："我虽有个哥哥，你也是知道的……何必作'司马牛之叹'？"林黛玉寄居在贾府"一无所有"。薛宝钗"又有买卖土地，家里又仍旧有房有地"。由于身世背景不同，相比之下，林黛玉在贾府有强烈的寄人篱下之感，认为贾府"那起小人岂有不多嫌的"。更重要的是和宝玉的爱情，虽有铭心刻骨之言，但是父母早逝，无人主张，使爱情受阻，最终造成黛玉没有婚姻的爱情悲剧与宝钗没有爱情的婚姻悲剧。

妙玉和黛玉身世、品性有较多相似之处：同是父母双亡；林黛玉的父亲林如海"本贯姑苏人氏"，妙玉也"本是苏州人氏"；林家是"钟鼎之家"，"亦是书香之族"，妙玉"祖上也是读书仕宦之家"；黛玉"本自怯弱多病"，妙玉"自小多病"；黛玉"心较比干多一窍，病如西子胜三分"，妙玉"气质美如兰，才华阜比仙"；黛玉"质本洁来还洁去，强于污淖陷渠沟"，"孤高自许，目无下尘"，妙玉"过洁世同嫌"，"天生成孤癖人皆罕"。同时，作者让林黛玉和妙玉走进大观园，留在大观园，仿佛是要设计一场室内剧。林黛玉丧母，来到了外祖母家，父亲又去世，让她无法再回故乡，只能长期住在贾府。妙玉更是身份特殊，虽然位列金陵十二钗正册，却既非元、迎、探、惜、巧一类贾氏千金，又非黛、钗、湘等贾家近亲，同凤、纨、卿等嫁入贾府的女子也不同，那么如何进入贾府并长期居住呢？这里引出了妙玉的病"买了许多替身儿皆不中用"，最后只能"亲自入了空门"，"带发修行"，"方才好了"。在贾府采访聘买小尼姑、小道姑的时候，顺理成章地进入贾府。

迎春和惜春同是丧母，只有父亲和哥哥。父亲和哥哥或骄奢淫逸或好道炼丹。相似的身世却让她们形成了不同的性格，导致了不同的人生悲剧。迎春性格懦弱，老实怕事，被人称作"二木头"。她的继母邢夫人待人刻薄，哥哥贾琏、嫂子王熙凤对她毫不关心。父亲贾赦不顾及她的幸福和性命，不听贾政劝告，一意孤行，把她许给"一味好色，好赌酗酒"的孙绍祖。迎春"结褵年馀"，就被孙绍祖"揉搓以致身亡"，又恰逢"贾母病笃"，只能"草草完结"，造成"金闺花柳质，一载赴黄粱"的人生悲剧。惜春母亲早丧，父亲贾敬一味好道炼丹，其他的一概不管，哥哥贾珍奢靡逸乐，嫂子尤氏也与自己不合。失去母亲，父亲和哥嫂对她又缺少体贴，惜春在此种环境中形成了"心冷口冷心狠意狠"的性情，最终遁入空门，出家修行，遭遇"可怜绣户侯门女，独卧青灯古佛旁"的人生悲剧。

表 2　其他女子身世的缺憾

身世	人物	作品中的相关描述	身世对人物的影响
父母双亡	香菱	闻得养至五岁被人拐去。（第四回）周瑞家的又问香菱："你几岁投身到这里？"又问："你父母今在何处？今年十几岁了？本处是那里人？"香菱听问，都摇头说："不记得了。"（第七回）	平生遭际实堪伤。（第五回）
	晴雯	这晴雯当日系赖大家用银子买的……这晴雯进来时，也不记得家乡父母。（第七十七回）	心比天高，身为下贱。（第五回）
	尤氏	尤氏不能回家，便将他继母接来在宁府看家。（第六十三回）	又没才干，又没口齿，锯了嘴子的葫芦，就只会一味瞎小心图贤良的名儿。（第六十八回）
	平儿	又思平儿并无父母兄弟姊妹。（第四十四回）	独自一人，供应贾琏夫妇二人。贾琏之俗，凤姐之威，他竟能周全妥帖，今儿还遭茶毒。（第四十四回）
	袭人	况且如今爹虽没了。（第十九回）一时果有周瑞家的带了信回凤姐儿说："袭人之母业已停床，不能回来。"（第五十一回）	枉自温柔和顺。（第五回）
寡母	尤二姐	贾蓉道："这都无妨。我二姨儿三姨儿都不是我老爷养的，原是我老娘带了来的。"（第六十四回）	觉大限吞生金自逝。（第六十九回）
	尤三姐		揉碎桃花红满地，玉山倾倒再难扶。（第六十六回）
	夏金桂	从小时父亲去世的早，又无同胞弟兄，寡母独守此女。（第七十九回）	娇养溺爱，不啻珍宝，凡女儿一举一动，彼母皆百依百随，因此未免娇养太过，竟酿成个盗跖的性气。爱自己尊若菩萨，窥他人秽如粪土；外具花柳之姿，内秉风雷之性。（第七十九回）

续表

身世	人物	作品中的相关描述	身世对人物的影响
寡母	薛宝琴	偏第二年他父亲就辞世了，他母亲又是痰症。（第五十回）	哥哥薛蝌带着她进京聘嫁，投奔薛姨妈。
	李纹李绮	正遇见李纨之寡婶带着两个女儿——大名李纹，次名李绮——也上京。（第四十九回）	

以上人物按身份有主子和丫鬟之分，主子中的尤二姐、尤三姐、夏金桂都失去了亲生父亲，尤老娘对尤氏姐妹的纵容，夏奶奶对夏金桂的溺爱，使这些女儿缺乏管教，导致其命运的悲剧。丫鬟中的晴雯、袭人、香菱、平儿都是大丫鬟，四个人身世相似，其中晴雯、袭人、香菱小说中明确交代是贾府买来的，平儿无父母兄弟姊妹，香菱本为乡宦之家的千金小姐，却被拐卖，沦为奴婢、侍妾。晴雯是贾府的管家赖大买来的，仅仅是奴隶的奴隶，不知道自己的家乡父母，只有个"专能庖宰"且"懦弱无能"的姑舅哥哥"多浑虫"。袭人虽是被卖到贾府的丫鬟，却比较幸运，还能偶尔与家人团聚，亲自给母亲送终。但是四个人的性情却不同，最终命运也不同。平儿是个"极聪明极清俊的上等女孩儿"，面对"贾琏之俗，凤姐之威"，竟能做到周全妥帖。她巧于应变，心地善良，凤姐死后，解救巧姐，成为正室。香菱无论面对何等艰难的处境，总是"笑嘻嘻的"，不知反抗，遭受了薛蟠与夏金桂的双重摧残，最后难产而死。晴雯虽然出身低贱，却有着决不服软、"爆炭儿"般的性格，从不肯低三下四地逢迎主子，绝无阿谀奉承的奴才嘴脸。抄检大观园时，她公然反抗，但是却遭到残酷的报复。她在"病得四五日水米不曾沾牙"的情况下，硬被撵出园子，不久便悲惨地死去。袭人"模样虽比晴雯略次一等"，但是"沉重知大礼"，"从未逢迎着宝玉淘气"。贾家待袭人也比较体贴，"吃穿和主子一样，也不朝打暮骂"，当袭人的母兄要赎她回去，她宁死也不回去，但最终也是"多情公子叹无缘"，袭人落得被迫嫁人的命运。这些女子身为奴婢，身世孤苦，她们的处事方式反映出红楼女子在"悲凉之雾，遍被华林"①的环境中，对命运的抗争，对美好的追求。但无论是公然反抗还是

---

① 鲁迅：《中国小说史略》，上海：上海古籍出版社，2006年，第151页。

温柔和顺，最终依然无力把握自己的命运。

二、"一代不如一代"的家族悲剧

相对于《红楼梦》中"精华灵秀"的女儿们，《红楼梦》中的男性人物形象却大部分被称为"皮肤滥淫之蠢物"。但是《红楼梦》中许多男性人物形象，也有着不同程度的悲剧色彩。他们的身世本身就具有悲剧性，而且是不可选择的、无法避免的，父母双亡，或者缺少父亲或母亲。同时，身世的缺憾又导致他们教育的缺失。以下将贾府有身世缺憾的男子按玉字辈和草字辈分别列表（见表3、表4）。

表 3　贾府玉字辈男子身世的缺憾

身世	人物	作品中的相关描述	身世对人物的影响
父母双亡	贾瑞	原来贾瑞父母早亡，只有他祖父代儒教养。（第十二回）	贾天祥正照风月鉴（第十二回）
丧母	贾珍	只剩了次子贾敬袭了官，如今一味好道，只爱烧丹炼汞，余者一概不在心上。幸而早年留下一子，名唤贾珍。（第二回）	这珍爷那里肯读书，只一味高乐不了，把宁国府竟翻了过来，也没有人敢来管他。（第二回）
	贾琏	若问那赦公，也有二子，长名贾琏。（第二回）	贾赦对贾琏稍有不顺意的地方，非打即骂。因鸳鸯之事挨骂，为贾赦强索石呆子古扇的事情挨打。平儿笑道："老爷把二爷打了个动不得，难道姑娘就没听见？"（第四十八回）
	贾琮	[贾琮丧母，是贾赦的次子，因为前面提到冷子兴说的"若问那赦公，也有二子，长名贾琏"存在异文。所以贾琮的身份存在争议。]	[张新之评曰："贾琮无传，若有若无。"① 在后四十回中贾琮没有再出现过。]

---

① 冯其庸纂校订定：《重校八家评批红楼梦》上册，南昌：江西教育出版社，2000年，第503页。

　　以上贾府玉字辈男子中：贾珍、贾琏作为贾府正派子孙，他们的悲剧是个人的，也是家族的；贾瑞等近派子孙的悲剧主要是个人的。贾瑞是《红楼梦》中第一个详细描写死因的人物，这个贾府当中字"祥"名"瑞"的男子，在第十二回就结束了年轻的生命，而死因与他父母双亡、祖父教育不得当有较大的关系，这也似乎昭示了贾府无法逃脱"势败家亡"的历史命运。"箕裘颓堕皆从敬，家事消亡首罪宁"，秦氏之丧让贾珍声称要"尽我所有"，暴露出宁府主事者的挥霍无度。由于缺乏诗书教育，贾府子孙已无力继承祖业，安富尊荣者尽多，运筹谋划者无一，身世缺憾致使教育缺失，缺少将其子孙"规引入正"的人，所谓的"仕途经济"不过是仰仗祖宗余荫维系着的贵族特权，"钟鸣鼎食之家"逐渐显露末世之态。

　　宁荣二府以军功立业，但是后代子孙早已不习武了，在"诗书翰墨"方面也少有建树。贾兰作为贾家的嫡系，贾芸等作为旁系，同样是父亲去世，但其人生道路却不同。贾兰在母亲的悉心教导下爵禄高登，贾芸等却无人照管教导，只能做点零工度日。贾蓉又与其他人不同，作为长房长孙，母亲去世，另有继母。但是尤氏小心翼翼，只图贤良名声，贾珍亦不知检点，都未起到管教作用，并且贾蓉在贾珍的熏染下恶习渐成。贾府男子的身世缺憾，在很大程度上致使其家庭教育的缺失，虽然贾府设有义学，"原系始祖所立，恐族中子弟有贫穷不能请师者，即入此中肄业"，而堕落的后代子孙们却不求上进，大闹学堂。这正应验了宁荣二公之灵的担忧，"子孙虽多，竟无可以继业"，虽是"钟鸣鼎食之家，翰墨诗书之族"，但无人能将其子孙"规引入正"，于是酿成了"如今的儿孙，竟一代不如一代"的家族悲剧。

表 4　贾府草字辈男子身世的缺憾

身世	人物	作品中的相关描述	身世对人物的影响
父母双亡	贾蔷	原来这一个名唤贾蔷，亦系宁府中之正派玄孙，父母早亡，从小儿跟着贾珍过活。（第九回）	虽然应名来上学，亦不过虚掩眼目而已。仍是斗鸡走狗，赏花玩柳。总恃上有贾珍溺爱，下有贾蓉匡助，因此族人谁敢来触逆于他。（第九回）

身世	人物	作品中的相关描述	身世对人物的影响
丧母	贾蓉	凤姐儿一面又骂贾蓉："……你死了的娘阴灵也不容你，祖宗也不容，还敢来劝我！"（第六十八回）	不知天有多高，地有多厚，成日家调三窝四，干出这些没脸面没王法败家破业的营生。（第六十八回）
丧父	贾菌	这贾菌亦系荣国府近派的重孙，其母亦少寡，独守着贾菌。（第九回）	贾菌年纪虽小，志气最大，极是淘气不怕人的。（第九回）
	贾芸	"只从我父亲没了，这几年也无人照管教导。"（第二十四回）	"如若宝叔不嫌侄儿蠢笨，认作儿子，就是我的造化了。"（第二十四回）
	贾兰（蘭）	原来这李氏即贾珠之妻。珠虽夭亡，幸存一子，取名贾兰，今方五岁，已入学攻书。（第四回）	威赫赫爵禄高登。（第五回）

三、孤儿寡母情结的寓意

在薛家、贾家以及贾家的众多亲戚中，还有较多孤儿寡母形象，关注不多，集中考察一下，还是发人深省的。以下将孤儿寡母形象统计列表（见表5）：

表5 孤儿寡母统计

家族	孤儿	寡母	作品中的相关描述
贾家	贾兰（蘭）	李纨	原来这李氏即贾珠之妻。珠虽夭亡，幸存一子，取名贾兰，今方五岁，已入学攻书。（第四回）
	贾芸	五嫂子	他是后廊上住的五嫂子的儿子芸儿。（第二十四回）
	贾菌	娄氏	女客来者只不过贾菌之母娄氏带了贾菌来了。（第五十三回）
薛家	薛宝钗，薛蟠	薛姨妈	只是如今这薛公子幼年丧父，寡母又怜他是个独根孤种，未免溺爱纵容，遂至老大无成。（第四回）

家族	孤儿	寡母	作品中的相关描述
薛家	夏金桂	夏奶奶	如今太爷也没了，只有老奶奶带着一个亲生的姑娘过活，也并没有哥儿兄弟，可惜他竟一门尽绝了后。（第七十九回）
	薛蝌，薛宝琴	（作品中无姓氏）	偏第二年他父亲就辞世了，他母亲又是痰症。（第五十回）
贾家亲戚	金荣	胡氏	且说他姑娘，原聘给的是贾家玉字辈的嫡派，名唤贾璜。 来家里走走，瞧瞧寡嫂并侄儿。（第十回）
	尤二姐，尤三姐	尤老娘	尤老娘笑道："咱们都是至亲骨肉，说那里的话。在家里也是住着，在这里也是住着。不瞒二爷说，我们家里自从先夫去世，家计也着实艰难了，全亏了这里姑爷帮助。（第六十四回）
	李纹，李绮	李纨的寡婶	正遇见李纨之寡婶带着两个女儿——大名李纹，次名李绮——也上京。（第四十九回）

由表5可以看出这些孤儿寡母的形象，首次出场均在前八十回。同是寡母，各有不同，在养育子女方面，李纨最为成功，五嫂子、娄氏、胡氏等寡母并未悉心照管教导儿子，薛姨妈、夏奶奶、尤老娘则对子女过于溺爱纵容。那么，有寡母情结的曹雪芹，为什么只塑造了李纨一位成功的寡母形象？寡母其实意味着父亲在子女成长中的"缺位"问题。因此，父亲在生活和教育中的"缺位"有可能是曹雪芹关注的更深层的内容。另外还有一种特殊现象就是贾宝玉、贾珍、贾蓉、贾琏等虽有父亲，但在教育和生活中同样也面临了父亲的"缺位"。失去父亲的这些人物，与有父亲但事实上父亲不起管教作用的贾珍、贾蓉、贾琏之流相比，又可以分为两类：一类如贾菌、金荣、薛蟠等与贾珍等相似，都是纨绔膏粱；另一类如贾兰、薛宝钗、薛蝌、薛宝琴等，或受寡母悉心教导，或克己复礼，形容举止另是一样。

　　在曹雪芹塑造的这些寡母形象中，李纨、薛姨妈、李婶很明显地受到了大家的尊敬。特别是李纨，书中有很多情节都体现了作者对这位寡母的呵护，如第四十三回，贾母提议大家凑份子给凤姐办生日，李纨应出十二两，结果贾母对她说："你寡妇失业的，那里还拉你出这个钱，我替你出了罢。"不仅贾母疼惜遗孀李纨，凤姐也抢着替她出钱，道："不如大嫂子这一分我替他出了罢了。我到了那一日多吃些东西，就享了福了。"其实李纨贾兰这双孤儿寡母经济上并不捉襟见肘，第四十五回，凤姐说李纨："你一个月十两银子的月钱，比我们多两倍银子。老太太、太太还说你寡妇失业的，可怜，不够用，又有个小子，足的又添了十两，和老太太、太太平等。又给你园子地，各人取租子。年终分年例，你又是上上分儿。你娘儿们，主子奴才共总没十个人，吃的穿的仍旧是官中的。一年通共算起来，也有四五百银子。"由此可见，得益于老太太、太太的怜爱，李纨孤儿寡母的生活颇为宽裕。同时，李纨年轻守寡，在那个时代赢得了众人的敬重，如第四十九回写道："贾母王夫人因素喜李纨贤惠，且年轻守节，令人敬伏。"第一百七回，贾母评价李纨："珠儿媳妇向来孝顺我，兰儿也好。"可见众人对李纨的尊敬与呵护。书中对遗孀李纨形象如此的尊重与呵护，是否与曹雪芹的身世有关呢？在曹雪芹的身边是否也有一位寡母或寡嫂呢？

　　关于曹雪芹的身世，历来众说纷纭，莫衷一是。有一种看法认为曹雪芹是曹頫的遗腹子①，但在曹頫之子曹天佑与曹雪芹之间是否能建立起联系，还缺乏直接的证据②。还有一种观点认为曹雪芹为曹颜的"遗腹子"。张书才在《曹雪芹生父新考》中提出"曹雪芹的生父乃曹寅之长子曹颜"，他在"康熙五十年三月因意外事故卒于京城"③。如果该考证成立，则曹雪芹应是曹寅的嫡亲孙子。如果生父曹颜为长子，雪芹为遗腹子，那么雪芹

---

　　①　参见冯其庸：《〈红楼梦〉·前言》，载曹雪芹、高鹗：《红楼梦》，北京：人民文学出版社，1996年第2版，2006年重印。

　　②　关于这一问题，冯其庸《曹雪芹家世新考》记载："《五庆堂重修辽东曹氏宗谱》于四房名下，有曹天佑而无曹雪芹。"〔见冯其庸：《曹雪芹家世新考》（增订本），北京：文化艺术出版社，1997，凡例第2页。〕

　　③　张书才：《曹雪芹生父新考》，载《红楼梦学刊》2008年第5辑。

的母亲就是一位寡母。如果雪芹在生活中有过这种亲身经历，他自己也难免会有意或无意地在写作中流露出来，那么就不难理解为何作者塑造了如此多的孤儿寡母形象，也可以解释为何书中对遗孀李纨形象的尊敬和呵护，这其中是含有作者对寡母的同情与尊重的。另外值得注意的是，如果上文中第二种观点成立，那么作者是将一个生活原型对应了多个艺术形象，而不是简单的一一对应关系，同时按小说的文学性需要，作者将熟悉的生活素材进行一番"陌生化"的处理①，经历化实为虚的过程，达到了艺术的升华。

《红楼梦》中塑造了较多有身世缺憾的人物形象。虽然人们的生活理想是追求圆满、完满，传统戏剧小说也多设计大团圆的结局，但是现实形象和艺术形象带给人的感受不同，自然中（或云现实中）公认为丑的事物在艺术中可以成为至美。②纯粹的、单一的"圆满"会流于呆板，而《红楼梦》的作者注重现实主义创作的同时，也注重在艺术中化实为虚，通过艺术手法塑造人物形象，但人物形象仍然符合自然之理，具有更高层次的艺术真实。作者通过塑造较多有身世缺憾的人物形象，演绎了一曲贾府必然崩溃的无尽挽歌。贾府子侄不学无术、坐吃山空、荒淫无度的真实面目被揭露的同时，也昭示出教育缺失、无人规引的悲哀。作者把热爱与同情，给予了虽然有身世缺憾却依然与命运抗争的女儿们。

（原载于《红楼梦学刊》2019年第1辑，人大复印资料2019年第9期转载）

---

① 参见[英]特伦斯·霍克斯：《结构主义和符号学》，瞿铁鹏译，上海：上海译文出版社，1987，第62页。

② 参见[法]葛赛尔：《罗丹艺术论》，傅雷译，北京：中国社会科学出版社，1999年，第48页。

周进原型人物考论

叶楚炎

摘要：通过姓名字号、生活习惯、科名仕宦、人生经历乃至人物性情等诸多方面的对照可知，曾推荐吴敬梓参加博学鸿词之试的安徽学政郑江就是《儒林外史》中周进的原型。吴敬梓一方面以郑江为原型人物塑造了周进，另一方面又以自己对于士人命运的深邃体察和理解，通过巧妙的点化，给予了小说人物更为经典的性格属性和人物意义。在周进身上，吴敬梓巧妙引入了郑江的"老师"身份。这一身份让周进摆脱了仅仅作为个体人物存在的孤立状态，通过和诸多学生之间的勾连贯穿起了诸多的情节，并成为在意义层面可供追根溯源的起点。

关键词：《儒林外史》；周进；郑江；原型人物

周进是《儒林外史》中的一个重要人物。除了楔子部分的王冕之外，周进也是全书第一个出场的重要士人，小说实际是以"周进传"开篇，开始对于整部"儒林外史"的叙述。就此而言，在人物形象、小说结构以及意旨表达等各个方面，周进都有着非同寻常的意义。也正是这一原因，使周进亦是学界在研究《儒林外史》时的一个焦点人物。

金和在为《儒林外史》所作的跋中曾说："或象形谐声，或廋词隐语，全书载笔，言皆有物，绝无凿空而谈者。"[1]虽然未必全然"凿空而谈"，但诸多学者在人物原型和小说本事方面所做出的一系列研究都在不断印证

作者简介：叶楚炎，文学博士，中央民族大学文学院教授、博士研究生导师，主要研究方向为中国古代小说、明清文学等。

基金项目：国家社会科学基金后期资助项目"《儒林外史》原型人物考论"（19FZWB004）。

金和的这一说法：很多书中写及的人物和情节都有本事依托，甚至就是吴敬梓曾密切接触过的士人或事情。但周进这一人物的原型，却一直未被揭示出来，即使在提供了诸多原型人物线索的金和的跋中，对于周进的原型也未置一词。

事实上，与全书的诸多士人一样，周进也是在原型人物的基础上塑造而成的小说人物，而这一原型人物同样与吴敬梓有较为密切的接触。本文便以对周进原型人物的考察为基础，探讨这一小说人物的形成过程及其在全书结构与意旨方面的意义指向。

一、周进原型人物考证

在吴敬梓的《文木山房集》中有一首名为《送学使郑筜谷夫子还朝三十韵》的诗作，诗题中提及的"郑筜谷夫子"，便是时任安徽学政的郑江。郑江（1682—1745），字玑尺，又字荃若，号筜谷，浙江钱塘人。据唐时琳所写的《文木山房集序》："今天子即位之元年，相国泰安赵公方巡抚安徽，考取全椒诸生吴敬梓敏轩；侍读钱塘郑公督学于上江，交口称不置。既檄行全椒，取具结状，将论荐焉，而敏轩病不能就道。"[2]612由此可知，郑江不仅赞赏吴敬梓的才学，还曾推荐他参加博学鸿词之试。孟醒仁在《吴敬梓年谱》中提及了这一材料，并引吴敬梓《送学使郑筜谷夫子还朝三十韵》诗中的"曾令蓬户窥"以及金兆燕《寄文木先生》一诗中的"蒲轮觅径过蓬户"，认为郑江曾"亲自拜访"[3]吴敬梓。实际上，除了这些交往之外，郑江与吴敬梓及《儒林外史》之间还有着更为紧密的联系，并且这层联系就凝聚在周进这一小说人物的身上。

如前述金和所说，吴敬梓多用"象形谐声""廋词隐语"的方式在原型人物姓名字号的基础上生成小说人物的姓名字号。从姓氏看，"郑"与"周"是同声，就名字而言，"江"与"进"也是同声。在《儒林外史》的第七回，梅玖曾道："现任国子监司业周蒉轩先生讳进的，便是生员的业师。"同在第七回，还叙及了一块为周进所立的长生牌位，上有"公讳进，字蒉轩"[4]93, 95的字样。如前所说，郑江号筜谷，这一"筜"字，在郑江知交好友的笔下有时也写作"簀"，例如全祖望为郑江所写的墓碑铭题名便是"郑侍读篑谷先生墓碑铭"[5]。这一"篑"字与"黄"字的繁体"黃"字形相近。

在《儒林外史》第二回，周进与薛家集诸人同桌吃饭却不曾下箸，据周进自己所说"实不相瞒，我学生是长斋"，并且"如今也吃过十几年了"。由于周进吃斋，梅玖说起了一个有关秀才吃长斋的"一字至七字诗"的笑话，引得"众人一起笑起来"，而梅玖也得以在此基础上进一步发挥，以更为刻毒的"但这个话不是为周长兄，他说明了是个秀才"[4]22-23来羞辱尚是童生的周进。在这处情节中，周进的吃长斋是引发这些嘲讽和侮辱的基点。在郑江的诗集《筠谷诗钞》卷一中，有一首名为《病后徐苊臣惠药资及园蔬长句以谢并述鄙怀》的诗作，其中有"知我慕元绝腐腥，馈我菘韭纷清馨"[6]495之句；在《筠谷诗钞》卷六的《谢同年张东亭惠菜》一诗中也有"五十年来藜苋肠，晚菘风味忆江乡"[6]536之语，可见郑江也吃长斋。并且从两首诗的题名看，郑江这一吃斋的习惯为他的朋友所熟知，因此常给他送蔬菜。

《儒林外史》中的周进刚出场时是一介"赤贫之士"，以坐馆为生。后来由于"失了馆"，"在家日食艰难"，[4]33,28只能跟着做生意的姊丈金有余做记账之事。郑江则由于"家遭回禄势中落"而沦为寒士，也唯有处馆，"藉教授以奉堂上之养"[7]。在郑江记叙早年生活的诗作中，"虚窗掩泪独沉吟，瑟缩单衾鸡骨瘠"[6]495、"已见苏裘敝，行看管榻穿"[6]496、"新编篱落护桑麻，也称穷愁处士家"[6]499等描写其穷愁之态的诗句颇为常见，从中足可以看到他生活上的困窘。

从一个穷困潦倒的老童生到最后考中进士并成为显宦，周进的人生经历了令人啧啧称奇的逆转，而逆转的关键则在于金有余等几个商人。正是在这几个商人的慷慨资助之下，周进才得以通过捐纳的方式进入国子监并获得了乡试资格，从而踏上了科甲仕宦之途。而据《随园诗话》卷十二所载："吾乡郑玑尺先生，名江，康熙戊辰翰林。幼孤贫，里中有商人张静远者，助其读书。"[8]294正是因为这位名叫张静远的商人资助，郑江才能够业儒，并以此为基础实现了从孤贫之士到翰林显宦的人生跳跃，以至袁枚会将此视为郑江人生中的关键事件记录在诗话中。

在《儒林外史》中，周进中举之后"到京会试，又中了进士，殿在三甲"[4]34，这一科名也恰与郑江一致，郑江是康熙五十七年戊戌科三甲进士[9]。从官职看，周进考中进士后，"授了部属。荏苒三年，升了御史，钦点广东学道"[4]34，郑江则于雍正十三年（1735）被任命为提督安徽学政。在广东学道任满后，周进"升做国子监司业"[4]91，而郑江则在任安徽学政之后"晋侍读"[7]。清制，国子监司业与翰林院侍读都曾是正六品，两个官职品秩相当。[10]3309, 3319

从地域看，在小说中有两个省与周进的故事直接相关：一是山东，这是周进的家乡，也是周进在小说中出场的地方；另一处则是广东，周进任广东学道，并且"到广州上了任"[4]34。郑江同样与山东、广东两省有所关联。雍正十三年（1735），郑江被任命为"山东乡试正考官"[11]，吴敬梓《送学使郑筠谷夫子还朝三十韵》中所说的"邹鲁心源接"[2]276，所指的也正是这件事情。郑江亦曾"出使广南"[12]，对于这段经历，他不仅写下了《粤东纪游》一卷[7]，在其诗作中也多有反映：《度大庾岭》《碧落洞》《飞来寺》《题广州寓楼》《挹秀轩秋怀》《寓广州衙斋作》《留别广州张子容太守》《九日过飞来寺》《归度大庾岭》等诗作将此次广东之行的整个过程较为清晰地记叙下来。

就性情而言，老童生阶段的周进显得颇为淳朴老实，因此当他面对梅玖以及王惠等人的戏谑和欺侮时，没有任何言语上的反击，不过是"脸上羞的红一块白一块"[4]23以及"昏头昏脑扫了一早晨"而已，最后也是因为"呆头呆脑"[4]27-28不懂得奉承薛家集的实权人物夏总甲而失了馆。郑江的性情也正与之类似。雍正在见到郑江后，"有郑江老实之旨"[7]，吴敬梓在《送学使郑筠谷夫子还朝三十韵》中所说的"醇儒受主知"[2]276所指的也应正是此事。在友朋的口中，郑江亦是"平日自视欿然，其在侪辈似不能言者"的木讷之人，并且"胸中粹然醇然，不设城府，待人以忠信"，在其他的同僚"多皈依当路以求速化"的状况下，郑江独能"淡然无求"，"回翔书局者廿年，未尝有积薪之憾见于词色"。并且"和硕果亲王尝欲延宾客，同官求之者如云。桐城方学士望溪以先生荐，力辞不赴"[5]。在家乡守制时，郑江也"未尝一饰竿牍于当事。时高安朱文端公方抚浙，不肯一往"[7]。

不仅是朴实，在成为显宦之后，周进还记得十多年前自己在薛家集教过的小学生荀玫，并嘱托范进"贤契留意看看，果有一线之明，推情拔了他，也了我一番心愿"[4]92，这种念旧重情与提携后辈也是周进性情中令人印象深刻的一面。而郑江亦是如此，不仅"身既通贵，布衣之交四十年如一日"，而且"后进有隽才，折行辈接之，称说不去口"[7]。

周进的性情朴实与提携后进更体现在学道任上。在任职之初，周进便立志："我在这里面吃苦久了，如今自己当权，须要把卷子都要细细看过，不可听着幕客，屈了真才。"[4]34在面对范进的试卷时对于初看完全不喜欢的文字一连看了三遍，终于看出其中的好处。周进在阅卷中体现出难能可贵的耐心和用心，而范进也正是有赖于周进的耐心和用心才得以从年老志颓的窘境中超拔出来。如果说周进以这样的态度优待范进，还有一些额外的情感因素：他在范进身上好像看到了过去的自己，因此推己及人，格外用情。那么他对于考生魏好古的态度则更能说明问题：虽然魏好古的话引发了周进的不快和驳斥，并派人将他赶了出去，"却也把卷子取来看看"，并看出"文字也还清通"[4]36，也让魏好古进了学。

郑江同样是以认真细致、耐心负责地阅卷并且喜欢奖掖后进而著称的考官。除了山东乡试的主考官，郑江还曾担任过两次顺天乡试的同考官。雍正元年（1723）癸卯恩科的顺天乡试，由于郑江在阅卷时"校阅公明"，因而"议叙授检讨"。在担任山东乡试主考官时，郑江更是"矢竭公慎，殚心校士，非极荒谬者必阅至终篇。援笔点勘，右腕几脱，竟以左笔终事。搜剔落卷纤悉，靡有遗憾，闱中虽给事仆役莫不感叹"[7]。而在安徽学政任上，郑江也是恪尽职守，其《宣州校士作二首》之二这样写道："官烛燃余夜未阑，东风习习送轻寒。揣摩老眼清于水，不遗名花雾里看。"[6]539这样一个夜深人静之时依然在批阅试卷并且不断揣摩老眼希望没有遗落地选拔士子的形象，无疑是身为"宗师"的郑江的最好写照。不仅是认真阅卷，郑江还"雅意庇寒士"[13]，"使节所莅，凡名德之后、贫弱不克自振者必委曲成全之"[7]。据《绩溪县志》所载：

> 曹秉渊，字在迹，旺川人，廪生。博通群籍，暮年益肆力于经，融贯诸说，直造先儒堂奥。尝肄业敬敷书院。抚军赵国麟刊其课艺行世。学使郑江岁试称为徽郡第一，曰："以子之才，犹闲诸生乎？"为

叹息者久之。[14]

从郑江对于经学精湛但年已迟暮仍是一介秀才的曹秉渊的褒扬和提拔中，我们也能看到超拔范进于童生之中的周进的影子。而吴敬梓在《送学使郑筼谷夫子还朝三十韵》中所说的"持衡余奖进，取士掩瑕疵"[2]277，虽然指的应是郑江对于自己的推荐，却也让我们想到了《儒林外史》中周进对于魏好古的录取。

综上所述：周进与郑江，无论是姓还是名都是同声，蕡轩之"蕡"与篔谷之"篔"则是形近；周进吃长斋，与之相同，郑江也吃长斋；周进是由于受到商人的资助方能考上科举，并借此摆脱了贫寒的生活窘境，郑江同样是在生活困境中受到商人的资助才走上了仕宦之途；周进的科名是三甲进士，曾任掌管一省学政的学道之职，郑江同样是三甲进士，曾经担任学政；周进是山东人，在广东任学道，郑江则曾任山东乡试主考，并曾出使广东；周进木讷诚朴，不会奉承有权之人，郑江同样是老实醇厚之人，从不依附权贵以求飞黄腾达；周进顾念旧情、提携后辈，郑江也是极重旧情，好奖掖后进；周进在学道任上细心阅卷，提拔贫寒之士，而郑江不管是身为科场考官，还是一省学政，都殚心校阅，成全庇护贫弱寒士。两者之间存在着如此多的相类甚至相同之处，因此，郑江应该便是《儒林外史》中周进这一人物的原型。

二、从郑江到周进：原型人物的小说化过程

由上一部分所论可以看到，吴敬梓是以郑江为原型塑造了周进这一小说人物，不论是姓名字号，还是科名官职，抑或人生经历、生活习惯，以至人物性情，我们都能在周进和郑江之间找到诸多的对应，甚至周进的很多方面都与郑江如出一辙。但原型人物绝不等同于小说人物，尤其对于周进这一人物而言，倘或只是亦步亦趋地在翻刻现实中的郑江，也绝不可能像小说里呈现出的状况一般，成为一个经典的形象塑造。就此而言，两者的相似性是探讨两个人物之间关系的基础，而更值得关注的则是两者之间的不同，正是这些不同，让小说人物和原型人物拉开距离，并得以成为一

个意义更为深刻和久远的形象。

就周进和郑江两人之间的不同而言，最显著的一点是得到科名迟速有别。在《儒林外史》中，周进60多岁时仍是童生，后来援例入监，方才一连考中了举人和进士。而生于康熙二十一年（1682）的郑江，科举之途则要坦荡得多。他"未弱冠为诸生"，"癸巳万寿特恩开科，以礼经魁其房"，在32岁时就已中举。此后，郑江在当科会试中落第。直到康熙五十七年（1718）终于考中进士，并在馆选中考取庶吉士，其时郑江37岁。[7]郑江成为进士时并不算太年轻，但相对于周进，却要早达得多。

由此可见，在塑造人物时，吴敬梓实际上是将郑江的早达改换成了周进的晚遇。从最基本的层面来看，这一修改或许与吴敬梓和郑江交游时的现实状况有关。如前所述，根据唐时琳所写的《文木山房集序》，应是在雍正十三年（1735）郑江担任安徽学政后，吴敬梓才与郑江结识，此时郑江54岁。而到郑江离任，吴敬梓前去送行并写下《送学使郑筼谷夫子还朝三十韵》一诗时，则是乾隆五年（1740），郑江59岁。也就是说，在吴敬梓结识郑江并与之一起交游的这段时间内，郑江的年纪正与小说中周进刚出场时的年纪相仿。不仅是年纪上的相近，吴敬梓还可能将此时郑江的某些形貌也赋予了周进。

在第二回，周进是以这样的状貌出现在《儒林外史》中："头戴一顶旧毡帽，身穿玄色绸旧直裰，那右边袖子同后边坐处都破了，脚下一双旧大红绸鞋，黑瘦面皮，花白胡子。"[4] 21这些对于服饰和相貌的描写不仅衬出周进的贫寒境遇，也反映出他的不修边幅，这也是为何梅玖会在"一字至七字诗"中以"胡须满腮"[4] 22来嘲讽周进。而现实中的郑江不仅"貌寝，眇一目"[8] 294，且"又不喜事威仪，望之无足动人"[5]，恰是一个很不注重形貌的士人。这一习惯即便在郑江任官之后，也依然没有改变，"自重德舆轻绂冕"[15]既是时人对郑江品行的褒扬，也写出了他对于自己形貌的轻忽。对此，郑江在《戏柬张东亭》中也有一番自嘲："十年不制衣，穿空露两肘。十日不栉沐，虮虱缘须走。"[6]534如此状貌正与小说中刚露面时的周进相去无几。

因此，当吴敬梓在安排周进出场时，写的虽然是一个老童生，却基本是按照当时他所见到的安徽学政郑江的年岁和容貌在塑造周进，这一方面再次说明郑江便是周进的原型，另一方面却也在周进的落魄困窘和郑江的不事威仪之间呈现出一个有趣的反差。需要注意的是，服饰上的反差在小说中的周进身上也曾经显示出来：在第三回，已经成为学道的周进"看看自己身上，绯袍金带，何等辉煌"，而眼前"穿着麻布直裰"的范进"面黄肌瘦，花白胡须，头上戴一顶破毡帽"则让他想起了童生时的自己。从这处细节可以看到，周进应该不像郑江一般，在成为显宦之后仍然保持着寒士时的生活习惯，而或许也正是因为这一原因，评点者微微有些促狭的"酒饭有荤否？先生曾开斋否？念念！"[4]34似乎也切中了作者此后再也没有提及周进是否一直吃长斋的隐意。

就此说来，吴敬梓结识的是年近60的郑江，也基本是按照此时郑江的年岁和容貌去写周进这一人物。但吴敬梓远没有局限在有限的时间点上，而是以时间流动的态势在塑造这一人物。60多岁时的周进实际上是凝聚了30多岁以前郑江的贫寒窘迫以及年老时的不修边幅。从这一意义上说，吴敬梓并非将郑江的早达简单地改换成周进的晚遇，而是将两个不同时空的郑江合二为一，并通过60多岁这个时间节点，既将现实中郑江弱冠之前的童生期拉长到周进的五六十年，同时又将郑江从童生到进士几乎跨越30年的求取科名之途，在周进身上凝缩到半年左右便告速成。正是通过这样的拉长和凝缩：老童生周进出场时虽然木讷少言，整个形象却如同经历了久远时间的浸渍一般，无言自语、沧桑感人；而周进的科场奇遇也在风驰电掣中令人目眩神迷。

换言之，除了显见的早达和晚遇，在获取科名方面郑江与周进之间还存在着渐进与速成的差别。当早达与渐进彼此共存，渐进和速成结伴而行之时，或许很难确指对于科举中人而言究竟哪一种人生道路才意味着更大的幸运：因为每一种幸运的背后都会有或许是令人绝望的等待和停顿。由此可见，吴敬梓实则是将后一种"幸运"加诸周进的身上，因为相对说来，晚遇意味着更长的等待，速成则标志着更大的有幸，两者之间的强烈对比会将所有科举幸运的实质更为淋漓尽致地呈现出来。

可以看到，周进的晚遇和速成在小说中给读者留下了完全不同的印象：前者虽然极端地代表了士人在功名之路上的等待有多么令人绝望，却真实可感；后者以令人欣喜宽慰的面目及时出现，却让人觉得更像是荒诞变形的现实。而这样的印象也应该是吴敬梓通过周进这一人物刻意传达给读者的。经由这两种印象的冲击碰撞，速成的功名其实完全消解在晚遇者漫长的等待中——正如同当我们说起周进时，我们永远记得的是那个头戴旧毡帽的老童生，而不是绯袍金带的周学道。而消解的也不仅是功名的速成而已，所有获取功名的幸运都消解其中：相对于等待和停顿而言，对于功名的获取不过只是一瞬，而这样的一瞬却很可能要用一生的时间去博取。功名的速成既成为对于现实的荒谬变形，却也成为更具本质意义的现实。

正由于有这样的消解，郑江的早达、渐进与周进的晚遇、速成，两种科名道路固然是彼此隔绝的，但又非完全不同。对于科举中人来说，追寻功名的付出以及方式各不相同，可唯有无尽的等待才是他们人生共同的永恒主题。在这样的状况下，科名的获得更像是一场虚幻的梦境——就像范进从中举后的疯癫中清醒过来所说的话，"我这半日，昏昏沉沉，如在梦里一般" [4]42，而无尽的等待或许才是真实的人生。

时间流动实现了对于郑江这一原型人物的变形和重塑，但即使原型人物的信息只是原样重现于小说人物的身上，周进也仍然会具有原型人物所没有的经典特质。如前所说，在成为显宦之后，郑江在日常服饰方面仍然保持寒士时的本色，在其他官员都冠冕堂皇、威仪赫赫的对比下，十年不置新衣、穿着陈旧甚至破旧衣服的郑江应是官场中的一个异数。这既是周进状貌的直接依据，"旧色"也成为周进这一人物出场时的一个隐性特征。

《儒林外史》在一种万象更新的气氛中开篇，除了第一回楔子部分明朝代元而立改换新朝之外，第二回的正文部分起首便是新年正月初八，第一个出现的有头有脸的人物夏总甲是新参的总甲，第一个现身的士人梅玖是新进学的相公，第一个露面的"老爷"王惠是"前科新中的" [4] 25 举人。从时间背景到主要的出场人物，所有的一切都是新的，只有穿戴破旧、年老志颓的老童生周进是旧的。这一新旧之间的截然对比凸显了周进的落魄和迟滞：仿佛周进不是从汶上县城来到薛家集，而是由陈旧的过往来到崭新的当下；又或者周进一直停留在过去，任由时间流逝、人事变迁，从来就没有往前迈步过。

这种新旧对比也映衬出周进与周围一切的格格不入。在喜新厌旧心理的趋导下，薛家集人对于周进的冷漠和嘲讽正是因为他的旧色；而同样是由于旧色的作祟，周进也根本无法融入"乡俗鄙薄"[4]30的薛家集。在这里，薛家集不只是薛家集，而是整个风气鄙薄却又看似万象更新的现实社会的一个隐喻。从这一意义上说，不仅周进对于科名的苦候与追寻充满了虚幻和荒诞的色调，透过这"新"与"旧"的截然对比，甚至于老童生周进在社会中的存在都显得突兀和多余，这种集体性的漠然、排斥会比等待及盼望本身更令人无奈和绝望：这是周进在贡院中昏厥、痛哭乃至吐血更为关键的原因，也是吴敬梓借由那抹旧色赋予周进这一人物的更深层次的命意。

三、周进：小说结构与意旨表达

《儒林外史》中的"周进传"并非一个我们所熟知的那种怀才不遇的故事 —— 因为相对于通俗小说中常见的那些才子，周进根本无才可怀；可周进的结局却一如我们对于怀才不遇故事的预料：他最终实现了发迹变泰。但参之以周进胸中的单薄和一无所有，我们在为小说人物由衷庆幸的同时，也自然会再次感受到那种令人啼笑皆非的荒谬。很难说老腐迂儒一定是周进长期无法进学的原因，我们同样也无法判断对于举业信奉终身的偏执是否就是周进得中进士的关键，所有的似是而非和莫衷一是共同组成了这一人物和他的故事。但对于周进而言，个体性格远不是这一人物的全部意义，作为《儒林外史》中第一个出场的重要士人，周进在全书结构与意旨方面所起到的特殊作用或许更为关键。而这些特殊作用的呈现也唯有在原型人物郑江的映照下才会更为清晰地呈现出来。

郑江曾经两次担任顺天乡试同考和一次山东乡试主考，并曾任安徽学政之职，除此之外，在家乡守制之时，郑江还应浙江巡抚之聘，"主敷文书院"[7]。因而，他不仅是书院的学师，还是乡试的房师、座师，并是一省士子的宗师，老师是郑江一个重要的身份。在时人涉及郑江的记载中，有很多事都关乎郑江对于各类学生晚辈的提携和帮助，便连郑江与吴敬梓之间的往来也可归入师生之交谊。

需要提及的是，对于周进而言，如果说老童生是其发迹前的身份标签，那么获得科名之后他最重要的身份，并非官员，却同样是"老师"。周进曾任广东学道，此后，又"升做国子监司业"[4]91，在周进中进士任官之后，除了书末"幽榜"一回，小说中便再没有以"周进"相称，而只呼之以"周学道"与"周司业"，既是一省的宗师又是国学之师，"老师"是发迹之后的周进最为重要的身份，而小说中的人不断以"老师"称呼周进，实则也是在强化他的这一身份。

随着身份的变化，人物性情的不同侧面会发生或隐或显的偏转。当周进身为童生的时候，在梅玖、王惠之流的欺侮轻忽之下，我们都能看到周进性情中的老实淳朴，却往往会忽略隐藏于幕后的老腐迂儒。但在周进成为"周学道""周司业"之后，其性情中的迂腐与偏执却转至台前，他和魏好古之间的对话便说明了这一点。而周进评阅范进的卷子直看到第三遍才觉出好处，既写出他的认真，却也如评点者所说的，"阅文如此之钝则作文之钝拙可知"[4]46，点染出了周进性情中此前未曾有机会充分露面的"钝拙"。

身份的变化引发了性情不同侧面的偏转，这些偏转和人物身份的变化又结合在一起，引发了完全相异的意义指向。倘或这些迂腐、偏执与钝拙只是附着于老童生周进的身上，最多只能导致他的晚遇，可当所有的这些性情特点都充分展现在作为老师的"周学道""周司业"身上的时候，所影响的就远不只是周进一人而已。在广东学道任上，周进看中了范进和魏好古的文字，让两人进学成为秀才。据后文可知，魏好古曾"作了一个荐亡的疏"，一篇文章里"倒别了三个字"[4]53。而范进的"才识"也在他出任山东学道后得到了展现：旁人说了一个有关苏轼的笑话，范进茫然不知苏轼为何人，答以"苏轼既文章不好，查不着也罢了"[4]93，这两处细节描写刻画的当然是范进和魏好古，衬托出的却也正是当初取中他们的恩师周进。由此反观第三回的回目"周学道校士拔真才"，取中所谓"真才"的，或许就并不是周进的耐心细致和雅庇寒士，而正是他的迂腐、偏执与钝拙。

在小说的第六回，严贡生和王德、王仁兄弟俩一起喝酒论文，严贡生道："就如我这周老师，极是法眼，取在一等前列的都是有法则的老手。"[4]93这是对于周进评阅眼光的正面褒扬，可考虑到褒扬之人是在王德王仁看来"那宗笔下，怎得会补起廪来的"[4]66 严贡生，所谓的"法眼""法则""老手"其实也都并非这些词的本意，倒可能和迂腐、偏执与钝拙更为接近。具有讽刺意味的是，严贡生之所以能够成为"贡生"，也是拜周进所赐，据严贡生自己所说，是"因前任学台周老师举了弟的优行，又替弟考出了贡"[4]78，在小说的前几回中，严贡生应是与"优行"相去最远的士人，但他偏生便是以这种方式出贡的。与范进、魏好古等人一样，在这里，周进在拔取"真才"方面的所谓"法眼"再一次得到了淋漓尽致的证明。

从以上所论可以看到，当周进成为"老师"之后，原本纠结于他身上的迂腐、偏执与钝拙等性格特质拥有了更多的表现机会，这些性情也不只体现于周进一个人，而是通过"老师"的特殊身份，施加到与他相关的诸多学生的身上。在《儒林外史》中，即使是在诸多的重要人物里，周进也显得颇不寻常。作为第一个出现的重要士人，此后接连出现的范进、魏好古、荀玫、严贡生、王德、王仁都是他的学生，倘或还算上始终没有露面的那位顾小舍人以及号称是周进学生的梅玖，在整部小说中，周进是拥有最多学生的士人。如果说虞育德是小说下半部的儒林泰斗，那么周进显然便是上半部小说的士人领袖，巧合的是，虞育德的官职是国子监博士，而周进的官职则是国子监司业，两人相互映衬的官职其实也点出了他们各自的士林地位。

正是借助于周进所具有的老师身份和领袖地位，个体性的迂腐、偏执与钝拙获得了群体性弥漫的机会，所有这些学生都沾染其中。同时，虽然程度有别，方式各异，这些学生也都借由各自的关系网络，继续将之传播"发扬"，如成为山东学道的范进，便是周进在这一方面最好的继承者。就这点而言，在整部小说中，我们往往会关注到笼罩在儒林中的那种凝滞衰颓的暮气，而追根溯源，小说中第一个出现的重要人物且同时也身为老师的周进，是这一暮气的直接来源。由此再回看周进刚出场时的旧色，其实也正是这一暮气的别样反映：只不过在童生阶段，更多呈现出来的是令人同情的旧色，而到了老师阶段，则越发表露为凝滞儒林生机的暮气。

需要说明的是，尽管周进发迹之后，迂腐、偏执、钝拙、暮气等都簇拥在"周学道""周司业"的身上，可这些却又和周进一直固有的老实淳朴、念旧重情、负责细致等性情杂糅在一起。以至从表面看过去，似乎我们看到的还是那个周进，但实际上，性格侧面的偏转已经让一个不一样的周进现出身形，而在这些看似凝固不变的性情的遮掩之下，另外一些微妙的变化也在悄然发生。

初到薛家集的时候，周进六十多岁，王惠是"约有三十多岁光景"[4]25。而到了王惠中进士之时，已是"须发皓白"。据后来王惠自己所云"我恰是五十岁登科的"[4]99可知，时间已过去了十数年，此时周进应该也已八十余岁了。八十余岁的周进是否还保持吃长斋的习惯我们不得而知，但周进却或许已经背离了当时吃长斋的初衷。周进曾向薛家集众人解释自己为何吃长斋："只因当年先母病中，在观音菩萨位下许的。"[4]22可见，周进吃长斋是出于对母亲的孝道。可在第七回，荀玫在其母去世后欲图夺情留任，并去和周进、范进两位老师商量，而两人的答复都是"可以酌量而行"[4]100。小说以颇为婉曲的手法点出了十数年后周进对于孝的不同态度，其实也正是借此一端以微言之笔写出了周进性情的转变。

平心而论，相对于发迹之后的范进、荀玫在孝道方面更为显著和恶劣的表现，周进的这一点微小的转变似乎算不了什么。无论是范进在为母亲守制期间穿着吉服去见汤奉，以及在酒席间"拣了一个大虾元子送在嘴里"[4]57，还是荀玫在应该守制的时候试图通过匿丧和夺情的方式保住他的官职，在对于孝道的背离上，他们都比周进走得更远。但需要注意的是，周进是范进和荀玫的老师，如前所说，这些学生在传递和"发扬"着老师的迂腐、偏执、钝拙，同样，虽然在周进的身上体现得并不明显，可学生身上所显露出的对于孝的背离，其源头也正是老师周进。

总之，周进这一人物之所以重要，不只是因为人物形象本身的经典价值，将周进置于全书的体系和脉络之中，其在小说结构和意旨表达方面所起到的作用更为关键。周进是小说中诸多士人的老师，凭借这一人际关系及其衍生出来的关系网络，小说实际上是以周进为隐性的核心在构建相关的情节和人物，这使得小说起始部分一至八回的叙述尽管经历了诸多人事及地域的转换，但纷繁而不杂乱，不仅有清晰的叙事线索可以追寻，而且彼此之间血脉贯通、浑然一体，而这一结构体系的建立也为小说的意旨表达提供了便利。

　　综观上半部《儒林外史》，士人的品行表现为一种整体性的沉沦，也可以说，品行的变化及堕落是这些士人的常态。但具体到个体的士人，变化的幅度却并不一致。总体说来，士林品行的变化也有一个从微弱到剧烈、由隐讳至彰显的渐变过程。这种渐变的过程可以通过范进、荀玫、王惠等人的逐一变化串联勾勒出来，在这条线索上，变化的极致便是上半部临近结尾部分的匡超人的变化。由此可以理解为何周进的性格变化如此细微和隐蔽，这是因为身为小说中出现的第一个重要士人，周进处于渐变过程的起点，细微和隐蔽是其应有的状态。虽然周进自身的品行变化细微和隐蔽，但此后士林渐趋剧烈和彰显的群体性品行堕落却和周进有着脱不了的干系：周进不仅是变化的源头，同时亦是变化的推动力，他个体的迂腐、偏执、钝拙、暮气等影响了儒林的沉沦 —— 虽然表面看去他只是在念旧重情、认真尽责而已，而这一切都是通过周进的"老师"身份去实现的。

　　虽然郑江和周进有着密切的关系，但两个人物却是分别生活于不同空间的独立个体。因此，在小说中吴敬梓投射到周进身上的情感与现实中吴敬梓对于郑江的情感也不能画上等号。从吴敬梓所写的《送学使郑筠谷夫子还朝三十韵》中可以看到，对于郑江的知遇和提携，吴敬梓充满感激之情，甚至于结尾的"抠衣姑执路，惆怅送旌麾"[2]277，让我们仿佛看到了周进离任时范进送别的情景："学道轿子一拥而去。范进立着，直望见门枪影子抹过前山，看不见了，方才回到下处。"[4]36但在小说中，吴敬梓却收敛了这一感激之情，以极为冷峻峭拔的笔触塑造了周进，虽然在对于周进的刻画中，我们能看到某些同情和悲悯，但这些情绪与现实中的感激仍然大相径庭。以郑江到周进演变轨迹为范本，我们能看到《儒林外史》中人物生成的细致过程，而这种诗文作品和小说中情感流露的相异性，也使得周进成为小说作家在面对原型人物时如何收束情感以达到更好的人物塑造状态的一个绝佳范例。

参考文献：

[1]　李汉秋．儒林外史研究资料[M]．上海：上海古籍出版社，1984：129．

[2]　吴敬梓.吴敬梓集系年校注[M].李汉秋,项东升,校注.北京:中华书局,2011.

[3]　孟醒仁.吴敬梓年谱[M].合肥:安徽人民出版社,1981:74.

[4]　吴敬梓.儒林外史汇校汇评本[M].李汉秋,辑校.上海:上海古籍出版社,1999.

[5]　全祖望.郑侍读簋谷先生墓碑铭[M]//鲒埼亭集:卷18.四部丛刊影印清姚江借树山房刻本.

[6]　郑江.筠谷诗钞[M].清代诗文集汇编影印清乾隆书带草堂刻本.

[7]　杭世骏.侍读郑公行状[M]//道古堂全集:卷38.清乾隆四十一年刻光绪十四年汪曾唯修本.

[8]　袁枚.随园诗话[M].王英志,校点.南京:凤凰出版社,2004.

[9]　江庆柏.清朝进士题目录[M].北京:中华书局,2007:329.

[10]　赵尔巽,等.清史稿[M].北京:中华书局,1977:3309,3319.

[11]　清实录:第8册[M].北京:中华书局,1986:937.

[12]　沈德潜.清诗别裁集:卷24[M].清乾隆二十五年教忠堂刻本.

[13]　张鹏翀.己未除夕郑筠谷侍讲前辈赋诗见赠兼馈酒果新正次和[M]//南华山房诗钞:卷14.清乾隆刻本.

[14]　较陈锡,修.赵继序,纂.绩溪县志:卷8[M].清乾隆二十一年刻本.

[15]　厉鹗.郑筠谷太史挽诗二首[M]//樊榭山房集:续集卷6.四部丛刊影印清振绮堂本.

（原载于《江淮论坛》2019年第3期）

现当代文学研究

命运叙事

—— 对格非《隐身衣》《月落荒寺》的一种理解

敬文东

摘要： 命运叙事是中国传统小说的固有传统之一，其以"人皆有命""命运前定"的特点预先规定了叙事的走向。而在所有日常生活的可能性中，只有一种可能性最终化为了作为日常生活的现实性。因此，日常生活具有神秘性，神秘性等同于命运。本文试图从命运叙事的角度出发，解读格非的两部小说《月落荒寺》《隐身衣》所带来的开拓和创新。

关键词： 格非；命运；传奇；叙事

一、命中注定

楚云的老家在山西临汾。刚出生后不久，楚云就被她的亲生父母搁在一只草篮中，扔在了滨河西路的一座石桥边。篮子里有半瓶牛奶和一顶凉帽（以防止太阳的暴晒让她很快丧命）。一个七八岁的少年在放学回家的途中发现了她。他在桥边一直守到天黑，最后把婴儿拎回了家。六十多岁的奶奶把婴儿从头到脚摸了一遍。尽管她双目失明，还是一口咬定女婴是个"美人坯子"。刚刚做过子宫摘除手术的母亲，硬撑着从床上爬起来看了看，长长地叹了口气，含着眼泪对

作者简介：敬文东，文学博士，中央民族大学文学院教授，主要研究方向为现代诗学、中国现当代文学思想史。

他说：

"看来，你命中注定要有一个妹妹。"①

这是格非篇幅不大的长篇小说《月落荒寺》里边一个看似不起眼的小片段；但在该段落中，却有一个特别打眼、特别值得关注的语词——"命中注定"。作为中国人心目中至关重要的理念，"命中注定"自有其来历；它非关迷信，乃是知命之言。对此，钱穆有很得体并且善解人意的申说："人生也可分两部分来看，一部分是性，人性则是向前的，动进的，有所要求，有所创辟的。一部分是命，命则是前定的，即就人性之何以要向前动进，及其何所要求，何所创辟言，这都是前定的。唯其人性有其前定的部分，所以人性共通相似，不分人与我。但在共通相似中，仍可有个别之不同。那些不同，无论在内在外，都属命。"钱氏紧接着有更加精辟的言说："所以人生虽有许多可能，而可能终有限。人生虽可无限动进，而动进终必有轨辙。"②作为观念，"命中注定"既意味着人生有限，更意味着人生之动进必有其特定的轨辙；有限的人生必定被包裹在具体的轨辙当中，轨辙则规定了有限人生行进的方向、迈步的范式，也规定了有限人生的要义与大意。"性"通常与"命"连言合称为"性命"，"命"通常与"运"连言合称为"命运"，"运"通常与"气"连言合称为"运气"，"气"则通常与"数"连言称为"气数"。性命不保、命运堪忧、运气不错、气数已尽等，是有关命数的常用语词，甚至固定组合。因此，性、命、运、气、数在古老的汉语思想中，向来都自成一体，相互牵扯，就像"声音的纹理是一种音色与语言的色情混合物"③那般神秘，那般费解，却令古往今来几乎所有的中国人无不用心关注。因此，钱穆才更愿意接着说："当知气由积而运，气虽极微，但积至某程度、某数量，则可以发生一种大运动。而此种运动之力量，其大无比，无可遏逆。故气虽易动，却必待于数

① 格非：《月落荒寺》，载《收获》2019年第5期。凡引自《月落荒寺》的文字皆不注页码。

② 钱穆：《中国思想通俗讲话》，北京：生活·读书·新知三联书店，2002年，第43—44页。

③ [意]帕特里齐亚·隆巴多：《罗兰·巴特的三个悖论》，田建国、刘洁译，上海：华东师范大学出版社，2017年，第1页。

之积。命虽有定，却可待于运之转。"①但无论"易动"之"气"在怎样寄希望于"数"之"积"，也无论"有定"之"命"在如何"有待于""运"之"转"，每个特定之"命"都必将处于某个具体的轨辙之内，不得存有超越特定轨辙的任何念想与妄想。不是造化弄人，是"人"必得存乎于特定的"造化"之中而必定被"弄"；"造化"原本就意味着"有定"之"命"，也意味着特定而具体的轨辙。轨辙是"有定"之"命"的行进线路。

　　无论是作为观念，还是作为语词，"命中注定"都更倾向于它的静止状态，不，更倾向于曹植所谓"将飞而未翔"的蓄势待发之境。"命中注定"有类于卵子，它在渴望着受精与着床；在中国人心中，人世间最苍凉最无可如何的语词，莫过于"命中注定"。当母亲对少年说"看来，你命中注定要有一个妹妹"时，"命中注定"因为被置于特定的句子当中，与此同时，还被性质迥异的其他各个语词前后夹击、修饰、辅佐，而立刻被肉身化了。"命中注定"因此获得了特定、具体的轨辙，获得了"有待于运之转"的那个具体而"有定"之"命"。也就是说，"命中注定"开始裹挟着某个人开拔、启程、上路了。它像拉康（Jacques Lacan）心目中骇人听闻的"大他者"（grand Autre / big Other）②，但更像芯片，被植入了某个人的人生运程；被植入之人则将亦步亦趋于这个既不可见也不可知的芯片，有如神助。在这里，句子即轨辙，句型（或曰句式）即轨辙的造型。事实上，无论是在结构主义（者）的内心深处，还是在语言哲学（家）的潜意识当中，都更倾向于将某个特定的人生看作某种特定的句式（或曰句型），但它们（他们/她们）首先更乐于将某个具体的人生还原为某个特定的句子③。甚至连历史学家都对此持赞同的态度，尼尔·弗格森（Niall Ferguson）认为："一个群体或一个国家如果正处于历史发展过程中的低谷而非高峰，强调历史偶然性的理论就会盛行。"④只要是理论，就必定由

---

　　① 钱穆：《中国思想通俗讲话》，北京：生活·读书·新知三联书店，2002年，第84页。

　　② 参见[斯洛文尼亚]斯拉沃热·齐泽克：《弗洛伊德—拉康》，何伊译，载张一兵主编：《社会批判理论纪事》第3辑，南京：江苏人民出版社，2009年，第9页。

　　③ 参见[俄]普罗普：《故事形态学》，贾放译，北京：中华书局，2006年，第20—60页；参见[英]黑尔：《道德语言》，万俊人译，北京：商务印书馆，1999年，第4—15页。

　　④ [英]尼尔·弗格森：《虚拟的历史》，颜筝译，北京：中信出版社，2012年，第6页。

特定的句型、依照特定句型制造出来的句子组建而成；有何种样态的句型和句子，差不多就有何种样态的理论①。格非有一个中篇小说名曰《隐身衣》，《隐身衣》的叙事人"我"有一个细致的观察：中国的教授们好像都不约而同地喜欢用"'不是吗？'这样一个反问句，来强化自己的观点。好像一旦用了这个反问句，他那耸人听闻的陈词滥调，就会立刻变成真理似的"②。句式之义大矣哉！威廉姆·毛姆（William S. Maugham）对此的热衷程度，似乎不亚于作为历史学家的尼尔·弗格森，他认为"词语不仅应该用来平衡一个句子，还应该用来平衡一个观念"，"因为某种观念会因为表达唐突而失去效果"③。柏拉图为毛姆大胆而富有想象力的言论提前给出了理由："如果我用眼睛去看世间万物，用感官去捉摸事物的真相，恐怕我的灵魂也会瞎的。所以我想，我得依靠概念，从概念里追究事物的真相。"④事情何至于如此地步呢？那不过是因为观念（或概念）往往就是命运轨辙的命题式表达⑤；对命运轨辙的命题式表达则为"有定"之"命"给出了行进的方向。轨辙是矢量（vector），不可能是标量（scalar）。

　　如果用于造句，"命中注定"完全可以出现在许许多多不同的句子里，也可以存乎于诸多面相迥异的句型（句式）当中。句子当然可以有长有短，句式（句型）当然可能或复杂或简单；有的句子明白如话、清如溪流，有的句型晦涩难懂，一团糨糊。这种状况不免显而易见地意味着：更愿意倾向于"将飞而未翔"的"命中注定"能够造就诸多不同的轨辙，能够支持诸种面相各异的"有定"之"命"，迹近于博尔赫斯笔下那个著名的"交叉小径的花园"⑥；"交叉小径的花园"，则满可以更进一步地意味着在作为同一个语词的"命中注定"的笼罩下，众生各有其"有定"之"命"，各

① 关于这个问题的详细论述，可参见刘宁：《汉语思想的文体形式》，上海：华东师范大学出版社，2012年，第5—15页。

② 《隐身衣》发表于《今天》2012年春节号，本文引用其文字将不注明页码。

③ [英]毛姆：《总结：毛姆写作生活回忆》，孙戈译，南京：译林出版社，2012年，第22页。

④ 柏拉图：《裴多》，杨绛译，沈阳：辽宁人民出版社，2000年，第72页。

⑤ 参见敬文东：《随"贝格尔号"出游——论动作action和话语discourse的关系》，郑州：河南大学出版社，2010年，第22—35页。

⑥ 参见赵汀阳：《四种分叉》，上海：华东师范大学出版社，2017年，第49—51页。

有其线路迥异的人生轨辙；"有定"之"命"甚至像万物那般，总是乐于
并且倾向于神秘地"以其自然方式存在着（to be as it is）"①，总是在有限
度而无止歇地进行着它的"运之转"。《月落荒寺》看似不经"意"实则颇
有深"意"地如是写道：

> 一连给孩子（即被少年拎回家的弃婴。——引者注）取了七八
> 个名字。但到底应该叫艳霞、云霞还是明霞，他一时拿不定主意。
> 　　后来在落户口的时候，在医院当药剂师的母亲还是给她另取了一
> 个名字——它来自一位算命先生暧昧而深奥的判词：
> 　　楚云易散，覆水难收。

在特别注重"必也正名乎"②的中国，名字从来不是一件随随便便的
事体③。就像各种"事"自有其各种不同的外在之"体"那般，在更多的
时候，名字总是倾向于跟"有定"之"命"联系在一起，它被愉快而坦率
地认作人生轨辙的记号，或命运轨迹的音容。有人因此很形象地说："在
马车和马镫出现以后，骑马成为一种统治的古老标志，而步行则是被统治
贱民的古老标志。中国将步行者称为'徒'，将官吏称为'司徒'，将反
抗的平民称为'暴徒'，将流放的苦役犯称为'刑徒'。"④如此等等以"徒"
命名的各色人物，究竟应当怎样认领专属于他们自己的何种型号的命运，
答案似乎不言而喻。被置放在滨河西路的弃婴也许从她被命名为"楚云"
的那个瞬间开始，就认领了专属于她而迥异于所有其他人的性、命、运、
气、数。事实上，寄望于"运之转"的"有定"之"命"，一直在用各种
不同的声音和它的被掌控者交谈；"有定"之"命"有自己的低音、自己

---

① 赵汀阳：《每个人的政治》，北京：社会科学文献出版社，2010年，第163页。

② 《论语·子路》。

③ 关于这个问题的详细讨论，可参见赵奎英：《中西语言诗学基本问题比较研究》，北京：
中国社会科学出版社，2009年，第15—25页。

④ 杜君立：《历史的细节》，上海：上海三联书店，2013年，第12页。

的高音，它还有自己的假声①。李亚伟诗曰："我只活在自己部分命里，我最不明白的是生，最不明白的是死！我有时活到了命的外面，与国家利益活在一起……"②

抒情的诗可以如此这般停留在对命运的感慨层面，而叙事的小说则必须将命运的来龙去脉演绎清楚，然后才有资格感慨——假如叙事的小说有这方面的意愿的话。因此，名字出自俗语"楚云易散，覆水难收"的弃婴，必须在格非的小说《隐身衣》《月落荒寺》中坚持不懈地图解或者践行这个八字谶语；在骨子里，《月落荒寺》《隐身衣》不过是对这八字要诀的自行展开而已。

"命中注定"及其记号或音容必将融入日常生活，否则，"命中注定"就将无所附丽；日常生活则是"命中注定"及其音容或记号的外在显现，或外显形式③。日常生活让句型、句式化为了行动，不再停留于作为胚胎状态的"命中注定"。由此，"将飞而未翔"化为了实实在在的"飞翔"，而不仅仅是一种趋势或"飞翔"的准备状态。这将意味着：和性、命、运、气、数相交织的人生轨辙必将溶解于日常生活；唯有日常生活，才有能力将看不见的人生轨辙彻底地肉身化。由此，"命中注定"获取了它自己的腰身，尤其是腰身自带的曲线；而唯有曲线，才有能力将"命中注定"的细微部分栩栩如生、惟妙惟肖地描画或者呈现出来。古往今来，大多数人总是不假思索地认为：某个人（比如楚云）之所以拥有专属于他（或她）自己的日常生活，一大半是由时代和环境所造就、所决定的，一小部分取决于他（或她）既"有定"又随"运之转"而来的那个特定之"命"。但问题是，谁又敢说某个人出生于某个具体的时代、寄居于某种特定的

---

① 很显然，此处篡改了布罗茨基的言论。布氏的原话是："时间用各种不同的声音和个体交谈。时间有自己的低音，自己的高音。它还有自己的假声。"（参见[美]约瑟夫·布罗茨基、[美]所罗门·沃尔科夫：《布罗茨基谈话录》，马海甸等译，北京：东方出版社，2008年，第28页。）

② 李亚伟：《河西走廊抒情》第一首。

③ 《周礼》将"乐德"看作音乐教育的首要目的，承认音乐的象征意义，同时，认为上古雅乐每演奏一遍都会与自然外物相联系，似乎显示了某种命定之数："凡六乐者，一变而致羽物，及川泽之示；再变而致赢物，及山林之示；三变而致鳞物，及丘陵之示；四变而致毛物，及坟衍之示；五变而致介物，及土示；六变而致象物，及天神。"（《周礼·大司乐》）

环境，就不是他（或她）命中注定的事情，就不是他（或她）的性、命、运、气、数使然呢？海德格尔有一个在汉语学界早已被人耳熟能详的观点："人是被抛到这个世界来的。"①也许就暗含着这层意思在内——这个没头没脑（亦即没有主语）的句子，反倒有充足的能力去道明究竟什么才是所谓的性、命、运、气、数。因此，看似简单、易懂并且周而复始的日常生活，突然间具有了难以被抹去、难以被道明的神秘性。维特根斯坦（Ludwig Wittgenstein）的断言初看上去貌不出众，实则令人震惊不已："神秘的不是世界是怎样的，而是它（就）是这样的。"②"'就是这样的'（The thing is that）特意强调了日常生活的唯一性，亦即只能是这样的，不存在其它任何可能性。"③在所有机会均等的可能性中，最后，只有一种可能性化为了现实性，这就是某个具体之人获取的具体的日常生活，它可视，可听，可感；所有人的日常生活以各种不同的方式相交织，则构成了所有人寄居的时代与环境：世界归根到底是由事情（而非事实或事物）组成的④。费尔南·布罗代尔（Fernand Braudel）认为：日常琐事连续多次发生之后，"经多次反复而取得一般性，甚至变成结构。它侵入生活的每个层次，在世代相传的生活方式和行为方式上刻下印记"⑤。这样说的目的，显然是要强调经验变先验这个历史痼疾⑥，因此，他将周而复始的日常生活视作理所当然并且自然而然之事，就并非全无道理。但布罗代尔由此忽略了一个至关重要的事实，却不可不察，即：既然日常生活的所有可能性在化为唯一一个现实性的当口机会均等，为何偏偏只有或只是某个可能性幸运地捷足先登，成为那个唯一的现实性（亦即唯一的日常生活）？这个唯一的可能性究竟何德何能，到底凭怎样优异的"个人"素质终于做

---

① [德]海德格尔：《荷尔德林诗的阐释》，孙周兴译，北京：商务印书馆，2000年，第28页。

② [英]维特根斯坦：《逻辑哲学论》，郭英译，北京：商务印书馆，1962年，第96页。

③ 敬文东：《何为小说？小说何为？》，载《文艺争鸣》2018年第6期。

④ 参见陈嘉映：《泠风集》，北京：东方出版社，2001年，第197页。

⑤ [法]布罗代尔：《15至18世纪的物质文明、经济和资本主义》，顾良等译，北京：生活·读书·新知三联书店，1997年，第27页。

⑥ 李泽厚认为，经验变先验是人类生活的一般情形。参见李泽厚：《历史本体论》，北京：生活·读书·新知三联书店，2002年，第44—55页。

到这一点的呢？日常生活的神秘性由此而生，但这个无解的问题只能归功于"命中注定"，归诸神秘莫测的天意①。乐于向汉语文学传统致敬的格非对此深有体会，对其间的要害与关键颇具慧心。

二、命运与叙事

《隐身衣》发表于2012年，《月落荒寺》的问世时间则要晚于《隐身衣》整整七个年头，但后者是前者的前传。以第一人称亦即限知视角（Limited point of view）为叙事方式的《隐身衣》，在情节上接续了以第三人称亦即全知视角（Omniscient point of view）为叙事方式的《月落荒寺》。在《月落荒寺》中，楚云果然如瞎眼奶奶断言的那样，成长为一个绝色美女，而美貌则意味着被侵犯；在被侵犯和美貌之间，自古以来就存在着一种可怕的正相关关系，甚至会引发战争（想想海伦）与背叛（想想陈圆圆）。那个把楚云拎回家中的少年，果然如失去子宫的母亲一口咬定的那样，命中注定成为楚云的哥哥。哥哥为保护美貌的妹妹多次被打（"不到二十岁，门牙几乎全都被人打光了"），这等残酷的境况，反倒让哥哥逐渐变成了一位令人闻风丧胆、心狠手辣的黑社会头子。这个黑老大，这个被其手下唤作"辉哥"的人，甚至专为妹妹楚云开了一家名叫"彗星"（comet）的酒吧（哥哥在她耳边小声说："也可以这么理解，这个酒吧就是为你一个人开的。"）；而酒吧的"真正'业务'，是替那些'追求公平正义的人'摆平各种难局，从中收取佣金"。辉哥的诸多仇家找不到隐藏在山中别墅里的哥哥，却像是命中注定那般找到了妹妹楚云。他们对楚云极尽蹂躏、侮辱之能事，却仍然无法让楚云说出哥哥的藏身之地，最后只好将楚云深度毁容。

和所有的现代主义小说情形相仿，《月落荒寺》也是对日常生活的陈

---

①　参见敬文东：《可感型叙事与日常生活的神秘性 —— 论吴亮的〈朝霞〉》，载《当代作家评论》2017年第4期。

述①；和同时代的其他小说作品相比，《月落荒寺》的特殊之处在于：它所陈述的日常生活乃是对命运轨辙的肉身化。因此，《月落荒寺》更大的特殊之处恰好在于：它不仅是对命运轨辙的叙事，更是受制于命运轨辙的叙事。它被命运轨辙预先给定（the given），打一开始就获得了自己的造型，像一个颇为打眼的宿命。"金陵十二钗正册""金陵十二钗副册""金陵十二钗又副册"里边的判词，不仅预先决定了诸多红楼女性或好或坏的命运，也先在性地规定了《红楼梦》在叙事上的动进线路。与此极为相似，作为"算命先生暧昧而深奥的判词"，"楚云易散，覆水难收"这个八字要诀不仅预先决定了楚云的命运，也为《月落荒寺》的叙事线路先在性地给出了规定，强硬而不得被违抗。就像詹姆斯·伍德（James Wood）认为亨利·詹姆斯（Henry James）的天才凝聚在"说来尴尬"②这个词里一样，《月落荒寺》的叙事内驱力的全部重心落实在"散"这个字上。"易散"之"散"和"难收"之"收"两相比照，更能突出"散"的凶险、诡谲以及它的多姿之身。楚云被亲生父母遗弃，是她打一出生就必然遭逢的散，那是她的处女散③，是她人生的见面礼；爱楚云胜过爱自己亲生儿子的养父在楚云四岁时被人谋害于矿井，是她平生遇到的第二大散；楚云九岁时，养母在留给儿子以"照顾好奶奶""还有妹妹"的遗言后撒手人寰，是她必将认领的第三大散；和黑老大哥哥先散后重逢又再散，更是一波三折；被毁容后，原本说好与自己的教授情人见"最后"一面，却在中秋节月落荒寺之时的"最后"关头不辞而别，则是她一生中很可能最心酸的散——两个靠在一起的"最后"也许暗示了这一点。这些众多并且关键、曲折的散，被《月落荒寺》叙述得极为冷静。所有的散都寄居于日常生活；或者，散是日常生活中极为打眼的部分，更是作为小说的《月落荒寺》的精华之

---

①　关于现代主义小说必然以日常生活为陈述对象，可以从黑格尔那里找到论据，他认为小说不过是"市民社会的史诗"（见[德]黑格尔：《美学》第3卷，朱光潜译，北京：商务印书馆，1991年，第167页）；也可以从卢卡奇那里找到支持，他认为小说就是"被上帝遗弃的世界的史诗"（见[匈]卢卡奇：《卢卡奇早期文选》，张亮、吴勇立译，南京：南京大学出版社，2004年，第61页）。

②　[英]詹姆斯·伍德：《小说机杼》，黄远帆译，河南大学出版社，2015年，第11页。

③　此处的构词法模仿了"处女作"的构词法。

所在。《月落荒寺》中的日常生活 —— 它溶解了"有定"之"命"——
是预先给定的，因此，对它的叙事只需依照命运轨辙早已安排好的线路照
直宣讲就足够了，无须冲动，无须夸张，无须张扬。冷静才是它的本分。

在此，用第三人称叙事之于《月落荒寺》就显得有些意味深长。赵毅
衡用毋庸置疑的口吻说："小说首先要叙述的，是叙述者。…… 无论在何
种情况下，我们作为读者，只是由于某种机缘，某种安排，看到了叙事行
为的记录，而作者只是'抄录'下叙述者的话。"①作者的任务，被认为仅
仅是制造叙事者和抄录叙事人说出的话。单从叙事学的角度看过去，全知
视角可被认作一种典型的我 — 他关系：被作者制造出来的叙事人（亦即
"我"）在向读者（亦即"你"或"你们"）报告每个主人公（亦即"他"
或"她"）的人生运程②。我 — 他关系因为叙事人置身事外，所以特别愿
意强调客观性：将列位主人公的命运轨辙如其所是地讲给读者听；读者在
这种叙事模式中，必将以第二人称（亦即"你"或"你们"）的方式隐藏
于叙事人（而非作者）的脑海。在《月落荒寺》那里，读者不再像传统叙
事学研究者认为的那样：是"作者的读者"③，亦即不再是作者希望能够准
确理解小说作品的那类理想读者；而是叙事人的读者，亦即叙事人期望其
读者能够准确理解主人公的命运轨辙，能够理解叙事人的叙事意图，同意
叙事人对命运轨辙做出的叙事反应（而非反映）。对于篇幅不大的《月落
荒寺》来说，有意区分作者的读者和叙事者的读者自有其必要性：归根到

---

① 赵毅衡：《当说者被说的时候：比较叙述学导论》，北京：中国人民大学出版社，1998
年，第8 — 9页。

② 赵毅衡甚至认为，根本不存在第三人称叙事。他说："'第一人称小说'之所以得名，
是因为叙述者自称'我'。但是第三人称小说中的并没有自称'他'，如果必须称呼自己，还是
得自称'我'。中国传统小说的叙述者自称'说书的'、'说话的'，只是第一人称的变体。第三
人称小说对人物称'他'，但是第一人称小说中对叙述者之外的人物也一样称'他'。因此，把
小说分成'第一人称'、'第三人称'显然是不尽恰当的，第三人称叙事只不过是叙述者尽量避
免称呼自己的叙述而已。"（见赵毅衡：《当说者被说的时候：比较叙述学导论》，北京：中国人
民大学出版社，1998年，第6页。）这就是说，第三人称叙事仅仅出于误会。这也是本文中我 —
他关系成立的原因。

③ 参见P.J. Rabinowitz, *Before Reading: Narrative Conventions and the Politics of
Interpretation*, Columbus: Ohio State University Press, 1987, p.17。

底，是叙事人（而非作者）在沿着既定的命运轨辙，讲述符合命运轨辙自身之腰身的故事（亦即神秘的日常生活）。叙事人是"有定"之"命"或命运轨辙的执行者，这就是说，叙事人不过是命运轨辙或"有定"之"命"的提线木偶；作者格非的任务，无非是把提线木偶讲述的日常生活给抄录下来，因而反倒能够免于提线木偶的命运和身份，成为一个忠实的书记员，而既不用担心丢人现眼，也不用担心宿命缠身以至于一语成谶。那个叙事人，那个命运轨辙的执行者，那个提线木偶，道出的以下这段话与其说在说与读者，远不如说在说给自己，只因为这个木偶深知自己的宿命性身份，深知这种身份的宿命性来历：

> 这是一个平常的四月的午后。但不知为什么，今天所遇见的所有事情，似乎都在给他某种不祥的暗示。惨烈的车祸、自称是来自华阳观的猥琐道士（他主动给楚云算命。——引者注）、赵蓉蓉的爽约、"曼珠沙华"生死永隔的花语、扇面上的诗句，以及这棵奄奄待死的百年垂柳，均有浮荡空寂之意，让他（楚云的教授情人。——引者注）不免悲从中来，在浓浓春日的百无聊赖中，隐隐有了一种曲终人散之感。

"曲终人散"之"散"极有可能是散的最高形式，更有可能是从所有形式的散中被推荐出来的代表性之散。但细查之下，却不难发现，最高形式的散不出现在《月落荒寺》里，它乐于寄居在更早被完成的《隐身衣》中。《隐身衣》在叙事方式上颇为知趣地采用限制视角；其叙事人"我"，乃是一个给京城的音乐发烧友们的不断升级的音响设备制造胆机的男人，约莫40多岁（可称之为胆机制造者）。"我"因朋友介绍，接了一个39万元的大单。订货者，乃是大名鼎鼎的辉哥（此人在《月落荒寺》的结尾处，已经自我更名为文绉绉的丁采臣，以示"金盆洗手"之意）。辉哥因不堪不明之压力（"我"没有交代压力来自何处）自杀后，"我"为索要26万元尾款，来到辉哥的山中别墅，见到了因被毁容而相貌奇丑并且声音粗哑的楚云（音响设备正是辉哥给楚云定制的）。彼时，"我"正被姐姐和姐夫逼得没有住处，惶惶不可终日。几经周折，"我"最后居然住进了楚云空旷的大别墅，很快和楚云有了一个女儿。而在此之前很多年，"我"因机缘巧合，找了个大美女作为妻子，但母亲像是窥见了命运密码一样告诉"我"："你这个婆娘，有一多半是替别人娶的。"虽然"我"对母亲的判断很不高兴，但结婚没几年，果如母亲所言和美女玉芬离婚了，房子归前妻，"我"则借住在姐姐、姐夫的破屋子里。离婚后，母亲开导痛苦中的"我"，因此有了这样的母子对话：

> "当初我就劝你不要跟她结婚，可是的？你不听，我也没多话。……我同你说，你也不要不爱听，这世上，人人都该派有一个老婆，天造地设的，命中注定的。不是玉芬，而是另一个人。她在什么地方呢？我也不晓得，你倒也不用打着灯笼，满世界地去找她。缘分不到，找也没用。缘分到了，她自己就会走到你的面前，跟你生儿育女。不是我迷信，你将来看着好了，一定会是这样。放宽心，到时候你就知道了。你一见到她，心里就马上会想，哦，就是这个人……"
>
> 我打断了母亲的话，对她道："您还别说，我当年见到玉芬时，心里就是这么想的呀。"
>
> 母亲笑了笑，伸出舌头，舔了舔干裂的嘴唇："你这是鬼迷心窍！"
>
> "万一我以后遇到命中注定的那个女人，没把她认出来，怎么办呢？"我又问。

在雅典人美诺（Meno）去世差不多三千年后，从未听说过美诺的胆机制造者（亦即"我"）在和母亲抬杠中，无师自通地再次制造了美诺悖论（Meno's Paradox）——这都是作为语词和观念的"命中注定"给闹的。美诺问苏格拉底："一件东西你根本不知道是什么，你又怎么去寻求它呢？你凭什么特点把你所不知道的东西提出来加以研究呢？在你正好碰到它的时候，你又怎么知道这是你所不知道的那个东西呢？"苏格拉底对美诺提出的问题大加赞赏后，才解释说："一个人不可能去寻求他所知道的东西，也不可能去寻求他不知道的东西。他不能寻求他知道的东西，是因为他已经知道了，用不着再去寻求了；他也不能寻求他不知道的，是因为他也不知道他应该寻求什么。"①面对"我"提出的美诺悖论，母亲因为服膺命运（亦即命中注定），其反应就和讲求逻辑、喜欢刨根问底的苏格拉底截然不同。母亲只用了一句话，就轻而易举地打发了美诺悖论："你这孩子，真是傻呀！要不要到时候，我托个梦给你？"这样的说法比起"我知道自己无知"的苏格拉底确实高明多了，也痛快多了。但没用母亲的那个象征着命中注定的梦，"我"就遵从命运轨辙的指引，见到了命中注定必须见到的那个人，那个一出生就等着"我"的人。那个人之所以经历那么多的散，为的就是能够见到"我"。"我"和楚云的聚，恰好是最高形式的散。就像屁乃是"死在诞生之时的事物"②一样，散的最高形式，乃是死于聚的诞生之时的那个命运状态。且听楚云和"我"的对话——

　　　　她支支吾吾，目光躲躲闪闪，最后，她长叹了一声，用一句模棱两可的话来搪塞我："没什么好说的。我不过是丁采臣的一个人质而已。"
　　　　"这么说，你被绑架了？"我暗暗吃了一惊。
　　　　"你不也一样？"她冷冷地讥讽道。

　　在处于聚的状态的这个楚云心中，对她关爱得不能再关爱的哥哥竟然是她的绑架者，是她命运的底牌，这是处于散的状态的那个楚云既不敢想也不可能想并且万万不会这么想的事情。这也是她经历过多次大散（亦即劫和数）之后最终知晓的答案。就像有人宣称自己爱上爱一样，散因傍上自己的最高形式而彻底散掉了——以突如其来的聚为形式。《月落荒寺》和《隐身衣》以令人唏嘘的大团圆，结束了这个既奇特又普通的命运演义。

　　让-吕克·南茜（Jean-Luc Nancy）有言："如果说在哲学中除了能指和所指外，从来没有身体，那么，在文学中恰恰相反，除了身体没有别

---

　　①　[古希腊]柏拉图：《柏拉图对话集》，王太庆译，北京：商务印书馆，2004年，第170—171页（王太庆把Meno译为枚农，本文在表述中改为通常的译法"美诺"）。
　　②　科坦（Cotin）神甫语，转引自[法]罗歇-亨利·盖朗：《何处解急：厕所的历史》，黄艳红译，北京：中国人民大学出版社，2015年，第26页。

的。"①南茜之言固然精辟，但更正确的表述也许是这样的：在文学中，所有的身体都寄存于叙事方式；在更为具体的《隐身衣》中，唯有作为命运轨辙的载体，身体才可浮出文字的水面。因此，对于篇幅更小的《隐身衣》而言，限知视角的叙事方式就显得意义重大。和全知视角规定下的我 — 他关系不同，限知视角意味着一种我 — 你关系。我 — 你关系的实质是：我（亦即叙事人）向你或你们（亦即读者）讲述各位主人公（包括"我"在内的所有人）的人生运程，人生运程则以极为琐碎的日常生活为方式被呈现出来。我 — 你关系意味着：叙事人和读者自始至终处于面对面的状态；叙事人直接向读者指点、讲解、描述诸位主人公的每一个动作和每一个细节，在特别必要的时候，还可以对之做出恰如其分的评论、中肯的解说。因此，和我 — 他关系对"有定"之"命"的客观描述比较，尤其是和"有定"之"命"对我 — 他关系的客观形塑（to form）、预先造就相比，我 — 你关系更容易制造一种强烈的亲切感；被讲述的每一具身体都在我 — 你关系中，得到了有温度的展示。这就很容易理解，为什么《隐身衣》里叙事人和读者面对面的谈心式句子比比皆是，如"你已经知道了，我是一个专门制作胆机的人 …… ""可是现在，你大概已经知道，我所说的那个'愚蠢的计划'，指的到底是什么了 …… ""好了，不说这些了 …… "。和我 — 他关系以叙事的客观性取信于读者不同，我 — 你关系刻意制造的亲切感很容易让作为读者的你（或你们）信任"我"的讲述；而我 — 你关系导致的现场感，则无疑更进一步加固了读者对"我"的信赖。

在我 — 他关系中"我"仅仅是叙事人，不可能是主人公；"我"的唯一责任和义务，就是遵循命运轨辙规定好的叙事线路，将"有定"之"命"预先决定的故事讲述出来，甚至没有丝毫能力干预主人公们的日常生活，这跟"三红一创"的叙事人具有天壤之别，后者有革命话语撑腰，因此拥有无与伦比的叙事神力，要风得风，要雨得雨。在我 — 你关系中，"我"不仅是叙事人，还是主人公。"我"不仅必须遵循"我"自己制造出

---

① [法]让-吕克·南茜：《身体》，载汪民安、陈永国编：《后身体：文化、权力和生命政治学》，长春：吉林人民出版社，2003年，第93页。

来的美诺悖论，向读者叙述"我"那预先被决定的命运轨辙，还要在"冥冥之中自有定数"的那个"定数"的层面上，如其所是地将散的最高形式叙述出来——"我"是既定叙事线路的执行者。这是《隐身衣》动用第一人称叙事的原因之所在，毕竟对于和"我"面对面的读者来说，既是叙事人又是主人公的"我"的一切行为都有现身说法的意味在内。不用说，和"三红一创"中具有超级神力的叙事人相比，我—你关系中的"我"和我—他关系中的"我"一样渺小之极，不过是"有定"之"命"的应声虫而已，但更是"有定""却可待于运之转"的那个特定之"命"的奴隶，或者干脆用《隐身衣》里的话说，"一个人质而已"。沙夫茨伯里（H. Shaftesbury）面对这种境况有言："作者以第一人称写作的好处就在于，他想把自己写成什么人就写成什么人，或想把自己写成什么样子就写成什么样子。他……可以让自己在每个场合都迎合读者的想象；就像如今所时兴的那样，他不断地宠爱并哄骗着自己的读者。"①沙夫茨伯里大体上没有说错，但对于接续着《月落荒寺》叙事的《隐身衣》来说，沙氏之言就显得很不真实。事实上，我—你关系中的叙事人"我"依然受制于既定的命运，受制于自己制造的美诺悖论，不知不觉地走向了命中注定的老婆（"我"母亲的说法）或妻子（"我"对楚云的称呼）。"我"因索要尾款见过楚云多次，却不知道未来的妻子就是眼前这个被毁容之人。因此，"我"根本不可能"想把自己写成什么人就写成什么人，或想把自己写成什么样子就写成什么样子"，有美诺悖论存在，就更没有可能"不断地宠爱并哄骗着自己的读者"。"我"是宿命性的，"我"的使命，就是执行并走完"我"命中注定的那个命运轨辙。

在古老的中国，顺命数、气运而行，一直被视作有常之道。箕子规劝革命成功的周武王要顺天应命，不得逆物性行事，否则，事有必败之虞②。在汉语思想的腹心地带，像不拂人主之逆鳞那般不拂气运、命数之逆鳞③，更是被认作明智之举。张载因之而有八字箴言："存，吾顺事；没，

---

① 参见[英]戴维·塞德利等：《哲学对话：柏拉图、休谟和维特根斯坦》，张志平译，桂林：漓江出版社，2013年，第69页。

② 参见《尚书·洪范》。

③ 人主之逆鳞一说参见《韩非子·说难》。

吾宁也。"①这和逆运而行、拼死抗争的西方文化在性格上迥然有别。在中国，鲜有普罗米修斯一类的人物，共工、窦娥仅属罕见的例外。但听天由命并非逆来顺受，它是对命运的尊重、对天意的臣服。在古代中国，作为江湖山林文体的汉语诗歌一直对命运极尽感叹之能事②，而作为乡野闾巷文体的小说则对命运进行铺张性的叙事③。想想《水浒传》前半部分类似于人物列传般的叙事方法，就理应明白什么才叫作被命运轨辙给命中注定的叙事方式。《三国演义》《西游记》虽然没有《红楼梦》和《水浒传》那样极端，却依然是命运叙事，只是叙事方式看上去好像是没有被预先决定一样。受制于汉语的感叹属性④，最终，古典时期的汉语小说对命运的叙事采取了感叹的方式，忠实于汉语文学古老的抒情传统。它对命运的态度寄居于叹息的层面，要么是"古今多少事，都付笑谈中"，要么是"满纸荒唐言，一把辛酸泪"。虽然《月落荒寺》《隐身衣》继承了汉语文学传统中的命运叙事，却并没有轻易走向抒情，但也没有完全拒绝抒情——它忍住了抒情，就像一个人忍住了卡在喉头上的咳嗽，更像是忍住了迫近于左心室的那个小小的死亡。

时隔七年后，格非才为《隐身衣》创作出前传，这必定跟作者格非心境的蜕变紧密相关。以塞拉斯（Wilfrid Sellars）之见：所谓心境原本就是一个语言事件（language events）⑤。为《隐身衣》创造叙事人的格非和给《月落荒寺》创造叙事人的格非，不可能是同一个格非。时间的流逝会导致心境的蜕变，这本身就是一个命运的故事；这个故事关乎作者、关乎作品。作者的命运决定了作品的命运：没有时光中不知不觉到来的作者的命中注定，《隐身衣》就不可能命中注定有一个哥哥。

---

① 张载：《西铭》。

② 诗歌对命运的感叹可参见敬文东：《感叹诗学》，北京：作家出版社，2017年，第127—135页。

③ 关于江湖山林文体和乡野闾巷文体，可参见敬文东：《牲人盈天下》，桂林：广西师范大学出版社，2011年，第9—16页。

④ 关于白话文运动之前的汉语的感叹属性，可参见敬文东：《感叹与抒情》，载《诗建设》2017年第1卷。

⑤ Wilfrid Sellars, *Empiricism and the Philosophy of Mind*, Cambridge: Harvard University Press, 1997, p.63.

这也许并不是题外话。

三、叙事作为传奇

让-保尔·萨特（Jean-Paul Sartre）有一部著名的长篇小说叫《恶心》，书中的某个主人公在这样告诫自己：要么生活，要么叙述。萨特说过，要使最乏味的事情成为奇遇，只消叙事就足够了①。在漫长的人类历史长河中，无分中西，小说都曾长时间地热衷于制造悬念，热衷于传奇，乏味的日常生活唯有成为故事（或曰奇遇），才配成为小说的材料。一个好故事被认为是叙述出来的。萨特把叙事定义为奇遇的制造者，算是击中了要害；如果无法让乏味的日常生活升级为奇遇（或曰故事），叙述就立刻被认为失去了存在的必要性与合理性。让本雅明忧心忡忡的是：讲故事的人和故事一道无可挽回地衰落了②。而依耿占春之见，在新闻-信息的黄金时代，所谓故事即事故③。卢卡奇也认为，在这个面相古怪的黄金时代，时间本身就是一个巨大的事故："时间，看起来已不再是人们赖以行动和发展的自然环境、客观环境和历史环境。它被扭曲成一股使人感到既沉闷又压抑的外在力量。在不断消逝的时间框架内，个人在堕落。时间因此成为无所顾忌的无情机器，它摧毁、废除、毁灭所有个人的计划和愿望、所有的个性以及人格自身。"④无论是在新闻-信息的黄金时代，还是在作为事故的时间当中，堕落的个人是唯一的核心；围绕正在堕落的个人组建起来的所有故事，则莫不带有事故的特征。本雅明和让-保尔·萨特大可以把心放在口袋里，因为在当今的时代，无须动用叙事，人们到处看到的都是故事，何况生活本身就是叙事性的。讲故事的人也许消失了，但故事还在，虽然这很可能是另一种性质的故事，但到底还是故事。中国作家艾伟

① 参见[美]A. C. 丹图：《萨特》，安延明译，北京：工人出版社，1986年，第10页。

② [德]瓦尔特·本雅明：《本雅明文选》，陈永国、马海良编，北京：中国社会科学出版社，1999年，第291页。

③ 参见耿占春：《叙事美学》，郑州：郑州大学出版社，2002年，第9页。

④ 转引自[英]蒂姆·阿姆斯特朗：《现代主义：一部文化史》，孙生茂译，南京：南京大学出版社，2014年，第24页。

对此深有所感："我每天在网上看到了各种各样的滑稽的惨烈的惊悚的事件，到处都是奇观，我们的现实甚至比马尔克斯笔下的马孔多以及魔幻的拉丁美洲更为神奇。"①不管这种"不确定性"是否真的"令人担忧"，都不影响这样的一个事实：在新闻-信息的黄金时代，几乎每个中国人的"日常生活都前所未有地和传奇紧靠在一起，甚至可以直接性地被视作传奇"②。

　　和从前那些热衷于故事或奇遇的小说迥然有别，无论是在《月落荒寺》中，还是在《隐身衣》里，提线木偶一般的叙事人都将奇遇（亦即故事、传奇）一笔带过，只专注于命中注定的叙事本身，因为几乎所有主人公的命运都已经被预先决定，叙事人没有必要亦步亦趋地展示命运轨辙的每一个细小的部分。叙事人需要做的，乃是在不动声色中，冷静地将每个主人公的命运结局尽可能客观、直接描画出来。这只需要选用一些能够表达命运的关键性细节、能够组建叙事枢纽的富有叙事包孕性的情节就足够了。"而所谓叙事枢纽，乃是对富有包孕性的情节进行设置、布局与安排。所谓富有包孕性的情节，乃是能够自然而然地 —— 而非突兀亦即过于巧合地 —— 承续前面的情节。"③比如，《月落荒寺》中一个叫"秃妖"的人被刺后的表现，就能显示出他冷静、凶狠和决不罢休的性格，也暗示了辉哥、楚云及《隐身衣》的叙事人"我"等重要人物的人生轨辙：命中注定得与此人的命运紧密相关。这等局面很自然地意味着，放弃对传奇的叙事性守望，是命运叙事的内部规定性导致的结果，但也有来自命运叙事外部的深刻原因。无论是我 — 你关系中还是我 — 他关系中的那个叙事人"我"都非常清楚，和作为事故的日常生活的想象力相比，小说永远处于望尘莫及之境地；和作为不能过夜的商品 —— 亦即追逐和专注于传奇的某些新闻报道 —— 相比，小说永远处于绝对劣势之地位。正是因为小说在这两方面的双重无能，而文学又太想表达作为事故的日常生活（或曰现实世界），所以，一种被命名为"非虚构"的文体被迅速地炮制了出

---

　　① 艾伟：《真理是如此直白可见》，载《诗建设》2016年夏季号，北京：作家出版社，第187页。

　　② 敬文东：《何为小说？小说何为？》，载《文艺争鸣》2018年第6期。

　　③ 敬文东：《小说与日常生活的神秘性》，载《扬子江评论》2017年第2期。

来①。对于虚构的小说而言，"事情的另一面很可能是：如果把令人震惊的新闻事件写进小说，换算或折合成小说情节，则会被挑剔的读者判为不真实，被多疑的读者斥为胡编乱造"②。因此，面对来自命运叙事内外两边的夹击，格非制造的两个叙事人放弃了对传奇（故事或奇遇）的讲述，就显得既理所当然也颇为明智。

就像每个人都自有其命运一样，历史也有自己的命运。埃里克·沃格林（Eric Voegelin）说："历史的秩序来自秩序的历史。"③将沃格林的断言翻译为叙事学的常用语差不多就是：有什么样的叙述历史的方式，就有什么样的历史秩序；秩序来自叙事④。植根于中国古代文明的命运叙事与沃格林心目中的历史命运叙事大不相同。前者建基于命中注定的那个"有定""却可待于运之转"的特定之"命"，此"命"自有定"数"，它可"转"却不可大"转"，其"转"在量而不在质，因此，叙事人顶多拥有极小的权力用于"运之转"，就像"秃妖"命中注定必定被刺，但被刺时有何表现，不妨让给叙事人自行处理，算是命运叙事赏给叙事人的福利。叙事人可以凭借特定的意识形态决定的叙事方式用于命运叙事，在极端的时刻，甚至可以将历史看作任人打扮的小姑娘而任意选择叙事方式⑤。汉

---

① 黄德海为"非虚构"的出现找到了很好的理由："非虚构之所以能在短时间内脱颖而出，一个重要的原因，大概是人们所称的，虚构类作品已经远远跟不上瞬息万变的现实，甚至连深入现实的可能性也在一点点丧失。与此相反，因为非虚构标举的写现实的姿态，起码在某种意义上掀开了现实的帷幕，让人意识到一个不断处于变化中的世界，听到它的喘息，看到它的伤口，感受那与我们置身的生活息息相关的一切。"（见黄德海：《作为竞争的虚构与非虚构》，载《东吴学术》2017年第2期。）

② 敬文东：《何为小说？小说何为？》，载《文艺争鸣》2018年第6期。

③ [美]埃里克·沃格林：《秩序与历史》卷1，雷伟岸、叶颖译，南京：译林出版社，2010年，第19页。

④ 比如海登·怀特就毫不犹豫地认为，对历史事实（即历史上发生的事情）的叙事有4种方式：喜剧的、悲剧的、罗曼司的和讽刺的，所以，历史的秩序也至少有4种（参见[美]海登·怀特：《后现代历史叙事学》，陈永国、张万娟译，北京：中国社会科学出版社，2003年，第75—80页）。

⑤ 参见[美]柯文：《历史三调：作为事件、经历和神话的义和团》，杜继东译，南京：江苏人民出版社，2000年。该书考察了义和团运动作为历史事件如何一步步被不同的意识形态怎样建立为不同的历史叙事，就很能说明这里的这个问题。

语思想中的命运叙事针对具体而特定的主人公（比如贾宝玉、楚云），其命运必须溶解于可视、可闻、可感的日常生活；历史叙事更关注围绕特定人物组建起来的宏大事件，它是反日常生活的，甚至是抽象的——唯有抽象能带来历史的秩序。日常生活因其不可解释的神秘性而看似易懂实则难解，历史性的宏大事件因其可以被清楚辨识的秩序而看似费解实则易懂。特里·伊格尔顿（Terry Eagleton）说得很好："今天，大家普遍公认，日常生活就像瓦格纳的歌剧，错综复杂、深不可测、晦涩难懂。"①这等境地很可能出自卢卡奇早已给定的那个原因：在作为事故的时间中，人以各种匪夷所思的方式不断堕落，而堕落的原因却不能简单、轻易地归之于人性——这是懒汉的办法，既俗气，又无聊。相较于特里·伊格尔顿，耿占春也许说得更加精辟，也更为务实："人类日常生活的俗务仍然具有一种无限探索的不可企及的神秘性质。"②但耿占春却没有来得及说：日常生活的神秘性只能归之于命中注定，归诸天意。在新闻–信息的黄金时代，小说仍然大有用武之地：它可以把每天和人打交道的传奇、奇遇或作为事故的故事，交予新闻和非虚构去处理；小说则去处理非虚构和新闻业不屑于也没能力处理的日常生活的神秘性。处理日常生活的神秘性，是小说在当下中国被授予的新任务：小说"只做""只"有小说"能做"的事情。

　　乔治·斯坦纳（George Steiner）在谈及卡尔·克劳斯（Karl Kraus）时深有感慨：面对充满严重危机的日常生活，克劳斯"用独有的方式表明，这个危机既不是诗剧或现实主义剧能解决，也不是散文或小说能解决的；这些文体的固定形式其实是个假象，是受到了凶猛无序的社会现实和政治现实的蒙骗"③。斯坦纳之所以这样谈论克劳斯，是因为他特别想指出：各种文体都自有其局限性，因而有必要倡导综合写作，以缓解这种令人遗憾的局面。斯坦纳也许没有或没能注意到，文体的局限性也有可能成就文体的开放性和独创性，却幸运地发现了只有它才能施展手脚的领域，那谁又敢说，这不是小说从小说文体的层面上对小说自身的推进和升

---

① [英]特里·伊格尔顿：《理论之后》，商正译，北京：商务印书馆，2009年，第6页。

② 耿占春：《叙事美学》，郑州：郑州大学出版社，2002年，第34页。

③ [美]乔治·斯坦纳：《语言与沉默》，李小均译，上海：上海人民出版社，2013年，第103页。

华呢？在格非迄今为止的所有小说作品中，至少有类似于《月落荒寺》和《隐身衣》这样的作品，对小说的新使命——亦即只有小说才能施展拳脚的领域——做出了既准确又独到（而不仅仅独特）的理解。准确不必谈论，因为打一开始，这两部小说就彻底放弃了诉说传奇的任何念头。所谓独到，说的是我—他关系和我—你关系的叙事人把叙事这件事本身变作了传奇事件：叙事人在传奇性地诉说日常生活的神秘性，因而将叙事本身传奇化了；作为传奇的日常生活以它在小说中牺牲传奇性为代价，反而突出了日常生活自身的神秘性，继而造就了小说叙事本身的传奇性。这就是说：日常生活的传奇性在小说中的被废除，是小说叙事换取自身传奇性的必要筹码；就是在这种转换中，叙事人颇为动情地完成了新时代的中国赋予小说的新任务。有必要承认：格非对小说新任务的独到理解，在当下中国的小说书写中颇为罕见。仅此一条，《月落荒寺》和《隐身衣》就必须得到严肃、认真的对待，无论它们在其他方面有何瑕疵："开疆"有始发和首创之功，它在绝对性的意义上必胜于"拓土"。

（原载于《当代文坛》2019年第6期）

新世纪藏族文学研究及其拓展的可能途径

钟进文

摘要：藏族当代文学研究一直在我国少数民族文学研究中占有重要地位，新世纪以来更是取得了诸多新成果，为我们理解藏族当代文学提供了多种视角。本文从新世纪以来藏族当代文学研究的现状出发，回顾藏族当代文学研究的主要成果，并对藏族文学的研究范式及其特点，如研究角度的多样化、母语研究与汉语研究之互动等层面，提出藏族当代文学研究拓展的可能途径。

关键词：新世纪；藏族文学；研究范式；回顾与反思

一、引言

作为中国多民族文学的重要组成部分，新世纪以来在国内少数民族文学研究中藏族当代文学备受关注，新成果不断问世，不断丰富着我们对藏族当代文学格局的认识和把握，有助于我们更为全面地认识当代中国丰富的文学图景。因此，如何全面地把握藏族当代文学的丰富内涵，解读其内部独特的文化特征和审美情趣，并以此突破现有藏族当代文学研究的瓶颈，多方位、多途径地拓展藏族当代文学的接受和认知维度，是我们少数民族文学研究者义不容辞的责任。

作者简介：钟进文，文学博士，中央民族大学中国少数民族语言文学学院教授、博士研究生导师，主要研究方向为中国少数民族文学。

基金项目：国家社会科学基金重大项目"中国当代少数民族作家资料库建设及其研究"（15ZDB082）。

二、双语成果与藏族当代文学研究的新趋势

藏族是我国少数民族文学创作的富有者，一直以来得到学界的普遍关注和高度重视。仅从2016年中国作家协会公布的第十一届全国少数民族文学创作"骏马奖"评奖结果来看，在全国55个少数民族范围内通过层层筛选投票产生的24部获奖作品中，藏族占据4部作品，在3名翻译奖中，藏族占1个。由此可见，藏族当代文学在中国少数民族文学中具有举足轻重的地位，对藏族文学进行多领域、多角度的深入研究不仅非常必要，而且在中国少数民族文学研究中具有重要的引领作用。

中央民族大学一直有藏族文学研究的传统，最早是于道全先生译介仓央嘉措诗歌，再到耿予方、佟锦华以及丹珠昂奔等。近年来藏族当代文学创作与研究成为学校持续关注的一个领域，无论是藏族母语文学，还是藏族汉语文学创作，都受到高度关注。2010年12月，中央民族大学正式成立"985工程"文学研究中心，由笔者担任中心主任。该中心旨在形成一个具有促进或推动民族文学创作实践与理论研究的高端平台，并努力为国家解决少数民族文学创作研究及文学政策的制定提供科学依据。研究中心在相关项目预申报的基础上，经专家评审，制定了少数民族作家文库建设、文学理论与民族文学研究丛书、民族文学与文学关系研究系列、藏族文学研究系列、人口较少民族文学出版与研究系列、民族影视文学与新媒体文学研究系列，以及民族文学个案研究等重点建设项目，其中按族别形成的建设项目只有藏族文学研究系列。在学校"985工程"专项经费支持下，短短几年推出了不少藏族文学作品和研究成果。

"少数民族作家文库建设系列"中包括如下作品：德本加小说集《人生歌谣》（万玛才旦译，青海民族出版社，2012年）和扎巴小说集《青稞》（龙仁青译，青海民族出版社，2013年）两部藏族母语小说汉译本，以及扎巴的长篇小说《桑布鹰傲与圣地拉萨》（青海民族出版社，2012年）、德本加的中篇小说集《无雪冬日》（青海民族出版社，2012年）、拉先加的长篇小说《成长谣》（青海民族出版，2012年）等3部母语小说。其中，拉先加的长篇小说《成长谣》出版不久，就被日本东京外国语大学东亚语言文学研究所星泉教授翻译为日语，由日本勉诚出版社出版发行，在日本

取得良好的社会效果。此外，本中心研究人员扎巴创作的中篇小说集《寂寞旋风》获第十届全国少数民族文学创作"骏马奖"，本中心资助出版的德本加的《无雪冬日》获得第十一届全国少数民族文学创作"骏马奖"。这些文学作品的出版和获奖，极大地推动了藏族母语文学和汉语文学创作的发展和传播。

除推出系列作品外，文学研究中心还积极开展藏族文学创作、研究活动，旨在推动藏族文学的创作与研究向更为恢宏的方向发展。2012年文学研究中心举办了"藏族母语作家德本加小说研讨会"，此次会议填补了藏族母语文学个人创作研讨会的空白。与会专家学者认为，德本加的小说具有诗意美，更具有超级故事的特征。在他的文学世界里不仅有传统的价值，也有现代性的追求。今天，任何具有历史的、文化的或者民族专属性的生活逻辑、精神和情感价值、伦理和社会期待，都可以从时代的、人类社会的和人文生态学的意义上重新理解。德本加以自己的创作超越了一般的现实生活的界限，具有诗学的表现力，具有神话般广阔的想象空间，具有历史的沉重感。德本加的作品给予我们的是具体的形象、生动的人物、不可替代的文化底蕴，又能实现人类共享效果①。

与此同时，也有学者认为，1949年以来，特别是改革开放以来，虽然藏族文学空前发展，但藏族文学研究仍面临诸多问题。首先，藏族文化圈的学者对藏族当代文学的研究显得滞后；其次，有些学者用现代西方理论强行阐释母语作品，使得藏族文学的民族特性越显薄弱；再次，藏族与藏族、藏族与汉族、藏族与国外作家和研究者之间交流偏少，制约了藏族文学的发展。此次会议打破封闭局面，由多民族学者介入，藏汉双语发言交流，搭建起了一座跨民族交流的平台。会后出版了汉藏两种文字的论文集——《德本加小说研究》（青海民族出版社，2014年）。

由此可见，藏族因其丰厚的母语和汉语创作实践，为中国少数民族文学事业做出了突出的贡献，也取得了骄人的成绩。文学研究中心也积极推动此项事业，与之同步的"藏族文学研究系列"便是一种积极呼应。通过这一平台出版的研究成果有：完代克的《加布青德卓研究》（青海民族出

---

① 完代克编：《德本加小说研究》，西宁：青海民族出版社，2014年，第3页。

版社，2012年）和《百年拉萨诗歌研究》（青海民族出版社，2014年），吉多加的《藏族现代诗学》（青海民族出版社，2013年），扎巴的《苯教神话研究》（青海民族出版社，2012年）和《赤德颂道歌研究》（青海民族出版社，2014年）。还有扎巴选编的《写作经验漫谈》（民族出版社，2013年）、增宝当周的《次仁顿珠小说研究》（青海民族出版社，2014年）等。在以上研究成果中，除扎巴的《苯教神话研究》与《赤德颂道歌研究》外，其余均系藏族当代文学研究成果，其中既有作家研究，也有文学史与创作经验研究。这些成果引起各界的强烈关注，对藏族母语文学研究起到了重要的推动作用。

与此同时，20世纪50年代以后使用汉语写作的藏族作家从无到有，从少到多，逐渐形成了一个较强的创作群体。该创作群体拓展了民族文化的守望意义，自由穿行于边缘和中心、传统和现代、藏文化和汉文化、藏文化与多元文化之间，汲取多种民族文化养分，用全新的表现形式，不断描述和展示着藏族文化的独特个性和精神内核。因此，藏汉双语并举，交叉并存，已经成为藏族当代文学创作的客观现实，二元创作模式已构成藏族当代文学创作的新面貌。

步入新世纪以来，藏族当代汉语文学研究得到学界的广泛关注，出现了各类相关成果，如德吉草的《歌者无悔 —— 当代藏族作家作品选评》（民族出版社，2000年）和《当代藏族作家双语创作研究》（民族出版社，2013年）、丹珍草的《藏族当代作家汉语创作论》（民族出版社，2008年）和《差异空间的叙事：文学地理视野下的〈尘埃落定〉》（中国藏学出版社，2014年）、卓玛的《中外比较视阈下的当代西藏文学》（上海大学出版社，2015年）、徐琴的《文化身份的建构与书写 —— 当代藏族女性文学研究》（中山大学出版社，2017年）、于宏和胡沛萍的《当代藏族小说中的女性形象研究》（四川大学出版社，2017年）等。此外，还有一批博士和硕士研究生学位论文，以及省部级以上研究课题、期刊论文等，都丰富了藏族当代文学的研究。可以说，新世纪以来藏族当代文学的纵深研究已成趋势。

三、研究范式的多样化及其特点

在经济一体化和文化全球化的背景下，"如何看待这些作家的'跨语际''跨族别''跨文化'创作成果在藏族文学发展史和文化发展史上的地位，如何将藏族当代文学的发展置于中国当代文坛的大环境和多民族历史文化发展乃至多民族文学关系发展的角度加以考察，如何解读在全球化语境和多元文化背景下中国少数民族作家疏离母语而运用汉语创作这样一种文化现象及其创作成果，是一个非常有意义的话题"。①

步入新世纪后，藏族当代文学的方方面面都得到学界的广泛关注，出现了不少论著，而研究者们也从多种学科背景出发阐述了藏族当代文学的多样性特点。丹珍草的《藏族当代作家汉语创作论》关注地域因素，分别论述了三大藏族聚居区不同地理文化特点与文学构成之关系，并对饶阶巴桑、伊丹才让、降边嘉措、益希单增、扎西达娃、阿来等作家作品中的人物形象与文化因素等进行了详细的论述。丹珍草的另一部著作《差异空间的叙事：文学地理视野下的〈尘埃落定〉》则更是专注文化地理因素，专门对嘉绒文化与阿来的文学创作进行了专题研究，这部著作可以说是作者关注藏族聚居区地域文化因素的一次集中体现。卓玛的《中外比较视阈下的当代西藏文学》通过与西方现代文学进行对比，诠释了西藏文学的特色和气质，全书尤其对魔幻现实主义影响下的西藏文学，以及其他现代主义文学，诸如表现主义、意识流等与当代西藏文学的关系等方面进行了论述。徐琴的《文化身份的建构与书写 —— 当代藏族女性文学研究》则从不同文学类别出发，对当代藏族女性如何书写自身，如何建构自我身份进行了专门论述。

特别是于宏和胡沛萍的《当代藏族小说中的女性形象研究》一书，可以说是藏族当代文学研究向纵深发展的一次有益尝试。该书认为女性的社会角色越是丰富多样，越能够表明社会的文明与进步，就越能够表明社会对女性的尊重与重视。该研究认为考察文学作品中的"女性形象"的一个重要维度，就是要审视她们在社会领域中的角色与地位：借此来检视整个

---

① 丹珍草：《藏族当代作家汉语创作论》，北京：民族出版社，2008年，第1页。

社会为女性所创造的生活环境到底处于一种什么样的状况，进而探测社会在特定的历史时期对于女性的关注和重视达到了何种程度；这种关注与重视是否存在着偏差与误导，是否依然隐藏着对女性的种种习焉不察的忽略与歧视。

同时，考虑到藏族自身传统文化特殊性和经济文化发展的地域性特征，该书也不排除从民族传统文化那里寻找可资参考的理论资源，以求更为切实妥帖地阐释当代藏族小说中"女性形象"所包含的历史内容和思想内涵。笔者认为，文学中的"女性形象"研究，其实就有一种女权主义文学批评的味道，女权主义批评实际上是一种怀疑的文本阐释学。它首先假定文本并非具有其所自诩的那样公正、客观、明晰，因而去寻找文本所掩饰的矛盾、冲突、空白和沉默，检验文学和美学判断的有效性；其出发点在于反对久远以来的男性中心说，主张将女性世界和女性话语作为研究对象。该书很多章节重点分析了小说作品中的妇女形象，积极探索了与妇女有关作品中蕴含的女性意识和女性独特的审美体验。

该书的另外两个特点：一是对当代藏族小说中"女性形象"进行了较为细致的分类。当代藏族小说中出现了许多新的女性形象，如知识分子、打工者形象，即使是地母型的女性形象，也与传统神女、圣女形象不同。关于这些女性形象的分类论述，对于我们认识当代藏族文学中的女性形象的社会文化内涵有一定的启发意义。二是对诸多女性形象蕴含的文化内涵和女性意识进行了较为深入的剖析，使看似相似的藏族女性形象在不同时期、不同环境承载着不同的价值观念和思想意识。尽管文学创作不是社会学、人类学、文化学，但文学研究界常常会以社会学、人类学、文化学的眼光来审视文学创作，希望从文学文本内发掘出那些内隐外显的重要的"非文学性"因素，诸如社会发展状况、时代精神风貌、人类生存状态、作家创作心理、社会思想意识等。从这种研究思路和学术目标出发，探幽析微地寻求、开掘文学作品中潜藏的思想观念意识也就成了一种非常重要的研究思路，因为它意味着对作品思想水准的探测，也意味着对作家思想水准和观念意识的评骘。

就文学中的"女性形象"而言，在思想观念层面上，它往往能够在一定程度和范围内反映出作家个人，以及作家所处时代社会对女性认识、理解的程度和方式。某种类型的"女性形象"往往意味着某种类型和方式的评价取向和观察态度乃至情感寄托，该书努力从斑驳陆离的"女性形象"中获得特定时期社会对女性的认识深度与价值期待以及相应的评价机制。当然，该书还可以聚焦当代女权主义文学批评焦点——从阅读和写作两个方面展开更加深入的研究。一是透过对于作者/文本/阅读者/媒介等多方面错综复杂的互动关系的谈论解析，发现其中隐含的权力运作、文化意义、价值取向、身份认同等社会建构功能；二是重视"性别差异"比较，在研究中加入作为基本分析范畴的作者性别，换言之，以作者性别来思考问题，以期促使人们认识到构成作者生活和文本的其他差异范畴。总之，当代藏族小说中的"女性形象"研究绝非简单的人物形象研究，而是一个系统工程，可以说此研究开拓了藏族文学一个新的研究领域。

正如前文所提，新世纪以来的藏族当代文学研究在汉语研究和藏语研究两方面都取得了可喜成绩，在研究视角与研究范式方面也都呈现出了不同面貌。其中，比较研究、文化研究、跨学科研究、文学地理学视野等多种学科理论的观照对我们认识藏族当代文学的深层结构有着一定的启示意义。

四、藏族当代文学研究拓展的可能途径

新世纪以来藏族文学研究在研究视野与研究范式等各方面都呈现出了不同特点，比起以往研究，藏族当代文学在多种理论观照下呈现出了不同面相。然而，藏族当代文学研究也存在着诸多问题，而这些问题直接影响着我们对藏族文学的把握与认知。因此，如何打破这种研究的尴尬局面，尝试建立一个新的研究视角，以此呈现别样、动态的藏族当代文学图景，提高人们对藏族文学的认知显得极为重要。

首先，藏族当代文学研究应在对话、交流、互补中进行。如果从韦勒克的文学内部研究和文学外部研究两个角度来看，内部研究注重文学的形式构成及其审美因素，而外部研究则关注社会、思想、传记等外围因

素。①作为新批评的主将韦勒克等人，对摆脱庸俗的社会学批评起到了非常重要的作用，而在文化研究转向中启示着应该将文学的内部与外部两个研究视角有机结合起来，在广阔的社会文化语境中探索文学与其他社会文化因素之间的联系。今天我们研究少数民族文学也应该具备这种内外兼具的学术视野。目前藏族当代文学研究，成果虽日渐增多，但在理论研究上仍难有提高，其主要原因之一在于孤立地谈论藏族当代文学文本，未能全面观照其所处的社会语境。因此，以一种对话、交流、互补的"大视野"考察藏族当代文学发展的社会语境和演变轨迹，以微观分析为基础在中国少数民族文学研究的宏观格局下考量藏族当代文学的成就和不足，分析其复杂成因，将对我们理解藏族当代文学大有裨益。

其次，藏族当代文学研究应建立多维阐释空间。文学研究必定以文本为出发点和落脚点，而文本的内涵与外延又是一个充盈着各种因素的网状结构，那么，考察文本、解读文本自然需要接受多种理论视野的观照。因此，在从文本出发到回归文本的过程中，民族文学研究就需在跨学科或交叉学科的多维阐释空间中对优秀的民族文学作品进行多方位的解读和阐释，发现其意义和价值所在。而在此过程中，反思性和批判性必不可少，如此，方能将包括藏族文学在内的民族文学研究拓展到一个新的高度。此外，民族文学作为民族文化的重要组成部分，与群体性和地域性相连，更与社会历史文化的发展密切相关，因此呈现出其不同的审美特质和文化意蕴。在这一意义上，民族文学研究不仅是一项文学研究，更是一种文化研究。藏族当代文学由于其特殊的地理空间和社会文化因素有其自身的不同点，为此，加强文学研究之间的交流，将藏族汉语文学、藏族母语文学、藏族双语文学等纳入研究视野，在多语种的环境中认识民族文学的丰富特征，共建藏族当代文学的完整图式并将其纳入中国少数民族文学，乃至中国当代文学的大语境中进行考察，更能凸显其独特性。在这方面德吉草的《当代藏族作家双语创作研究》无疑是最具代表性的研究成果。

再次，在多维阐释中凸显民族文学研究的话语个性。文学研究中的人

---

① [美]勒内·韦勒克、[美]奥斯汀·沃伦：《文学理论》（新修订版），杭州：浙江人民出版社，2017年，第61页、第129页。

文研究在很大程度上是一次对文本意义的阐释过程，而阐释者的立场、方法、视角等对"意义"的阐释有着强大的制约作用。藏族当代文学研究的研究范式和理论背景在全球化时代呈现出了多样化特征，多种理论视野似乎提供了一个强大的阐释机制。然而，值得注意的是，理论对文本的"强制阐释"与理论的"水土不服"以及阐释中对复杂因素的遮蔽。如今的民族文学研究在相当大程度上是在西方理论观照下开展的，当然，这是必要的，也是不可避免的，但需谨慎处理。正如在"藏族母语作家德本加小说研讨会"上与会专家所提及的："有些学者用现代西方理论强行阐释母语作品，使得藏族文学的民族特性越来越淡。"如果完全套用西方理论以他者视野看待自我，最终只能导致自我的他者化，这对民族文学研究而言是不可取的。在如今各种理论盛行的时代，如何把握必要阐释与强制阐释之间的尺度，如何保证包括藏族文学在内的少数民族文学研究的独特性，如何既能运用西方文学理论，又不消解民族文学的独特性而是彰显自我特色，是民族文学研究者需面对的重要问题。因此，一个不可避免的问题就是我们应该挖掘民族文学自身的独特性，提出具有本土价值的理论内涵，这恰恰也是中国少数民族文学研究长期关注并应该继续深入探讨的一个话题。

最后，强化母语文学研究与汉语文学研究之间的互动。如上所述，藏族母语文学创作在藏族当代文学创作中占有较大比重。作为中国少数民族文学的重要组成部分，过去我们也尝试推出过一些母语作品及其汉译本并在国内外得到了较好反响。因此，如果能将两种语言的成果贯穿起来，全方位、多角度地解读藏族当代文学的汉语写作和母语写作及其之间的关系与差异，则对我们全面认识藏族当代文学是非常有益的。故而，现阶段的藏族当代文学研究必须打通汉、藏两种语言文学及其研究成果之间的阻隔，进一步加强藏族当代文学研究之间的互动与交流，以此从整体上把握藏族当代文学的宏观格局，描绘一幅完整的藏族当代文学图景并赋予其学理支撑和学术意义。

五、结语

总之，藏族当代文学研究是中国当代少数民族文学研究中的重要领域，在地域性、民族性、文化性上所彰显的不同特点值得我们深入研究。新世纪以来，藏族文学研究取得了不少新成果，为我们深入了解藏族当代文学提供了多种途径。因此，在新的文学理论的观照下产出富有特色的藏族文学研究成果，对藏族文学研究和中国少数民族文学研究来说都是具有挑战性的课题，而这恰恰有助于我们更深层次地进行藏族文学史、中国少数民族文学史，乃至中国多民族文学史的学术实践。

［原载于《中央民族大学学报》（哲学社会科学版）2019年第3期］

审美视域下藏族当代小说中的格萨尔史诗元素

增宝当周

摘要： 本文以藏族当代汉藏双语小说为中心，对藏族作家如何运用格萨尔史诗元素展开论述。藏族当代作家对民间格萨尔史诗元素的运用继承了史诗口头传统的程式与主题，不仅丰富了小说的叙事形态，也表达了地方化的民间美学特征。同时，因作者不同的审美旨趣，格萨尔史诗元素为藏族当代小说构筑了独特的审美维度。

关键词： 藏族当代小说；格萨尔；史诗元素

民间文学通过民众生活实践而来并由此成为集体性的社会文化形态，在悠久的历史长河中它与民族文化血脉相连，是民族文化的重要组成部分，更是民族审美心理的外化体现。对于作家创作而言，民间文学不仅在题材、形式、手法上产生着重要影响，其原型特征与审美心理更是在深层次上影响着作家文学的创作与构成。藏族当代小说家在进行创作时借鉴格萨尔史诗中的文学元素，这为他们构建小说的地域性和民族性的审美特征起到了重要作用，又因创作主体之差异使小说显示出了不同的审美风格。

作者简介：增宝当周，文学博士，中央民族大学中国少数民族语言文学学院副教授、硕士研究生导师，主要研究方向为中国少数民族文学。

基金项目：国家社会科学基金青年项目"新时期藏语作家群研究"（16CZW067）。

一、藏族当代小说对格萨尔史诗元素的继承

口传史诗作为民族文化的组成部分，由民众集体在社会历史中通过生活实践积攒而来，带有较为鲜明的民族文化印记和地域生活特质，也是特定族群和特定地域的重要文化资源，并影响着该群体内的个体之思维、感知、知识、趣味、表述等许多方面。因民间文学产生的地域背景、形成条件、构成形式、表达方式等诸多差异，不同地域与不同族群间的民间文学资源显示出不同特点。对于藏族当代作家而言，他们在营造民族性和地域性的文学风格时往往以回归民间的姿态借鉴格萨尔史诗中的文学元素，在题材、形式、结构，乃至遣词造句、运用典故等多方面显示出了某种对史诗的继承性。

在理性思维高涨与技术革新飞速的全球化时代，神话所包含的雄厚的历史文化内涵不仅为我们提供了丰富的思想资源，也为我们反思现代性和重新认识自我提供了不同的参照系，因此，由英国坎农格特出版公司发起并联合30多个国家的知名出版社开展的"重述史诗"合作项目在全球产生了深刻影响。作为"重述神话系列"的一部重要作品，阿来《格萨尔王》的产生与在全球化时代重述民间文学和重构文学经典的现代阐释策略密切相关。阿来在《格萨尔王》中用三分之二的篇幅叙述了格萨尔王从诞生到死亡的一生中开拓疆土的丰功伟绩与英雄人物的内心世界。如果剥离其他成分，只看阿来《格萨尔王》中关于史诗的部分，那么这部小说大体上包括了所有格萨尔史诗主体部分的叙述单元，比如英雄诞生、赛马称王、霍岭大战、魔岭大战、姜岭大战、门岭大战、卡且玉宗、加岭之战、祝古兵器宗、地狱大圆满等格萨尔史诗的主体单元。因此，可以说小说几乎囊括了藏族英雄史诗《格萨尔王传》的主要程式和主题，综合性地继承了史诗的叙事模式。众所周知，藏族英雄史诗《格萨尔王传》虽然内容庞杂、部数众多，而每位民间史诗说唱艺人在演唱过程中所表达的史诗在内容和风格上也有所不同，但万变不离其宗，无论谁在说唱，格萨尔英雄史诗都会按照从英雄诞生到赛马称王、到霍岭大战等四部降魔史及其他小宗，再到地狱救妻、救母和最终安定三界的程式来进行展演，呈现出一定的结构性叙述特点，即以一种"虎头、猪肚、豹尾"[1]的结构进行演唱。此外，格

萨尔史诗唱词的开头、曲调、正题、结尾也都有一定的程式，以保障说唱艺人进行口头再创作。阿来的《格萨尔王》承袭史诗的结构，以"神子降生""赛马称王""雄狮归天"的三段式复述整部史诗，由此形成了小说的宏大篇章。除阿来外，扎巴的《青稞》也属"重述"史诗范畴。《青稞》在重述史诗时也遵循了史诗的基本特点，保留了《丹玛青稞宗》的基本框架：格萨尔王孩童时代的顽劣性格、觉如与晁同之间的斗智斗勇，互渗律思维所呈现的自然物的神秘力量，直到最后收服丹玛宗开启青稞宝库等都被小说所继承。同时，小说也沿用了史诗特定的语言形式和程式化语句。因此，阿来和扎巴两位作者对于格萨尔王的"重述"都是"作家对于经典的改写，既是对现有经典的认同和致敬，同时又是对其进行开掘和重新阐释，是不断调整用以观察和阐释原有文本的方式"[2]。在描写史诗说唱艺人方面，端智嘉的《艺人》、降边嘉措的《一个说唱艺人的故事》、万玛才旦的《寻访阿卡图巴》等都涉及了格萨尔说唱艺人。而最值得一提的是阿来的《格萨尔王》与次仁罗布的《神授》，这两篇小说中格萨尔神授艺人的特殊身份成为描绘的重点，也都不同程度涉及了现代社会环境与民间艺人身份突变的话语，可以说从不同侧面关注了史诗时代变迁的特征。总之，从上述小说与格萨尔史诗之间所构成的互文性关系中可以看出，格萨尔史诗通过作者的创作实践获得了新生，而反过来它也为小说创作提供了结构性的表达元素。

　　除以上直接承袭和重构史诗文本的叙事方式外，藏族当代小说对格萨尔史诗元素继承的意义在深层次上进一步凸显为对本土诗性思维的续接。根据维柯在《新科学》中的论述，人们最初的历史、哲思、信仰都是通过神话、寓言讲述的，它产生的基础是人类的诗性思维[3]。神话和史诗都产生于人类童年时期，它们之间互为依存[4]，共享着丰富多彩的原始诗性思维。藏族史诗格萨尔虽产生于11世纪，但在历史的长河中经历了神话历史化和历史神话化的复杂过程[5]，由此形成了格萨尔史诗的"活"形态。在这一意义上，在全球化时代藏族当代作家探寻本土文化资源中的叙事元素，激活文化传统中的原始诗性思维，以此建构具有魔幻和超现实特征小说的这一举措，着实为当代民族文学提供了多样丰富的叙事方式和广阔的想象空间。换句话说，藏族当代作家立足民间，从自身所处的文化环境出发，在借鉴和继承中创新民族民间文学并通过这些富有民族性和地方性的文化符号丰富了小说的创作形态。

二、史诗元素与小说的民族民间审美

民间文学是民族特征的集中体现方式之一，其包含着丰富的历史文化内涵。因此，民间文学本身彰显着特定地域内形成的民族民间审美，而作家继承民间文学传统，乃至重塑民间文学都是一种文学民族性和民间美学的再度营建。民族文学"一方面涉及文学表现和反映民族精神、民族意识问题，涉及作家和读者的民族身份、民族立场问题，另一方面也涉及民族文化传统对作家创作存在的或显或隐的深层影响"。[6]藏族作家由于特殊的生长环境和创作背景深受民族民间文学的浸染，而作家本身也在文学实践中对民族民间文学产生着新的认知和感悟。在这一层面上，流传于雪域高原的以格萨尔史诗为主的民间文学对藏族作家创作有着深刻影响，时时在给予他们艺术表达的启迪。

神话是所有民间文学的源头，它"虽产生于初民的想象，但是其中却潜藏着丰富的原始智慧和深奥的人文蕴意。神话不仅是文学的源头，也是哲学思考的真正开端，神话用象征的故事的形式向后人传达着文明的永恒信息。要了解一个民族的文学和文化特征，该民族的远古神话会提供最方便的透视角度"。[7]由于神话的许多特点被史诗所继承，于是藏族当代小说中对格萨尔史诗元素的借鉴本身就彰显了远古的神话思维。阿来和扎巴在重述史诗时保留了史诗的基本特征，而格萨尔本身带有的神话思维与文化特征又为小说提供了丰富的审美意蕴。次仁罗布的《神授》以史诗"诗性思维"产生土壤和神授说唱艺人的巫术特点塑造了一种神秘的格萨尔说唱过程。"《格萨尔》史诗是生存于不同时代、不同地域的藏民族的集体创作，具有自己独特的修辞构成方式、意义表达方式和传播方式，以及特定的审美心理定势，也保留着藏民族早期的文化遗存——原始的生活形态、思维意象和思维方式，充满了形象性和神秘主义的文化元素，比如史诗中无处不在的各种崇拜、禁忌、巫术仪式等——整个史诗完全被包容在庞大的神话体系之中。"[8]因此，那些重述和运用格萨尔史诗及其元素

的小说中史诗本身所蕴含的信仰的、历史的、记忆的多重意义着实拓展了
文本的内涵意蕴。

　　藏族叙事传统中散韵结合是一个常见的叙事方式，无论是早期的敦煌
藏文文献，还是民间叙事诗、古典小说、寓言故事等都以此类形式进行表
达，而在具体文本中散文和韵文也呈现出不同的叙事功能，其中散文主要
用于介绍故事内容，韵文则主要用于人物对话，形成了"说唱体"[9]的叙
事传统，它具有深刻的民间话语特征。端智嘉的《神游赞普墓》、阿来的
《格萨尔王》、扎巴的《青稞》等在叙事方式上都不同程度地依循了藏族
传统散韵结合的叙述特点。尤其藏族母语小说在叙事语言上尤为突出，如
《神游赞普墓》中：

　　　　扎西看到我生气了，即刻还了一副讨好的表情，不断地眨着眼
　　睛，对我唱了起来："高兴时就像白仓巴，笑逐颜开乐呵呵；愤怒时
　　就像红丹正，怒目斜视叫喳喳。在雄狮大王您面前，辛巴我甘愿献一
　　切，我这人就像一乌鸦，杀死了乌鸦有何用？皮和羽毛皆无用。希望
　　您能放一把，留一条生路让我活！"[10]

　　可以说，这些小说通过借鉴史诗元素和程式化句法使其具备了史诗风
格，而这种民间广为传唱的说唱形式又影响着小说的传播与接受的不同
维度。

　　民间文学的重要特点在于其口头展演性，虽然"民间文学也可以用书
面文字记录下来，但是，对于广大民众来说，文字形式也不是必须的表达
形式，它也只是对民间文学的流传起辅助性作用的第二义的方式。因此，
民间文学的明显标志，正是呈现于民众口头上的语言艺术特色"。[11]对于
格萨尔史诗而言也是如此，文字记载的格萨尔虽对史诗的保存和传承有重
要作用，但这并不是史诗的主要载体，史诗的生命力在于口头演唱与展
演。因此，史诗口头表演的重要特点在于口语化，而这一特点在藏语小说
中体现十分鲜明。

　　宏观层面上，史诗是民间文学宝库的集成，它不仅继承了神话的思维
与意蕴，又与传说的历史性相连，更是包容了民间故事、民间歌谣、民间

谚语等其他民间文学类型。所以，藏族当代小说对史诗的承接也包括了对这些不同民间文学类型的继承。无论是阿来的《格萨尔王》，还是扎巴的《青稞》，抑或是次仁罗布的《神授》，在故事层面和话语层面都展示了民间文学的特质，这些元素无论对表达人物情感、描绘空间环境、构筑情节结构，还是展现地域风俗、渲染小说氛围等方面都起到了重要作用，尤其藏语小说在语言上接纳了较多歌谣、谚语、俚语，提高了藏语小说对语言传统的借鉴。"任何作家的艺术语言都不是凭空捏造的。他必须接受人民千百年来所锤炼的语言的珠宝，才能在自己的作品里显示出它的艺术光辉。"[12]在这一意义上，藏族作家对史诗中民间文化的关注体现出本土经验和民间性的审美立场，使当代民族文学与民族民间审美文化保持着深层次的内在联系，而这对全球化时代本土故事的讲述意义深远。

三、史诗元素的个性化运用与叙事策略

创作主体对民间文学的感知和接纳与其自我个性、创作旨趣、叙述风格、艺术感受力等的诸多差异决定了他们在小说中重述民间文学和诠释民间文学方式的差别。所以，藏族当代小说家吸收格萨尔史诗元素时也势必会根据自己的创作理念和创作动机进行重新阐释，对史诗元素进行创造性挖掘，由此建立各自不同的写作策略。

运用史诗资源进行重述不是对史诗的重复，而是要融入自己对史诗元素的独到理解与感悟。也就是说，它"所要求于作家的，正是建立于全新思想认识基础之上的，对于传统故事的一种全新叙述"[13]。阿来的《格萨尔王》保留了格萨尔的程式结构，但也重塑了格萨尔这一英雄人物，尤其从人性之维，即对"人心之魔"的书写拓展了格萨尔王的内心世界，形成了有别于传统史诗的新特点。此外，小说在"重述"史诗时还穿插了说唱艺人晋美的故事，由此反映了史诗的演唱过程与社会现代性对故事歌手生存环境的侵蚀。可以说，作者所添加这些新元素为小说《格萨尔王》的阅读提供了现代性的认知视角。对此，作者也说："晋美的存在实际上为读者提供了今人的视角。晋美梦里梦外的讲述，让小说既有过去的线索，也有今天的线索，一前一后，就让两条线索之间的藏族社会生活现实有了对

比，也能让小说中的宏大叙事与细致的心理刻画水乳交融，既富有民族性格，同时也不乏时代精神。"[14]因此，"阿来的重述神话，为格萨尔的传说注入了现代理性，蕴含了作者'幽深抽象的思考'。实际上，作者是通过晋美这个'隐含作者'表达自己对历史、社会、人性的思考和体悟。作家文本与口头的、民间的、活态的文学形式既保持着密切联系，又经历着逐步疏离的过程"。[15]

　　阿来在创作小说时非常关注民间资源，对于民间口传文学更是青睐有加，并以一种文体对待观之。他说："口头传说一个最重要的特性就是，每一个人在传递这个文本的时候，都会进行一些有意无意的加工。增加一个细节，修改一句话，特别是其中一些近乎奇迹的东西，进而被不断地放大。最后，现实的面目一点点模糊，因为众多的奇迹、传说，一天比一天具有更多浪漫的美感，更加具有震撼人心的情感力量。是的，民间传说总是更多诉诸情感而不是理性。有了这些传说作为依托，我讲述这个故事的时候，就不必刻意区分哪些是曾经真实的存在，哪些地方留下了超越现实的传奇飘逸的影子。在我的小说中，只有不可能的情感，而没有不可能的事情。于是，我在写作这个故事的时候，便获得了空间的自由。"[16]作者这种对于民间文学的理解在其小说中有着明显痕迹，尤其在《格萨尔王》中十分突出。比如，阿来在《格萨尔王》中插入了家马和野马分家的故事，以及阿古顿巴这一人物形象，用民间元素拓展了史诗的叙事空间。同阿来的《格萨尔王》一样，扎巴的《青稞》也由两条故事线索构成，一则是对史诗故事的重述，另一则是咒师白玛晁加和觉杰的掘藏故事。小说里现实中的白玛晁加与觉杰的掘藏故事与史诗中觉如与叔父晁同斗法的故事并行，两条叙事线索在小说中由刻有佛像的一粒青稞相连构筑了文本的双拱结构，彰显了历史与现实之间的关联。宁玛派咒师白玛晁加带着领养的小儿觉杰为找寻祖先预言中的宝物开始了掘藏之旅。觉杰生性倔强顽劣，时常与白玛晁加争吵，但最后还是在他的帮助下白玛晁加掘藏成功，获得了传说中祖师制作的一粒刻有佛像的青稞。《青稞》中孩童觉杰生性顽皮、活泼可爱，其行为与《丹玛青稞宗》中的觉如（格萨尔乳名）颇为相似，而在途中获得祖师刻有佛像的青稞与《丹玛青稞宗》中觉如最后在丹玛宗收获青稞宝库也有共同性，因此，在一定程度上现实中的觉杰与史诗中的觉如形成了某种精神纽带关系。此外，小说还描述了密咒师的观修和觉悟，又将咒师白玛晃加与觉杰置于现代社会进行观照，凸显了社会变迁中的人性百态。总之，不管是《青稞》中对史诗的重述和神话叙事的承袭，还是写文化的写作策略及对社会现代性的观照，都在相当程度上体现了这篇小说独特的审美特征。

作为书写史诗艺人的小说，次仁罗布的《神授》以现代化和城市化为背景言说了史诗艺人的现实困境。这与藏族当代小说中写史诗艺人的其他小说不同。万玛才旦的《寻访阿卡图巴》虽也有反思文学特征，但最终服务于人物模糊的身份构建，有着后现代不确定的叙事特征。总体而言，这些小说只是以符码化的人物身份表达了作者的意愿，尚未构成对史诗元素的深度开掘。在次仁罗布的小说《神授》中，色尖草原上的神授艺人亚尔杰被邀请到了拉萨，然而在拉萨亚尔杰的生活习惯和说唱形式都发生了变化，在这座现代城市艺人开始慢慢被神灵所遗忘，说唱的能力渐渐消失了。最后，亚尔杰只能回到色尖草原等待着神灵再度授予他说唱能力。故事中史诗艺人离开故土步入了城市，但最后却只能回到故土等待着重新开启史诗的演唱能力，这与阿来《格萨尔王》中的晋美有着某种相似性。

基于以上对格萨尔史诗元素的运用和其表达的不同审美特征的分析，我们能够看出，藏族当代作家运用史诗元素不仅有着不同的视角选择和个人化想象的情感维度，也有文化批判立场中的反思姿态，更为重要的是，在全球化时代藏族当代作家们比以往更加自觉地走向了民间文化深处并理解它、认同它，形成了各自对传统文化资源的创造性继承。可以说，在全球化的社会语境中，格萨尔史诗以其丰富的文化内涵不断为藏族当代小说提供丰富的本土因素和创作动力，从而促进藏族当代文学向更为恢宏的方向发展。

四、结论

民间文学产生于一定的时空结构，其与族群地域、历史记忆、生活方式等息息相关，正是由于此类多种因素相互交织形成了不同风格、各具特色的民间文化。有学者说："民间文学资源库可以分为两个层面，一个是

集体的，即文化在其发展过程中建立起来，用以创造、保存和传承其文化
传统的民间文学知识及其表现形式的总和，古往今来所有的中国民间故
事、传说、神话、谚语、歌谣、谜语等都属于集体层面的民间文学资源，
它是民众世世代代不断累积、建立起来的用以口头交流的民间文学资源的
总和。另一个是个体的，是个人在其成长过程中累积建立起来的，可以协
助其用以理解、表达、交流和沟通的民间文学知识及其使用方法。"[17]如
果进一步展开，也可以说这两个民间资料库是无法被隔离开来的，它们之
间存在着重合交融的多重关系并相互联系、相互作用，形成了民间文学活
力不断的再生系统。换句话说，集体资源将个体资源整合包容起来并对其
产生影响，而个体所积攒的用以表达的民间文学不仅来自集体，也是集体
传统不断发展的内在动力。民族文学的发展不可能与几千年的民间文化、
文学传统割断联系，小说家的个性化想象在相当大程度上也是受民族文化
思维制约的，而当下语境中，藏族当代作家创作小说时以一种回归民间的
姿态在民间寻找元素，寻找不同的表达方式，努力建构自我文学风格，为
全球化语境下建立文学民族性提供了一定的有价值的讲述经验。

参考文献：

[1] 扎西东珠. 藏族口传文化传统与《格萨尔》的口头程式[J]. 民族文学
研究. 2009（2）：105.

[2] 李娟. 从"重述神话"跨国联合出版项目谈起[J]. 中国比较文学，
2007（3）：33.

[3] 董学文. 西方文学理论名著提要[M]. 南昌：江西人民出版社，2013：
59.

[4] 万建中. 民间文学引论[M]. 北京：北京大学出版社，2006：139.

[5] 诺布旺丹. 艺人、文本和语境：文化批评视野下的格萨尔史诗传统
[M]. 西宁：青海人民出版社，2014：122.

[6] 陶东风. 文学理论基本问题[M]. 北京：北京大学出版社，2012：276.

[7] 叶舒宪. 神话的意蕴与神话学的方法[J]. 淮阴师范学院学报（哲学社
会科学版），2002（2）：223.

[8] 丹珍草. 从口头传说到小说文本：小说《格萨尔王》的个性化"重

述"[J].民族文学研究，2011（5）：146-147.

[9]　杨恩洪.藏族口头传统的特性：以史诗《格萨尔王传》为例[M]//朝戈金，冯文开.中国史诗学读本.北京：中国社会科学出版社，2012：274.

[10]　端智嘉.端智嘉经典小说选译[M].龙仁青，译.西宁：青海民族出版社，2008：141-148.

[11]　万建中.民间文学的再认识[J].民俗研究，2004（3）：8.

[12]　钟敬文.民间文学概论[M].北京：高等教育出版社，2010：59.

[13]　王春林.现代性视野中的格萨尔王：评阿来长篇小说《格萨尔王》[J].艺术广角，2010（5）：68.

[14]　梁海.神话重述在历史的终点：论阿来的《格萨尔王》[J].当代文坛，2010（2）：34.

[15]　丹珍草.从口头传说到小说文本：小说《格萨尔王》的个性化"重述"[J].民族文学研究，2011（5）：149.

[16]　阿来.文学表达的民间资源[J].民族文学研究，2000（3）：5.

[17]　王娟.当代民众生活中的民间文学：兼谈民间文学与作家文学的关系[J].民俗研究，2016（2）：93.

（原载于《青海社会科学》2019年第1期）

文艺理论研究

"中西诗艺的融合"

—— 一种新诗史叙述范式的生成与嬗变

冷霜

摘要："新时期"以来，从王瑶开始，学界对新诗与古典诗歌之间关联的研究日益增多，在文学"现代化"的研究诉求下，主要通过梳理和考察中国现代主义诗歌的艺术探索，逐渐形成了"中西诗艺的融合"这一新诗史叙述范式。在这一叙述范式被广泛接受、运用的过程中，也产生出将新诗与古典诗歌的关联视为一种无中介的继承性关系，认为古典诗歌"传统"在这一联系中更具支配性地位的理解，新诗自身的实践对于生成这种联系的重要性则变得相对模糊。一些较晚近的研究显示出对这一叙述范式的突破，但曾经内含在这一新诗史叙述范式中的辩证性认识方式也有所退化乃至解体。

关键词：新诗史；"现代派"诗歌；现代性；古典诗歌；传统

在新诗历史上，关于新诗如何借鉴古典诗歌，自20世纪20年代起，一直存在着各不相同的思考和论述，也出现过一些相关的艺术探索。而在新诗研究中，将此作为一个现象加以分析和探讨则是较晚近的事。"新时期"以来，有关新诗与古典诗歌之间关联的研究日益增多，并逐渐形成了一些新的文学史叙述。在这一过程中，对新诗与古典诗歌之间关联的讨论

作者简介：冷霜，文学博士，中央民族大学文学院副教授、硕士研究生导师，主要研究方向为中国现当代文学与新诗。

常常是和新诗接受西方现代诗歌影响的问题联系在一起来展开的，但它们所依托的话语结构却发生了变动，另一方面，对于何者为生成新诗与古典诗歌之间关联的主体性因素，在相关研究的不断展开中，认识倾向也有所变化。本文所要考察的正是这一过程。如果说，早期新诗史上的一些诗人和批评家曾对新诗与古典诗歌的关系做出纷纭各异的诠释，也生发出一些独特的写作实践，那么，后来的新诗研究者又是如何理解这些诠释和实践，分别是以何种观念与话语框架认识和梳理它们？在此基础上生成了怎样的新诗史叙述范式及知识，其间又有何变动？这些新诗史叙述范式及知识有哪些值得反思的地方？置于今天的现代文学史研究总体趋势下，这种变动又传达出什么意味？这些都是本文想要分析和揭示的。

一

现代文学学科史上，对新文学与文学传统关系的系统性论述是由王瑶开启的。作为古典文学研究出身的学者，王瑶在新中国成立初转向现代文学研究时，古典文学与现代文学二者之间相关联的一面成为他所关注的问题之一。1950年，正在撰写《中国新文学史稿》上册的王瑶发表了《鲁迅对于中国文学遗产的态度和他所受中国古典文学的影响》[①]一文。 1956年，其长篇论文《论鲁迅作品与中国古典文学的历史联系》分两次在《文艺报》上连载。这两篇文章既是他研究鲁迅的开端，也与《中国新文学史稿》共同成为他现代文学研究的奠基之作。王瑶的古典文学研究在思路方法上深受鲁迅影响，之所以选取这一论题既是长期揣摩的结果，也很具学术的匠心。两篇文章中，前者是将鲁迅作为思想家、文学家和文学史家合为一体来谈，而脱胎于前者的后一长文则侧重在其文学家一面。它通过详尽的论证提出，在鲁迅所接受的各种影响中，"中国古典文学的影响是更为显著的，是形成他作品中风格特色的重要部分"[②]，也点明了此文的命意

---

① 该文载《小说》1950年10月1日第4卷第3期，后收入王瑶：《关于中国古典文学问题》，上海：上海古典文学出版社，1956年。

② 王瑶：《论鲁迅作品与中国古典文学的历史联系》，载《文艺报》1956年10月15日第19期。

所在：“发掘鲁迅作品在这些方面的特点不只对了解这一伟大作家的独特成就有重大的意义，并且可以由之明确中国现代文学与古典文学的历史联系。”①可以说，王瑶的现代文学研究从一开始就显示出在这一问题上独特的自觉。

正如钱理群所概括的，“将近10年的研究中，王瑶先生始终把他的关注集中于现代文学与传统文学的内在联系”，而成为这一时期“最能体现王瑶先生的研究个性，影响最大”的两个方面之一②，他就此先后写出《现代文学中的民族传统与外来影响》《中国现代文学和民族传统的关系》《中国现代文学与古典文学的历史联系》《“五四”时期对中国传统文学的价值重估》等多篇论文。其中，《中国现代文学与古典文学的历史联系》一文尤其重要，此文论述了现代文学与古典文学在体裁上的联系，并将这种联系概括为“自然形成”：“现代文学中的外来影响是自觉追求的，而民族传统则是自然形成的，它的发展方向就是使外来的因素取得民族化的特点，并使民族传统与现代化的要求相适应。”③这一观点显然受到鲁迅，尤其是朱自清的影响，如钱理群所指出的，朱自清在《文学的标准与尺度》中提出采用外来的种种标准是自觉的，接受的传统的种种标准则是不自觉的，这对王瑶构成了直接的启示。④

在王瑶关于这一问题的论述中，直接涉及新诗与旧诗或古典文学关系的内容并不多，但前后有一些值得注意的变化。在《论鲁迅作品与中国古

---

① 王瑶：《论鲁迅作品与中国古典文学的历史联系》，载《文艺报》1956年10月15日第19期。

② 钱理群：《王瑶先生的研究个性、学术贡献与地位》，载中国现代文学研究会、北京大学中文系编：《先驱者的足迹——王瑶学术思想研究论文集》，郑州：河南大学出版社，1996年，第278页。

③ 王瑶：《中国现代文学与古典文学的历史联系》，载《北京大学学报》（哲学社会科学版）1986年第5期。该文后来收入《中国现代文学史论集》时题为《论中国现代文学与古典文学的历史联系》。

④ 钱理群：《王瑶先生现代文学史研究概述》，载中国现代文学研究会、北京大学中文系编：《先驱者的足迹——王瑶学术思想研究论文集》，郑州：河南大学出版社，1996年，第181页。鲁迅在此问题上对王瑶的影响，在王瑶《论鲁迅作品与中国古典文学的历史联系》一文尤其是第一节对鲁迅关于新文学/旧文学、新文化/旧文化关系论述的引证和分析中亦可见一斑。

典文学的历史联系》一文中，他认为"在创作收获比较单薄的部门如诗歌和话剧中，这种历史联系也就比较薄弱一些"①。他的这一看法一直持续到"新时期"之初②。而到了1986年发表的《中国现代文学与古典文学的历史联系》中，王瑶专门用了一节篇幅详细分梳新诗与古典诗歌之间的历史联系，以说明新诗虽然是直接借鉴外国诗歌的产物，但从"五四"白话诗一直到20世纪40年代的新诗，都并没有完全割裂与古典诗歌或传统文化的联系。他在文中特别谈到"现代派"诗歌在这方面的探索，"到了三十年代，以戴望舒与何其芳、卞之琳诸人为代表的现代派诗人，不仅通晓外国文学，而且有着较高的中国古典文学修养 …… 他们从法国象征派诗人那里接受了现代诗歌的观念，再去反观中国古典诗歌，从而发现了它们之间内在的一致"，进而总结道：

> 西方现代派诗歌与中国古典诗歌中的某些流派（如晚唐的温、李诗派）在诗的艺术思维方式、情感感受与表达方式之间存在着某种内在的相似，是一个很有意义的现象；正是这种发现使得中国的现代派诗人（从戴望舒到以后的《九叶集》诗人）能够逐渐摆脱早期象征派诗人那种对于外国诗歌的模仿和搬弄的现象，而与自己民族诗歌的传统结合起来，逐渐找到了外来形式民族化的道路。③

这些论述，也构成了此后学界对于"现代派"诗歌与古典诗歌美学之间关联研究的认识起点。

王瑶对于现代文学与古典文学历史联系的论述，在观念构造的层面前后也存在一定的变动。新中国成立初，他对鲁迅作品与古典文学历史联系的讨论呼应了毛泽东《新民主主义论》中关于新民主主义文化的论断，将

---

① 王瑶：《论鲁迅作品与中国古典文学的历史联系》（续完），载《文艺报》1956年10月30日第20期。

② 参见王瑶：《中国现代文学和民族传统的关系》，载《上海师范大学学报》（哲学社会科学版）1982年第1期。

③ 王瑶：《中国现代文学与古典文学的历史联系》，载《北京大学学报》（哲学社会科学版）1986年第5期。

这一讨论建基于鲁迅作品与爱国主义、人道主义等"民族的优秀传统"和"历史上的战斗传统"的精神联系之上。"新时期"以后，他仍延续了这样一种论说方式，但认识的重心却逐渐调整为文学的"民族化/现代化"这对范畴，对从戴望舒到"九叶派"的现代主义诗人的重新评价正是在这一话语背景下得以展开的。没有变化的是"历史联系"这一分析论述角度。与其他认识视角相比，这一视角更为宽泛，可以容纳现代文学与古典文学之间存在的更多关系层次。从王瑶的具体论述来看，这一分析论述框架包含了如下几层内涵：首先，它反对将现代文学与古典文学割裂看待，而将它视为中国文学史新的发展部分，"它与古典文学的关系应该是继承与革新的关系，它们之间有着不可分割的历史联系"①，也就是说，作为中国文学整体的一部分，现代文学与古典文学的关系与它所受外国文学的影响相比是更深层和内在的，也是"影响"等描述方式不能充分容纳和准确对应的。其次，这种历史联系体现在极为广泛的诸多层面，既体现于作家思想情操、作品思想主题等精神意识层面的承传，也体现于表现方法、艺术技巧的借鉴，既源于现代作家（尤其是"五四"一代作家）所受到的古典教育和文学修养，也涉及文学表现对象、题材的历史沿承性，以及读者欣赏习惯、美学爱好的民族特点，等等。它不仅限于文学的内部，更与民族文化强大的延续性相关。再次，与外国文学的影响相比，现代文学与古典文学的这种联系常常是隐形的，不易被发现，在那些持有鲜明反传统文化立场的作家那里尤其如此。

正是基于"历史联系"的认识视角，王瑶提出"现代文学中的外来影响是自觉追求的，而民族传统则是自然形成的"这一论断。不过，这更多是他就现代文学整体状况所作的总结，当他讨论"现代派"诗歌与古典诗歌之间的联系时，他的分析显然突破了"自然形成"的观点，而注意到"现代派"诗人对于古典诗歌美学资源的主动发掘。对这一问题更为具体深入的研究，在他的后辈学者中得以展开，其中，孙玉石的研究尤具分量。

---

① 王瑶：《中国现代文学与古典文学的历史联系》，载《北京大学学报》（哲学社会科学版）1986年第5期。

从"新时期"之初着手初期象征派诗歌的研究开始，孙玉石一直致力于中国现代主义诗歌的研究，先后出版了《中国初期象征派诗歌研究》（1982）、《中国现代诗导读（1917—1938）》（1990）、《中国现代诗歌艺术》（1992）以及《中国现代主义诗潮史论》（1999）等著作。"新时期"以来，在现代文学研究界逐渐形成的反拨性地高扬文学审美特性的氛围中，越来越多的研究者开始关注新中国成立后长时间受到贬抑的早期新诗中的现代主义诗歌脉络。孙玉石是先行者之一，并且很早就在他的研究中确立了一些基本的问思线索：其一是从朱自清的有关论述中获得起点，建设"中国现代解诗学"理论和开展具体实践，将诗潮流派的宏观研究与具体作品的微观分析结合起来，以缩短现代主义诗歌作者的审美追求与读者的审美心理的差距①；其二是接续王瑶的前述核心研究思路，即现代文学的"现代化"如何通过"民族传统文化的现代化"与"外来文化的民族化"二者的有机统一得以实现②。在孙玉石这里，这一思路进一步深化为对中国现代诗歌艺术探索中"中西诗歌融汇点"的发掘与考辨："中国新诗是在接受各种外来诗歌潮流影响下发展壮大起来的。这种接受不是无选择的吞咽，不是依葫芦画瓢的照搬，从诗歌观念、审美价值标准、诗情传达手段等方面，都有一个立足于本民族传统的基础上的文化选择意识在起作用。这种选择意识的结果也就是多少诗人努力追求的中西诗歌融汇点的产生。"③

在《中国现代主义诗潮史论》一书中，孙玉石详尽论析了从初期象征派诗歌到"中国新诗"派为止的现代主义诗歌的艺术探求，着力梳理和探讨它们在"寻找中外诗歌艺术的融汇点"上的表现，并由此进一步提出"东方现代诗"的概念，认为构想和建设"具有民族特色的东方象征诗

----

① 孙玉石在这方面较早的思考可参见其《重建现代解诗学》（孙玉石主编：《中国现代诗导读（1917—1938）》，北京：北京大学出版社，1990年）一文中的阐述，其研究最终结为《中国现代解诗学的理论与实践》（北京：北京大学出版社，2007年）一书。

② 钱理群：《王瑶先生现代文学史研究概述》，载中国现代文学研究会、北京大学中文系编：《先驱者的足迹——王瑶学术思想研究论文集》，郑州：河南大学出版社，1996年，第180页。

③ 孙玉石：《中国现代诗歌艺术》，北京：人民文学出版社，1992年，第423页。

和现代诗"，是"五四"以来新诗的一个必然的历史追求。①这事实上成为孙玉石新诗史观的核心表达，被论者认为既是"一个具有创造性的理论构想"，又是"对中国现代主义诗歌的历史实践的客观总结"②。我们不难发现，20世纪30年代"现代派"一些诗人的艺术实践与观念论述在很大程度上构成了这一理论构想的原点。在孙玉石对"东西诗艺融合点"的阐述中，可以清楚地看到他以卞之琳、戴望舒等人的诗论为基础做出的更具原则性和学理化的提炼。不仅如此，他对"东方现代诗"艺术审美特征的归纳和展望也显然是以这些诗人作品所表征的"现代派"诗歌为其原型的。具体而言，他将"现代派"诗人的思考与实践概括为两个方面。首先是寻求东西诗艺融合点，"所谓融合点，即西方现代主义思潮与中国传统诗歌在美学范畴对话中呈现的相类似的审美坐标，也就是相互认同的嫁接点。在现代诗中这种寻求表现得最突出的是：意象的营造，含蓄与暗示的沟通，意境与'戏剧性处境'的尝试"③。其次则是对诗歌"传达情绪隐藏度恰适的追寻"，他认为，西方象征主义诗学注重含蓄与暗示的艺术理念与中国古典诗歌美学中的重要范畴"隐"相合，可以被视为一个跨越了东西方诗艺的具有普遍性的艺术准则，"现代派"诗人所追求的介于表现自己与隐藏自己之间的恰适的"隐藏度"，乃是对二者予以创造性吸收与融会从而构建民族现代诗之路上珍贵的美学思考。④

从初期象征派起，中国现代主义诗歌先后受到法国象征主义诗歌以及欧美多种现代诗歌流派的影响，因而"新时期"以来对它们的研究一度更多侧重于考察这种影响关系的表现。孙玉石在新诗研究领域将王瑶的"历史联系"论从历史与理论的维度均做出了新的拓展。20世纪90年代后期，他通过对废名《谈新诗》的研究，进一步提炼出"现代派"诗歌中的"晚

---

① 孙玉石：《中国现代主义诗潮史论》，北京：北京大学出版社，1999年，第457页。

② 吴晓东：《历史、审美、文化的统一——评孙玉石先生的新著〈中国现代主义诗潮史论〉》，载《北京大学学报》（哲学社会科学版）2000年第1期。

③ 孙玉石：《中国现代主义诗潮史论》，北京：北京大学出版社，1999年，第467页。

④ 孙玉石：《中国现代主义诗潮史论》，北京：北京大学出版社，1999年，第472页、第476—477页。

唐诗热"现象①，由此撰写的一系列论文尤其体现了王瑶从鲁迅那里发现而反复强调的抓取"典型现象"的研究方法，和他对于新诗与古典诗歌"传统"之间的关联，或者对新诗如何吸收"传统诗歌艺术营养"问题的关切："没有真正的承继传统，就没有真正的走近现代，也就没有巨人的产生，更没有诗的再度辉煌。"②可以看到，支撑孙玉石新诗史研究的，是一种对新诗发展现状具有相当关切的新诗观。他对新诗史上"寻求中西诗艺融合点"之艺术线索的发掘和阐说，构成其研究中极具价值的部分，而"中西诗艺的融合"作为一种新诗史叙述范式③，在他这里较之其他同辈学者形成更清晰的面貌，并在新诗史研究领域产生了显著的影响。新一代学者吴晓东、罗振亚、陈旭光、江弱水、曹万生、张洁宇、陈太胜、王泽龙等均在不同层面或特定论题上推进了这一叙述，使它更为细致和深化④。

二

依托着"历史联系"和"中西诗艺融合"等认识线索，20世纪80年

---

① 孙玉石关于这一论题的论文主要有《废名的新诗观》，载《野草》（日本"中国文艺研究会"会刊）1996年8月第58号；《对中国传统诗现代性的呼唤——废名关于新诗本质及其与传统关系的思考》，载《烟台大学学报》（哲学社会科学版）1997年第2期；《新诗：现代与传统的对话——兼释20世纪30年代的"晚唐诗热"》，载陈平原主编：《现代中国》第1辑，武汉：湖北教育出版社，2001年；等等。

② 孙玉石：《新诗与传统关系断想》，载《诗探索》2000年第1—2辑。

③ 在展开作这一叙述时，不同学者使用的概括词语略有差异，分别有中西/东西/中外、诗歌/诗艺/诗学、融合/融汇/会通/契合等，本文采用的是其中较为常见的一种。

④ 具体可参见吴晓东：《象征主义与中国现代文学》，合肥：安徽教育出版社，2000年；罗振亚：《中国现代主义诗歌史论》，北京：社会科学文献出版社，2002年；陈旭光：《中西诗学的会通——20世纪中国现代主义诗学研究》，北京：北京大学出版社，2002年；江弱水：《中西同步与位移——现代诗人丛论》；合肥：安徽教育出版社，2003年；曹万生：《现代派诗学与中西诗学》，北京：人民出版社，2003年；张洁宇：《荒原上的丁香——20世纪30年代北平"前线诗人"诗歌研究》，北京：中国人民大学出版社，2003年；陈太胜：《梁宗岱与中国象征主义诗学》，北京：北京师范大学出版社，2004年；陈太胜：《象征主义与中国现代诗学》，北京：北京大学出版社，2005年；王泽龙：《中国现代主义诗潮论》，武汉：华中师范大学出版社，2008年；等等著作中的相关讨论。

代中期以降，关于新诗与古典诗歌关系的研究不绝如缕，并由此逐渐生成了一些新的文学史知识，我们可以借助三个时期有代表性的中国现代文学史教材的新诗部分观察这一过程。

王瑶在《中国新文学史稿》上卷第二编的"'新月派'与'现代派'"一节中，对卞之琳、戴望舒、林庚的诗做了概略的介绍，但并无新诗与古典诗歌关联这一角度的任何描述与分析①。这种情形到了钱理群等人合著的《中国现代文学三十年》初版的相关章节中已经有了明显的改观，明显吸纳了"新时期"以来王瑶，尤其是孙玉石等较前沿的新诗研究者的研究成果。书中论及"现代派"诗人和"《汉园集》诗人"戴望舒、何其芳、卞之琳等人的诗歌艺术特征与成就之际，已对他们结合西方现代主义诗歌与中国古典诗歌观念与技巧方面的思考与实践做了着重的阐述，既反映了对这些诗人在现代文学研究中评价的变化和地位的提升。书中一个较有意味的处理是将卞之琳、何其芳归之于"《汉园集》诗人"，认为他们是"沿着戴望舒开辟的道路继续摸索，并形成了自己独特风格"的年青一代②，认为就融合中西诗艺的表现而言二者具有历时性的、渐进的关系："如果说新月派与现代派诗人主要是从西方汲取艺术养料，《汉园集》诗人就是西方文学与中国文学结合后的新生一代。"③这种理解到了《中国现代文学三十年》修订版中有所调整，将"《汉园集》诗人"归入"现代派"诗人的范围。出现这一变动，应源于在文学思潮流派研究模式的推动下，"现代派"诗人的概念外延从最初主要指围绕《现代》杂志编者形成的南方诗人群体，逐渐扩展至"新月派"以后20世纪30年代具有现代主义倾向的新一代诗人。修订版中的另一显著变化，即把废名列入"现代派"诗人的一员新加介绍，也是这一概念扩展的结果。④

---

① 1982年上海文艺出版社修订版的这一部分章节内容与1951年北京开明书店初版在文字上虽略有改动，但就这一问题而言并无变化。

② 钱理群、吴福辉、温儒敏等：《中国现代文学三十年》，上海：上海文艺出版社，1987年，第356页。

③ 钱理群、吴福辉、温儒敏等：《中国现代文学三十年》，上海：上海文艺出版社，1987年，第356页。

④ 钱理群、温儒敏、吴福辉：《中国现代文学三十年》（修订本），北京：北京大学出版社，1998年，第369页。

此外，《中国现代文学三十年》修订本中在"现代派"诗歌与古典诗歌美学的联系上，也做了更加明确的阐述。例如，在分析了戴望舒诗歌的艺术追求与美学特征之后，书中有如下申论：

> 人们由此发现的是30年代现代派诗歌与中国传统诗歌主流的深刻联系。这里，无论是对主客体交融的"意象"的注重、意象原型的选用 …… 以及意象叠加的诗的组合方式，还是"人"与"自然"的和谐与交融的追求，贯注于（人与自然）意象中的感伤情调，都显示出对传统的回归，这也正是30年代的典型的现代"诗情"。①

这些分析和叙述，一方面体现出学界对"现代派"诗歌与古典诗歌联系的研究不断深化，另一方面，顺应了"新时期"以来文学意识形态的变化，无论是对"中国传统诗歌主流"的理解，还是对文学之"现代"的阐释，它们与王瑶当年那些根植于左翼思想传统的认识和论述也已拉开了愈益显著的距离。

与初版相比，修订版的新诗部分更重要的变化，体现在有关新诗与古典诗歌"传统"联系的论述已从20世纪30年代的"现代派"诗歌向早期新诗的各个阶段、各种流派扩展。这表明新诗研究界对这一问题研究兴趣的持续增长，而就其中一些论述而言，也凸显出认识方式、角度上的微妙变化，试举两例：

> 新月派的这些理论主张，显然受到了同样是力主"无我"、"不动情感"与倡导艺术形式的工巧的西方唯美的巴那斯主义的影响；但同时也是与中国传统的"哀而不伤，乐而不淫"的抒情模式，特别是与将情感消解于自然意象之中，追求情景交融、物我合一的唐诗宋词传统相暗合 …… 如果说，早期白话诗人是从中国诗传统中处于边缘位置的宋诗那里，获得反叛的历史依据与启示；那么，现在新月派诗

---

① 钱理群、温儒敏、吴福辉：《中国现代文学三十年》（修订本），北京：北京大学出版社，1998年，第365页。

人就开始与中国诗传统中的主流取得了历史的衔接与联系。①

"以暗示代替说明"，把感情、倾向性凝聚、隐藏在诗的形象里，经得起读者咀嚼与回味，并且讲究诗的形式的凝练、整齐，讲究诗的节奏、韵律：在臧克家这里，是可以更清楚地看到中国传统诗歌（特别是"苦吟"派）的影响的。②

这些论述，与从新诗人对新诗与古典诗歌关系的具体思考与相关写作实践中进行辨析、归纳和概括的做法不同，带上了更多阐释的意味，而且，在认识方式和阐释向度上，似乎也更多地将中国古典诗歌、诗学及文化而不是新诗自身的实践与探索视为生成两者之间联系的主体因素。

20世纪90年代以来，在王瑶、孙玉石等开辟的前述问题方向上做出集中开掘的学者是李怡，他的《中国现代新诗与古典诗歌传统》是新诗研究中第一部以新诗与中国古典诗歌"传统"关系为研究对象的专著，前引《中国现代文学三十年》中的一些论述（如对"新月派"诗歌的分析）就吸收了此书中的部分观点。李怡在书中提出，他所着眼的是"在传统文化的阐释视野里，探讨中国古典诗歌与中国现代新诗的关系"，和"古典诗歌传统在中国诗歌'现代'征途上的种种显现、变异和转换"，属于一种"原型批评"。③在此出发点上，他开创性地选取了一些古典诗学范畴来考察新诗不同层面的特征，并从"历史形态"的角度将新诗史上的一些流派与古典诗歌不同脉络联系起来，如，"新月派""象征派""现代派"之于"魏晋唐诗宋词"，早期白话诗、"九叶派"之于"宋诗"，等等，显示出一种相当宏阔的学术视野和超越一般性的文学史实证研究的阐释努力。

与此同时，这种从文化原型的理论视野出发的研究也显示出一种观念上的内在紧张。当传统文化的"文化原型"被当作阐释的立足点，而

---

① 钱理群、温儒敏、吴福辉：《中国现代文学三十年》（修订本），北京：北京大学出版社，1998年，第129页。

② 钱理群、温儒敏、吴福辉：《中国现代文学三十年》（修订本），北京：北京大学出版社，1998年，第357页。

③ 李怡：《中国现代新诗与古典诗歌传统》，重庆：西南师范大学出版社，1994年，第8—9页。

古典诗学范畴被用以统摄新诗的文化特征和修辞风格时 —— 尽管此书也提及，古典诗歌原型在现代复活"很可能同时接受了种种的改造和重组"—— 仍然无形中给人这样的印象：古典诗歌与传统文化是生成新诗与古典诗歌关联的主体性因素，乃至是新诗自身展开的基体，其阐释客观上也形成了一种"无边的传统"的状况。这也带来李怡论述上的一些摇摆，比如，一方面他表示"中国古典诗歌作为一个整体对现代新诗造成全面的影响已经是不可能的了"①，并且提出"纵观中国现代新诗史 …… 古典诗歌影响的负面意义似乎更让人忧虑"②；但另一方面他又认为，"正是中国诗人对古典诗歌理想的自觉继承推动了中国新诗的成熟"③，在概括新诗接受古典诗歌影响的"中西交融特征"时，他认为"中国现代新诗移植西方诗艺的基础还是在古典诗歌传统内部"④。今天看来，这种认识上的张力和矛盾源于对"传统"这一现代认识装置的构造尚缺乏足够的省察⑤，忽略了新诗与古典诗歌之间任何积极的联系都已经过了现代性的认识中介⑥。例如，对屈原《离骚》"个性自由"精神的理解，是基于某种文学现代性观念阐释的结果，当书中以此为基础来分析新诗的"自由形态"，并由此展开新诗在"历史形态"上所受屈骚影响的阐说时，实际上就构成了

---

① 李怡：《中国现代新诗与古典诗歌传统》，重庆：西南师范大学出版社，1994年，第13页。

② 李怡：《中国现代新诗与古典诗歌传统》，重庆：西南师范大学出版社，1994年，第15页。

③ 李怡：《中国现代新诗与古典诗歌传统》，重庆：西南师范大学出版社，1994年，第14页。

④ 李怡：《中国现代新诗与古典诗歌传统》，重庆：西南师范大学出版社，1994年，第14页。

⑤ 拙文《新诗史与作为一种认识装置的"传统"》对此问题有专门的分析，见《文艺争鸣》2017年第8期。李怡后来也意识到"传统"这一概念的复杂性，认为"一再出现于中国新诗批评话语中的关键词 —— 传统其实是相当暧昧的，它至少被人们置放在多重价值的含义上加以征用"，但仍未从现代知识建构的层面认识它[参见李怡：《传统：中国新诗问题的一个关键词》，载《西南科技大学学报》（哲学社会科学版）2006年第2期]。本文在涉及"传统"这一概念并有意突出其作为现代知识、观念的性质时都用双引号加以标识。

⑥ 对此问题较早的分析参见臧棣：《现代性与新诗的评价》，载《文艺争鸣》1998年第3期。

柄谷行人所说的"认识的颠倒"①。

20世纪90年代中期以后，有关中国现代主义诗歌的研究，已普遍地将"中西诗艺的融合"作为认识和阐释的基点，并进一步发展出一些新的论述。如龙泉明《中国新诗流变论》一书以专节评述了20世纪30年代"现代派"诗人在这方面的表现，并将戴望舒作为其中最具代表性的诗人加以分析，进而将其"诗艺的中西借鉴与融合"分为"西方现代诗歌艺术与民族现实生活的结合"和"西方现代诗歌艺术与民族传统诗歌艺术的融合"两个层面予以梳理。②书中也讨论了"中国新诗对传统的承传与变异"，认为"中国诗歌的传统思想和形态仍然是中国新诗现代化的根基，是中国新诗现代化之保持民族特色的一个重要因素"，"中国现代新诗的建构，形成于对传统诗歌的继承和优化，对西方诗歌的借鉴与归化之间的张力"。③张同道在其《探险的风旗 —— 论20世纪中国现代主义诗潮》一书中提出，"假如不是古典诗的辉煌背景，仅仅靠对西方诗的借鉴，中国现代诗不可能在短期内迅速成熟，几乎每个现代诗人的成功作品都暗中获取了古典诗的支持"④，等等。龙泉明、邹建军合著的《现代诗学》还将"中西融合说"作为新诗诗学的一种加以论列。⑤这显示出，在新诗研究领域，新诗在其发展历程中与古典诗歌及诗学形成的联系已得到了广泛的关注，而在这方面的研究不断推进的过程中，将这种联系视为一种无中介的继承性关系，并认为古典诗歌"传统"在这一联系中更具支配性地位的理解似乎也越来越多地渗透进来。这既是文学史研究体制自身发展的结果：曾经被王瑶认为与古典文学的历史联系最为薄弱的新诗，在注重联系、讲求承传的文学史叙述机制下逐渐被阐发和讲述出越来越丰富的与古典诗歌相关联的"知

---

① 关于文学现代性认识装置的分析，参见柄谷行人：《日本现代文学的起源》，赵京华译，北京：生活·读书·新知三联书店，2006年。

② 龙泉明：《中国新诗流变论》（修订版），北京：人民文学出版社，1999年，第344页。

③ 龙泉明：《中国新诗流变论》（修订版），北京：人民文学出版社，1999已，第626页、第627页、第638页。

④ 张同道：《探险的风旗 —— 论20世纪中国现代主义诗潮》，合肥：安徽教育出版社，1998年，第56页。此外，如金钦俊《新诗研究》（中山大学出版社，1999年）、罗振亚《中国现代主义诗歌史论》（社会科学文献出版社，2002年）等著作中也都做出了近似的论述。

⑤ 龙泉明、邹建军：《现代诗学》，长沙：湖南人民出版社，2000年，第302 — 307页。

识"，而新诗自身的实践对于生成这种联系的重要性却变得相对模糊；更深一层地说，这种变化应该也与"新时期"以来现代文学学科在不断扩展"现代文学"的观念边界、淡化现代文学研究原有价值立场的过程中，历史观内在紧张感的松懈和主体性的流失有关。①

从一个更开阔的视域里，我们也可以把这种认识上的变化与中国越来越深地卷入全球化进程时一种文化价值立场的变动联系起来。20世纪90年代初，"九叶派"老诗人郑敏批评近一个世纪的新诗创作由于自开端起即从语言到内容"自绝于古典文学"因而成就不够理想②，是一个比较为人熟知的例子。而同为"西南联大诗人群"成员之一的王佐良也提供了另一个看似判断有异实则立场相类的例子，20世纪40年代后期，他曾以鲜明的口吻评价穆旦："他一方面最善于表达中国知识分子的受折磨而又折磨人的心情，另一方面他的最好的品质却全然是非中国的"，"穆旦的胜利却在他对于古代经典的彻底的无知。"③而到了晚年，在回顾包括穆旦在内的中国现代主义诗人时，他却认为：

> 除了大城市节奏、工业性比喻和心理学上的新奇理论之外，西方现代诗里几乎没有任何真正能叫有修养的中国诗人感到吃惊的东西；他们一回顾中国传统诗歌，总觉得许多西方新东西是似曾相识。这足以说明为什么中国诗人能够那样快那样容易地接受现代主义的风格技巧，这也说明了为什么他们能够有所取舍，能够驾驭和改造外来成分，而最终则是他们的中国品质占了上风。④

如果说，前一论断服务于批评的针对性而出之以修辞的极端，后一回顾性的看法或许也因时间的迁移而多少忽略了新诗接纳、熔融美学异质这

---

① 参见姜涛：《思想方法的内在支援——重读王瑶1980年代有关现代文学学科重建的论述》，载《现代中文学刊》2014年第3期。

② 参见郑敏：《世纪末的回顾：汉语语言变革与中国新诗创作》，载《文学评论》1993年第3期。

③ 王佐良：《一个中国新诗人》，载《文学杂志》1947年第2卷第2期。

④ 王佐良：《中国新诗中的现代主义——一个回顾》，载《文艺研究》1983年第4期。

一过程的艰难。新诗人对西方现代主义的接受的确有其古典文学修养的参与，但这一参与能够表现为一种鲜活有力的"中国品质"，却仍有赖于新诗人在创作实践中对古典文学修养的有效转化，有赖于新诗在现代诗歌观念与技巧上的积累、语言的成熟和中国社会、文化发展的现代历程所造就的经验、情绪与认知方式。正如吴晓东指出的，20世纪90年代兴起的回归传统的文化思潮对传统的理想化和简单化，和此前一个时期思潮对西方/现代性的理想化和简单化一样，都表现出一种本质主义的理解和二元对立的逻辑，而未意识到它们所言说的传统和西方/现代性已被"深深地植入20世纪中国历史和社会实践土壤甚至根基"，而且"已经在20世纪的历史叙述中经历了一次次的阐释与建构"①，这一认识同样可以帮助我们反思有关新诗与古典诗歌之间关系的研究。

三

在"中西诗艺融合"这一新诗史叙述范式被广泛接受、运用的过程中，很多具体的研究成果通过精细的探析和思辨无疑促进了我们对新诗与古典诗歌关系问题的认识。与此同时，这一叙述框架所内含的某些特定理解方式在新诗研究中也不同程度地呈现出一些有共性的症候。比如，一些研究者在这一框架下梳理和建构具有民族特性的现代诗的谱系时，很明显受到"20世纪中国文学"等理论范式的影响，也受制于"新时期"以来现当代文学研究中对"文学性"的逐渐制度化的理解，而把这一谱系的建构建立在将"五四"至20世纪40年代末的现代文学视为一个封闭区段的基础上，因此会将"中国新诗"派的诗歌阐释为这种民族化现代诗走向成熟的阶段，实际上是把它看成了近一个世纪新诗实践的顶峰（同时也很大程度上把现代主义当作了现代诗的终极形态）。与此有关，不少以思潮流派研究模式展开的新诗史论著，尽管会把早期新诗划分为"现实主义""浪漫主义""现代主义"等不同潮流（这里暂不讨论这种概念划分本身的问题），但也越来越多地将"现代主义诗潮"叙述为新诗发展的主流或价值等级、

---

① 吴晓东：《现代中国文学的"传统"与"现代"》问题，载《江汉论坛》2003年第2期。

艺术成就最高的潮流，这自然反映出20世纪80年代中期以后新诗研究界对新诗现代性一种日益普遍化的理解，回头来看，这种叙述和理解除去因应了一个时期人们对旧有文学意识形态的逆反和把西方现代文学进程视为标准的文学史想象外，也源于一些现代主义诗人在转化古典诗歌美学资源方面的写作实践，偶合了研究者建立在这一时期更偏重于审美和文化维度的"民族化/现代化"认识框架的双重期待。

　　而在这种期待视野下，当研究者将"现代派"诗歌视为"民族现代诗"的某种样板，进而指向对新诗前景的思考和想象时，也一定程度上显露出"中西诗艺融合"的新诗史叙述范式在观念结构深层存在的一些问题。一方面，由于这一叙述范式背后的研究关切是从文学现代化的视角重新给予新诗史一种结构性的把握，而对文学现代化的理解又更多放置在审美层面，因此，尽管也会在研究中涉及这种沟通融合实践得以产生的社会、历史、文化因素，但往往只是将其作为必要的背景来看待，而缺少更深入的语境化分析；与此相关的是，很多研究者在将"中西诗艺融合"的叙述范式接受为研究出发点时，由于更注重不同新诗实践中的这一"共相"，在论述操作中也更多用力在如何把它们加以牵连，因而可能对此类写作实践中某些具体的差异性认识不足，而这种差异性，有时恰好来源于写作者个体的独特历史境遇，当他将此一境遇中的现实感受作用于其美学、诗学兴趣时，就会使他的"融合"实践形成生动独异的创构。有时，这种差异性还关联着对新诗前景的不同认识和想象，即使在通常被认为是同一艺术潮流的内部，也会因此生发出隐含了争辩意味的诗学建构与写作路线。[①]

　　另一方面，当研究者试图从早期新诗的相类实践出发抽绎出某些有关新诗发展的原理性认识时，也容易由于上述特定理解方式和观念结构深层问题的限制，而对新诗的美学现代性和民族文化传统形成固定化的理解。与此相伴随的，则是对中国古典诗歌不同脉络缺少细致辨析的化约式的"传统"理解。王瑶曾以历史唯物论的认识方式谈到传统本身的流动性："所谓中国人的欣赏习惯、美学爱好，都是一个历史性的范畴，它在发展

---

① 详见拙文《分叉的想象：重读林庚1930年代新诗格律思想》(《新诗评论》2006年第2辑)、《废名新诗观念的形成与1930年代中期北平学院诗坛氛围》(《中国现代文学研究丛刊》2011年第6期)对此所作的个案性讨论。

中也有变化"，"民族特点是历史范畴，是发展的"①，这种对传统的流动性的认识也是和他的"历史联系"论中对民族文化传统的丰富性和广延性的理解关联在一起的。而回置于新诗的历史场景中，我们也会看到，很多成功的"融合"实践都是写作者在特定的多重语境因素碰撞下得以实现的，在新的诠释中激活的也是古典诗歌、文学和传统文化里某些具体的"矿脉"或"矿点"，一旦将它们收摄到那种固定化和化约式的理解中，就往往会丧失掉这些独特的实践与诠释所包蕴的更为内在和动态地体认新诗历史的契机。

在较晚近的一些研究中，部分学者也已显出对"中西诗艺融合"的新诗史叙述框架的突破或质疑，而更着重于对中西诗学、诗艺异质性的分析。例如，陈旭光在他对中国现代主义诗学的研究中认为，现代主义诗歌的兴起意味着对古典诗歌传统的"二次革命"，是对古典诗学传统更深刻的反叛。就其美学诉求而言，两者呈现出对立的面貌，而所谓"融合"只是文化基体带来的客观后果。他将现代主义诗学相对于中国古典诗学的"转换"概括为从"意境化"到"戏剧化"，认为在20世纪的中国现代主义诗歌流派中，"意境"作为一种审美理念虽然仍不时有所表现，但在现代主义诗学观念逐渐深化的过程中，这种"意境化"的追求不断被突破，而趋向于强调矛盾、冲突、张力的"戏剧化"诗风。由这一认识出发，他认为卞之琳的诗歌中那种着重追求"意境"的"戏剧化"手法虽然"比较注意营造出一种浑融完整的境界，在场景的设置上又注意内部的呼应和连贯，客观化、间接化效果较强，但矛盾冲突性却似乎不够"，认为穆旦的诗更具"戏剧化"的实质。②这种分析和论述着意凸显现代主义诗学之于古典诗歌美学的异质与对立，在其立论背后，是将欧美现代主义诗歌和诗学作为衡量新诗现代化的基本尺度，因而也更为青睐20世纪40年代袁可嘉对"新诗现代化"的观念阐发和穆旦等诗人的写作风格。

同样持西方现代诗学与中国古典诗歌美学存在根本异质性观点的是邓

---

① 王瑶：《中国现代文学和民族传统的关系》，载《上海师范大学学报》（哲学社会科学版）1982年第1期。

② 陈旭光：《中西诗学的会通——20世纪中国现代主义诗学研究》，北京：北京大学出版社，2002年，第109页。

程，在他的新诗研究中以古典诗学（实际已经经过现代以来的古典文学研究的阐释与建构）的一些范畴，如"实"与"虚"、"意象"与"意境"等入手来检视新诗诗论，在梳理和比较了早期新诗人和批评家有关象征与"兴"之关系的阐述之后，他对很多具有求同倾向的看法提出批评，认为直到20世纪40年代批评家唐湜、袁可嘉才真正理解和正确阐释了象征主义——"新诗人们之所以把象征主义与中国古诗词联系在一起，是因为混淆两类不同的朦胧的缘故，而这显然与对意象的理解密切相关"，"中国诗与象征诗都用意象，但有明显的区别，而新诗人们的理解则显然没有顾及这一点"①，"废名、卞之琳、何其芳对晚唐诗的推崇，对象征与兴的融合的见解与实践是另一场误会"②。总的来说，他认为象征与"兴"基本无关，后者是中国古典诗歌独有的手法，是从中国文化自身的土壤中生长出来的，牵其略为相似者成说，反而会阻碍新诗的出路。与这一观点相为表里的，是他鲜明地表达了新诗应从对西方现代诗学的吸取转为向中国古典诗学传统学习的立场。

可以看到，这些研究通过更深入的辨析，突破了以往某些泛泛而论和似是而非的看法，从一些不同的侧面推进了我们对新诗历史及相关理论问题的认识。但另一方面，在新诗与西方现代诗歌和诗学、新诗与古典诗歌之间关系的理解上，曾经内含在"历史联系"和"中西诗艺融合"的论述中的那种辩证性的认识方式却也有所退化乃至解体了。不管是更强调西方现代主义诗学在新诗现代化进程中的本源性地位，还是更多将中国古典诗学、美学作为认识和评价新诗的标准，都意味着，以往研究论述所关切的——现代文学的"现代化"如何通过"传统文化的现代化"与"外来文化的民族化"的有机统一得以实现——这一问题的两个层面在不同程度上已被分割开来加以认识。从认识的出发点上，充分体察到西方现代诗学与中国古典诗歌美学的相异性自然有其必要。丸山真男批评日本现代思想中出现的"东西文化融合"论时说："在理解异文化背景下的精神作品时，我们非常缺乏首先把它看成与自己彻底不同的东西来对待的心理准

① 邓程：《论新诗的出路》，北京：中国社会科学出版社，2004年，第203—204页。

② 邓程：《论新诗的出路》，北京：中国社会科学出版社，2004年，第201页。

备，从在这种意义上表现出的良好的事物理解力所产生的与异文化轻易接合的‘传统’，反而阻碍着任何外来文化形成传统。"①这种观点也可以移用来观照中国现代文学新诗历史上（及新诗研究中）一些认识和论述存在的问题。然而，从这种相异性中寻求可以化合的不同质素，也已成为新诗自身的传统中不乏成功案例的经验。而正如这些成功的实践不能封闭在美学层面内部得到有效的理解，孤立地从诗学范畴看待两种传统的相异性，也难以在新诗与古典诗歌关系问题上真正突破既有的认识格局。

在新诗与古典诗歌的关系问题上，每每涉及新诗的评价，和对新诗道路、方向问题的讨论，总会有相关的新诗研究不同程度上连通着诗歌批评。在现当代文学研究领域，新诗研究与诗歌批评、创作之间一直有着较之其他文类的研究—批评—创作这三者更为密切的联系，这某种意义上也是它的活力所系。新世纪以来，在当代诗歌创作和批评领域，关于新诗与古典诗歌关系的话题开始被越来越多地谈论，与之连带出现的，也常是对古典诗歌、古典文化的理想化、本质化和化约式理解。以上对"中西诗艺融合"的新诗史叙述范式生成与嬗变过程的剖析正是想表明：只有通过对新诗历史上相关实践的生成过程与语境的具体把握，把这些艺术探索放回到写作主体所身处的历史、社会、政治、文化、地域、人伦网络中去认识，充分体认到它们的"当代性"、实验性和独异性，对新诗与古典诗歌关系问题的研究才有可能通向有效的、有建设性的批评。

（原载于《文学评论》2019年第4期）

---

① [日]丸山真男：《日本的思想》，区建英、刘岳兵译，北京：生活·读书·新知三联书店，2009年，第16—17页。

中国艺术符号学的现代性萌芽

—— 以郭沫若艺术符号学思想为例

安静

摘要： 中国本土化的艺术符号学萌芽于20世纪二三十年代，郭沫若对艺术的研究体现出鲜明的符号学研究特征。对艺术形式的关注是定义郭沫若艺术符号学的基本前提，郭沫若艺术符号学内在所指是情感，情感的节奏性运动是郭沫若统一艺术语言的理论依据，艺术与人、艺术与社会所形成的例示性指称关系是郭沫若艺术符号学的最终指归。郭沫若艺术符号学思想的显著特征是从符号的二元对立到阐释的三元融合；郭沫若在中西艺术对话交流的基础上提出了新的现代艺术观念，这对研究中国现代美学极具启发意义。

关键词： 中国艺术符号学；郭沫若；形式；节奏；现代性

一、前言

艺术符号学的研究应该在把握符号学研究的总体思路前提下，结合研究对象（艺术）自身的特点，建构艺术符号的研究框架体系，其最终的理论落脚点与艺术的根本问题，如艺术的分类、独特性、定义与意义、风格

————————

作者简介：安静，文学博士，中央民族大学文学院副教授、博士研究生导师，主要研究方向为艺术哲学、文艺美学以及艺术符号学。

基金项目：北京市教改项目"中国式现代化语境下的文学理论系列课程思政建设"（202310052001）。

等有机联系在一起。众所周知，符号学的两大奠基人是索绪尔和皮尔斯，艺术符号学同样起源于西方。索绪尔符号学在艺术中的运用主要体现为结构主义批评的发展壮大；皮尔斯符号学在20世纪后半叶越来越多地渗透进艺术研究的领域中，特别是随着莫里斯、纳尔逊·古德曼的理论广泛传播，影响深远；恩斯特·卡西尔及苏珊·朗格是最早专门致力于艺术符号学研究的学者，并形成了新康德主义艺术符号学派；俄罗斯除了莫斯科语言小组之外，还有塔尔图－莫斯科符号学派，该学派的突出特征是文化符号学，其对朗格的符号理论产生了重要影响，同时也对元艺术学有一定影响，这是中国艺术符号学研究所依据的西方理论来源。

中国有没有本土化的艺术符号学？据赵毅衡先生考证，"符号学"这个中文词，是赵元任在1926年一篇题为"符号学大纲"的文章中提出来的，此文刊登于赵元任在上海创办的《科学》杂志上。在这篇文章中他指出："符号这东西是很老的了，但拿一切的符号当一种题目来研究它的种种性质跟用法的原则，这事情还没有人做过。"[1]在赵毅衡看来，赵元任提出"符号学"这个中文命名，可以看作是中国学者的独创。因为索绪尔提出的semiologie学说及皮尔斯提出的 semi-otics学说产生广泛影响是在20世纪30年代之后，是晚于赵元任的命名的。因此，赵元任是中国符号学的独立提出者，这与中国台湾沿用日本翻译西方学者的"记号学"是有本质差别的，这是中国现代学者关注符号的起点。宗白华在他的《艺术学》中，明确提出了将艺术看成是"符号"的思想[2]，郭沫若则跨越了艺术的门类分别，从形式出发，关注艺术的基本问题，已经具备了抽象出或者总结出艺术根本性特征的符号学意味，而且宗白华在与郭沫若、田汉思想交流的基础上创作出著名的《三叶集》。在这个意义上，我们可以将20世纪二三十年代看成是中国本土化艺术符号学的萌芽阶段。在这个阶段，郭沫若关于艺术基本理论的探索，具有非常典型的意义，因此，本文尝试以郭沫若对艺术的研究，作为本土化艺术符号学探索的例证，进而结合中国现代美学的发展历程，来评价中国本土化艺术符号学萌芽的现代意义。

二、郭沫若艺术研究的符号学阐释之可能性

众所周知，郭沫若才华横溢，通晓英、德、日等多国语言文字，对甲骨文的研究在学界享有盛誉，是蜚声海内外的"甲骨四堂"之一。语言文字本身就是符号的典型代表，不仅如此，郭沫若对艺术持续的关注实实在在用到了"符号"这个关键词。他在1972年发表的《古代文字之辩证的发展》一文中写道"总之，在我看来，彩陶和黑陶上的刻画符号应该就是汉字的原始阶段"[3]，且在文章开篇即指出"文字是语言的表象"。这里的"表象"不能简单地理解为心理学研究中的专有名词，即基于知觉在头脑内形成的感性形象，而应该是"表达之象"，是深深浸染中国古典文化的"表意之象"，即中国传统文化之中的象思维中的"象"。而"象思维之象，从中国传统文化中观之，它的成熟表现形式，就是《周易》中的卦象以及后来道家的道象，也包括传宗悟禅之禅象"[4]。可见，郭沫若的"表象"概念蕴含了鲜明的"符号"含义。

符号学突破学科界域，使分门别类的学科理论体系得以交流互通，它以全方位、多元化、综合性的研究视野和研究方法，来阐释事物的复杂变化和内在关联性。符号学既是研究的具体方法，也是更深层次的方法论。郭沫若作为一位文化巨人，早在20世纪20年代就跳出同时代学者各执一端的纠结问题，采用数理分析的方法，通过对艺术基本问题的研究，提炼出艺术的根本特点，总结出对艺术的全新观点，其中很多论断与卡西尔、苏珊·朗格等符号学研究者的观点颇为相似。例如，郭沫若明确表达过"艺术是精神具象化的活动"[5]，"艺术能提高我们的精神，使我们的内在的生活美化"[6]90的观点，认为艺术的目的在于情感的交流，而"为了交流所形成的艺术文本，被看作符号系统"[7]。众所周知，以卡西尔和苏珊·朗格为代表的新康德主义符号学，是到20世纪80年代才在中国产生广泛影响的。然而，这不应该限制我们的理论视野，我们对于历史的书写和归纳，应该以今人的理论视角，即"历史是从古到今，理论则由今及古。历史具有按时间线索顺向叙述的特点，但历史又总是在一定理论所提供的框架中书写的"[8]。符号学研究的兴起与20世纪的语言学转向密切相关，这是自然科学向人文学科强力渗透的结果，也是人文学科主动迎向现

代的探索，是现代学术研究范式的重要转换。因此，尝试以艺术符号学的视角，从中国现代学者既关注艺术内容也关注艺术形式的学术研究方法入手，是重新整理中国学术史一个不可或缺的维度，"没有形式论作为基础，学界连相互交流的常规话语都不具备"[9]。从这个意义上说，重新审视郭沫若对艺术的研究不仅是可行的，也是必要的。

三、郭沫若艺术符号学研究的主要内容

第一，对艺术符号形式的重视是建立艺术符号学研究的基本前提。郭沫若对形式的关注，不仅仅意在论述新诗之于旧体诗在形式上的突破，而且是意在指称哲学方法和研究视角的全新改变。因为符号学研究所关注的，是从一种综合的艺术的语言来贯通所有的艺术类型，而不仅仅是诗歌，"我们寻求的不是结果的统一性而是活动的统一性；不是产品的统一性而是创造过程的统一性"[10]。郭沫若研究艺术的最终目的，是通过"一元的观察"，进而"得到一个统一的概念"[11]226。所以，对艺术形式的重视，就不单是中国艺术观念的代际分野，而是为我们从符号形式哲学视角所进行的一种全新审视。

例如，郭沫若对诗的定义是：

$$诗 = （直觉 + 情调 + 想象） + （适当的文字）^{[12]12}$$
$$\underset{\text{Inhalt}}{} \quad \underset{\text{Form}}{}$$

在这里，郭沫若明确将诗（艺术）分解为两个部分：内容与形式。他说："照这样看来，诗底内涵便生出人底问题与艺底问题来。Inhalt 便是人底问题。Form 便是艺底问题。"[12]12郭沫若对诗的定义不能不让人联想到苏珊·朗格的著名观点："艺术，是人类情感的符号形式的创造。"[13]51

可见，"形式"之于郭沫若是非常重要的，是艺术存在的本体性依据。在这个意义上，我们可以在索绪尔符号学的基础上将艺术的构成理解为"能指"与"所指"两个部分：所指是艺术作品内容所体现的"情感"；能指是构成诗的文字符号与诗歌的形式。艺术的自律性就体现为每个符号

能指本身，以及所有能指构成的形式整体的凸显。在一封郭沫若给宗白华的信里，郭沫若回忆宗白华对自己的建议："多研究古昔天才诗中的自然音节，自然形式，以完满'诗底构造'。"[12]12 郭沫若非常认同，是"铭肝刻骨"的！可见，在郭沫若看来，艺术形式是成就艺术情感、最终表达艺术情感的实现过程。不仅如此，"形式"还是郭沫若进一步深入研究艺术的基本元素。郭沫若试图将文学简约到极致，从而"提纯"艺术最初的本质："诗到同一句或者同一字的反复，这是简单到无以复加的地步的，我称呼这种诗为'文学的原始细胞'。"[11]223 如儿童的呼唤"同一句或者同一字的反复"，可以说凸显的就是极简的"形式"，而非其他。"艺术形式具有一种非常特殊的内容，即它的意义。在逻辑上，它是表达性的或者具有意味的形式。"[13]63 由此可知，在郭沫若的理论建构中，形式具有两方面的意义：一是让艺术成为艺术的本体性意义，二是艺术最基本的构成要素。

第二，当艺术的形式凸显之后，对艺术的研究应该回到内在的指称之中。那么内在指称是如何确立的呢？郭沫若的答案是"情感"。他说："本来艺术的根底，是建立在感情上的。"[6]90 "文艺也如春日的花草，乃艺术家内心之智慧的表现。诗人写出一篇诗，音乐家谱出一支曲子，画家绘成一幅画，都是他们感情的自然流露。"[6]87-88 郭沫若认为，真情实感辅以适当的文字，就是好诗，是真诗。早在1920年，郭沫若在给宗白华的信中就曾说过："诗的本职专在抒情。抒情的文字便不采诗形，也不失其为诗。……自由诗、散文诗的建设也正是近代诗人不愿受一切的束缚，破除一切已成的形式，而专挹诗的神髓以便于其自然流露的一种表示。"[12]215

而且，只有不含杂质的情感表达，才是真正有价值的艺术。所以，郭沫若特别注重艺术的审美特质，在《文艺之社会的使命 —— 在上海大学讲》一文中，郭沫若同样强调："艺术的本身上无所谓目的。"[6]88 他还用《庄子·达生》一文来佐证艺术所体现出的内在精神："不敢怀庆赏爵禄，不敢怀非誉巧拙，辄然忘吾四肢形体也。"[14]96

如果单纯强调诗歌情感表达的功能，其实还没有走出"诗缘情"的古老命题。郭沫若所处的时代，恰恰是"五四"之后的中国，是古今传统、中西文化激烈碰撞的时代。对艺术无功利的强调，彰显了审美现代性的深刻含义，即"在传统的解释范式日趋失效的状况下，在社会发展急剧变化，一切都变得不再确信不疑的条件下，诚如韦伯所言，艺术承担了为生活提供意义的重要功能"[15]。

第三，艺术中的情感并不是纯粹的情感，而是蕴含节奏的情感。"节奏"是郭沫若艺术研究的重要概念，"因为艺术要有动的精神，换句话说，就是艺术要有'节奏'，可以说是艺术的生命"[14]95。郭沫若认为，艺术中的感情是"情绪"，它是感情加上了时序的延长，情绪的世界是波动的世界、节奏的世界。郭沫若根据冯特（Wundt）的分类，将情绪分为七种状态（见图1），这七种类型的情绪都是自然而然的波动形式，这就是情绪的自身节奏[11]224。

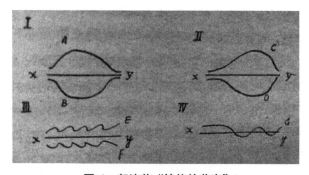

图 1　郭沫若"情绪的节奏"

因为情绪节奏不同，所以不同门类的艺术表达形式也各有差异，我们会"发出有节奏的语言，发出有节奏的表情运动，这便是音乐、诗歌、舞蹈的诞生了"。所以，情绪是艺术生发的所指，而其能指则是不同的艺术形式。郭沫若认为，"音乐、诗歌、舞蹈都是情绪的翻译，只是翻译的工具不同，一是翻译于声音，一是翻译于文字，一是翻译于表情运动"[11]225，"一切感情，加上时间的要素，便成为情绪的。所以情绪自身，便成为节奏的表现。……由声音的战颤，演化而为音乐。由身体的动摇，演化而为舞蹈。由观念的推移，表现而为诗歌"[16]。郭沫若的这一观点与卡西尔的论述如出一辙。卡西尔说："艺术使我们看到的是人的灵魂最深沉和最多样的运动，但是这些运动的形式、韵律、节奏是不能与任何单一情感状态同日而语的，我们在艺术中所感受到的不是那种单纯的或单一的情感性质，而是生命本身的动态过程，是在相反的两极 —— 欢乐与悲伤，希望与恐惧，狂喜与绝望之间的持续摆动过程，使我们的情感富有审美形式，也就是把它们变为自由而积极的状态。"[17]

这种节奏之动，首先是现代社会的律动。郭沫若曾经这样评价他在火车上对节奏的感受："我的'自我'融化在这个磅礴雄浑的Rhythm中去了! …… 我念着立体派诗人Max Weber底 *The Eye Moment* 一诗 …… "[18]89 宗白华也表达了同样的意思："这时我了解近代人生的悲壮剧、都会的韵律、力的姿势。…… 我期待着一个更有利的更光明的人类社会到来。"[19] 其次，节奏之中蕴含中西艺术的律动。在《生活的艺术化》一文中，郭沫若在对比中西绘画的基础上提出了节奏之"动"："在现代绘画中的后期印象派、未来派、表现派，我们都可以看出他们在努力表现动的精神。未来派画马不画四只脚要画二十只脚，画运动不画成直线要画成三角形。"[14]94 郭沫若认为，在绘画中表现动的节奏与精神，中国绘画要优于西方的绘画，因为南齐的谢赫提出的绘画六法，首要就是"气韵生动"，就是要在静态的画面中表达"动"的精神。艺术的生命就在于"节奏之动"。

第四，走向统一的艺术语言道路。诗乐舞以情绪节奏的运动为纲，统一纳入"情绪的翻译"这样一个形式的表达。但是，艺术的门类却不止于此。郭沫若并没有就此止步，他试图在一个统一的艺术语言的平台上，将各门类的艺术作品进一步整合。郭沫若认为，时间的艺术是先于空间艺术的。因为时间艺术是情绪的体现，而空间艺术则是构成情绪素材的再现，艺术最早的起源当然是儿童或者人类幼年时期的诗歌；这种统一的艺术的答案就是空间艺术，是时间艺术的分化。郭沫若说："小说我说它是用文字表现的绘画，戏剧我说它是用文字表现的雕刻或者建筑。小说注重在描写，戏剧注重在构成，它们的精神同空间艺术是一样的，是构成情绪的素材的再现。"[11]227 在此基础上，郭沫若得出如下结论：

诗歌∽音乐

小说∽绘画

戏剧∽建筑 [11]227

郭沫若在考察西方现代主义绘画的基础上，通过节奏的运动将语言艺术、造型艺术、综合艺术整合在一起。在这个意义上说，郭沫若颇具符号学特色的艺术研究是贯通古今中西的。如果说艺术类型学的研究重在"分"，那么，艺术学理论的研究则重在"合"。在符号学的研究视野下，郭沫若将不同门类的艺术全部整合到时间艺术这样一个综合体系之中，这就为艺术语言的意义阐释奠定了基础，进而"寻找艺术作品的某种组织原则，用以解释它的特定功能、它实际要求的条件以及值得我们珍视的原因"[13]67。这就是艺术的意义问题，即艺术符号的密度[20]68。所谓"密度"，是指艺术作品符号之间，以及符号的阐释项之间，都形成了有效的意义场，而且每个符号所指的意义都应该有呼应、有对话，这样的艺术作品才是耐人寻味的，而我们品读的对象，正是艺术作品所要表达的多元意义。

第五，艺术意义的例示性阐释。例示性阐释在艺术符号学中指这样一种情况：当一个符号具备了它所指称对象的特征，就形成了例示，而例示正是符号具备艺术特征的重要维度[20]68。因为例示符号发生和出现，意味着符号指称从外转向内，回到了符号本身；而符号所具备的性质，又表达了指称对象的特质，这就为阐释者关注艺术形式以及艺术自律奠定了逻辑基础。郭沫若多次说过艺术本身没有目的，那么是否意味着他否认艺术的社会意义呢？答案是否定的。事实上，艺术不仅是装饰品，而且对人生、对社会都有大用。

首先，艺术是美好人性的生发。郭沫若认为，艺术对人有两种伟大的使命："统一人类的感情和提高个人的精神，使生活美化。"[6]91他还强调："把艺术的精神来做我们的精神生活。我们要养成一个美的灵魂。"[14]93"我们在成为一个艺术家之先，总要先成为一个人，要把我们这个自己先做成一个艺术！我们有了这种精神，发而为画，发而为诗，自然会有成就。"[14]96这样，在人与艺术之间形成一种例示关系，即艺术成为美好人性的指称，而艺术与人同时具备了这种美好。其次，郭沫若指出，"文艺是社会现象之一，势必发声影响于全社会"[6]88，"艺术对于人类的贡献是很伟大的"[6]89。郭沫若列举但丁的《神曲》之于意大利的统一、卢梭的创作之于法国、歌德的文学之于德国，来证明文学艺术对国家和民族的深刻影响。时代需要让民族觉醒的艺术，艺术在人与社会之间，形成了一个例示的中介，通过艺术，人与社会实现了例示化的指称关系，彼此紧密映射，形成了一个双向回环的指称例示（见图2）。

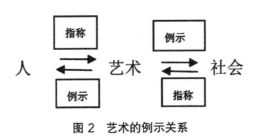

图2　艺术的例示关系

四、郭沫若艺术符号研究的现代性意义

第一，从符号的二元对立到阐释的三元融合，是郭沫若艺术符号学思想的显著特征。就郭沫若美学思想研究的个案而言，很多评论家认为，郭沫若的美学体现出鲜明的阶段性特征，比如，"五四"时期的个性解放，抗战时期的诗歌国防，新中国成立后的政治文学艺术研究等。同时，郭沫若的成就不仅体现在文学艺术的创作方面，在甲骨文研究、历史研究、文物研究方面，郭老同样取得了举世瞩目的成果。在不同领域，当然需要细化的、具体成果的评价性研究，但同时，跨越不同学科的界限，从符号学的角度入手，可以更加综合地考察郭沫若学术研究所具备的特征，也可以用更加连续性的视角来阐释郭沫若学术研究的特色；而这一工具性方法，符号学的综合性、全方位的研究视野当然是首屈一指的，即艺术符号学可以看成是郭沫若个案研究的一种新探索。郭沫若的艺术符号学研究，不仅将内容和形式分开，具备了索绪尔符号学体系二元对立的特征，而且具备突破这种二元对立、走向符号的三元阐释，这一点对郭沫若艺术研究的现代性特征产生了重要影响。

众所周知，索绪尔符号学体系最重要的成果，是从语言符号的二元对立关系出发，如能指与所指、语言和言语、历时研究与共时研究等，最终生发出结构主义的文化浪潮，席卷全球。美国著名的美学家门罗·比厄兹利认为，索绪尔符号学体系对西方文明的思考方式都产生了重要影响。他说："如果这么说没有太夸张的话，西方文明到我们今天这个时代仿佛已发展到了一个新的意识或自我意识的层次，即学会根据符号与指称对象（或指示物）的区分来轻松地思考，并在意识到问题的符号学维度的情况下对它们的特性进行研究。"[21]这种二元对立的思想，对整个西方文明产生了根本性的影响，同时也导致了语言中心主义的盛行。但是，在郭沫若这里，并没有这样的倾向，他虽然明确将诗歌分为"内容"与"形式"两个部分，但并不忽略艺术内涵的丰富性与外延的多元性，也没有将诗作为艺术的最高形式，艺术内涵的丰富性，根源是情绪节奏的多样化；外延的多元性则在于艺术的生成与人格的涵养、社会时代密切相关。艺术与人、艺术与社会形成了循环往复的指称过程，艺术本身既是人格的表征，也是社会风气的例示。因此，从符号的二元对立出发，走向符号阐释的三元对话，是郭沫若艺术研究所体现出来的第一个现代性意义。

第二，郭沫若艺术符号学研究的现代性意义，体现在这种研究倾向建立的基础是中西艺术特征的深刻交流，进而引发我们对中国现代艺术观念的深入思考。纵观中国学界对郭沫若的研究，一个深刻的印象是，郭沫若是浪漫主义文学运动在中国的重要代表人物。钱理群等教授主笔的《中国现代文学三十年》也持这样的观点："'五四'时期以文学研究会为代表的现实主义和以创造社为代表的浪漫主义可以说双峰对峙，各有千秋，共同为新文学做出了巨大的贡献。"[22]郭沫若和创造社虽然被认为是浪漫主义的典型代表，但是他们并没有全部取得浪漫主义的精髓。叶维廉在其对中国早期浪漫主义的分析中认为，"早期的中国新诗人选择以情感主义为基础的浪漫主义而排拒了由认识论出发作哲理思索的浪漫主义"[23]。而在《语言的策略与历史的关联——五四到现代文学前夕》一文中，叶维廉以郭沫若的诗作为例，将其贬斥为"自我夸大狂"，称其诗作为"魔颂式的顿呼，完全是情绪的倾出"等[24]。

出现这样的认识和评价偏误的一个重要原因是，叶维廉的视角完全侧重于郭沫若艺术观念中的情感表达，而忽视了宣泄情感背后的节奏意识与理性逻辑意识。宗白华这样评价郭沫若的诗："你的凤歌真雄丽，你的诗以哲理做骨子，所以意味浓深。"[18]22浪漫主义与现代性是紧密相关在一起的，特别是它对于理性主义至上、人性在现代文明中的失落有着深刻的反思，"浪漫主义观点所以打动人心的理由，隐伏在人性和人类环境的极深处"[25]。正是这种对人性和自我的深切关注，浪漫主义者才采取了对社会反抗的姿态，并呈现出鲜明的个性意识与身份意识，以审美维度对抗功利判断。郭沫若对于艺术情感的把握、艺术作品的整体呈现，是建立在中西艺术比较视野下的研究。他对现代派、表现主义等艺术手法深谙于心，才能将中国古典艺术理想中的"气韵生动"信手拈来，并以"艺术的语言"作为切入点，试图在一个整合性的平台上综合所有艺术门类。可以说，郭沫若的艺术符号学思想，既有西方浪漫主义的激情，也有独特的中华美学魅力，在现代中国文学与中国美学的发展过程中，具有不可替代的重要作用。

第三，郭沫若艺术符号学研究的现代性意义，体现在这种研究方法的最终指向上，是中华美学精神在古与今的对话中所产生的现代激活。浪漫主义者崇尚个人自由，他们往往以个人的孤独斗争来体现自己对于旧制度的反抗，少年维特之烦恼、拜伦式英雄就是典型例证。西方现代美学与审美无功利和艺术自律紧密联系在一起，中国现代美学的发生，却并不完全是这样，在梁启超和王国维所开创的中国现代美学之间，形成了艺术救国和艺术审美这两个传统，但美学研究却始终体现出鲜明的功利主义特色，即杜卫教授所提出的"审美功利主义"[26]特征。即使是艺术个体的反抗，也是短暂的，很快便会代之以国家民族整体诉求的觉醒。知识分子不仅关注艺术的独立性以及隐含在艺术独立性背后的人的个性化主体意识，而且非常关注艺术对国民的教化作用，关注艺术与审美之于社会与民族的"无用之用"。在审美与意识形态之间，郭沫若试图采取一种平衡的立场，既反对艺术的彻底功利化，也反对艺术完全的自我表达。当时，托尔斯泰的艺术观在中国颇为流行，托翁以"感动力"（infectiousness）为艺术的特征，以艺术活动作为"功具"①。郭沫若非常不赞同这种观点，他认为：艺术的感动力并不仅仅关乎艺术本身，还关乎读者自身的艺术素养；因为同一件艺术品在不同的欣赏者面前，很可能得到不同的评价，艺术之美需要

① 在这里，郭沫若特意用"功具"，而非"工具"，意在指明托尔斯泰对艺术的功利主义思想。

能够欣赏艺术的眼睛。除此之外，郭沫若特别强调艺术的无功利性，他说："托氏的这种立论，我以为在他的根本上有两个绝大的错误：第一，他把艺术活动完全认为教化的功具，甚至是传教的功具。"[27]

郭沫若关于艺术的研究，并不仅限于艺术的无功利性，虽然他承认艺术本身没有什么目的，但是处于社会生活中的艺术，却势必要与社会发生诸多密切的联系。在个人修养方面，他提倡将艺术的精神作为做人的精神，通过艺术来养成一个美的灵魂；在社会责任方面，郭沫若努力发挥艺术之于国民性的改造作用及之于社会的晴雨表作用。无论是艺术研究的理论方面，还是艺术实践的创作方面，郭沫若都成为文艺界的表率。在郭沫若的思想中，形成了艺术与人、艺术与社会的双重的符号例示，最终将艺术家的个体自我、艺术作品的独立本位、社会生活的客观对象，全部融合成为这一个整体，"德国哲学家萧本华（Schopenhauer）说，天才即纯粹的客观性（Reine Ob–jektivitat），所谓纯粹的客观性，便是把小我忘掉，溶合于大宇宙中，——即是无我"[14]96。由此出发，郭沫若解决了当时文艺界纷争不断的"有我"与"无我"论战，也沟通了艺术的审美功能与意识形态功能，将审美主体、客体经由艺术符号这个中介全部有机结合在一起，这与中华古典美学的"万物一体"[28]思想是一脉相承的。在这个意义上说，郭沫若之于艺术的研究，不是在欧风美雨的冲刷面前失去自我，而是天然携带着中华民族传统文化的基因，在新的时代与新的语境中，重新确立一个新的主体。

中国现代美学从诞生伊始，注定与西方美学有着不同的话语逻辑：这不是我们的"失语"，而是与西方不同的话语生成方式；不是我们的传统与西方的现代所产生的彻底断裂，而是我们在变化的环境中所形成的新的传统。当前，本土化问题成为学术研究的热点，文化自信不仅仅是一个口号，而是铭写在中国文化的历史长河之中。不照搬西方的理论、西方的话语，那么我们的资源就存在于民族文化不断发展的历程之中。把外来文化作为参考，而不是价值衡量的根本标尺，深入发掘民族文化在不断生成过程中的独特性，研究她的变化历史，通过创造性阐释，提炼本土语境中的文化资源，是为当代文化自信建设的根本途径。

参考文献：

[1]　赵元任.谈谈汉语这个符号系统[M]//赵元任.赵元任语言学论文集.北京：商务印书馆，2002：877–889.

[2]　宗白华.艺术学[M]//宗白华.宗白华全集：第1卷.合肥：安徽教育出版社，2008：519.

[3]　郭沫若.古代文字之辩证的发展[J].考古学报，1972（1）：2.

[4]　王树人.中国象思维与西方概念思维之比较[J].学术研究，2004（10）：6.

[5]　郭沫若.关于文艺的不朽性[M]//郭沫若.文艺论集续集.北京：人民文学出版社，1979：103.

[6]　郭沫若.文艺之社会的使命：在上海大学讲[M]//郭沫若.文艺论集.北京：人民文学出版社，1979.

[7]　张敏.在历史具体、全面开放和广泛综合中追求理论创新：从艺术符号学探讨看艺术学学科建设[J].文化艺术研究，2008（1）：94.

[8]　高建平.论文学艺术历史书写中的双向互动关系[J].中国社会科学院研究生院学报，2007（6）：82.

[9]　傅修延.形式论四题[J].文艺理论研究，2008（3）：28.

[10]　卡西尔.符号形式的哲学[M].赵海萍，译.长春：吉林出版集团股份有限公司，2018：56.

[11]　郭沫若.文学的本质[M]//郭沫若.文艺论集.北京：人民文学出版社，1979.

[12]　郭沫若.论诗三札[M]//宗白华，田汉，郭沫若.三叶集.合肥：安徽教育出版社，2006.

[13]　朗格.情感与形式[M].刘大基，傅志强，周发祥，译.北京：中国社会科学出版社，1986.

[14]　郭沫若.生活的艺术化：在上海美术专门学校讲[M]//郭沫若.文艺论集.北京：人民文学出版社，1979.

[15]　周宪.审美现代性批判[M].北京：商务印书馆，2005：65.

[16]　郭沫若.论节奏[M]//郭沫若.文艺论集.北京：人民文学出版社，1979：235–236.

[17] 卡西尔.人论[M].甘阳,译.上海:上海译文出版社,1997:189.

[18] 宗白华,田汉,郭沫若.三叶集[M].合肥:安徽教育出版社,2006.

[19] 宗白华.流云小诗[M].合肥:安徽教育出版社,2006:8.

[20] GOODMAN N. Language of art[M]. Indianapolis: Hackett Publish–ing Company, Inc, 1976.

[21] 比厄斯利.西方美学简史[M].高建平,译.北京:北京大学出版社,2006:314.

[22] 钱理群,温儒敏,吴福辉.中国现代文学三十年(修订本)[M].北京:北京大学出版社,1998:17.

[23] 叶维廉.历史整体性与中国现代文学研究之省思[M]//叶维廉.中国诗学.北京:生活·读书·新知三联书店,1992:196.

[24] 叶维廉.语言的策略与历史的关联:五四到现代文学前夕[M]//叶维廉.中国诗学.北京:生活·读书·新知三联书店,1992:215–218.

[25] 罗素.西方哲学史[M].北京:商务印书馆,2005:221.

[26] 杜卫.论中国现代美学与儒家心性之学的内在联系[J].文学评论,2014(4):126–135.

[27] 郭沫若.艺术的评价[M]//郭沫若.文艺论集.北京:人民文学出版社,1979:84.

[28] 张晶."万物一体"思想与中华诗学的审美特征[J].江苏社会科学,2016(1):162–170.

（原载于《学习与探索》2019年第10期）

从"赛先生"到科学主义批评：从符号话语系统变迁看当代中国文艺批评话语的建构

安静

摘要：从符号学的视角来看："赛先生"在新文化运动中发挥的是象征符号的作用，成为时代对大众启蒙的精神旗帜，这种象征性使"赛先生"蕴含了从科学走向美学的内在契机；科学主义在"八五新方法"的历史进程中属于指示符号，完成了"美学热"所带来的文学批评方法多元化的使命，属于专门的学者研究。两次科学主义的进路从历史的发展来看是接续而进的，但二者在历史进程中的地位和影响却截然不同，这背后是文化与文学符号系统的深刻变化。研究考察百年的科学主义对文学研究的深刻影响，至少可以得出三方面的启示，分别是传统文化符号的不可替代性、人文主义符号话语系统的不可缺失性以及中国当代自主性批评话语系统建立的比较对话性。

关键词：符号；赛先生；科学主义批评；文艺批评话语

1915年，陈独秀在《青年杂志》的创刊号上首次提出："国人而欲脱愚昧时代，羞为浅化之民也，则急起直追，当以科学与人权并重。"[1]1919年，陈独秀在《新青年》上提出，"要拥护那德先生，便不得不反对孔教、礼

作者简介：安静，文学博士，中央民族大学文学院副教授、博士研究生导师，主要研究方向为艺术哲学、文艺美学以及艺术符号学。

基金项目：北京市教改项目"中国式现代化语境下的文学理论系列课程思政建设"（202310052001）。

法、贞节、旧伦理、旧政治。要拥护那赛先生，便不得不反对旧艺术、旧宗教"，"认定只有这两位先生，可以救治中国政治上、道德上、学术上、思想上一切的黑暗"[2]。至此，陈独秀标举起"五四运动"最重要的两面旗帜 —— 德先生和赛先生。然而，在两位先生之间，中国文化的运动方向却发生了明显的价值倾斜，赛先生取得了更加优势的地位，对中国传统国学和现代文学产生更加深远的影响。[3]20世纪80年代中期，文学领域再一次高扬起赛先生的旗帜，这一次主要体现在自然科学研究的方法被强烈移植进入文学批评，因而被命名为"科学主义批评"，1985年也因此被称为"方法论年"。

在我国学界，关注赛先生与科学主义批评的知识谱系、精神建构、意义影响的论文、专著都不在少数，但是，从符号论的角度关注这两次科学主义的文献却并不多见。要知道，任何文化的变革，其实现要通过符号来完成，也必然体现为符号构成、符号句法以及符号用语的变化，而且符号系统的变化是更为根本的变化。汪晖在谈到现代中国科学共同体时认为，符号系统的变革是社会政治秩序、伦理秩序重建的合理性与合法性的源泉。[4]无论是在新文化运动中还是在科学主义批评过程中，符号系统的变化都是非常明显的：一个带来了白话文对古文的胜利，一个带来了文学批评方法的多元化，进而从学术研究的导向上推动了社会思潮的多元化 —— 此为引入符号学研究的第一个理由；第二，我国学界对赛先生取得绝对权威早有定论，而对科学主义批评潮流的评价结论却多数比较负面，认为当时的"研究者对科学的理解非常表面化，仅限于搬弄一些新鲜名词，并未涉及研究对象的本质问题，无助于对文学现象的深入认识"。[5]155同样是科学主义旗帜的高扬，为什么会出现如此高下立判的结局？在面对深层原因的细究过程中，符号学的研究的确能给我们带来新的启示。本文试图对两次科学主义的产生、发展，特别对文学艺术研究所产生的影响进行深度细读，重估科学主义在中国文学研究现代化进程中的重要意义，并对当代中国批评话语的重建提供有益的参考。

一、从科学走向美学：新文化运动中"赛先生"不可忽视的精神内核

　　一百年前，两位先生同时被新文化运动的领袖推上历史舞台，然而赛先生却走在德先生之前，成为新文化运动的实质引领者，对我国的学术研究产生了深远影响。当年胡适说："这三十年来，有一个名词在国内几乎做到了无上尊严的地位，无论懂与不懂的人，无论守旧与维新的人，都不敢公然对他表示轻视或戏侮的态度。那个'名词'就是'科学'。"[6]除了"科学是使中国传统学问起死回生的灵丹妙药，这不仅在范围较广的'国学'和史学领域表现突出，在专门的中国文学研究方面亦相当明显"[5]147。其中原因除了现代科学与学科研究之间的密切关系之外，"赛先生"本身以及在中国新文化运动中所逐步酝酿的审美内核，也更加推动了"赛先生"权威地位的取得。那么，这个审美内核是如何产生的呢？我们可以从"赛先生"的命名入手进行分析。

　　从词源上来说，"科学"对应的英文 science 一词来源于拉丁文的 scientia，原来是指通过学习获得的知识。从古代到中世纪，自然科学知识和其他学科的知识是共生在一起的，拉丁文中动词 sciō 即"知道"，相当于英语的 to know，在古希腊人那里就是"认识"（episteme）。德语中的 Wissenschaft 来自动词 wissen，同样意为"知道"，也与"知识"相关；法语的 science 和德语的 Wissenschaft 含义较为宽泛，不仅指自然的知识，还包括关于社会的各门知识以及哲学。直到18世纪启蒙运动之后，"科学"才具有了一个特别的含义，即指建立在数学与实验基础上的、对于自然和社会进行专门的研究。因此，在科学正式成为一个独立、健全的知识体系之前，它一直被称为"自然哲学"（Natural Philosophy）。按照古典主义和人文主义的传统，自然哲学一直被划定在人文的范畴内。只有到了启蒙运动之后，追求清晰化的倾向在学科建制，形成一个个分门别类的学科，自然科学才取代宗教成为思想生活的中心[7]，而这也是一个较为晚近的概念。

　　在此前提下，"科学"可以分为知识、方法与精神三个层面。科学知识是现代学科分化所进行的分门别类的知识层面的研究，其方法包括厘清

现象、从现象形成规律、建构理论以及检验理论；科学精神则指向一种价值观。显然，在新文化运动中，我国知识分子试图通过文化的变革来实现民族危亡的救治，这一点构成新文化运动最初的逻辑起点和认识初衷，国人对科学的态度早就超越了科学知识的传播，而更加重视科学精神的传达，因而具备了信仰的维度。"在这个意义上被提起的民主与科学，它们的批判性意义要远远高于他们的建构性价值。"[8]这一点，即成为新文化运动中的"科学"从具体的知识与方法走向宏观精神建构的前提条件。

我们可以从皮尔斯符号学的角度，对"科学"这一符号所对应的三个层次进行解读。皮尔斯（Charles Peirce）是美国实用主义哲学与符号学的创始人。皮尔斯认为：构成符号的三个维度分别是指号（sign）、对象（object）和阐释（interpretant）；其中对象和符号的铭写之间可以分为三种关系：像似指号（icon）、指示符号（index）和象征符号（symbol，也译作规约符号）；[9]像似指号的建立方式主要基于"像似"，就是说感知形式与所指非常相似，如我们用"嗡嗡"来表示蜜蜂飞舞的声音；象征符号与对象之间的联系来自约定俗成，也就是文化的内涵和意义更多一些；指示符号与对象之间的联系介于像似指号与象征符号之间，也就是同时具备一定的相似类似性，但更重要的是自然逻辑之间的因果联系，也有文化的规约作用体现在里面，如烟与火之间的自然联系，就属于指示符号，而"星星之火，可以燎原"则具备了文化意义上的约定俗成。这与我们所熟知的索绪尔符号学二元对立的建构模式非常不同。索绪尔认为，符号和意义之间，主要依赖于约定俗成，这就基本上悬置了像似指号与指示符号，这一点，对于从象形文字发展起来的汉语尤为不适用。

具体到"Science"这个词的命名，我们可以从皮尔斯的符号学获得很多新的启示。从上文的词源考证来看，"Science"这个词，其实可以从意译的角度翻译为"格致"，近代西方传教士傅兰雅就曾经这样翻译过，并以之来命名杂志——《格致汇编》[10]。"格致"完全是中国文化的产物，最早见于《礼记·大学》："欲诚其意者，先致其知，致知在格物。"朱熹注："致，推极也，知，犹识也。推极吾之知识，欲其所知无不尽也。格，至也。物，犹事也。"[11]4朱熹认为，所谓"致知在格物者"，即通过即物穷理，来推及人的知识。然而，在新文化运动中，我国学界并没有接受这个源自中国古典文化的"格致"之论，而是普遍接受了日本思想家西周转译过来的"科学"，[12]但在传播过程中并没有用"科学主义"的旗号，而是自创了一个新词"赛先生"，这就非常耐人寻味了。"赛"是"science"的部分音译，即采用了像似指号，而"science"所包含的三个含义——知识、方法与精神，在皮尔斯符号学的观照之下可以这样理解：知识和方法是"science"的指示对象，而科学精神则是"science"的象征意义。"赛先生"中的"先生"并不是舶来品，是源自我国传统文化，其最初的含义是"头生"，《诗·大雅·生民》中有"诞弥厥月，先生如达"，后进一步引申为"年长有学问的人"。那么，"先生"虽具备象征符号意义，但"年长"的这种自然联系是更主要的，因此在这里构成一个指示符号；也就是说，在"赛先生"一词的构成中，是通过像似指号（赛-"science"）与指示符号（先生）的联合，进而形成一个象征符号——赛先生。因而science从科学知识、科学方法的指示符号，变成一个时代精神文化引领者这样一个象征符号，可以说从一个普通名词science变成了以大写字母S开头的、带有神圣意味的Sci-ence。"科学一方面提供了新/旧、现代/传统、西方/东方、进步/落后的基本分界，另一方面又将自身置于一种与其他领域完全区分开来的，独立于社会、政治和文化影响的位置上。"[13]可见，"赛先生"这个名称本身，恰恰暗合了传统与现代、东方与西方的二元对立。在科学研究中，知识是属于专门的、个人化的领域，是属于个人认知范畴的钻研与拓展，而在新文化运动中，科学从私人领域走向公共领域，从个人的专门的知识占有走向大众的启蒙，而这个历史过程，并不是由"科学"自己独立实现的，赛先生完成启蒙的途径，是指向个人情感与审美的美学来完成的。所以，用科学取代理学，用进化论重新整合宇宙天地秩序，最终要体现为社会通行符号系统的改变，就是要体现为白话文对文言文的淘汰和胜利。陈独秀在《文学革命论》中主张：推倒雕琢的、阿谀的贵族文学，建设平易的、抒情的国民文学；推倒陈腐的、铺张的古典文学，建设新鲜的、立诚的写实文学；推倒迂晦的、艰涩的山林文学，建设明了的、通俗的社会文学。至此，"科学"具体化为文字语言符号的根本性变革，科学主义早已溢出自身的范围，从而幻化为启蒙、自由、个性、批判等美学命题。"五四"一代的仁人志士，弃医从文、弃机械从文者比比皆是。最终，"赛先生"将中国古典文学与古典文化引入了世界现代文学的序列，完成了文化符号表征系统的彻底革命，从而深刻地影响了人的思维构成方式、学术研究与情感表达方式。

首先，是人自身的解放，把"人"从中国古代封建社会烦冗的关系中解放出来。胡适是自由主义的提倡者，文学"八事"的潜台词就是个性解放呼声，他说："真的个人主义 —— 就是个性主义（Individuality）。"[14]Individuality的词根是"divide"（即"分开"），加上否定前缀"in-"，"个人"就是"不可分割"的社会最小单元。"五四"以来的启蒙传统，率先体现为个性的解放与自由，如同钱理群先生总结的那样："毫无疑问，五四的时代最强音是：'我是我自己的，谁也没有干涉我的权利'。"[15]

其次，将文学从"载道"的负担中解放出来。所谓"现代文学"，其实质是文学的现代化，文学与科学、道德、政治、宗教的相揖别，是"纯文学"的独立和分化，"将审美凸现于现代文学价值的中心"[16]。进而建立属于现代的文学，这既是文学的科学化，也是文学的现代化。胡适用自然科学的知识重新评价小说，他将社会比喻为大树，而小说就是这棵大树的"横截面"，"一国的历史，一个社会的变迁，都有一个'纵剖面'和无数'横截面'"。[17]与小说地位的提高相联系，对小说的研究也体现出了现代科学研究的精神，如胡适的《〈水浒传〉考证》、鲁迅的《中国小说史略》，都体现了鲜明的科学实证精神。

再次，新文学首先要求"言之有物"，而胡适所谓的"物"就是个人化的"情感"和"思想"，而不是古人所说的"文以载道"。提倡率真的个性化的写作风格，就要抛开古人的陈词滥调，这就是胡适所说的："不摹仿古人"，"不作无病之呻吟"，"惟在人人以其耳目所亲见亲闻所亲身阅历之事物，——自己铸词以形容描写之；但求其不失真，但求能达其状物写意之目的，即是工夫"。[18]胡适强调，要写真性情，方为真文学。所以，写爱情、写时代成为文学的主要内容。文学研究会的作家们提倡"为人生"的写实态度，在作品中存在大量细节和客观事实的逼真描写；在创造社作家笔下，充满了对自我任性的尽情抒发与深层拷问。

二、从美学走向科学：科学主义批评多元方法的深层影响

科学主义批评潮流与赛先生从科学走向美学恰恰相反，历史的发展轨迹是从美学走向了科学。为什么要这样说，这就需要我们回溯到20世纪80年代"美学热"的语境之中。钱中文与童庆炳在《新时期文艺学建设丛书》的序言中写道："方法的多样化更加促进了理论的多元化。这种景象还是我们在80年代初所梦寐以求的。"[19]与赛先生所在的新文化运动时代精神旗帜的符号意义不同，这一次的科学主义更多成为"方法"这个指示符号的代称。

1985年文学批评的"方法论年"成为突出代表，一般将这一时期的方法概括为"老三论"和"新三论"："老三论"包括系统论批评、控制论批评和信息论批评；"新三论"包括耗散结构论、协同论和突变论在文学批评研究中的运用。文学批评界对新的方法的探索相对集中于1985年前后，因此也被称为"八五新方法"。林兴宅在《文学研究新方法论》的序言中说："没有方法的进步，就没有科学的发展。近年来，文艺科学方法论变革的重要性越来越引起人们的重视。"[20]与"赛先生"的分析类似，我们还是回到这一次思潮的命名分析上来。

在新文化运动中"赛先生"的命名主要涉及"符号"层面的意义，而在20世纪80年代的"科学主义批评"的运动中，科学主义的命名更多回到了指示符号的层面，体现为科学知识与科学方法的运用。作为文化的象征意义，是由美学在科学主义批评之前完成的，因此，这一次主要是批评的知识与方法在各类文学作品中的结合和运用，其所指是人的认知方面，而不是情感方面。在此前提下，与"赛先生"侧重精神层面的引导不同，知识与方法必然走向小众的专门研究，而不是对大众的精神启蒙，所以，科学主义批评所涉及的范围以及产生的影响，与"赛先生"是不可同日而语的。科学主义批评主要是一次艺术的"突围"，借助自然科学的方法来突破反映认识论对艺术的限制，在整个探索过程中蕴含着对艺术独特性的探讨、对审美与情感的研究等诸多美学问题。就文学研究而言，科学主义批评潮流对当时文艺批评走出"本质主义""典型论"等陈旧的思维模式具有突破性的意义。

　　科学主义批评潮流带给学界认识思维的转向是科学主义潮流产生的第二个重要影响。这个问题与一个曾经是显学的历史命题的反转相关，这就是李泽厚关于"形象思维不是思维"这一命题所带来的深层思考。关于形象思维的全国讨论共有两次，第一次持续10年，与美学大讨论同步，艺术形象的产生与特征等命题，构成了美学大讨论的核心话题。

　　这个问题在20世纪80年代的美学热中似乎淡出了学者的视野，李泽厚公开宣称形象思维不是思维，这是怎么回事呢？在20世纪50年代中期，霍松林的文章《试论形象思维》①得到了广泛回应，是引发形象思维讨论的第一篇文章，霍松林是肯定形象思维的存在的。随着讨论的展开，美学大讨论中意气风发的青年学者李泽厚，在他的成名作《论美感、美和艺术（研究提纲）——兼论朱光潜的唯心主义美学思想》②中，不仅对蔡仪、朱光潜的美学思想进行了深入的批判，而且提出了自己的概念——美感二重性、美的客观性与社会性统一，从而被学界认为李泽厚的美学思想自成一派，有力地推动了美学大讨论的进行。在这篇文章中，李泽厚几乎用了三分之一的篇幅讨论形象思维这个问题，后来又单独撰文《试论形象思维》③。正是李泽厚使形象思维与美学大讨论的关系从隐性到显性地联系了起来。李泽厚首先肯定了形象思维的存在，并将之看成是一种"认识"："思维，不管是形象思维或逻辑思维，都是认识的一种深化，是人的认识的理性阶段。人通过认识的理性阶段才达到对事物的本质的把握。形象思维的过程在实质上与逻辑思维相同，也是从现象到本质、从感性到理性的一种认识过程。"[21]然而，到了1980年，李泽厚却公开宣称："形象思维并非思维，就像机器人并非人一样。"[22]在看似前后矛盾的结论中，李泽厚其实表达了一个新的理念，即艺术并非属于认识这样一种观点，正式提出了"艺术走出认识论"的命题。"李泽厚的这篇文章，可以看成是'形象思维'讨论的分水岭。从这一篇文章起，'形象思维'的讨论就开始走下坡路。"[23]173宣告形象思维讨论走下坡路，其实也是全国美学和文艺理

---

　　① 霍松林：《试论形象思维》，载《新建设》1956年5月号。

　　② 李泽厚：《论美感、美和艺术（研究提纲）——兼论朱光潜的唯心主义美学思想》，载《哲学研究》1956年第2期。

　　③ 李泽厚：《试论形象思维》，载《文学评论》1959年第2期。

论不再局限于原来的社会主义现实主义、典型论、形象思维论，艺术不再属于单纯的认识论范畴的问题，而是从科学方法的多样性开始，走向了审美的认知方法多元的道路。这一次理论的转变，理论界对文学艺术的观点又走向了新的领域，这就是"符号思维"。

告别俄苏文学创作方法与批评方法的单一性，中国文学走进了世界当代文学的大家庭，这些成果最终体现为文学创作与文学批评所使用的符号话语系统变迁。从创作层面而言，方法的多元突破主要集中在20世纪80年代初期。1980年，由上海文艺出版社推出的《外国现代派作品选》（袁可嘉、董衡巽、郑克鲁选编），开启了中国文坛引进西方现代主义文学的先声，欧美现代派作家和作品引起中国文坛的强烈关注。早期茹志鹃的《剪辑错了的故事》、王蒙的《春之声》，都使用了意识流的创作方法；后来刘索拉的《你别无选择》、徐星的《无主题变奏》等作品，都为文学创作突破现实主义、探索新的方法做出了新的贡献。就批评方法而言，1985年的方法论探索，一方面带来批评方法本身的重要突破，另一方面也推动了从批评方法到文学基本理论的深度思考。林兴宅的《艺术生命的秘密》①、肖君和的《关于艺术系统的分析和思考》②、鲁枢元的《试论文学语言的心理机制》③等，都从方法本身走向了方法论反思，走向了文学和艺术基本原理层面的探讨。可以说，"赛先生"使中国文学的话语从古代走向现代，而科学主义则使中国文学批评走进了当代的时间进程之中。

三、从赛先生到科学主义批评：符号系统变迁之后的当代启示

从两次科学主义的命名变化上看，我国学界对科学的态度发生了质的变化。新文化运动中，"赛先生"是精神的引领者，整个国民心态对科学也是崇尚而热烈拥护；在20世纪80年代的科学主义批评潮流中，只是直指科学的知识与科学的方法，已经有了明确的界限，并没有像"赛先生"

---

①　林兴宅：《艺术生命的秘密》，载《当代艺术探索》1985年第2期。

②　肖君和：《关于艺术系统的分析和思考》，载《当代艺术探索》1984年6期。

③　鲁枢元：《试论文学语言的心理机制》，载《文学评论》1985年第1期。

那样形成长时间的压倒性优势。对自然科学的方法在短暂的尝试之后，就开始了深度的追问与反思，如姚文放发表于《文学评论》2000年第3期的《文学传统与科学传统》，就明确了人文科学与自然科学的不同。其次，从符号系统的变化来看：新文化运动使我国的文化表达系统呈现了根本性的变革，白话文战胜文言文，古文系统虽然经过短暂的震荡，但依然被完整地留存下来；科学主义批评浪潮可以说接续着赛先生的进路，在现代文学与当代文学的批评中的成果更为丰富。例如，真正让系统论批评成为具有全国影响力的重要方法，就得益于林兴宅发表于1984年第1期的《鲁迅研究》上的论文《论阿Q性格系统》，控制论批评的研究者黄海澄，则用控制论探讨美学热中的美感、美的客观性等一系列问题。在上述两个变化中，我们至少可以从古代文学所代表的中国传统符号话语系统、白话文所代表的现当代文学符号系统、科学主义所代表的现代自然科学符号话语系统，以及与科学主义所相对的、审美感性学所代表的人文主义符号话语系统之间的辩证张力，来看待我们当下的文学批评话语系统的建构过程。

第一，中国传统符号话语系统的不可替代性。尽管自然科学的方法被不断尝试进入各种文学作品，但现在我们回过头来可以看到，这些新的方法在古典文学批评中所产生的影响并不是很大，古文系统以其历史积淀的独属于中华文化的符号组合方式，相对于西方而来的批评方法虽然看似滞后，但却更能够以这种"滞后"显得沉稳。在古代文学批评方法的运用上，往往选择一些更能够从批评方法沉淀进入基本理论建构的方法，如新批评关于文本的细读方法、范畴的专门研究等。中国的古典文学系统在一开始，由于其符号系统的句法、语用与现代白话文迥然相异而成为"赛先生"的对立面，但随着时间的推移，传统文化与传统文学却一再成为中国文学批评自主性话语系统建立所要回归的精神家园。在世纪之交，我国学界曾大声疾呼，我们的文学批评与文论研究存在严重的"失语症"，所运用的概念、术语、思维方式缺乏传统文化的根基，新中国成立后"十七年"是俄苏文论的一元时代，进入新时期是西方文论的霸权雄踞，这是"文论失语症与文化病态"[24]。传统文化是一个民族区别于其他民族最重要的文化基因，虽然在传承过程中会遭遇到各种扭曲甚至是非常困顿的局面，然而，传统始终是一个民族的文化血脉，是不能完全与历史割裂的。

无论是"赛先生"的精神引领，还是后科学主义时代的"失语"危机，其实都证明了这样一个道理。

第二，人文主义符号话语系统的不可缺失性。尽管科学主义以精确的理性著称，它将科学视为唯一或者最有价值的知识。然而也正是这种理性，更加让人容易走向理性的极端。"科学的成功把哲学家们催眠到如此程度，以致他们认为，在我们愿意称之为科学的东西之外，根本无法设想知识和理性的可能性。"[25]这就从科学走向了唯科学主义。中国是全世界最大的无神论国家，就更容易让唯科学主义大行其道。其实，无论就科学的历史起源或者是科学的现实形态而言，科学知识与人文知识都并非截然隔绝，当科学的知识用语言的形式表达出来，进而在传播过程中形成一系列解释时，便被赋予了人文的内涵：语言作为思想的载体，在"言""意"之间的辩证张力总是投射着人文的意蕴。然而，随着启蒙运动与近代学科的分化，科学与人文的隔阂便越来越深，甚至在科学叠加技术之后，形成科学主义的霸权文化。科学主义与人文主义各自拥有自己的话语体系，分别指示着不同的意义内涵。"就个体而言，以上分野和对峙所导致的是内在精神世界的单一化与片面化，它使个体往往或者接受数学、符号构成的世界图景，或者认同诗的意境；二者各自对应于数理等思维方式和诗意等言说方式。从整个社会范围看，科学与人文的对峙则往往引向文化的分裂及主体间的隔绝。"[26]就中国当代的批评话语建构而言，人文主义一方面很大程度蕴含在与科学主义相对的中国古典文学、文论与文化所形成的语言符号系统中，另一方面在中国现代性的历史进程中，科学主义与人文主义往往互为补充，各自完成自己的历史使命，缺一不可。

第三，中国当代自主性批评话语系统建立的比较对话性。就宽泛的意义而言，科学应该既包括自然科学，也包括社会科学，但从更为严格的具体的知识形态而言，自然科学毫无疑问更具代表性。当我们追溯到自然科学的形成时就不难发现，自然科学的成立前提是以人和自然的分离为基本前提的。以此推理，中国的现代性进程是以科学的合法性模式建立为重要标志的，因此才呈现出科学意味着进步、传统意味落后这样一种"并不科学"的话语模式。现代科学与传统文化之间，形成一种"镜像"关系，在彼此的映照之下，它们各自独立的主体价值才被显现出来。可以说这是一个相互成就的过程，传统文学与文化经过"赛先生"所引领的新文化运动而显现出自身的局限性，又在科学主义批评方法的喧嚣中彰显出自己独特的魅力与深厚的底蕴。对待历史不必苛责，矫枉往往要过正，一时情势使然。索绪尔符号学体系的"能指""所指"已经成为符号学研究的集体无意识，但不能忽视的是，在符号研究中，其实还存在着像似指号与指示符号的问题，在不同的文化语境和历史背景下，不能仅仅看到能指与所指，还要具体分析符号的标指问题。以"赛先生"和科学主义为例，它们都是现代介入中国文化的概念，它们的内涵变化，我们很容易出现非此即彼的绝对肯定或者绝对否定，误读与误解不可避免。"赛先生"虽然是引领社会文化前进的"先生"，然而过分割裂新文化与传统文化之间的关系会造成后代文化失语的伤痛；科学主义虽然标举"主义"，然而在方法层面的多元拓展也带来了社会思潮的革故鼎新。进入21世纪之后，立足于中华民族自身的学术发展历史，对中西学术话语范畴的比较研究，不同的符号系统之间的对话交流必不可少，这就需要我们这一代学者在不同语境、不同内涵的符号之间，做好做深比较研究的功夫，以开放的胸襟迎接与世界其他民族的交流对话，是为当代中国文学与艺术批评话语系统建构的可行性途径。

参考文献：

[1] 陈独秀. 敬告青年[J]. 青年杂志，1915，1（1）.

[2] 陈独秀.《新青年》罪案之答辩书[M]//陈独秀文章选编. 北京：生活·读书·新知三联书店，1984：318.

[3] 李丽. 新文化运动中科学权威的确立[J]. 山西师大学报（社会科学版），2007（6）.

[4] 汪晖. 现代中国思想的兴起：下卷（第一部）[M]. 北京：生活·读书·新知三联书店，2008：921.

[5] 张毅."赛先生"与中国文学研究[J]. 中国社会科学，2007（2）：155.

[6] 胡适. 科学与人生观[M]//张君劢，丁文江等. 科学与人生观. 济南：山东人民出版社，1997.

[7] 高建平."美学"的起源[J]. 社会科学战线，2008（10）.

[8] 刘勇，张悦.百年"五四"："德先生"与"赛先生"的精神建构[N].文艺报，2017-05-03.

[9] 皮尔斯.皮尔斯：论符号[M].赵星植，译.成都：四川大学出版社，2014：4-5.

[10] 傅兰雅.格致汇编[G].上海：上海格致书室，1890.

[11] 朱熹.四书章句集注[M].北京：中华书局，1983：4.

[12] 汪晖.赛先生在中国的命运：中国近现代思想中的科学概念及其使用[J].学人，1991（1）.

[13] 汪晖.现代中国思想的兴起：下卷（第二部）[M].北京：生活·读书·新知三联书店，2008：1108.

[14] 胡适.非个人主义的新生活[M]//胡适作品集：第6集.台北：远流出版公司，1986：132.

[15] 钱理群.试论五四时期"人的觉醒"[M]//王晓明.二十世纪中国文学史论.北京：东方出版社，1997：315.

[16] 旷新年.中国20世纪文艺学学术史：第二部（下）[M].北京：中国社会科学出版社，2007：2.

[17] 胡适.中国新文学大系：建设理论集[M].上海：上海良友图书印刷公司，1935：273.

[18] 胡适.文学改良刍议[J].新青年，1917，2（5）.

[19] 钱中文，童庆炳.新时期文艺学建设丛书总序[M]//胡经之.文艺美学论.武汉：华中师范大学出版社，2000：4.

[20] 江西省文联文艺理论研究室.文学研究新方法论[M].南昌：江西人民出版社，1985：1.

[21] 李泽厚.试论形象思维[J].文学评论，1959（2）：104.

[22] 李泽厚.形象思维再续谈[J].文学评论，1980（3）：30.

[23] 高建平."形象思维"的发展、终结与变容[J].社会科学战线，2010（1）.

[24] 曹顺庆.文论失语症与文化病态[J].文艺争鸣，1996（2）：50-58.

[25] 普特南.理性、真理与历史[M].董世骏，李光程，译.上海：上海译文出版社，1997：196.

[26] 杨国荣. 科学的形上之维：中国近代科学主义的形成与衍化[M]. 上海：华东师范大学出版社，2009：245.

［原载于《西南民族大学学报》(人文社科版) 2019年第7期］

后 记

2019年卷是本套丛书的第一卷，编选内容主要以学部各单位教师2019年在国内重要期刊上公开发表的、以中国语言文学一级学科下属各二级学科方向为研究领域的代表性学术论文，应该说这批成果较为全面系统地反映了本年度中央民族大学中国语言文学学科关注的学术热点、学术难点和学科聚焦的主要方向，有宏观研究，也有个案研究。针对上述成果我们在编选过程中，根据实际情况，分设了以下相应栏目予以归纳：语言政策与语言研究、古代文学研究、现当代文学研究、文艺理论研究。

本书是集体合作完成的成果。丛书编委会总主编、学部主任石亚洲副校长在编选原则、质量把关方面给予了很多具体指导。在组稿过程中各位作者积极配合，给予我们极大支持，尤其有些论文根据丛书体例要求，还需返还作者进行修订调整，给各位作者增添了很多工作。博士研究生张耀丹、杨骁嫱、荆炜其在组稿、初选以及与各位作者联系过程中付出了很多劳动。本书责任编辑王海英老师认真负责，积极沟通，使本书得以顺利出版。在此，一并表示感谢。

虽然我们做了很多努力，但是依然难免在栏目分类、论文筛选以及具体校订过程中，有这样那样的纰漏或不尽如人意的地方，敬请读者和各位作者谅解。

钟进文

2024年2月6日